제4판

판례세법

세법교수 36인 공저

박영사

제 4 판 머리말

이 책은 변호사 시험 등의 세법 과목을 위한 공통교재로 개발한 것으로서 세법을 처음 배우는 초학자들에게 무엇을 가르쳐야 하는가에 관해 전국의 세법교수들이 서로 토론하고 협의한 결과를 담고 있다. 세법은 법령조문의 수가 워낙 많고 다루는 분야가 워낙 넓어서 3학점 강의로 전체를 다 다루는 것은 애초에 불가능하다. 그러다보니 세법개론이나 입문 과목에서 가르치는 범위가 교수마다 워낙 달라져서, 각종 시험에서 학생들이 어려움을 겪게 되었다. 이 때문에 공통의 잣대가 절대적으로 필요해졌고 그 결과물이 이 책이다.

기본적으로 이 책의 구조는 강의범위에 맞추어 대법원 판례를 싣고 판례를 읽어나가는 과정에서 세법의 기본적인 내용을 배울 수 있도록 짜 두었다. 법령이 무슨 뜻인가에 관한 각 교수의 주관적 판단을 되도록 배제하고 판례를 기준으로 법을 읽자는 생각이다. 물론 판례공부는 거기에서 끝나지는 않는다. 판례가 옳은가 그른가, 법령의 명문규정이나 다른 판례와 모순이 생기지는 않는가, 이것을 각자 생각해보아야 하기 때문이다. 판례를 가지고 법을 공부하는 방식의 또 다른 장점은 법의 해석적용 방법을 동시에 배울 수 있다는 점이다. 판시취지만 찾아서 읽는 것은 바른 공부방법이 아니다. 사실관계를 파악하고 거기에 관련법령을 적용하려고 하면 법해석상 어떤 논점이 생기고, 그에 따라 법률효과에 어떤 차이가 생기는가를 곰곰 따져가면서 판례를 공부해야 한다. 법공부란 언제나 그렇듯이 법전을 찾아 읽으면서 공부해야 하는 것은 너무나 당연하다.

이 책이 나오기까지 온갖 궂은 일을 마다않고 맡아준 서울법대 박사과정의 양한희 변호사에게 감사드린다. 표지 그림을 그려준 이민지 님에게도 감사드린다.

2019. 8. 29.

공저자 일동

차   례

제 1 장   세법 공부하기

제 2 장   우리 세법의 헌법적 기초

제 3 장   세법의 해석과 적용

제 4 장 조세채권의 성립 · 확정 · 소멸

제 5 장 조세채권의 효력

제 6 장 세금에 관한 다툼의 해결

제 7 장 현행 소득세법의 얼개

제 8 장 소득의 구분별 주요 논점

제9장　양도소득

제10장　현행 법인세법의 얼개

제11장 기업과 출자자 사이의 거래

제12장 소득의 기간개념과 세무회계

제13장 익금불산입과 손금불산입

제 1 장
세법 공부하기

제 1 절 세법은 왜 배우는가?

[관련법령]
민법 제839조의2; 소득세법 제88조, 제94조.

사례 1-1 대법원 1998. 2. 13. 선고 96누14401 판결

…원고들이 1969. 9. 29. 혼인하였다가 1990. 12. 17. 협의이혼하였고, 1991. 3. 18. 다시 혼인하였다가 같은 해 5. 1. 최종적으로 협의이혼한 사실, 그 후 1991. 5. 15. 원고 1은 그 소유로 등기되어 있던 원심판결 이유의 별지목록 제 1 내지 제 4 기재 부동산에 관하여 원고 2에게, 원고 2는 그 소유로 등기되어 있던 같은 목록 제 5 내지 제 9 기재 부동산에 관하여 원고 1에게 같은 해 4. 29. 증여를 원인으로 하여 각 소유권이전등기를 거친 사실은 인정되나, 이 사건 각 부동산에 관한 원고들 명의의 각 소유권이전등기가 교환 또는 이혼 위자료조로 경료되었다는 점에 대하여는 이를 인정할 만한 증거가 없고, 오히려 그 채용 증거들에 의하면, 원고 1은 1983. 4. 1.경부터 계량증명업소를, 원고 2는 1981. 8. 26.경부터 고물상을 각 경영하여 얻은 수입으로 이 사건 각 부동산을 취득하면서 편의상 원고들 중의 1인의 명의로 소유권이전등기를 거쳐둔 사실, 원고들은 1991. 5. 1. 협의이혼하기에 앞서 같은 해 4. 25. 혼인 중에 형성한 재산을 분할하기로 하면서 원고들 각자의 단독 명의로 되어 있던 이 사건 각 부동산을 위와 같이 상대방에게 이전하여 주기로 약정하고 그 약정에 따라 각 소유권이전등기를 거친 사실을 인정할 수 있을 뿐이라고 인정한 다음, 이 사건 각 부동산은 원고들이 혼인 중에 협력하여 이룩한 실질적인 공동재산으로서 그 각 소유권을 상대방

에게 이전한 것은 민법 제839조의2에 규정된 협의이혼시 재산분할의 방편으로 이루어진 것이므로, 소득세법상의 유상양도에 해당하는 것이 아니[다].

　…민법 제839조의2에 규정된 재산분할제도는 혼인 중에 부부 쌍방의 협력으로 이룩한 실질적인 공동재산을 청산 분배하는 것을 주된 목적으로 하는 것인바, 이와 같이 협의이혼시에 실질적인 부부공동재산을 청산하기 위하여 이루어지는 재산분할은 그 법적 성격, 분할 대상 및 범위 등에 비추어 볼 때 실질적으로는 공유물분할에 해당하는 것이라고 봄이 상당하므로, 재산분할의 방편으로 행하여진 자산의 이전에 대하여는 공유물분할에 관한 법리가 준용되어야 할 것이다.

　따라서 원고들이 각자의 소유명의로 되어 있던 이 사건 각 부동산을 상대방에게 서로 이전하였다고 하여도 분할 후 자산가액의 비율이 실질적인 공동재산의 청산범위를 넘어서는 것이라거나 또는 재산분할 비율과의 차이에 따른 정산을 하였다는 등의 특별한 사정이 없는 한, 공유물분할에 관한 법리에 따라 그와 같은 부동산의 이전이 유상양도에 해당한다고 볼 수 없고, 또한 재산분할이 이루어짐으로써 분여자의 재산분할의무가 소멸하는 경제적 이익이 발생한다고 하여도, 이러한 경제적 이익은 분할재산의 양도와 대가적 관계에 있는 자산의 출연으로 인한 것이라 할 수 없으므로, 재산분할에 의한 자산의 이전이 양도소득세 과세대상이 되는 유상양도에 포함된다고 할 수 없다…

대법원 1995. 11. 24. 선고 95누4599 판결

　…부부가 이혼을 하게 되어 남편이 아내에 대한 위자료를 지급하기 위한 방법으로 자신의 소유인 주택의 소유권을 이전하는 것은 아내에 대한 위자료채무의 이행에 갈음한 것으로서 그 주택을 양도한 대가로 위자료를 지급할 채무가 소멸하는 경제적 이익을 얻게 되는 것이므로, 그 주택의 양도는 양도소득세의 부과대상이 되는 유상양도에 해당한다…

대법원 2002. 6. 14. 선고 2001두4573 판결

　…이혼을 하면서 위자료와 재산분할, 자녀양육비 등의 각각의 액수를 구체적으로 정하지 아니한 채 자산을 이전한 경우 그 자산 중 양도소득세의 과세대상이 되는 유상양도에 해당하는 위자료 및 자녀양육비의 입증책임도 원칙적으로는 처분청에 있[다]…

Notes & Questions

(1) 판사나 변호사가 세법을 모르는 채 이혼사건을 처리할 수 있을까? 세법을 모르는 채 법률가로서 일을 할 수 있을까? "In this world nothing can be said to be certain except for death and taxes". Benjamin Franklin의 말.

제 2 절 강의진행과 공부방법

1. 이 책은 세법을 처음 배우는 사람을 독자로 삼아 국세기본법, 소득세법 및 법인세법에 관한 기본이론을 판례로 설명하고 있다. 법을 배운다는 것은 첫째는 실정법에 어떤 내용이 들어있는가를 익히는 것이고 둘째는 실정법의 내용을 구체적 사실관계에 적용하는 방법을 배우는 것이다. 이 책은 세법이라는 영역에서 이 두 가지 목표의 동시달성을 꾀하고 있다. 판례 그 자체를 꼼꼼히 읽는 과정에서 현행 세법의 내용도 배우고 법을 해석·적용하는 방법도 배울 수 있게 한 것이다.

2. 이 책에 실린 각 판결문은 그 앞에 관련법령을 들고 있다. 여기에 들고 있는 관련법령은 판례공보나 대법원의 종합법률정보에서 들고 있는 참조조문과 반드시 일치하지는 않고, 각 판결의 쟁점에 직결되는 조문만 들고 있다. 그 편이 초학자들이 공부하기에 더 낫기 때문이다. 관련법령 가운데 국세기본법, 소득세법, 법인세법은 조문번호만 있으므로 독자들이 법전에서 따로 찾아보아야 한다. 이 세 가지 법률을 따로 찾아보게 한 것은, 그 과정에서 법령의 전반적인 구조와 내용을 어느 정도 기억하게 되기 때문이다. 세법이 아닌 법률도 헌법, 민법, 상법, 민사소송법, 행정소송법 같은 기본적인 법률은 조문번호만 들어두었다. 부가가치세법이나 상속세 및 증여세법이나 조세특례제한법같이 이 책의 범위 밖인 법률의 글귀를 다투는 판결은 그런 글귀의 내용을 각 판결문 앞에 적어두었고, 국세기본법, 소득세법, 법인세법도 대통령령이나 부령의 글귀가 문제되는 판결이라면 해당 영조문의 내용을 적어 두었다. 적용법률이 구법인 경우에도 그 내용이 현행법과 같거나 적어도 관련 쟁점 부분에 관한 한 현행법과 같다면 이 책에서는 현행법 조문번호를 관련법령으로 들어두었다. 구법의 글귀 가운데 현행법과 다른 부분이 쟁점인 경우에는 쟁점 글귀를 관련법령으로 명시해 두었다. 헌법재판소의 결정문은 헌법의 해석·적용에 관한 부분은 편집해서 잘라내고 세법공부에 도움되는 부분만 남기는 것을 원칙으로 했고, 결정문 앞에 구태여 관련 세법조문을 명시하고 있지 않은 경우가 많다.

3. 판례 공부에는 여러 가지 방법이 있지만 이 책으로 공부하는 초학자는, 우선 관련법령을 읽고, 그 다음에는 판결문에 나온 사실관계를 읽고 그 사실관계에 관련법령을 적용하는 경우 쟁점이 무엇이고 결론은 어떠해야 하는가를 자기 나름대로 일단 생각해보는 것이 좋다. 가장 좋은 방법은 자기 나름의 brief를 써보는 것이다. 판례를 공부하면서 동시에 시험답안을 작성하는 연습을 해볼 수 있기 때문이다. 세법은 조문의 수가 많아서 전형

적인 주관식 시험문제에서는 일정한 사실관계와 거기에 적용할 법령의 내용을 주고, 사실관계에 법령을 적용할 경우 생기는 해석·적용상의 논점을 찾아내어 분석해서 답을 구하도록 하고 있다.

[보기 문제: 2014년 제 3 회 변호사시험 제 2-1 문]
내국법인인 A주식회사(이하 "A사"라 한다.)는 2001. 4. 1. 산업용 전자기기의 판매업을 영위하기 위하여 설립되었고, 설립 이후 현재까지 甲이 발행주식 60%를 소유하는 대표이사로서 A사를 실질적으로 경영하여 왔다. 내국법인인 B주식회사(이하 "B사"라 한다.)는 2003. 1. 2. 의료기기 제조와 판매업을 영위하기 위하여 설립되었고, 설립 이후 현재까지 甲의 배우자인 乙이 발행주식의 51%를 소유하는 대표이사로서 B사를 실질적으로 경영하여 왔다. A사와 B사의 사업연도는 매년 1월 1일부터 12월 31일까지이다.
A사는 2006. 12. 15.과 2007. 1. 15. B사에게 초정밀 특수영상처리장치(이하 "본건 장치")를 각각 1대씩 1대당 6억 원에 판매하였다. 이와 별도로 A사는 같은 시기에 법인세법상 특수관계인이 아닌 다수의 업체들에 12대의 본건 장치를 1대당 10억 원에 판매하였다. 이와 관련하여 A사는 2006 사업연도와 2007 사업연도 법인세 신고를 할 때 위와 같이 판매한 금액으로 별도의 세무조정 없이 각 사업연도 법인세를 모두 법정기한 내에 신고납부하였다.
그 후 A사의 관할 세무서장은 A사가 B사에 본건 장치를 판매한 금액이 부당하다고 보아 2012. 5. 1. A사에 대하여 2006 사업연도와 2007 사업연도의 법인세를 증액경정하는 각 처분을 하였다.(이하 "이 사건 각 처분"이라 한다.)

국세기본법 제26조의2를 참조하여 이 사건 각 처분이 국세 부과의 제척기간을 도과한 것인지 여부를 논하시오.(40점)

이 문제의 적용법령인 국세기본법 제26조의2는 상당히 긴 조문이지만 이 문제에 적절한 부분은 '납세자가…사기나 그 밖의 부정행위로 국세를 포탈한 경우에는 그 국세를 부과할 수 있는 날부터 10년간', '[그]에 해당하지 아니하는 경우에는 해당 국세를 부과할 수 있는 날부터 5년간'이라는 '기간이 끝난 날 이후에는 [국세를] 부과할 수 없다'는 것이다. 그렇다면 이 문제의 논점은 A사가 i) 특수한 관계에 있는 B사에게 다른 매수인보다 싼 가격에 본건 장치를 판매한 것이 사기나 그 밖의 부정행위로 국세를 포탈한 경우에 해당하는가, ii) 앞의 쟁점에 관한 분석에 따라 정해진 5년 또는 7년이라는 기간의 기산점이 되는 법인세를 부과할 수 있는 날이 2006. 12. 15.의 판매로 인한 소득과 2007. 1. 15.의 판매로 인한 소득에 대해 각 언제가 되는가, 이 두 가지가 된다. 기실 이런 쟁점을 따지기에 앞서서 실제는 6억 원에 판 것을 10억 원에 판 것처럼 볼 수 있는 가라는 한결 근본적인 논점이 있지만, 이 논점에 관한 적용법령이 될 국세기본법 제14조(실질과세)나 법인세법 제52조(부당행위 계산의 부인)는 관련법령으로 나와 있지 않으므로 이 논점은 분석할 필요가 없다.(답안지를 작성하면서 이 논점을 길게 쓰더라도 얻을 수 있는 가산점은 미미할 것이고, 이 논점이 있지만 문제의 범위 밖이라고 딱 한 줄 적어주는 것보다 가산점이 더 붙지도 않는다.) 이 예에 대한 구체적인 답은 앞으로 공부하다 보면 배우게 될 것이다.

여기에서 이 예를 설명하는 것은 앞으로 이 책에 나오는 판결문(실제 이 책에는 이 문제와 직결되는 판결이 실려 있다)들을 공부할 때 어떤 방식으로 공부해야 하는가를 설명하려는 것이다. 가장 좋은 방법은 자기 나름대로 기존의 시험형식에 맞추어 brief를 작성해보는 것이다. 그 내용으로는 i) 사실관계, ii) 적용할 법령과 쟁점, iii) 사실관계에 대한 법률적용, iv) 결론의 순서로 쓰면 된다. 물론 시험에 대한 답안지를 쓸 때에는 문제지에 있는 사실관계를 다시 반복하면 안 되고 앞의 ii), iii), iv)만 적어야 한다. 그렇지만 판결문을 공부할 때에는 우선 거기에 나오는 사실관계를 읽고 그 내용에서 자기 나름대로 적절한 부분을 요약해 보는 것이 정말로 중요한 공부이니 빠뜨리지 말아야 한다. ii)의 적용법령도 바로 찾아보지 말고 먼저 세법의 차례를 놓고 주어진 사실관계에 적용할 조문이 무엇인가를 생각해 보아야 한다. 실제로 법률가가 되면 구체적 사실관계에 적용할 법조문을 자기가 찾아야 한다. 다시 요약하면 판결문을 읽을 때 사실관계를 먼저 읽고 관련 법조문이 무엇일까 생각해보고, 그 다음에 쟁점이 무엇인지, 구체적 사실관계에 이 쟁점을 적용하면 어떤 결론이 나오는지 자기 나름의 brief를 작성해 보고, 그 다음에 brief의 내용을 판결문과 비교해 보는 방식으로 공부하는 것이 좋다. 애초 판결문의 내용이 너무 복잡해서 도대체 갈피를 잡을 수 없는 경우에는 그 밑에 딸려 있는 notes and questions를 읽으면 도움을 받을 수 있을 것이다. 통상은 brief를 만들고, 판결문을 공부하면서 비교해보고, 그 다음에 notes and questions로 배운 것을 확인하면서 추가적인 논점들을 공부하는 것이 아마 가장 좋은 공부순서일 것이다. 물론 헌법재판소 결정문이나 일부내용만 간략히 소개한 대법원 판결들은 이렇게 공부하도록 되어 있지 않고 그저 내용만 이해하면 된다.

4. 앞으로 차차 깨닫겠지만 세법공부는 재미있다. 법이 이렇게 재미있을 수 있다니, 이것을 깨달으리라. 건투!

제 2 장
우리 세법의 헌법적 기초

제 1 절   조세법률주의와 조세평등주의

[관련법령]

구 상속세법 제32조의2(권리의 이전이나 그 행사에 등기·등록·명의개서 등(이하 '등기 등'
이라 한다)을 요하는 재산에 있어서 실질소유자와 명의자가 다른 경우에는 국세기본법 제14
조의 규정에 불구하고 그 명의자로 등기 등을 한 날에 실질소유자가 그 명의자에게 증여한
것으로 본다; 현행 상속세 및 증여세법 제45조의2).

사례 2-1　헌법재판소 1989. 7. 21. 89헌마38 결정

【청 구 인】김래훈
　　　　　대리인 변호사 김창욱 외 1인
【관련소송사건】대법원 88누5464 증여세 등 부과처분 취소, 대법원 89부1 위헌제청신청
【주　　문】
상속세법 제32조의2 제 1 항(1981. 12. 31. 법률 제3474호 개정)은, 조세회피의 목적이
없이 실질소유자와 명의자를 다르게 등기 등을 한 경우에는 적용되지 아니하는 것으로 해석
하는 한, 헌법에 위반되지 아니한다.
【이　　유】
1. 사건의 개요 및 청구의 적법성
가. (사건의 개요) 기록에 의하면, (1) 청구인은 1982. 4. 14.부터 같은 해 7. 8.까지 3차
례에 걸쳐 서울 도봉구 중계동 466 전 1,306평방미터 외 6필의 토지에 대하여 청구외 길윤

관 외 2인으로부터 소유권이전등기를 받았다가 1982. 5. 8.부터 1984. 8. 27.까지 사이에 위 토지들에 대하여 청구 외 서울석유주식회사 외 2인 앞으로 소유권이전등기를 한 사실, (2) 청구 외 용산세무서장은 1985. 10. 17. 청구인에 대하여 청구인이 위 토지들에 관하여 위와 같이 등기부상의 소유명의를 취득한 것은 상속세법 제32조의2 제 1 항에 의하여 증여로 간주된다고 하여 증여세 금 210,579,410원…을 부과·고지한 사실, (3) 청구인은 그가 위 토지들에 대한 등기부상의 소유명의를 취득한 것은 원래 청구외 서울석유주식회사가 위 길윤관 등으로부터 위 토지들을 매수한 것인데, 농지매매증명의 취득 곤란 및 매도인들의 등기이전 기피 등 부득이한 사정으로 말미암아 위 회사가 일단 그 대표이사인 청구인 명의로 등기이전하였다가 얼마 후에 위 회사 등 앞으로 다시 등기이전한 것이므로, 증여의제(贈與擬制)를 전제로 한 증여세 등 부과처분은 위법하다고 주장하여 위 용산세무서장을 상대로 증여세 등 부과처분취소청구소송을 제기한 사실, (4) 청구인은…대법원에 상고를 제기하고…위헌제청을 신청하였으며, 대법원은 같은 해 2. 15. 청구인의 위헌제청신청을 기각하는 결정을 한 사실 및 (5) 청구인은 같은 해 2. 23. 위 결정의 정본을 송달받고, 같은 해 3. 3. 헌법재판소에 위헌심사를 구하는 헌법소원을 제기한 사실을 인정할 수 있다.

　　나. (청구의 적법성) (생 략)

　2. 당사자 등의 주장 (생 략)

　3. 위헌 여부에 관한 판단

　　가. (심판의 대상 및 범위) 기록에 의하면 이 사건 심판의 대상이 되는…상속세법 제32조의2 제 1 항(이하 다만 '위 법률조항'이라 한다)…에 의하면 "권리의 이전이나 그 행사에 등기·등록·명의개서 등(이하 '등기 등'이라 한다)을 요하는 재산에 있어서 실질소유자와 명의자가 다른 경우에는 국세기본법 제14조의 규정에 불구하고 그 명의자로 등기 등을 한 날에 실질소유자가 그 명의자에게 증여한 것으로 본다"라고 규정하고 있다.

　　위 법률조항의 취지는 등기 등을 요하는 재산에 관하여 실질소유자와 명의자가 달라지는 결과가 발생하면 실질과세의 원칙에 불구하고 증여로 의제하겠다는 것으로, 위 법률조항은 명의신탁제도가 조세회피의 수단으로 악용되는 것을 방지하기 위하여 조세법상의 대원칙인 실질과세의 원칙까지 희생시키면서 그러한 명의신탁을 이용한 조세회피 내지 조세포탈을 원칙적으로 봉쇄하겠다는 것이 입법의도인 것으로 이해된다.

　　그러나 위 법률조항은 위 청구인의 주장 및 이해관계기관 등의 의견에서 보는 바와 같이 헌법위반 여부가 문제된다… 조세입법에 관한 헌법상의 2대원칙이라고 할 수 있는 조세법률주의와 조세평등주의(학자에 따라서는 조세공평주의·공평과세의 원칙 등으로 불려지기도 한다)… 위 2가지 관점으로 문제점을 집약하여 판단한다…

나. (조세법률주의와의 관계)…

우리 헌법은 제38조에서 "모든 국민은 법률이 정하는 바에 의하여 납세의 의무를 진다"라고 규정하였고, 제59조에 "조세의 종목과 세율은 법률로 정한다"라고 규정하였다. 이러한 헌법규정에 근거를 둔 조세법률주의는…법률의 근거 없이 국가는 조세를 부과·징수할 수 없고, 국민은 조세의 납부를 요구받지 않는다는 원칙이다. 이러한 조세법률주의는 이른바 과세요건 법정주의와 과세요건 명확주의를 그 핵심적 내용으로 삼고 있는바, 먼저 조세는 국민의 재산권 보장을 침해하는 것이 되기 때문에 납세의무를 성립시키는 납세의무자·과세물건·과세표준·과세기간·세율 등의 과세요건과 조세의 부과·징수절차를 모두 국민의 대표기관인 국회가 제정한 법률로 규정하여야 한다는 것이 과세요건 법정주의이고, 또한 과세요건을 법률로 규정하였다고 하더라도 그 규정내용이 지나치게 추상적이고 불명확하면 과세관청의 자의적인 해석과 집행을 초래할 염려가 있으므로 그 규정 내용이 명확하고, 일의적(一義的)이어야 한다는 것이 과세요건 명확주의라고 할 수 있다. 그렇다면 위 헌법규정들에 근거한 조세법률주의의 이념은 과세요건을 법률로 규정하여 국민의 재산권을 보장하고, 과세요건을 명확하게 규정하여 국민생활의 법적 안정성과 예측가능성을 보장하겠다는 것이라고 이해된다.

이러한 조세법률주의의 관점에서 볼 때, 이 사건 심판의 대상인 위 법률조항은 (1) 과세물건을 규정함에 있어서, "권리의 이전이나 그 행사에 등기·등록·명의개서 등을 요하는 재산"이라고 하여 '등'이라는 추상적 개념을 사용하고 있고, (2) 과세요건을 규정함에 있어서 "실질소유자와 명의자가 다른 경우"라고 하여 행위 또는 거래의 결과만을 중시하고, 그 원인이 되는 행위 또는 거래의 유형에 관하여 아무런 규정을 두지 아니하였으며, (3) 증여의제의 범위를 규정함에 있어서, "그 명의자로 등기 등을 한 날에 실질소유자가 그 명의자에게 증여한 것으로 본다"라고 하여 대상 재산의 전체가액을 증여한 것으로 본다는 것인지, 아니면 신탁의 이익 기타 특정가액만을 증여한 것으로 본다는 것인지가 불명확하여, 조세법률주의에 위배될 소지가 있다.

그러나 조세법률주의는 과세요건의 법정주의 또는 명확주의를 그 핵심적 내용으로 삼는다고 하지만, 조세법의 특수성 또는 입법 기술상의 제약성 때문에 일정한 한계가 있다고 하지 않을 수 없다. 즉, 조세법의 주된 규율대상은 경제적 현상인데, 이러한 경제적 현상은 천차만별(千差萬別)하고 그 생성·변화가 극심하기 때문에, 아무리 조세법률주의의 원칙을 고수한다고 하더라도 법률로 조세에 관한 사항을 빠짐 없이 망라하여 완결적(完結的)으로 규정하기는 어렵다.

그러나 조세법률주의의 한계와 관련하여 이 사건 심판의 대상인 위 법률조항을 자세히 살펴보면, 과세요건의 법정주의나 명확주의에 정면으로 배치되는 것은 아니고, 합헌적 해석을 통하여 규정의 미비점을 보완할 수 있다고 보여진다. (1) 먼저…위 법률조항의 적용대상이 되는 재산은 부동산, 입목, 자동차, 선박, 중기, 무체재산권, 주권, 사채권(社債權) 등과 같이 권리의 이전이나 행사에 있어서 등기·등록·명의개서 등이 효력발생요건 내지 대항요건으로서 법률상 요구되는 경우라고…한정하여 해석할 수 있을 것이다. (2) 또한 위 법률조항이 과세요건을 규정함에 있어서 문면상 얼핏보면 행위 또는 거래의 결과만을 중시한 듯하나…행위 또는 거래의 결과만을 중시한 것이 아니라, 등기·등록·명의개서 등의 행위를 통하여 실질소유자와 명의자를 다르게 한 것을 과세요건으로 규정하였다고 해석할 수 있을 것이다. (3) 끝으로 위 법률조항이 증여의제의 범위에 관하여 다소 불명확한 표현을 하고 있으나…증여의제의 범위는 대상이 되는 재산…이라고 해석할 수 있을 것이다.

요컨대 위 법률조항은 납세의무자·과세대상·과세방법 등 중요한 과세요건을 모두 법률로 정하고 있어 형식상으로 조세법률주의의 원칙에 어긋남이 없을 뿐만 아니라…규정내용에서 다소 불명확하고 결과에 치중한 듯한 표현을 하고 있는 점은 입법목적에 비추어 축소해석 또는 한정해석을 한다면, 헌법이 보장한 조세법률주의의 이념인 국민의 재산권 보장이나 법적 안정성 내지 예측가능성을 크게 해치는 것은 아니라고 할 수 있다.

다. (조세평등주의와의 관계)…

우리 헌법은 제11조 제 1 항에서 "모든 국민은 법 앞에 평등하다. 누구든지 성별·종교 또는 사회적 신분에 의하여 정치적·경제적·사회적·문화적 생활의 모든 영역에 있어서 차별을 받지 아니한다"라고 규정하고 있다. 조세평등주의는 위 헌법규정에 의한 평등의 원칙 또는 차별금지의 원칙의 조세법적 표현이라고 할 수 있다. 따라서 국가는 조세입법(租稅立法)을 함에 있어서 조세의 부담이 공평하게 국민들 사이에 배분되도록 법을 제정하여야 할 뿐만 아니라, 조세법의 해석·적용에 있어서도 모든 국민을 평등하게 취급하여야 할 의무를 진다. 이러한 조세평등주의의 이념을 실현하기 위한 법 제도의 하나가 바로 국세기본법 제14조에 규정한 실질과세의 원칙이라고 할 수 있다. 또한 이러한 조세평등주의는 정의의 이념에 따라 "평등한 것은 평등하게", 그리고 "불평등한 것은 불평등하게" 취급함으로써 조세법의 입법과정이나 집행과정에서 조세정의(租稅正義)를 실현하려는 원칙이라고 할 수 있다.

이러한 조세평등주의 및 그 파생원칙인 실질과세의 원칙에 비추어 볼 때, 이 사건 심판의 대상인 위 법률조항은 등기 등을 요하는 재산에 있어서 실질소유자와 명의자를 다르게 한 경우에는, 그 원인이나 내부관계를 불문하고 일률적으로 증여로 의제하여, 증여세를 부과하겠다는 것으로, 실질과세의 원칙에 대한 예외 내지 특례를 인정하였다는 점에서 그 전제가 되는 조세평등주의 내지 조세정의의 헌법정신에 위배될 소지가 있다. 즉, 등기 등을 하는 과정에서 실질소유자와 명의자를 다르게 하는 경우는 주로 명의신탁의 경우일 것인데, 명의신탁을 일률적으로 증여로 의제하려면 일반적으로 명의신탁이 증여의 은폐수단으로 이용되고 있다거나, 명의신탁의 경제적 실질이 증여와 같다는 고도의 개연성이 있어야 할 것이다. 그러나 명의신탁이 전반적으로 증여의 은폐수단으로 악용된다고 보기는 어렵고, 명의신탁의 수탁자는 형식상의 소유명의만을 보유한 데 지나지 않고, 실질적으로는 아무런 권리도 취득하지 못하는 진정한 의미의 명의신탁인 경우도 없지 아니하다. … 우리나라의 현실에서 토지 등의 재산권이 대가의 지급 없이 이전되는 경우를 살펴보면, 증여인 경우도 있고 신탁인 경우도 있으며, 부득이한 사정으로 인한 명의신탁인 경우도 있다. 그러나 많은 경우에는 증여의 은폐수단으로 명의신탁이 이용되는 것이라고 할 수 있다. 즉 증여의 은폐수단으로 명의신탁을 이용하는 경우, 당사자들은 일단 가장된 법률관계를 취하였다가 그것이 과세관청에 포착되면 조세를 납부하고, 조세 시효기간중에 포착되지 않으면 조세를 포탈하려는 유혹에 빠지게 된다. 이러한 현상을 과세관청의 제한된 인원과 능력으로 일일이 포착하는 것은 그리 쉬운 일이 아니다.

그래서 위 법률조항에서는 국세기본법 제 3 조 제 1 항 단서의 규정에 따라 실질과세의 원칙에 대한 예외 내지 특례를 둔 것으로 이해된다. 그렇다면 위 법률조항이 실질과세의 원칙에 대한 예외를 설정한 것만으로 위헌이라고 단정하기는 어렵다고 할 것이다. 다만, 증여의 은폐수단이 아닌 진정한 의미의 명의신탁에 대하여도 증여로 의제함으로써 생길 수 있는 위헌의 소지를 제거할 수 있는 대책은 있어야 할 것이다.

라. (합헌해석의 필요성) 위에 설시한 바와 같이 이 사건 심판의 대상이 된 위 법률조항은 조세법률주의 및 조세평등주의의 이념에 비추어 헌법위반의 소지가 있다. 더구나 실질소유자와 명의자의 불일치라는 결과만을 중시하여 모든 경우를 막론하고 무차별적으로 증여의제하는 것은 재산권보장의 원리와 평등의 원칙에 위배될 소지가 있다. 그러나 명의신탁이 증여의 은폐수단으로 악용되는 조세현실을 방치할 수도 없고 실질과세의 원칙에 대한 예외 규정의 설정이 전혀 금지되는 것도 아니다… 결국 위 법률조항은 명의신탁을 이용한 조세회피 행위를 효과적으로 방지하기 위하여 실질과세의 원칙까지 배제하면서 획일적인 증여의제 제도를 마련한 것이지만, 명의신탁 제도는 판례에 의하여 그 유효성이 인정되고 있을 뿐만 아니라 사법질서의 일부로서 정착되고 있으므로, 전혀 조세회피의 목적이 없이 실정법상의 제약이나 제 3 자의 협력 거부 기타 사정으로 인하여 부득이 명의신탁의 형식을 빌린 경우에도 무차별적으로 증여세를 과세한다면 재산권보장을 전제로 한 조세법률주의 또는 평등의 원칙을 전제로 한 조세평등주의의 헌법정신에 위배되는 결과를 낳을 염려가 있다…

그렇다면 위 법률조항은 원칙적으로 권리의 이전이나 행사에 등기 등을 요하는 재산에 있어서, 실질소유자와 명의자를 다르게 한 경우에는 그 등기 등을 한 날에 실질소유자가 명의자에게 그 재산을 증여한 것으로 해석하되, 예외적으로 조세회피의 목적이 없이 실정법상의 제약이나 제 3 자의 협력 거부 기타 사정으로 인하여 실질소유자와 명의자를 다르게 한 것이 명백한 경우에는 이를 증여로 보지 않는다고 해석하여야 할 것이다. 물론 이 경우에 그와 같은 사정은 납세의무자가 적극적으로 주장·입증할 책임을 부담한다고 새겨야 할 것이다. 위 법률조항을 위와 같이 합헌적으로 해석하게 되면, 명의신탁을 이용한 조세회피 행위를 효과적으로 방지함으로써 조세정의를 실현하려는 입법목적도 달성할 수 있을 뿐만 아니라, 명의신탁 등으로 인한 실질소유자와 명의자의 불일치에 대하여 증여의제제도를 무차별적으로 적용함으로써 생길 수 있는 헌법위반의 소지도 말끔히 해소할 수 있을 것으로 판단된다.

4. 결   론

이상과 같은 이유로 상속세법 제32조의2 제 1 항(1981. 12. 31. 법률 제3474호 개정)은, 조세회피의 목적이 없이 실질소유자와 명의자를 다르게 등기 등을 한 경우에는 적용되지 아니하는 것으로 해석하는 한, 헌법에 위반되지 아니한다는 합헌해석을 하기로 하여 주문과 같이 결정한다.

이 결정은 관여재판관 중 재판관 조규광의 다수의견에 대한 보충의견과 재판관 변정수, 재판관 김진우의 반대의견이 있은 외에는 나머지 재판관의 의견일치에 따른 것이다…

재판관   조규광(재판장) 이성렬 변정수 김진우 한병채 이시윤 최광률 김양균 김문희

Notes & Questions

(1) 위 헌법재판소 1989. 7. 21. 89헌마38 결정의 쟁점은 [①]의 증여의제가 헌법, 특히 헌법 제11조, 제38조, 제59조 위반인가이다. 헌법재판소가 낸 답은 [②]이고, 우리 헌법재판소의 세법관련 결정 가운데 위헌성을 인정한 첫 사건이다.

(2) 89헌마38 결정이 조세입법에 관한 헌법상의 2대원칙이라 부른 것은 무엇인가? 그 각각의 헌법상 근거규정은 무엇인가?

(3) 89헌마38 결정에서 조세법률주의의 핵심적 내용으로 들고 있는 두 가지 요소는 무엇인가? 조세법률주의는 왜 필요하다고 하는가?

(4) 조세법률주의의 두 가지 요소 중 이 사건에서 문제된 것은 어느 쪽인가? 이 사건 심판대상 법조항에서 조세법률주의에 위배될 소지가 있다고 하는 부분은 어디이고, 결국은

위배되지 않는다는 이유는 무엇인가?

(5) 89헌마38 결정은 1) "명의신탁을 일률적으로 증여로 의제하려면 일반적으로 명의신탁이 증여의 은폐수단으로 이용되고 있다거나, 명의신탁의 경제적 실질이 증여와 같다는 고도의 개연성이 있어야 할 것"이고 "증여의 은폐수단이 아닌 진정한 의미의 명의신탁에 대하여도 증여로 의제하여" 과세하면 위헌이다, 2) "조세"회피의 목적이 있는 명의신탁이라야 증여세를 물릴 수가 있다고 한다.

(i) 위 두 명제의 헌법상 근거는 무엇이고, 이를 구체화한 세법상의 원칙은 무엇인가?

(ii) 위 두 명제가 동시에 양립가능하려면 '증여의 은폐수단인 명의신탁'과 '조세회피의 목적이 있는 명의신탁'은 같은 말이어야 한다. 그렇다면 2)에서 말하는 "조세"란 무슨 세금이어야 하는가? 대법원 1996. 5. 31. 선고 95누11443 판결.

(6) 한편 89헌마38 결정에서 숨은 증여가 아닌 한 증여세를 물릴 수가 없다는 부분은 그 뒤에 법령개정과 대법원 및 헌법재판소의 변천을 거쳐서 현재는 증여세가 아닌 다른 세금을 회피하려는 명의신탁에도 증여세를 물릴 수 있다고 한다. 상속세 및 증여세법 제45조의2 제 6 항. 아래 제 3 절 II.2.

제 2 절 형식적 법치주의

I. 과세요건 명확주의

(1) 다음 고급오락장에 대한 규정(구 지방세법 제188조 제 1 항 제 2 호 (2)목)과 고급사진기에 대한 규정(구 특별소비세법 제 1 조 제 2 항 제 4 종 제 2 류 제 1 호)은 과세요건 명확주의에 반하는가? 헌법재판소 1999. 3. 25. 98헌가11등 결정(고급오락장 사례)과 헌법재판소 2003. 10. 30. 2002헌바81 결정(고급사진기 사례)은 일치하는가 모순인가?.

지방세법(1998. 12. 31. 법률 제5615호로 개정되기 이전의 것) **제188조**(세율) ① 재산세의 표준세율은 다음 각호의 정하는 바에 의한다.
1. 삭 제
2. 건축물
(1) 생 략
(2) 골프장·별장·고급오락장용 건축물: 그 가액의 1000분의 50
(3)~(4) 생 략

3.~5. 생 략

② 생 략

③ 제 1 항의 규정에 의한 과세대상 재산의 구분과 한계는 대통령령으로 정한다.

특별소비세법(1999. 12. 3. 법률 제6032호로 개정되기 전의 것) **제 1 조**(과세대상과 세율)
① (생 략)

② 특별소비세를 부과할 물품(이하 '과세물품'이라 한다)과 그 세율은 다음과 같다.

제 1 종~제 3 종 (생 략)

제 4 종 다음의 과세물품은 물품가격 중 대통령령이 정하는 기준가격(이하 '기준가격'이라 한다)을 초과하는 가격에 당해 물품의 세율을 적용한다.

제 1 류 (생 략)

제 2 류 다음 각호의 과세물품의 세율은 100분의 30으로 한다.

1. 고급사진기와 동 관련제품

2.~5. 생 략

제 5 종 생 략

③~⑪ 생 략

II. 과세요건 법정주의: 위임명령

(1) 대통령령이 정하는 고급오락장에 대한 아래 규정(구 지방세법 제112조 제 2 항)과 대통령령이 정하는 법인의 비업무용토지에 대한 아래 규정(같은 법조항)은 조세법률주의와 포괄위임금지의 원칙에 반하는가? 헌법재판소 1998. 7. 16. 96헌바52등 결정(고급오락장 사례), 헌법재판소 2000. 2. 24. 98헌바94등 결정(비업무용토지 사례).

구 지방세법(…1994. 12. 22…개정되기 전의 것)
제112조(세율) ② 대통령령으로 정하는 별장 …· 고급오락장·법인의 비업무용 토지 …을 취득한 경우의 취득세율은 제 1 항의 세율의 100분의 750으로 한다. …

구 지방세법 시행령(1994. 12. 31…개정되기 전의 것)
제84조의3(사치성 재산) ① 법 제112조 제 2 항의 규정에 의한…고급오락장…은 다음… 을 말한다…

카지노장·자동도박기설치장 등 내무부령으로 정하는 오락장용 건축물과 그 부속토지. 다만, 그 부속된 토지의 경계가 명백하지 아니할 때에는 그 건축물의 바닥면적의 10배에 해당하는 토지를 그 부속토지로 본다.

제84조의4(법인의 비업무용 토지의 범위) ① 법 제112조 제 2 항의 규정에 의한 법인의 비

업무용 토지는 법인이 토지를 취득한 날로부터 1년(내무부장관이 상공자원부장관과 협의하여 정하는 공장용부지는 2년) 이내에 정당한 사유 없이 그 법인의 고유업무에 직접 사용하지 아니하는 토지를 말한다.

② 제 1 항에서 '법인의 고유업무'라 함은 다음 각호의 업무를 말한다.

1. 법령에서 개별적으로 규정한 업무

2. 법인 등기부상 목적사업으로 정하여진 업무

3. 행정관청으로부터 인·허가를 받은 업무

(2) Ⅰ, Ⅱ에 나오는 결정과 앞서 본 89헌마38 결정(사례 2−1)이 들고 있는 조세법률주의의 필요성이나 의의는 어떤 관계에 있는가?

(3) 명령이 법률의 위임범위 안인가라는 쟁점을 다룬 사건 가운데 학생들이 관심을 가질만한 것으로 대법원 2015. 8. 20. 선고 2012두23808 판결(법무법인의 세무조정을 막는 시행령 규정), 이를 뒤집는 입법으로 법인세법 제60조 제 9 항 제 3 호 및 소득세법 제70조 제 6 항 제 3 호 참조, 다시 그에 관련한 위헌결정으로 헌법재판소 2018. 4. 26. 2015헌바19 결정.

제 3 절   실질적 법치주의

Ⅰ. 세법의 입법상 지도이념

(1) 세제는 세금이 미치는 경제적 부작용을 최소화하여야 한다. 세제가 사람들의 의사결정을 왜곡하지 않는 방향으로 입법해야 한다. 이것을 조세[①]이라 부른다. 효율과 조세[①]은 동일한 개념인가? 비중립적 세제가 오히려 효율적인 경우는 없을까?

(2) 효율에 버금가는 것으로 세금의 부담은 공평(公平)해야 한다. 공평이란 무엇인가? 각자 국가에서 받는 편익이나 혜택(benefit)대로 세금을 내어야 공평한가(응익설), 또는 각자의 경제적 능력(faculty)이나 담세력(ability to pay)만큼 세금을 내어야 공평한가(응능설)? 사람마다 생각이 다르다면 무엇이 공평한지는 어떻게 정해야 하는가?

(3) 세법을 경제조정의 수단으로 쓰기도 한다. 특정한 그룹의 납세자에게 세부담을 줄여주는 것은 그런 사람들에게 정부가 보조금을 지출하는 것과 같다는 뜻에서 [   ]이라 부른다. [   ]은 어떠한 통제절차를 밟는가?

Ⅱ. 입법에 대한 헌법상의 제약

1. 재산권 보장과 조세

(1) 헌법상의 재산권 보장 조항과 납세의무 조항 사이에는 풀기 어려운 긴장관계가 있다. 왜 그럴까? 재산권 보장에 관한 헌법의 글귀를 놓고 생각해보라.

(2) 미실현이득에 대한 과세, 곧 재산을 아직 보유하고 있는 사람에 대해서 재산의 가치상승액을 과세하는 것은 그 자체로 재산권 침해로 위헌이 되는가? 헌법재판소 1994. 7. 29. 92헌바49등(병합) 결정(토초세 헌법불합치). 이 책에 실린 것으로는 (사례 12 - 1) [판단] 나.(3).2).

2. 자유권과 조세

(1) 위 1.(2)의 92헌바49 결정은 토초세법은 '개인과 기업의 경제상의 [   ]와 창의'를 침해한다고 한다. 토지소유자는 스스로 토지를 사용할 수도 있고 다른 사람에게 임대할 수도 있는데, 토초세법은 후자만 과세하기 때문이라는 것이다.

(2) 앞서 본 89헌마38 결정(사례 2 - 1)에서 숨은 증여가 아닌 한 증여세를 물릴 수 없다는 말은 명의신탁을 규제하기 위한 수단으로 증여세라는 세금을 쓸 수는 없다는 말이다. 그 뒤 1990. 8. 1. 제정된 부동산등기 특별조치법은, 또한 1995. 3. 30. 이후에는 부동산 실권리자 명의 등기에 관한 법률은 부동산명의신탁에 [   ]을 물리고 있고 그에 따라 부동산은 명의신탁 증여의제의 대상에서 빠지고 실제로는 주식만이 증여의제 대상으로 남게 되었다. 이 현행법에 관련하여 헌법재판소와 대법원은 조세회피를 목적으로 삼는 명의신탁에 증여세를 매기는 것은 합헌이라고 한다. "명의신탁의 방법으로 증여세 이외의 다른 조세를 회피하는 것을 방지하고 제재할 필요성은 증여세를 회피하는 경우와 조금도 다를 바 없다." 헌법재판소 2013. 9. 26. 2012헌바259 결정.

3. 평등 및 공평과 조세

(1) 제 1 절에서 본 헌법재판소의 89헌마38 결정(사례 2 - 1)은 조세입법에 관한 헌법상의 2대 원칙으로 조세법률주의와 조세[①]주의 또는 조세공평주의를 들고 있다. 후자는 [②]에 따른 과세의 원칙을 말하고, 이는 한편으로 동일한 소득은 원칙적으로 동일하게 과세해야 한다는 [③]적 공평과 다른 한편으로 소득이 다른 사람들 사이에

서는 조세부담이 공평해야 한다는 [④]적 공평 내지 [⑤]적 평등을 말한다. 헌법 재판소 1999. 11. 25. 98헌마55 결정 3.(나).(2).

(2) [④]적 공평이나 [⑤]적 평등은 결국 비례세인가 [⑥]세인가라는 세율구조 의 선택을 말한다. 이 선택은 위헌심사의 대상인가 아닌가? 98헌마55 결정.

[관련법령]
(가) 구 조세감면규제법 제88조의2: 아래 결정문 중 심판의 대상 부분 참조. 현행법으로는 조세특례제한법 제133조(양도소득세…감면의 종합한도) 제 1 항: 개인이…감면받을 양도소 득세액의 합계 중에서 다음 각 호의…금액은 감면하지 아니한다.
1. …감면받을 양도소득세의 합계액이 과세기간별로…억원을 초과하는 경우에는 그 초과 부분…
구 조세감면규제법 제88조(최저한세) 현행법으로 조세특례제한법 제132조(최저한세) ① … 법인세를 계산할 때…감면 등을 적용받은 후의 세액이…[그런 감면]등을 하지 아니한 경우 의 과세표준에…계산한…법인세 최저한 세액…에 미달하는 경우 그 미달하는 세액에 상당 하는 부분에 대해서는 감면 등을 하지 아니한다.
(나) 구 법인세법 제59조의4(법인세 특별부가세): 현행법으로 법인세법 제55조의2 제 1 항.

사례 2-2 헌법재판소 1996. 8. 29. 95헌바41 결정

【청 구 인】이 ○ 범
　　　　　대리인 변호사 심 훈 종 외 6인
【주　　문】
1. …
2. 구 조세감면규제법(1991. 12. 27. 법률 제4451호로 개정되기 전의 것) 제88조의2… 는 헌법에 위반되지 아니한다.
【이　　유】
1. 사건의 개요 및 심판의 대상
가. 사건의 개요
청구인은 1991. 9. 3. 그 소유이던 경기 고양군 일산읍 탄현리 8의 8 외 19필지의 토지 를 금 3,093,821,390원에 청구외 ○○토지개발공사에 수용당하였던바, 서초세무서장은 1992. 11. 10. 구 조세감면규제법(1991. 12. 27. 법률 제4451호로 개정되기 전의 것, 이하

'법'이라고 한다)…에 의하여 위 양도소득세가 면제되더라도 법 제88조의2…에 의하여 그 중 3억원을 초과하는 부분에 대하여는 납세의무가 있다는 이유로 금 775,273,557원의 양도소득세를 부과하는 처분을 하였다. 이에 청구인은 서울고등법원에 위 양도소득세부과처분의 취소를 구하는 소송(93구22823)을 제기하여 승소하였으나 서초세무서장의 상고로 위 소송이 대법원에 계속(94누6741)중 법 제88조의2…에 대한 위헌심판제청신청(95부23)을 하였는바, 대법원이 1995. 9. 26. 위 신청을 기각하자 1995. 10. 2. 위 기각결정을 송달받고 같은 달 13. 이 사건 헌법소원심판을 청구하였다.

나. 심판의 대상

이 사건 심판의 대상은 법 제88조의2…의 위헌 여부인바, 심판대상 규정 및 관련규정인 법 제57조 제 1 항·제66조의3의 내용은 다음과 같다.

제88조의2(양도소득세 감면의 종합한도) 개인이 제57조 … 의 규정에 의하여 감면받는 양도소득세액의 합계액이 과세기간별로 3억원을 초과하는 경우에는 그 초과하는 부분에 상당하는 금액은 이를 감면하지 아니한다…

제57조(공공사업용 토지 등에 대한 양도소득세 등 감면) ① 다음 각호의 1에 해당하는 토지 또는 건물(이하 '토지 등'이라 한다)의 양도로 인하여 발생하는 소득에 대하여는 양도소득세 또는 특별부가세의 100분의 70에 상당하는 세액을 감면한다.

1. …

2. 토지수용법 기타 법률에 의한 수용으로 인하여 발생하는 소득

…

2. 청구인의 주장 및 이해관계인들의 의견

가. 청구인의 주장

(1) 법 제88조의2는 납세자가 법인인 경우에는 양도소득세액이 얼마인가에 무관하게 전액을 면제하면서도 납세자가 개인인 경우에는 과세기간별로 3억원을 한도로 양도소득세를 감면하고 있는바, 이는 합리적 이유 없이 개인과 법인을 차별함으로서 개인의 재산권을 침해하는 것이다…

3. 판   단

가. 적법요건에 관한 판단 (생 략)

나. 위헌 여부에 관한 판단

(1) 조세감면규정과 조세평등주의

㈎ 이 사건의 쟁점은 첫째, 법 제88조의2에 의하여 개인에게만 양도소득세 감면 종합한도액이 적용되고 법인에게는 적용되지 않는 것이 조세평등의 원칙에 반하는 것인지 여

부…이다.

(나) 조세평등주의는 헌법 제11조 제1항이 규정하는 평등원칙이 세법영역에서 구현된 것으로 조세의 부과와 징수는 납세자의 담세능력에 상응하여 공정하고 평등하게 이루어져야 하고 합리적 이유 없이 특정의 납세의무자를 불리하게 차별하거나 우대하는 것은 허용되지 아니한다는 원칙이다. 입법자는 조세법의 분야에서도 광범위한 입법형성의 자유를 가지므로 구체적인 조세관계에서 납세자들을 동일하게 대우할 것인지 혹은 달리 대우할 것인지를 일차적으로 결정할 수 있는 것이기는 하지만, 이러한 결정을 함에 있어서는 재정정책적·국민경제적·사회정책적·조세기술적 제반 요소들에 대한 교량을 통하여 그 조세관계에 맞는 합리적인 조치를 하여야만 평등의 원칙에 부합할 수 있다. 조세감면…정책목표달성이 필요한 경우에 그 감면혜택을 받는 자의 요건을 엄격히 하여 한정된 범위 내에서 예외적으로 허용되어야 하는 것이기는 하나, 특정 납세자에 대하여만 감면조치를 하는 것이 현저하게 비합리적이고 불공정한 조치라고 인정될 때에는 조세평등주의에 반하여 위헌이 된다고 할 것이다(헌법재판소 1995. 6. 29. 선고, 94헌바39 결정 참조).

(2) 법 제88조의2와 조세평등주의

(가) 법 제88조의2의 입법경위

조세감면규제법은 경제개발의 촉진, 기업의 육성, 산업의 장려 등 정책목표의 수행을 지원하기 위한 정책수단으로…기본적으로 조세의 형평성을 해하는 법이다. 그런데 그 중에서도 양도소득세, 특히 이 사건 심판청구에서 문제되고 있는 공공사업용지에 대한 양도소득세의 감면 항목의 비중이 아주 큰 데다가 부동산 투기억제라는 측면에 비추어도 문제가 많아 조세정책적 측면에서 그 비율의 축소를 위한 방안들이 논의되어 왔는바, 법 제88조의2도 이와 같은 배경에서 1990. 12. 31. 법률 제4285호로 조세감면규제법이 개정되어 신설된 것이다. 즉…법 제88조를 개정하여 최저한세제를 도입하고 이에 더하여 개인에 대하여는 법 제88조의2를 신설하여 양도소득세 감면 종합한도제를 도입한 것인바, 법 제88조의2를 신설한 자체는 조세감면폭의 축소라는 점에서 극히 타당한 것이다. 문제는 개인에 대하여만 양도소득세 감면 종합한도액을 설정하고 법인에 대하여는 그러한 규정이 없다는 점인데 그 타당성 여부는 양도소득세 감면 종합한도액 규정만을 두고 볼 것이 아니라 최저한세 등 다른 조세법규와의 관련하에서 검토하여야 한다.

(나) 최저한세와 법 제88조의2

정책목적상 조세특례제도를 이용하여 세금을 감면하여 주는 경우에도 세부담의 형평성, 재정확보의 측면 등에서 소득이 있으면 누구나 최소한의 세금을 부담하도록 하기 위한 제도가 최저한세제도이고, 법이 규정하고 있는 최저한세는 개인과 법인 간에 차이가 있는바 이를 개관하면 다음과 같다.

법인의 경우에는 법인의 각 사업연도의 소득에 대한 감면 등을 받은 후의 세액과 감면을 받기 전의 과세표준에 100분의 12를 곱하여 계산한 세액 중 많은 것을 기초로 산정한 세금을 최저 법인세액으로 납부하여야 함에 비하여(법 제88조 제 1 항) 개인의 경우에는 제소득 중 사업소득에 한하여 감면 등을 받은 후의 세액과 감면을 받기 전의 산출세액에 100분의 30을 곱하여 계산한 금액 중 많은 것을 기초로 산정한 세금을 최저세액으로 납부하여야 한다(법 제88조 제 2 항).

이를 이 사건과 관련된 양도소득세 또는 특별부가세(이하 '양도소득세 등'이라 한다)와 관련하여 살펴보면 다음과 같은 문제점이 있음을 알 수 있다. 첫째, 법인이 자산의 양도로 수익을 얻은 경우에는 이에 대하여 법인세…를 납부하는 외에 다시 특별부가세…를 납부하여야 하는데 이에 비하여 개인은 양도소득세…만 납부하면 된다. 따라서 이를 일률적으로 비교할 수는 없지만 일반적으로는 법인의 경우가 개인보다 자산의 양도로 인한 세부담이 더 크다고 할 수 있다. 둘째, 법인의 특별부가세나 개인의 양도소득세는 최저한세의 적용대상이 아니지만 법인의 법인세는 최저한세의 적용대상이 된다. 따라서 양도소득세 등이 감면·면제되는 경우에 있어서 법인은 법 제88조의2와 같은 규정이 없더라도 자산의 양도로 인한 소득 중 법인세 부분에 대하여는 법 제88조에 의한 최저한의 세금을 납부하지 않으면 안 되지만 이에 비하여 개인은 특별한 한도 설정 규정이 없는 한 전액 면제를 받게 된다.

이와 같은 점을 종합하여 보면, 자산양도수익에 대하여 부과되는 세금체계가 법인과 개인에 따라 달리 규정되어 있고 법인의 경우에는 최저한세 규정이 양도소득세 감면 종합한도액 설정의 기능까지 가짐에 비하여 개인의 경우에는 그러하지 않으므로 이를 보완하기 위하여 개인에 대하여만 양도소득세 감면 종합한도액 규정인 법 제88조의2를 신설함으로써 법인과 개인 간의 균형을 맞추려고 한 것이 입법자의 의도라고 할 것이고, 이와 같은 입법자의 의도는 달리 명백히 비합리적이고 불공정한 조치라고 볼 근거가 없는 이상 충분히 존중되어야 할 것이다. 이와 관련하여 헌법재판소는 법 제88조의2가 양도소득세 감면 종합한도액을 3억원으로 정한 것이 헌법에 위반되지 아니한다는 결정(헌법재판소 1995. 6. 29. 선고, 94헌바39 결정)을 한 바 있다.

물론 우리 세제에 있어서 양도소득세 등이 가지는 제 1 차적 기능은 부동산투기의 억제에 있다고 할 것이고 이 점에 있어서 법인이나 개인 간에 특별한 차별을 할 이유는 없는 것이므로 양도소득세 감면의 종합한도액 규정을 신설하는 마당에 있어서는 개인의 경우에만 양도소득세 감면 종합한도액을 설정할 것이 아니라 법인의 특별부가세의 경우에도 감면 종합한도액을 설정하는 것은 일반적인 의미에서 타당한 것이고, 그러하기 때문에 1991. 12.

27. 법률 제4451호로 조세감면규제법 개정시 제88조의3으로 법인에 대한 특별부가세 감면의 종합한도액 규정이 신설된 것은 사실이다. 그러나 개인과 법인을 동일 세제에 의하여 과세하는 경우라면 모르겠지만 현행 세제와 같이 소득세법과 법인세법으로 나누어 각기 달리 과세하는 체계 아래에서는 어느 한 요소만을 보고 개인과 법인 간의 조세부과의 형평성을 쉽게 단정할 수 있는 것은 아니라고 하겠고, 이 사건의 경우에도 앞서 본 바와 같은 사정을 참작하여 보면 법인에 대한 특별부가세 감면의 종합한도액 규정이 신설됨으로 인하여 법인과 개인 간의 조세 부과에 있어 형평성이 제고되었다고 할 수 있을는지는 몰라도 이를 이유로 법 제88조의2의 규정이 형평의 원칙에 현저히 반하는 비합리적이고 불공정한 것이었다고 할 수는 없다.

(다) 따라서 법 제88조의2는 입법재량의 한계 내에 있는 규정이고, 조세평등주의 및 재산권보장의 원칙에 반하는 위헌의 법률규정이라고 할 수 없다…

4. 결 론

그렇다면 이 사건 심판청구 중…법 제88조의2…는 헌법에 위반되지 아니하므로 제 5 항과 같은 재판관 조승형의 주문 제 2 항의 주문표시에 대한 별개의견이 있는 외에는 나머지 재판관 전원의 일치된 의견으로 주문과 같이 결정한다.

5. 재판관 조승형의 주문 제 2 항의 주문표시에 대한 별개의견 (생략)

재판관 김용준(재판장) 김문희 황도연(주심) 이재화 조승형 고중석 신창언.

Notes & Questions

(1) 위 헌법재판소 1996. 8. 29. 95헌바41 결정의 쟁점은, 자산양도차익 과세에 관하여 [   ]과 [   ] 사이에 일정한 차이를 둔 법률이 헌법 제11조(평등) 위반인가이다.

(2) 이 사건에 적용된 법률 뒤에 생긴 개정법은 앞 (1)의 차이를 없앴다.(95헌바41 결정 3. 나.(2).(나).) 그럼에도 불구하고 이 사건에서 둘 사이의 차이가 합헌이 된 이유는 무엇인가? 불평등한 법률이 위헌인지에 대한 심사기준은 무엇인가? 다른 예로 자연인과 법인 간 세금계산서 미교부 가산세의 차이는 조세평등주의에 위반되는가? 대법원 2008. 7. 10. 선고 2006두9337 판결.

(3) 최저한세라는 제도의 취지는 무엇일까? (사례 10 – 1)

4. 소급입법에 따른 과세

[관련법령]

국세기본법 제21조

사례 2-3   헌법재판소 2014. 7. 24. 2012헌바105 결정

【당 사 자】청 구 인 주식회사 ○○대표이사 최○훈대리인 법무법인 랜드마크(담당변
　　　　　　호사 김재훈)
　　　　　　당해사건 서울고등법원 2011누29795 법인세부과처분취소

【주　　문】

법인세법 부칙(2008. 12. 26. 법률 제9267호) 제 9 조는 헌법에 위반된다.

【이　　유】

1. 사건개요

청구인은 2003. 7. 14.부터 2006. 10. 2.까지 수원시 팔달구 ○○동 1116－5 지상에 오피스텔 건물을 신축하여 분양하였는데, 2007 사업연도에 32억 원이 넘는 결손이 발생하였다. 이에 청구인은, 자신이 건설업을 주된 사업으로 영위하는 법인임을 전제로 2008. 6. 19. 구 법인세법(1998. 12. 28. 법률 제5581호로 개정되고 2008. 12. 26. 법률 제9267호로 개정되기 전의 것, 다음부터 '개정 전 법인세법'이라 한다) 제72조 제 1 항의 결손금 소급공제에 의한 환급으로서 2006 사업연도에 납부한 법인세의 환급을 신청하여 ○○세무서장으로부터 403,577,200원을 환급받았다. 그런데 ○○세무서장은 2009. 11. 1. 청구인이 건설업이 아니라 부동산 공급업을 주된 사업으로 영위하는 기업으로서 결손금 소급공제 대상인 중소기업에 해당하지 않는다는 이유로 구 법인세법(2008. 12. 26. 법률 제9267호로 개정되고 2010. 12. 30. 법률 제10423호로 개정되기 전의 것, 다음부터 '개정 후 법인세법'이라 한다) 제72조 제 5 항 제 2 호(다음부터 '이 사건 개정조항'이라 한다)에 따라 청구인이 환급받은 법인세액에 이자상당액을 가산한 467,624,910원을 해당 결손금이 발생한 2007 사업연도의 법인세로 징수하는 이 사건 처분을 하였다. 청구인은 수원지방법원에 이 사건 처분의 취소를 구하는 소(2011구합1543)를 제기하였으나 패소하였다. 청구인은 이에 불복하여 항소한 뒤 당해 사건 계속 중 개정 후 법인세법 제72조 제 5 항 및 부칙 제 9 조에 대하여 위헌법률심판제청신청을 하였으나 2012. 2. 15. 기각되자 2012. 3. 22. 이 사건 헌법소원심판을 청구하였다.

2. 심판대상

…청구인의 주장은, 결손금 소급공제 대상 중소기업에 해당하지 아니하는 법인이 법인세를 환급받은 경우 당해 환급세액을 반환받을 수 있는 근거규정인 개정 후 법인세법 제72

조 제 5 항 제 2 호를 시행 후 최초로 환급세액을 징수하는 분부터 적용하도록 한 것이 소급입법 과세금지원칙에 위배된다는 것이다. 심판대상조항 및 관련조항은 다음과 같다.

[심판대상조항]

법인세법 부칙(2008. 12. 26. 법률 제9267호)

제 9 조(결손금 소급공제에 의한 환급에 관한 적용례) 제72조 제 5 항의 개정규정은 이 법 시행 후 최초로 환급세액을 징수하는 분부터 적용한다.

[관련조항]

구 법인세법(2008. 12. 26. 법률 제9267호로 개정되고 2010. 12. 30. 법률 제10423호로 개정되기 전의 것)

제72조(결손금 소급공제에 의한 환급) ⑤ 납세지 관할세무서장은 다음 각 호의 어느 하나에 해당되는 경우에는 환급세액(제 1 호의 경우에는 감소된 결손금에 상당하는 환급세액)에 대통령령으로 정하는 바에 따라 계산한 이자상당액을 가산한 금액을 해당 결손금이 발생한 사업연도의 법인세로서 징수한다.

   2. 제…조…의 중소기업에 해당하지 아니하는 법인이 법인세를 환급받은 경우

3. 청구인의 주장 등

가. 청구인의 주장

심판대상조항은 이미 결손금 소급공제를 받은 경우에 소급하여 환급세액을 징수하는 규정으로서, 결손금 소급공제를 환급받을 당시의 규정이 아닌 새로운 입법을 통해 과거에 종료된 사실관계를 규율하여 납세자에게 불리하게 적용되는 것으로 소급입법 과세금지원칙 및 조세법률주의에 반한다.

나. 법원의 위헌제청신청 기각결정 이유의 요지 (생략)

4. 판   단

가. 심판대상조항의 취지

개정 전 법인세법은 제72조 제 5 항에서 … 이 사건과 같이 소급공제 대상 법인에 해당되지 않는데도 법인세를 환급받은 경우에 그 환급세액을 다시 징수할 수 있는 근거규정은 별도로 없었다. … 판례에 따라 결손금 소급공제 대상 법인이 아닌 법인이 결손금 소급공제에 따라 법인세를 환급받은 경우 국가로서는 그 법인을 상대로 부당이득반환 청구의 소를 제기하여 이를 환수하게 되었다.[1]

그러자 개정 후 법인세법에서는 제72조 제 5 항을 개정하여 본문에서 규정하고 있던 '결손금이 발생한 사업연도에 대한 법인세의 과세표준과 세액을 경정함으로써 결손금이 감

---

1) 아래 Notes & Questions (5) 참조(저자 주).

소한 경우'를 제 1 호로 규정하고, 제 2 호로 '중소기업에 해당하지 아니하는 법인이 결손금 소급공제를 통하여 법인세를 환급받은 경우'를 신설하였다. 아울러 심판대상조항을 두어 위와 같이 신설된 제72조 제 5 항 제 2 호의 규정을 개정 후 법인세법 시행 후 최초로 환급세액을 징수하는 분부터 적용하도록 하였다.

나. 소급과세금지원칙 위배 여부

(1) 헌법 제13조 제 2 항은 소급과세금지원칙을 규정하고 있고 새로운 입법으로 과거에 소급하여 과세하거나 이미 납세의무가 존재하는 경우에도 소급하여 중과세하는 것은 헌법에 위반된다(헌재 2012. 12. 27. 2011헌바132 등 참조). 한편 소급입법은 신법이 이미 종료된 사실관계에 작용하는지 아니면 현재 진행중에 있는 사실관계에 작용하는지에 따라 '진정소급입법'과 '부진정소급입법'으로 구분되고, 진정소급입법은 헌법적으로 허용되지 않는 것이 원칙이며 특단의 사정이 있는 경우에만 예외적으로 허용될 수 있다(헌재 2008. 5. 29. 2006 헌바99 등 참조).

(2) 납세의무는 조세법규에 정해진 과세요건이 충족된 때에 그 내용과 범위가 성립되는데, 이 사건 개정조항에 따라 '결손금 소급공제 대상 중소기업이 아닌 법인이 결손금 소급공제로 환급받은 사실'이라는 과세요건이 충족되면 그때 조세채무가 성립된다고 보아야 한다.

그런데 심판대상조항은 개정 후 법인세법의 시행 이전에 결손금 소급공제 대상 중소기업이 아닌 법인이 결손금 소급공제로 법인세를 환급받은 경우에도 이 사건 개정조항을 적용할 수 있도록 규정하고 있으므로, 이는 이미 종결한 과세요건사실에 소급하여 적용할 수 있도록 하는 것이다. 따라서 심판대상조항은 청구인이 이 사건 개정조항이 시행되기 전 환급세액을 수령한 부분까지 사후적으로 소급하여 적용되는 것으로서… 이미 완성된 사실·법률관계를 규율하는 진정소급입법에 해당한다. …

(5) 법인세를 부당 환급받은 법인은 조세채무를 부담하게 되어 국세부과권의 제척기간, 징수권의 소멸시효에 따라 개정 전 법인세법에서 국가의 금전채무 소멸시효 기간 5년보다 더 장기간에 걸쳐 환급금을 환수당할 처지에 놓이게 되었다. 더구나 이 사건 개정조항은 환급세액뿐만 아니라 이자상당액을 가산한 금액을 지급하도록 규정하고 있다. … 따라서 법인세를 부당 환급받은 법인은 소급입법에 의하여 재산의 손실이 없거나 있더라도 그 손실이 아주 가벼운 경우라고 볼 수 없다.

(6) 결국, 법인세를 부당 환급받은 법인은 소급입법을 통하여 이자상당액을 … 부담할 것이라고 예상할 수 없었고 … 이자상당액을 … 납부하지 않을 것이라는 신뢰는 보호할 필요가 있으며 신뢰의 이익이 적은 경우라거나 소급입법에 의한 당사자의 손실이 가벼운 경우라고 할 수 없다… 신뢰보호의 요청에 우선하여 진정소급입법을 하여야 할 매우 중대한 공

익상 이유가 있다고 볼 수도 없다.

5. 결   론

심판대상조항은 헌법에 위반되므로, 관여 재판관 전원의 일치된 의견으로 주문과 같이 결정한다.

재판관 박한철(재판장) 이정미 김이수 이진성 김창종 안창호 강일원 서기석 조용호

Notes & Questions

(1) 우리 대법원과 헌법재판소는 [①]소급과 [②]소급 입법을 구별하고 있다. 두 가지를 구별하는 기준과 실익은 무엇인가?

(2) 사례 (2−3)의 사실관계에서 원고는 2006사업연도에는 이익이 나서 법인세를 내었지만 (   )년에는 결손이 나서 2006년분으로 납부한 법인세 403,577,200원을 (   ).6.19.에 환급받았다. 관할세무서장은 이렇게 환급했던 403,577,200원에 이자상당액을 가산한 금액을 (   ).11.1 (   )년분 법인세로 추징했다. 이 금액을 (   )년분 법인세로 추징한 근거가 된 법조문은 무엇인가?

(3) 심판대상 조항은 진정소급과 부진정소급 가운데 어느 쪽에 해당하는가?
(i) "중소기업에 해당하지 아니하는 법인이 법인세를 환급받은 경우"에는 환급시점에서 추징시점 사이의 이자상당액을 가산하여 추징한다는 법은 언제 생겼는가?
(ii) 청구인이 "법인세를 환급받은" 사실은 언제 있었는가?

(4) 가령 2××1년 12. 30 법인세법이 개정되어 세율을 25%에서 30%로 올리면서 부칙으로 개정법을 같은 해 12. 31로 종료하는 사업연도부터 시행한다고 정한다고 하자.
(i) 사업연도가 역년인 법인이라면 2××1년 분 소득에 적용할 세율은 얼마인가?
(ii) 위 결론을 (사례 2−3)에 나오는 헌법재판소의 논리로 정당화해보라.

(5) 한편 사례 (2−3)의 결정 이후 대법원은 종래의 "중소기업에 해당하지 아니하는 법인이 법인세를 환급받는 경우" 이를 추징할 근거규정이 없다는 종래의 판결을 변경하여, 반드시 국가가 부당이득반환청구를 할 필요는 없고 현행법으로 국세기본법 제51조 제 9 항에 따른 국세징수 절차를 밟으면 된다고 판시하였다(대법원 2016. 2. 18. 선고 2013다206610 판결). 결과적으로 이 결정문에서 4. 판단 '가'의 첫 문단은 틀린 진술이 되었다.[2)]

---

2) 결국 중소기업 아닌 자가 받아간 환급금의 추징은 2008.12.26. 전에는 국세기본법 제51조 제 8 항, 그 날 이후에는 법인세법 제72조 제 5 항에 따르게 된다. 구태여 알아 둘 필요는 없다.

제 3 장
세법의 해석과 적용

제 1 절   세법의 해석

(1) 세법의 해석에서 확대해석이나 유추적용(특히 납세자에게 불리한 확대나 유추)가 되는 가, 된다면 어디까지 되는가에 관해서는 판결이 갈리고 있다. 가령 대법원 2007. 6. 28. 선고 2005누13537 판결은 소득세법상의 사업자가 물건을 사면서 아예 증빙을 받지 않은 경우, 그에 관한 가산세 조문은 없고 받은 증빙이 불비한 경우에 적용할 가산세를 적용할 수도 없으므로 가산세를 물릴 수 없다고 한다. 한편 일시재산소득(세) 비과세 대상인 '사업용 고정자산'이라는 말은 사업용 고정자산 중 양도소득세 과세 대상인 것만을 뜻한다고 한다. 대법원 2005. 1. 28. 선고 2003두7088 판결.

(2) 대법원의 현재 입장은 대략 다음과 같다.

조세법률주의의 원칙상 조세법규의 해석은 특별한 사정이 없는 한 법문대로 해석하여야 하고 합리적 이유 없이 확장해석하거나 유추해석하는 것은 허용되지 않지만, 법규 상호간의 해석을 통하여 그 의미를 명백히 할 필요가 있는 경우에는 조세법률주의가 지향하는 법적안정성 및 예측가능성을 해치지 않는 범위 내에서 입법 취지 및 목적 등을 고려한 합목적적 해석을 하는 것은 불가피하다고 할 것이다. 대법원 2008. 1. 17. 선고 2007두11139 판결.

(3) 대법원의 이런 입장과 또 그에 대해 비판적 시각을 보이는 헌법재판소의 입장을 다음 사례에서 볼 수 있다.

대법원은 2006두19419 판결 및 2006두17550 판결에서…이 사건 부칙조항이 이 사건 전부개정법의 시행에도 불구하고 실효되지 않았다고 볼 '특별한 사정'이 있다고 해석한 후 이를 전제로 이 사건 부칙조항을 당해 사건에 적용하였다…조세법의 해석에 있어서는 헌법상의 죄형법정주의, 조세법률주의의 원칙상 엄격하게 법문을 해석하여야 하고 합리적인 이유 없이 확장해석하거나 유추해석할 수는 없는바, '유효한' 법률조항의 불명확한 의미를 논리적·체계적 해석을 통해 합리적으로 보충하는 데에서 더 나아가, 해석을 통하여 전혀 새로운 법률상의 근거를 만들어 내거나, 기존에는 존재하였으나 실효되어 더 이상 존재한다고 볼 수 없는 법률조항을 여전히 '유효한' 것으로 해석한다면, 이는 법률해석의 한계를 벗어나 '법률의 부존재'로 말미암아 형벌의 부과나 과세의 근거가 될 수 없는 것을 법률해석을 통하여 창설해 내는 일종의 '입법행위'로서 헌법상의 권력분립원칙, 죄형법정주의, 조세법률주의의 원칙에 반한다… 이 사건 부칙조항이 실효되었다고 본다면, 이미 상장을 전제로 자산재평가를 실시한 법인에 대한 사후관리가 불가능하게 되는 법률의 공백상태가 발생하고, 종래 자산재평가를 실시하지 아니한 채 원가주의에 입각하여 성실하게 법인세 등을 신고·납부한 법인이나 상장기간을 준수한 법인들과 비교하여 볼 때 청구인들을 비롯한 위 해당 법인들이 부당한 이익을 얻게 되어 과세형평에 어긋나는 결과에 이를 수도 있다. 그러나, 과세요건법정주의 및 과세요건명확주의를 포함하는 조세법률주의가 지배하는 조세법의 영역에서는 경과규정의 미비라는 명백한 입법의 공백을 방지하고 형평성의 왜곡을 시정하는 것은 원칙적으로 입법자의 권한이고 책임이지 법문의 한계 안에서 법률을 해석·적용하는 법원이나 과세관청의 몫은 아니다. 헌법재판소 2012. 5. 31. 2009헌바123 결정.

제 2 절   요건사실의 확정과 추계과세

Ⅰ. 요건사실에 대한 입증

[관련법령]
국세기본법 제16조.

사례 3-1   대법원 1984. 7. 24. 선고 84누124 판결

【원고, 피상고인】정리회사 주식회사 고려의 관리인 김지완
【피고, 상고인】군산세무서장
【원심판결】광주고등법원 1984. 1. 17. 선고 81구80 판결
【주   문】
원심판결을 파기하여, 사건을 광주고등법원에 환송한다.

【이 유】

상고이유 제1, 2 점을 함께 모아 판단한다.

원심판결 이유기재에 의하면, 원심은 그 거시증거를 모아 피고는 주식회사 고려에 대한 세무사찰의 결과, 주식회사 고려의 자산장부상의 주주가지급금계정의 금 743,350,193원, 받을 어음계정의 금 700,000원, 대여금계정의 금 550,000,000원, 미결산금계정의 금 1,588,312,400원, 합계 금 3,581,662,593원중에서 가공증자 가지급금 금 161,600,000원, 소외 김택하에 대한 가지급금 금 200,000,000원, 소외 고려종합식품주식회사에 대한 가지급금 금 328,000,000원, 합계 금 689,600,000원을 차감한 나머지 금 2,892,062,593원을 주식회사 고려가 1972. 9. 1부터 1980. 6. 30까지 사이에 사채이자로 지급된 돈이라고 단정하고 위 금 2,892,062,593원에서 확인된 채권자들에게 지급된 이자 합계 금 262,026,000원, 1974. 12. 31 이전에 지급된 이자 금 217,887,804원(조세채권이 확정되었다고 하더라도 소멸시효가 완성된 부분) 이 사건 처분당시 과세시기가 도래하지 않은 1980. 1. 1 이후에 지급한 이자 금 422,718,162원을 각 공제한 나머지 금 1,989,330,627원에 대하여 … 1980. 10. 2 … 1975. 1. 1부터 1979. 12. 31까지 해당 사업년도 및 과세기간별로 구분하여 이 건 부과처분을 한 사실을 확정한 다음 위 금 2,892,062,593원이 원고가 사채이자로 지급된 돈이라는 점에 부합하는 듯한 을 제6 호증의 1, 을 제11호증의 각 기재와 증인 정봉준의 증언은 믿기 어렵고 달리 이를 인정할만한 아무런 증거가 없으므로 위 돈이 사채이자로 지급된 것임을 전제로 하여 부과한 이 사건 처분은 위법이라고 판시하였다.

민사소송법의 규정이 준용되는 행정소송에 있어서 입증책임은 원칙적으로 민사소송의 일반원칙에 따라 당사자간에 분배되고 항고소송의 특성에 따라 당해 처분의 적법을 주장하는 피고에게 그 적법사유에 대한 입증책임이 있다고 하는 것이 당원의 일관된 견해이므로 피고가 주장하는 당해 처분의 적법성이 합리적으로 수긍할 수 있는 일응의 입증이 있는 경우에는 그 처분은 정당하다고 할 것이며 위와 같은 합리적으로 수긍할 수 있는 증거와 상반되는 주장과 입증은 그 상대방인 원고에게 그 책임이 돌아간다고 풀이하여야 할 것이다.

돌이켜 일건기록을 살펴보면, 이 사건 주주가지급금계정, 받을 어음계정, 대여금계정, 미결산금계정에 계상된 금액에 대하여 피고의 세무조사 당시 주식회사 고려는 그 근거와 증빙을 제시하지 못하였을 뿐만 아니라 1972. 9. 1부터 1980. 6. 30까지의 기간중 지급된 사채이자를 변태기장한 것이라고 주식회사 고려의 대표이사를 대리한 부사장 김택림이 피고에게 확인서(을 제11호증)를 제출하고 국세청 조사국 세무공무원에게 그와 같은 전말을 진술한(을 제6 호증의 1)사실이 인정되는 이 사건에 있어서 피고가 위 을 제6 호증의 1 및 을 제11호증을 제출하고 다시 증인 정봉준의 증언에 의하여 이와 같은 사실을 입증하였다면 그와 반대되는 이 사건 부과처분의 위법사유에 관하여서는 원고에게 이를 주장 입증할 책임이 돌아간다고 할 것임에도 불구하고 위 을 제6호증의 1 및 을 제11호증의 각 기재와 증인 정봉준의 증언을 대비되는 증거나 합리적인 이유의 설시도 없이 이를 배척하고 달리 이 돈이 사채이자로 지급된 것이라고 인정할 만한 자료가 없다고 하여 이 사건 부과처분이 위법하다고 판시한 원심조치는 필경 항고소송에 있어서의 입증책임에 관한 법리를 오해하고 입증책임을 전도하여 판결에 그 이유를 갖추지 아니한 잘못을 저질렀다 할 것이니 상고는 그 이유가 있다고 할 것이다.

그러므로 원심판결을 파기하고, 원심으로 하여금 다시 심리판단케 하기 위하여 사건을 광주고등법원에 환송하기로 관여법관의 의견이 일치하여 주문과 같이 판결한다.

대법관 이일규(재판장) 이성렬 전상석 이회창.

Notes & Questions

(1) 이 판결의 실체법상 쟁점은 원고가 그 내용을 설명하지 못하는 현금지출액 1,989,330,627 원을 私債이자로 볼 수 있는가이다. 이에 대해서는 대법원 1988. 1. 19. 선고 87누102 판결(사례 7-5) 및 (사례 13-6) 참조.

(2) 과세처분의 위법을 이유로 그 취소를 구하는 소송에서 과세표준 등 과세요건을 이루는 적극적 사실의 존재에 대하여는 원칙적으로 누구에게 그 입증책임이 있는가? 조세소송에서 입증책임 분배가 민사소송과 다르다고 볼 수 있는 논거가 있는가?

(3) 위 84누124 판결에서는 쟁점 지출액이 私債이자라는 점에 대한 입증은 김택림과 정봉준의 말뿐이다. 이 '일응의 입증' 이론으로 요건사실의 존재에 관한 과세관청의 입증책임을 완화하고 있는 이유는 무엇일까?

(4) 과세관청이 실지조사방법에 의하여 법인의 소득에 대한 과세표준과 세액을 결정하면서 당해 법인의 당초 신고에서 누락된 수입금액을 발견한 경우 누락수입에 대응하는 비용이 따로 있는 것도 과세관청이 입증하여야 하는가? 법률요건분류설의 입장에서 생각해 보라. 대법원 1998. 4. 10. 선고 98두328 판결.

Ⅱ. 추계과세

[관련법령]

국세기본법 제16조; 소득세법 제80조와 제25조 제 1 항.

사례 3-2 대법원 1985. 11. 26. 선고 83누400 판결

【원고, 상고인 겸 피상고인】이세춘 소송대리인 변호사 임영득

【피고, 피상고인 겸 상고인】성북세무서장

【원심판결】서울고등법원 1983. 5. 30. 선고 81구593 판결

【주　　문】

원고 및 피고의 상고를 모두 기각한다.

상고 소송비용은 각 상고인의 부담으로 한다.

【이　　유】

1. 원고의 상고이유를 판단한다.

원심판결을 기록에 비추어 보건대, 원심은 원고가 그 소유인 서울 중구 명동 1가 37의 1외 4필지상의 5층 건물을 소외 국일증권주식회사 등에 임대하면서 수령한 보증금을 임차인들이 사업자등록시 첨부한 임대차계약서상의 보증금에 의하여 인정하면서, 1978 사업년도중에 위 보증금으로 인하여 발생한 수입이나, 이에 관련한 비용은, 소외 정상준, 탁정숙 등으로부터 수령한 보증금과 임료가 기장되어 있지 아니하는 등 이를 계산함에 필요한 장부나 증빙서류의 중요한 부분이 미비 또는 허위로 인하여 확인할 수 없는 경우에 해당된다고 한 다음, 위 보증금에 의한 수입금액을 소득세법 …에 따라 위 보증금에 대한 정기예금 이율로 환산한 금액으로 추계조사 결정할 것이라고 판시하였는바, 우선 원고는 위 보증금에 의한 수입 내지 소득계산에 필요한 장부와 증빙서류를 구비하고 있지 아니하고, 또 소론과 같이 원고가 위 부동산 임대업에 관련하여 금전출납부(갑 제172호증의 1, 2), 수입·경비 등 장부(갑 제173호증의 1, 2)등을 구비하고 있었다 하더라도, 위 장부에는 원심판시와 같이 소외 정상준, 탁정숙에 대한 보증금과 임료의 기장이 누락되어 있고, 또 원고는 임차인들로부터 보증금을 수령하여 즉시인출, 사용한 것으로 기재되어 있는 데다, 그 인출지급한 명세도 명시되어 있지 않는 점 등에 미루어 볼 때, 이는 1978. 사업년도의 총수입금액을 계산함에 필요한 장부와 증빙서류가 없거나, 중요한 부분이 미비 또는 허위인 때에 해당하여 그 총수입금액은 추계조사 결정할 수밖에 없다 할 것이므로 원심의 위와 같은 판시와 그 판시

사실의 인정은 정당하고 거기에 소론과 같은 법리오해와 사실오인의 위법이 없다.

논지는 모두 이유 없다.

2. 피고의 상고이유를 판단한다.

(생 략)

3. 따라서 원고와 피고의 상고를 모두 기각하고, 상고 소송비용은 각 상고인의 부담으로 하기로 하여 관여 법관의 일치된 의견으로 주문과 같이 판결한다.

대법관 신정철(재판장) 정태균 이정우 김형기.

Notes & Questions

(1) 위 대법원 1985. 11. 26. 선고 83누400 판결의 쟁점은 납세의무자의 총수입금액을 추계 조사결정할 수 있는가이다. 있다는 이유는 무엇인가?

(2) 추계조사결정한다는 말은 무슨 뜻인가? 장부에 따라 과세를 못하는 경우 납세의무자의 당해 사업연도의 총수입금액을 어떻게 결정하는가? 이 사건에서 처분청은 납세의무자의 실제수입이나 비용을 확인하지 못했고 임대보증금을 받은 액수만 확인했다. 처분청은 납세의무자의 소득을 어떻게 결정했는가?

(3) 추계과세의 요건이 만족되는 경우 그 결과에 대해서는 납세의무자가 다툴 길이 전혀 없는 것인가? 대법원 1988. 3. 8. 선고 87누588 판결.

제 3 절   실질과세

I. 차용개념

(1) 상속세법에서 상속인이라는 말이 상속포기자를 포함하는가라는 쟁점에 관하여 아래 두 판결은 각 어떻게 판시하고 있는가?

구 상속세법 제 4 조 제 1 항(1990. 12. 31. 법률 제4283호로 개정되기 전의 것)이 상속세를 부과할 상속재산가액에 상속개시 전 3년 이내에 피상속인이 상속인에게 증여한 재산의 가액…을 가산하도록 규정하고 있는[바]…위 법조항 소정의 "상속인"이라 함은 상속이 개시될 당시에 상속인의 지위에 있었던 자를 가리키는 것으로서, 상속이 개시된 후에 상속을 포기한 자도 위 법조항 소정의 상속인에 해당한다. 대법원 1993. 9. 28. 선고 93누8092 판결.

구 상속세법(1993. 12. 31. 법률 제4662호로 개정되기 전의 것) 제18조 제 1 항에서는 상속인…는 상속재산…중 각자가 받았거나 받을 재산의 점유비율에 따라 상속세를…납부할 의무가 있다고 규정하고 있다… 1순위 상속인이었던 자가 상속을 포기한 경우에는 그 소급효에 의하여 상속개시 당시부터 상속인이 아니었던 것과 같은 지위에 놓이게 되므로(대법원 1995. 9. 26. 선고 95다27769 판결 참조) 구 상속세법 제18조 제 1 항 소정의 '상속인'에 해당하지 않[는다]. 대법원 1998. 6. 23. 선고 97누5022 판결.

(2) 위 판결에 나오는 세법규정의 상속인이라는 말처럼 다른 법률 특히 주로 민사법에 나오는 용어를 [①]개념이라고 부른다. [①]개념은 응당 해당 법률에서 정하는 의미로 읽어야 하는 것 아닐까?

(3) 위 두 판결의 차이를 어떻게 정당화할 수 있을까? 후자의 판결은 그저 다음과 같이 적고 있다. "대법원 1993. 9. 28. 선고 93누8092 판결은 구 상속세법 제 4 조 제 1 항(1990. 12. 31. 법률 제4283호로 개정되기 전의 것) 소정의 '상속인'의 범위에 관하여서만 판시하고 있는 것이어서 그 법리가 이 사건에 관하여도 적용될 것은 아니라 할 것이다." 이 말은 같은 '상속인'이라는 말도 그 말의 기능이나 역할이 무엇이냐는 맥락에 따라서 의미가 다를 수 있다는 뜻이다.

(4) 1999. 개정된 상속세 및 증여세법(현행법으로 제 2 조 제 4 호)은 97누5022 판결을 뒤집었다.

Ⅱ. 가장행위와 실질과세

(1) 토지를 매매하면 양도소득세가 나온다. 그런데 양도인이 세금을 내지 않기 위하여, 토지를 매수하여 그곳에 건물을 지을 사람에게 100년짜리 지상권을 설정해 준다면, 설정대가는 동 토지를 매도하여 얻을 수 있는 대가와 거의 차이가 없을 것이다. 이런 지상권설정에 대해 양도소득세를 과세할 수 있는가? 소득세법 제94조 제 1 항 제 2 호 (나)목.

(2) 토지 소유자가 토지를 바로 파는 대신 이를 회사에 현물출자한 뒤 주식을 판다고 하자. 회사에는 다른 재산이 없다면 현행법상 이 회사 주식의 양도는 어떻게 과세하는가? 소득세법 제94조 제 1 항 제 4 호 (다)목.

(3) 위 두 예와 같은 명문규정이 없다면 어떻게 해석해야 할까? 아래 판결들을 보자.

[관련법령]

민법 제108조; 국세기본법 제14조.

사례 3-3 대법원 1991. 5. 14. 선고 90누3027 판결

【원고, 상고인】박형과 소송대리인 변호사 김형기

【피고, 피상고인】동작세무서장

【원심판결】서울고등법원 1990. 2. 21. 선고 88구11560 판결

【주　문】

원심판결을 파기하고 사건을 서울고등법원에 환송한다.

【이　유】

원고의 상고이유를 본다.

(1) 원심판결 이유에 의하면 원심은 원고가 1974. 12. 30. 판시 대지 472.9평방미터(제 1 토지)를 취득하여 소유하다가 1984. 12. 26. 소외 망 김용화에게 소유권이전등기를 경료하여 주고 이와 교환하여 원고는 같은 날 위 망인으로부터 위 토지에 인접하여 있는 위 망인 소유의 판시 대지 478.9평방미터(제 2 토지)에 관하여 소유권이전등기를 경료받은 다음, 1984. 12. 31. 소외 한국외환은행과 사이에 원고는 제 2 토지를 금 499,767,000원에, 위 망인은 제 1 토지를 금 493,522,500원에 각 매도하는 계약을 체결하고 그 대금 전액을 지급받은 후 1985. 4. 24. 위 은행에 위 각 토지에 대한 소유권이전등기를 마쳐준 사실, 이에 원고는 먼저 1985. 1. 28. 위 망인에게 제 1 토지를 양도한 것에 대하여 기준시가로 양도차익을 계산하여 양도소득세 금 13,633,269원…으로 산정하여 양도차익예정신고 및 자진납부를 하는 한편, 1985. 5. 28. 위 은행에 제 2 토지를 양도한 것에 대하여 양도가액은 실지거래가액인 금 499,767,000원으로 취득가액은 소득세법 …에 따라 환산한 가액으로 계산하여 양도차익이 없는 것으로 양도차익예정신고를 한 사실, 그러나 피고는 1988. 1. 4. 원고와 위 망인 간의 토지의 교환은 각자 소유의 토지를 위 은행에 양도함에 있어 그 각 양도소득세의 상당부분을 포탈하기 위하여 중간에 개인간의 거래를 개입시킨 형식적인 것에 불과하다 하여 이를 부인하고 원고는 교환취득한 제 2 토지가 아닌 원래 소유의 제 1 토지를 위 은행에 양도한 것으로 보고 양도가액은 금 493,522,500원으로, 취득가액은 위 환산가액으로 계산하여 이 사건 과세처분을 한 사실을 당사자 사이에 다툼이 없는 사실로 정리한 후 원고와 위 망인 사이에 이미 1980. 1. 20. 토지를 교환하기로 합의가 있어 이의 이행으로 각 소유권이전등기가 교환적으로 이루어졌다는 원고의 주장을 그 판시와 같은 이유로 배척하고 그 거시

의 증거를 종합하여 위 은행은 1983. 12. 5.경부터 원고와 위 망인의 각 토지를 매수하기로
방침을 세워 원고 및 위 망인과 매매협의를 시작하여 1984. 11.경 매매조건의 주요부분에
대한 합의가 이루어지고 구체적으로 매매계약서를 작성하기에 앞서 원고와 위 망인은 각자
소유의 토지를 교환한다는 합의를 하고 이에 따라 1984. 12. 26. 서로 교환적으로 소유권이
전등기를 경료한 후 1984. 12. 31. 원고와 위 망인이 각기 교환취득한 토지를 위 은행에 매
도하는 것으로 각 매매계약을 체결한 사실을 인정한 다음 위와 같이 외환은행과의 매매가
확정된 상태 하에서 이루어진 원고와 위 망인 사이의 1984. 12. 26.자 교환은 원고가 1974.
12. 30. 제 1 토지를 취득하여 1985. 4. 24. 이를 위 은행에 직접 양도하는 것으로 하는 경
우 … 양도가액은 실지거래가액에 의하고 … 결과적으로 양도차익이 매우 많아짐에 비하여,
원고가 위 토지를 1984. 12. 26. 위 망인에게 교환양도한 경우에는 이는 개인 간의 거래로서
양도가액 …을 … 기준시가에 의하므로 양도차익의 절대치가 아주 작아지고, 한편 위 교환
에 의하여 1984. 12. 26. 취득한 제 2 토지를 단시간 내에 위 은행에 양도할 경우 양도가액은
… 양도차익은 근소하거나 없게 되는 점에 착안하여 원고가 위 은행과의 사이에 이루어질
제 1 토지의 양도로 인한 양도소득세의 상당 부분을 절감하기 위하여 그 사이에 원고와 전혀
동일한 입장에 처하여 있는 위 망인과의 사이에 형식적으로 두 토지에 대한 교환합의에 의
한 양도행위가 있었던 것으로 함으로써 형식적으로 이루어진 것에 불과할 뿐 실질적으로 원
고와 위 망인 간에 위 교환에 의한 양도행위가 있었다고 보기 어렵고 따라서 원고가 1984.
12. 26. 위 망인에게 제 1 토지를 양도하고 그 대신 그로부터 제 2 토지를 교환취득하여
1985. 4. 24. 이를 위 은행에 양도하는 한편 위 망인은 1984. 12. 26. 제 1 토지를 교환취득하
여 1985. 4. 24. 이를 위 은행에 양도한 일련의 과정은 실질적으로는 원고가 제 1 토지를
1985. 4. 24. 위 은행에 양도한 것으로 봄이 마땅하므로 피고의 이 사건 과세처분은 정당
하다고 판시하였다.

  (2) 기록에 의하여 살펴보면 원심이 원고와 위 망인이 서로의 토지를 교환하고 각자 교
환취득한 토지를 다시 위 은행에 양도한 것이 과중한 양도소득세의 부담을 회피하기 위한
행위로 본 것은 수긍할 수 있다. 그러나 위와 같은 토지 교환행위는 가장행위에 해당한다는
등 특별한 사정이 없는 이상 유효하다고 보아야 할 것이므로 이를 부인하기 위하여는 권력
의 자의로부터 납세자를 보호하기 위한 조세법률주의의 법적 안정성 또는 예측 가능성의 요
청에 비추어 법률상 구체적인 근거가 필요하다 할 것이다.

  원심이 위 토지교환행위가 형식적인 것에 불과하고 그 일련의 과정이 실질적으로는 원
고가 교환 전 소유하던 제 1 토지를 위 은행에 양도한 것이라고 본 조처에는 위 토지 교환행
위를 부인한다는 취지가 포함되어 있다고 보아야 할 것이므로 원심으로서는 이를 부인하게

된 구체적인 법률상의 근거를 밝혔어야 할 것임에도 불구하고 원심이 그 구체적인 법률상 근거를 심리도 하지 아니한 채 원고와 위 망인이 서로의 토지를 교환하고 각자 교환취득한 토지를 다시 위 은행에 양도한 일련의 과정을 실질적으로는 원고가 교환 전의 소유 토지를 위 은행에 양도한 것으로 본 것은 조세법률주의 내지 실질과세의 원칙에 관한 법리를 오해 하였거나 심리를 다하지 아니하여 판결에 영향을 미친 위법이 있다 할 것이므로 상고논지는 이점에서 이유 있다.

    (3) 그러므로 다른 상고이유에 대한 판단을 생략하고 원심판결을 파기환송하기로 하여 관여 법관의 일치된 의견으로 주문과 같이 판결하다.

    대법관   이재성(재판장) 이회창 배만운 김석수.

[관련법령]

민법 제108조; 국세기본법 제14조.

> **사례 3-4**   대법원 1991. 12. 13. 선고 91누7170 판결

【원고, 상고인】 김부곤 소송대리인 변호사 이정호
【피고, 피상고인】 송파세무서장
【원심판결】 서울고등법원 1991. 6. 19. 선고 90구11129 판결
【주   문】
상고를 기각한다.
상고비용은 원고의 부담으로 한다.
【이   유】
상고이유(상고이유보충서는 상고이유를 보충하는 범위 내에서)를 본다.

1. 원심판결 이유에 의하면, 원심은 그 채택증거를 종합하여 소외 대주건설주식회사는 광주직할시 진월동에 아파트를 건설할 목적으로 현지 구매조사를 하는 과정에서 소외 회사 직원이 아파트건축사실을 누설함으로 인하여 토지시세가 폭등하게 되자 소외 회사의 대표이 사인 소외 허재호는 부동산중개업을 하는 소외 정태철에게 관련 토지의 매입을 위임하면서 1988. 7.경 착수금조로 금 500,000,000원 내지 금 700,000,000원을 맡기고 계약이 체결되 어 계약서를 보내주면 소외 회사가 그 매입자금을 위 정태철에게 송금하는 형식으로 관련 토지를 매입하였던 사실, 원고를 포함한 관련 토지소유자들은 소외 회사가 아파트건축을 위 하여 토지를 매수한다는 사실을 알면서도 법인인 소외 회사 앞으로 양도하게 되면 실지거래

가액에 따른 양도소득세를 부담하게 된다는 이유로 이를 꺼려하고 위 허재호 등 개인 명의로의 양도를 고집하여 1988. 8. 30. 위 허재호가 원고로부터 이 사건 부동산을 매수한 것으로 하는 내용의 계약서를 작성하고, 그 해 9. 12. 위 허재호 앞으로 소유권이전등기를 경료하였다가 1989. 2. 14.에 소외 회사 앞으로 소유권이전등기를 경료한 사실 등을 인정하고 이에 배치되는 증거들을 배척하였는바, 원심이 취사한 증거를 기록에 비추어 살펴보면 원심의 위와 같은 사실인정은 정당하게 수긍되고 거기에 채증법칙위반이나 심리미진으로 인한 사실오인의 위법은 없으며, 사실관계가 위와 같은 이상 원고와 위 허재호 간에 체결된 계약과 그로 인한 소유권이전등기는 소외 회사가 이 사건 부동산을 실질적으로 매수함에 있어 원고가 양도소득세의 중과를 피할 목적에서 위 허재호명의를 중간에 개입시킨 가장매매행위라 할 것이므로, 원심이 같은 취지에서 원고가 법인에게 이 사건 부동산을 양도한 것으로 판단한 조치에 소론과 같은 법리오해의 위법이 있다고도 할 수 없다. 논지는 이유 없다…

　　이에 상고를 기각하고 상고비용은 패소자의 부담으로 하기로 관여 법관의 의견이 일치되어 주문과 같이 판결한다.

　　대법관　박만호(재판장) 박우동 김상원 윤영철.

Notes & Questions

(1) 어떤 이유로 갑이·병에게 토지를 바로 파는 경우보다 가운데 을을 끼워서 갑이 을에게, 다시 을이 병에게 토지를 파는 쪽이 세금이 더 싸고, 이리하여 후자의 거래가 생겼다고 하자. 이 경우 갑에서 을, 을에서 병이라는 두 단계 거래를 갑에서 병이라는 하나의 거래로 재구성할 수 있을까? 국세기본법 제14조의 해석적용이라는 점에서 위 대법원 1991. 5. 14. 선고 90누3027 판결(사례 3-3)과 대법원 1991. 12. 13. 선고 91누7170 판결(사례 3-4)은 각 어떻게 판시하고 있고 그 이유는 무엇인가? 두 판결은 어떤 점에서 서로 다르고 이 차이를 정당화할 만한 논거가 있는가?

(2) 가장행위(통정허위의사표시)가 아닌 한 *私法*상 법률효과를 존중한다는 두 판결의 논리를 전제로 한다면 그 당시의 국세기본법 제14조 제 2 항에서 말하는 '거래의 명칭이나 형식'이라는 말과 '실질'이라는 말은 각 어떤 뜻이 되는가? (같은 법조 제 3 항은 이 사건 당시에는 없었던 조항으로 2007년 입법되었다.) 이런 생각을 [　　　]실질설이라고 부른다.

(3) 민사법상 가장행위라면 민사법상의 법률효과는 무엇인가? 그에 따른 세법상의 법률효과는 어떻게 되어야 하는가? 91누7170 판결에서 설시하는 법률효과가 생기는가?

Ⅲ. 법적 실질 v. 경제적 실질

[관련법령]

구 지방세법 제105조 제 6 항(현행 지방세법 제 7 조 제 5 항: 법인의 주식 또는 지분을 취득함으로써 지방세법…에 따른 과점주주가 되었을 때에는 그 과점주주가 해당법인의 부동산 등을 취득…한 것으로 본다.); 현행 지방세기본법 제47조 제 2 호(과점주주)＝국세기본법 제39조 제 2 호와 같다; 국세기본법 제14조.

사례 3-5 대법원 2012. 1. 19. 선고 2008두8499 판결

【원고, 피상고인】 옥메도퍼시픽 비브이(소송대리인 변호사 이임수 외 5인)

【피고, 상고인】 서울특별시 종로구청장(소송대리인 변호사 김형성)

【피고보조참가인】 서울특별시장(소송대리인 법무법인 대륙아주 담당변호사 김선중 외 5인)

【원심판결】 서울고법 2008. 4. 24. 선고 2007누32169 판결

… 이러한 실질과세의 원칙 중 구 국세기본법 제14조 제 1 항이 규정하고 있는 실질귀속자 과세의 원칙은 소득이나 수익, 재산, 거래 등의 과세대상에 관하여 그 귀속 명의와 달리 실질적으로 귀속되는 자가 따로 있는 경우에는 형식이나 외관을 이유로 그 귀속 명의자를 납세의무자로 삼을 것이 아니라 실질적으로 귀속되는 자를 납세의무자로 삼겠다는 것이고, 이러한 원칙은 구 지방세법 제82조에 의하여 지방세에 관한 법률관계에도 준용된다.

이 사건의 경우, 원심이 인정한 사실에 의하면 이 사건 자회사들이…칠봉산업의 주식 등을 취득하여 보유하고 있는 법적 형식만으로 볼 때는 원고는 … 나 칠봉산업의 주식 등을 전혀 보유하고 있지 않은 반면, … 이 사건 자회사들이 취득한 칠봉산업의 지분은 각 50%로서 그 지분보유 비율이 51% 이상인 경우에 적용되는 과점주주의 요건에도 해당하지 않기 때문에 원고 및 이 사건 자회사들 모두 구 지방세법 제105조 제 6 항이 규정한 이른바 간주취득세의 형식적 적용요건을 피해 가고 있다. … 이 사건 자회사들은 위와 같이… 칠봉산업의 주식 등을 보유하다가 그 중 일부를 처분하는 방식으로 재산을 보유·관리하고 있을 뿐 그 외 별다른 사업실적이 없고, 회사로서의 인적 조직이나 물적 시설을 갖추고 있는 것도 없어서 독자적으로 의사를 결정하거나 사업목적을 수행할 능력이 없는 것으로 보인다. 그 결과 이 사건 주식 등의 취득자금은 모두 원고가 제공한 것이고 그 취득과 보유 및 처분도 전부 원고가 관장하였으며…그 모든 거래행위와 이 사건 자회사들의 사원총회 등도 실질적으로는 모두 원고의 의사결정에 따라 원고가 선임한 대리인에 의하여 이루어진 것으로 보인

다. 이러한 점 등으로 미루어 보면, 이 사건 주식 등을 원고가 직접 취득하지 않고 이 사건 자회사들 명의로 분산하여 취득하면서 이 사건 주식 등의 취득 자체로는 과점주주의 요건에 미달하도록 구성한 것은 오로지 구 지방세법 제105조 제 6 항에 의한 취득세 납세의무를 회피하기 위한 것이라고 보기에 충분하다.

위와 같은 여러 사정을 앞서 본 규정과 법리에 비추어 살펴보면, 원고가 이 사건 자회사들에 대한 완전한 지배권을 통하여…이 사건 주식 등을 실질적으로 지배·관리하고 있으므로 원고가 그 실질적 귀속자로서 이 사건 주식 등의 취득에 관하여 구 지방세법 제105조 제 6 항에 의한 취득세 납세의무를 부담한다고 볼 여지가 상당하다. …

1. 대법관 전수안, 대법관 이상훈의 반대의견

… 원고가 이 사건 주식 등을 직접 취득하지 아니하고 이 사건 자회사들이 이를 분산하여 취득한 동기가 구 지방세법 제105조 제 6 항의 부동산 등 간주취득세 납세의무를 회피하고자 하는 데 있었음이 의심되거나 나아가 인정된다고 하더라도 그와 같은 거래가 사법(私法)상 효과를 인정받을 수 없는 가장행위 등에 해당한다고 평가할 수 없는 한 원고와 이 사건 자회사들이 선택한 법적 형식을 부인하는 것은 옳지 않다.

… 그리고 이러한 다수의견의 견해는 2007. 12. 31. 신설된 국세기본법 제14조 제 3 항, 즉 '제 3 자를 통한 간접적인 방법이나 2 이상의 행위 또는 거래를 거치는 방법으로 이 법 또는 세법의 혜택을 부당하게 받기 위한 것으로 인정되는 경우에는 그 경제적 실질내용에 따라 당사자가 직접 거래한 것으로 보거나 연속된 하나의 행위 또는 거래를 한 것으로 보아 이 법 또는 세법을 적용한다'라는 규정을 이 사건에 적용한 것과 같은 결과인데, 위 규정은 문언상 납세의무의 주체까지 바꿀 수 있다는 취지의 규정으로 보기도 어려울 뿐만 아니라 그 시행일이 2008. 1. 1.로서 그보다 훨씬 전에 이루어진 이 사건 주식 등의 취득에 관하여 곧바로 적용될 수는 없는 것이므로, 다수의견에 대하여는 위 규정을 입법취지에 반하여 소급적용함으로써 조세법률주의를 위반하였다. …

2. 대법관 박병대의 다수의견에 대한 보충의견

… 대법원은 그동안 당사자가 선택한 법률관계에 대하여 그것이 가장행위에 해당하지 않는 한 개별적이고 구체적인 부인 규정 없이 실질과세의 원칙에 의하여 조세회피행위에 해당한다는 이유로 그 효력을 부인할 수 없다는 입장을 여러 사건에서 밝힌 바가 있다. 그러나 거기에서 언급하고 있는 가장행위를 민법 제108조 등에서 그 효력을 인정하지 않는 가장행위와 동일한 개념으로 이해할 필요는 없다. 당사자들 사이에 내심의 의사가 결여된 민법상의 통정허위표시는 그 사법상의 효력도 없으므로 굳이 실질과세의 원칙을 적용할 필요도 없이 그 과세요건 해당성은 가장행위의 배후에 은닉된 실제거래행위를 기

준으로 판단하면 된다. 정작 실질과세의 원칙을 적용할 필요가 있는 영역은 그와 같은 민법상 가장행위의 정도에는 이르지 못하지만 외관과 실질이 괴리되어 있고 그 실질을 외면하는 것이 심히 부당하다고 볼 수 있는 경우이다. 실제로 대법원판례에는 그 외관이 민법상 가장행위에 해당한다고 보기 어려운 경우에도 실질과세의 원칙을 적용하여 과세요건사실을 그 외관과 다르게 파악하여 인정한 사례가 많고, 이 경우에는 명시적으로 가장행위에 해당한다는 것을 전제하고 있지는 않다(대법원 2002. 4. 9. 선고 99도2165 판결, 대법원 2010. 10. 28. 선고 2008두19628 판결, 대법원 2010. 11. 25. 선고 2009두19564 판결 등).

… 이 사건 주식 등의 취득이 민법상 가장행위에 해당한다고는 할 수 없다고 하더라도 그것만으로 실질과세의 원칙에 의하여 원고에게 납세의무를 인정하는 것이 종전 판례 법리에 어긋난다고 할 것은 아니라고 하겠다.

…국세기본법 제14조 제3항은…기존의 실질과세원칙이 적용되는 국면을 좀더 구체화하려 한 것일 뿐 전혀 새로운 과세근거를 창설한 것이라고 볼 것만도 아니다. 그런 점에서 국세기본법 제14조 제3항이 신설되기 전에 이루어진 이 사건 주식 등 거래에 대해서는 실질귀속자에게 납세의무를 인정하는 것이 곤란하다는 비판을 수긍할 수는 없다…

　　대법원장 　양승태(재판장) 　　대법관 　박일환 김능환 전수안 안대희 양창수 신영철
　　　　　　　　　　　　　　　　　　민일영 이인복 이상훈 박병대(주심).

Notes & Questions

(1) 위 대법원 2008두8499 판결(사례 3-5)의 쟁점은 원고가 지방세법상 [　　]의 납세의무를 지는가이고, 다시 이 쟁점은 자회사 2사가 각 50%씩 소유한 주식을 [　　]의 원칙에 의할 때 원고가 소유한 것으로 볼 수 있는가이다. 이 판결의 다수의견과 반대의견은 각 무어라고 판시하고 있고 그 이유는 무엇인가?

(2) (사례 3-5) 전의 판결로 아래 두 판결의 각 사실관계는 민법 제108조의 적용을 받는 가장행위라고 생각하는가? 실제로 나온 결론에서 각 사실관계에 나오는 법률행위는 세법상 존중되었는가?

…이 사건 사채(社債)는 원고 명의로 발행되기는 하였으나, 그 실질적 발행인은 원고의 모기업인 소외 영풍산업 주식회사(이하 '영풍산업'이라 한다)로서 원고는 그 명의를 대여한 것에 불과하므로 원고가 이 사건 사채 납입금 50억원을 특수관계에 있는 영풍산업에 대여하였음…주식회사의 사채 모집에는 이사회의 결의를 요하고(상법 제469조), 채권(債券)의 발행이 전제되어 있고(같은 법 제478조), 사채권자집회는 사채를 발행한 회사가 소집하도

록 되어 있는(같은 법 제491조) 등 사채의 발행에는 단순한 금전채무 부담의 의사표시 외에도 일정한 절차적 요건이 요구되고, 사채발행회사는 금전채무의 채무자 이상의 일정한 회사법상 지위를 차지하게 되며, 사채는 채권의 형태로 거래계에 유통될 것이 예정되어 있[다]… 이 사건에서 사채발행으로 인한 자금의 실제 사용자가 영풍산업이고 영풍산업이 사채발행 과정의 전면에 나서서 사채발행을 실질적으로 주도하였다. 대법원 2000. 9. 29. 선고 97누18462 판결.

원고는 역외(域外)회사를 통한 외화차입으로 외국인 투자가들의 자금을 유치하였다는 대외 홍보효과와 펀드운용 수익을 얻을 목적으로 1997. 6. 19. 말레이시아 라부안에 자본금 미화 1센트의 '퍼시픽 캐피탈 그로우스 리미티드'(Pacific Capital Growth Limited, 이하 'PCGL'이라 한다)를 역외펀드회사로 설립한 사실, PCGL은 고정시설이나 고용직원이 전혀 없고 일반적인 영업활동을 수행한 적도 없으며 그 실질적인 운용·관리의 주체는 원고인 사실, 한편 PCGL은 1997. 7. 15. 만기는 2000. 7. 17., 이자는 변동이자율(Libor Telerate Page 3750)로 지급하는 조건으로 변동금리부채권증서(이하 '이 사건 채권증서'라 한다)를 발행하여 홍콩 소재 외국법인인 '체이스 맨하탄 아시아 리미티드'(Chase Manhattan Asia Ltd., 이하 '체이스 맨하탄'이라 한다)로부터 미화 5,000만 달러를 차입한 다음 위 차입금으로 원고의 외국인전용수익증권을 취득한 사실, … 원고는 체이스 맨하탄으로부터 직접 금전을 차입할 경우에 발생하게 될 조세부담이나 구 증권투자신탁업법(1998. 9. 16. 법률 제5558호로 개정되기 전의 것, 이하 같다)상의 고유재산과 신탁재산에 관한 엄격한 제한규정, 상법상 사채의 총액 제한규정 및 구 외국환관리법(1998. 9. 16. 법률 제5550호 외국환거래법으로 전문 개정되기 전의 것, 이하 같다)상 제한규정 등을 회피하기 위하여 조세피난처에 이른바 페이퍼 컴퍼니(paper company)인 PCGL을 설립한 것인 점, 또한 체이스 맨하탄으로서도 원고가 PCGL의 이 사건 채권증서상 채무와 스왑거래계약상 신한은행에 대한 채무를 지급보증하지 아니하고, 신한은행이 PCGL의 위 채권증서상 채무를 보증하지 아니하였다면, 자본금 미화 1센트의 PCGL에게 미화 5,000만 달러라는 거액을 대여해 주지 않았을 것인 점, 따라서 체이스 맨하탄이나 신한은행은 모두 PCGL이 아닌 원고를 이 사건 모든 법률행위의 당사자로 인정하고 있었다고 봄이 상당한 점. 대법원 2009. 3. 12. 선고 2006두7904 판결.

(3) 2008두8499 판결(사례 3−5)의 두 논리에서 국세기본법 제14조 제 3 항은 어떤 의의를 지니는가? 같은 법조 제 1 항과 제 2 항에서 '명의'나 '거래의 명칭이나 형식', 또 '사실'이나 '실질'이라는 말은 어떤 뜻이 되는가? 다수(보충)의견과 반대의견의 입장에서 각각 답을 내어보라.

(4) 2008두8499 판결(사례 3−5)에서 자회사 2사가 각 50%씩 주식을 취득한 행위는 가

장행위(통정허위의사표시)인가? 가장행위가 아니고 유효한 법률행위라면 그럼에도 불구하고 주식 100%를 원고의 소유라고 볼 수 있기 위한 요건으로 이 판결의 다수의견이 설시하고 있는 요건을 두 가지로 정리한다면 무엇인가? 이에 관한 후속판결은 다음과 같다.

(가) 구 상속세 및 증여세법(2013. 1. 1. 법률 제11609호로 개정되기 전의 것, 이하 '구 상증세법'이라고 한다) 제2조는…제4항에서 "제3자를 통한 간접적인 방법이나 둘 이상의 행위 또는 거래를 거치는 방법으로 상속세나 증여세를 부당하게 감소시킨 것으로 인정되는 경우에는 그 경제적인 실질에 따라 당사자가 직접 거래한 것으로 보거나 연속된 하나의 행위 또는 거래로 보아 제3항을 적용한다."라고 규정하고 있다(위 제4항의 규정 취지는 현행 국세기본법 제14조 제3항에 그대로 승계·반영되어 있다)…당사자가 거친 여러 단계의 거래 등 법적 형식이나 법률관계를 재구성하여 직접적인 하나의 거래에 의한 증여로 보고 증여세 과세대상에 해당한다고 하려면, 납세의무자가 선택한 거래의 법적 형식이나 과정이 처음부터 조세회피의 목적을 이루기 위한 수단에 불과하여 그 재산이전의 실질이 직접적인 증여를 한 것과 동일하게 평가될 수 있어야 하고, 이는 당사자가 그와 같은 거래형식을 취한 목적, 제3자를 개입시키거나 단계별 거래 과정을 거친 경위, 그와 같은 거래방식을 취한 데에 조세부담의 경감 외에 사업상의 필요 등 다른 합리적 이유가 있는지 여부, 각각의 거래 또는 행위 사이의 시간적 간격, 그러한 거래형식을 취한 데 따른 손실 및 위험부담의 가능성 등 관련 사정을 종합하여 판단하여야 한다…

(나) …소외 2는 2010년경 자녀인…원고 1외 6인에게 단암산업의 주식을 증여하려고 하였고, 그 무렵 소외 3…도 소유 중인 단암산업 주식을 자녀인 원고 8…에게 증여하려고 하였는데, 각자의 직계후손에게 직접 증여하기보다는 서로의 후손에게 교차하여 증여하는 경우 조세부담이 경감된다는 세무사의 조언에 따라 증여세를 줄이기 위한 목적으로 일정 주식을 상대방의 직계후손에게 상호 교차증여하기로 약정하였다…위 약정에 따라 소외 2와 소외 3…은…단암산업 주식을 상호 교차증여하였다.…(이하… 소외 2가…원고 8…에게 한 총 16,000주의 증여와 소외 3…이…원고 1 외 6인에게 한 총 16,000주의 증여를 합하여 '이 사건 교차증여'라고 한다).…피고들은, 이 사건 교차증여의 경제적 실질은 소외 2가 직계비속인 원고 1 외 6인에게 합계 16,000주를 직접 증여하고 소외 3…이 그 자녀인 원고 8…에게 합계 16,000주를 직접 증여한 것이라고 보아, 구 상증세법 제2조 제4항을 적용하여…다시 산정한 증여세를 원고들에게 부과하는 이 사건 처분을 하였다.

(다) …이 사건 교차증여로써 증여자들은 자신의 직계후손에게 단암산업 주식을 직접 증여하는 것과 동일한 효과를 얻으면서도 합산과세로 인한 증여세 누진세율 등의 적용을 회피하고자 하였고, 이러한 목적이 아니라면 굳이 교차증여 약정을 체결…할 이유가 없었다…이 사건 교차증여는 구 상증세법 제2조 제4항에 따라 그 실질에 맞게 재구성하여 소외 3…증여분은 소외 2가 위 원고들에게 직접…증여한 것으로, 소외 2…소외 3…이 위

원고들에게 직접... 증여한 것으로 보아 증여세를 과세할 수 있다고 할 것이다...원심이 제1심판결 이유를 인용하여 한 이 부분 이유설시 중 이 사건 교차증여를 가장행위로 보아 거래를 재구성할 수 있다고 한 부분은 부적절하지만, 이 사건 교차증여에 대하여...소외 2, 소외 3...의 직계후손에 대한 직접 증여로 보고 증여세를 과세한 이 사건 처분이 적법하다고 판단한 결론은 정당하다...대법원 2017. 2. 15. 선고 2015두46963 판결

Ⅳ. 부당행위 계산의 부인

(1) 실질과세를 구체화한 법조문 가운에 하나로 법인세법과 소득세법은 [   ] 계산의 부인이라는 이름으로, 납세의무자가 특수관계자와의 거래를 통하여 법인세나 사업소득이나 양도소득에 관한 소득세의 부담을 부당하게 감소시킨 것으로 인정되는 경우에는 납세의무자의 행위 또는 계산과 관계없이 [   ]에 따라서 소득을 계산할 수 있게 정하고 있다. 법인세법 제52조, 소득세법 제41조와 제101조. 부가가치세법에도 비슷한 규정이 있다. 부가가치세법 제29조 제4항. 가령 법인의 재산을 특수관계자에게 저가양도한 거래를 법인세법이나 소득세법에 따른 부당행위로 계산부인하는 경우 시가차액만큼 법인의 소득을 늘려잡는 것이다. 한편 같은 시가차액은 실제는 법인에게 남아있지 않고 거래상대방인 특수관계자에게 귀속된 것이므로, 특수관계의 내용이 무엇인가에 따라서 거래상대방에게 배당소득이나 근로소득 등으로 과세하는 수가 있다. 조세회피 의도가 없어도 경제적 합리성이 없는 부당한 행위라면 계산을 부인할 수 있다. 대법원 1979.2.27. 선고 78누457 판결 외 다수. 13장 제3절 참조.

제4절   신의성실의 원칙

[관련법령]
국세기본법 제15조.

사례 3-6   대법원 1993. 12. 28. 선고 93누18945 판결

【원고, 피상고인】차문길 외 3인 원고들 소송대리인 변호사 손홍익
【피고, 상고인】북부산세무서장

【원심판결】 부산고등법원 1993. 7. 23. 선고 92구4789 판결

【주   문】

상고를 기각한다.

상고비용은 피고의 부담으로 한다.

【이   유】

1. 피고소송수행자의 상고이유 제 1 점에 대한 판단

가. 원심은, 소외 차재수가 1988. 2. 20. 그의 소유인 이 사건 토지와 건물을 원고들에게 증여하여 원고들이 그에 따른 증여세…를 납부한 사실, 그 후 1990. 12. 23. 위 소외인이 사망하자 원고 차문길을 비롯한 상속인들이 상속세신고를 위하여 1991. 6. 17.경 피고에게 찾아가 그 소속 공무원인 소외 오인묵에게 상속세신고의 절차 및 납부액 등에 관하여 문의하였던바, 위 오인묵은 피고가 보관하고 있던 자료인 상속개시자료전 겸 전산수록 자산·소득 명세표를 색출하여 보더니 원고들에 대하여는 상속재산이 없어 1991. 6. 13.자로 과세미달처리하였으니 상속세신고를 할 필요가 없다는 말을 하며 위 명세표까지 교부하여 주므로 원고들은 이에 따라 상속세신고를 하지 아니한 사실, 그런데 피고는 1992. 1. 6.에 이르러 위 망인이 원고들에게 위 토지와 건물을 증여한 일자가 그의 사망일로부터 소급하여 3년 이내이므로 상속재산가액에 위 증여재산의 가액을 포함하여 신고하였어야 함에도 이를 누락하여 상속세신고를 하지 아니하였다는 이유로, 1990. 1. 1.의 개별공시지가(토지)와 과세시가표준액(건물)을 기준으로 하여 상속재산가액을 산정한 후 이에 기하여 원고들에게 상속세…를 부과하는 이 사건 과세처분을 한 사실 등을 인정한 다음, 상속세법시행령(1990. 5. 1. 대통령령 제12993호로 개정된 것) 부칙 제 2 항은 "1990. 12. 31. 이전에 상속이 개시되는 것으로서 신고기간 내에 신고된 것에 대한 평가는 제 5 조의 개정규정에 불구하고 종전의 규정에 의한다"고 하여 신고된 경우에는 종전의 규정에 따라 배율방법 또는 지방세법상의 과세시가표준액에 의하도록 하고, 신고되지 아니한 경우에는 개정규정에 따라 개별공시지가 등에 의하도록 하고 있어, 미신고라는 결과만을 놓고 보면 이 사건의 경우도 위 개정규정에 따라야 할 것처럼 보이나, 원고들이 위 망인이 사망한 날로부터 6월 이내에 피고에게 상속세신고를 하러 갔으나 피고 소속 세무공무원이 과세미달로 신고할 필요가 없다는 말을 하며 그 명세표까지 교부하여 주므로 이를 믿고 신고하지 아니한 것이고, 달리 원고들이 상속세법에 대한 전문지식이 있어 위 증여가액도 상속가액에 포함되는 줄 알았다거나 중대한 과실로 이를 알지 못하였다고 인정할 만한 자료도 없으므로, 원고들이 상속세신고를 하지 아니한 것에는 정당한 사유가 있다고 할 것이고, 따라서 이 사건의 경우는 납세자에게 불이익하게 법적용을 할 수는 없어 위 경과규정에 따라 종전의 규정을 적용함이 타당하다고 할 것이므

로, 이 사건 토지의 가액은 개정 전의 상속세법시행령 …에 따라 배율방법에 의하여 평가한 가액에 의하여 산정하여야 할 것이라고 판단하였다.

나. …

다. … 사실관계가 원심이 확정한 바와 같다면, 과세관청이 납세자인 원고들에게 신뢰의 대상이 될만한 공적인 견해를 표시하여(피고 소속 공무원이 원고들에게 교부한 위 명세서에는 위 증여의 내용까지 모두 기재되어 있었다) 원고들이 귀책사유가 없이 위와 같은 견해가 정당한 것으로 신뢰하고 그에 따라 상속세법 …에 의한 신고기한 내에 상속재산에 가산되는 증여재산을 신고하지 아니한 것으로 볼 수 있으므로, 피고가 그와 같은 견해에 반하여 원고들이 그 신고기한 내에 신고를 하지 아니하였다는 이유로 위 상속세법시행령 부칙 제 2 항(평가에 관한 경과조치)에 따라 제 5 조의 개정규정에 의하여 이 사건 토지의 가액을 평가함으로써 원고들의 이익을 침해하는 것은 신의성실의 원칙상 허용될 수 없다 고 할 것이고, 따라서 이 사건 토지의 평가는 위 상속세법시행령 제 5 조의 개정규정에 불구하고 종전의 규정에 따라서 배율방법에 의하여 평가한 가액에 의하여야 할 것이므로, 원심의 판단은 결론이 결과적으로 정당하다고 볼 수 있고, 원심판결에 법리를 오해한 위법이 있다고 비난하는 논지는 받아들일 것이 못 된다. …

3. 그러므로 피고의 상고를 기각하고 상고비용은 패소자인 피고의 부담으로 하기로 관여 법관의 의견이 일치되어 주문과 같이 판결한다.

대법관 안용득(재판장) 안우만 김용준(주심) 천경송.

Notes & Questions

(1) 위 대법원 1993. 12. 28. 선고 93누18945 판결(사례 3 – 6)의 쟁점은 상속재산의 [   ]방법이다. 상속세법에 따른다면 납세의무자는 어떤 방법으로 상속재산을 평가했어야 하는가? 납세의무자가 상속세 신고를 하지 않았는데도 불구하고 재산평가에 구법 규정을 적용하여야 한다고 판시한 이유는 무엇인가?

(2) 판례는 국세기본법 제15조의 "신의성실의 원칙은 자기의 언동을 신뢰하여 행동한 상대방의 이익을 침해하여서는 안 된다는 것을 의미하며, 일반적으로 조세법률관계에서 과세관청의 행위에 대하여 신의성실의 원칙이 적용되는 요건으로서는, 첫째, 과세관청이 납세자에게 신뢰의 대상이 되는 [   ]인 견해표명을 하여야 하고, 둘째, 과세관청의 견해표명이 정당하다고 [   ]한 데에 대하여 납세자에게 [   ]사유가 없어야 하며, 셋째, 납세자가 그 견해표명을 신뢰하고 이에 따라 무엇인가 [   ]를 하여야 하고, 넷

째, 과세관청이 위 견해표명에 [   ]하는 처분을 함으로써 납세자의 이익이 침해되는 결과가 초래되어야 한다"라고 한다(대법원 1985. 4. 23. 선고 84누593 판결 등). 93누 18945 판결(사례 3-6)에서 이 네 요건은 만족되고 있는가?

(3) 한편 대법원 2002. 4. 12. 선고 2000두5944 판결은 양도소득세 무신고 가산세와 관련하여 다음과 같이 판시하고 있다: "원고가 이 사건 토지의 취득시기를 잘못 판단하여 납부할 양도소득세액이 없는 것으로 오해하여 이 사건 양도소득세 신고·납부의무를 불이행한 것이므로 이를 가지고 그 의무의 해태를 탓할 수 없는 정당한 사유가 있는 경우에 해당한다고 할 수 없고, 가사 원고가 양도소득세액을 잘못 산정한 것이 피고 소속 공무원의 잘못된 조언에 따른 것이었다고 하더라도 달리 볼 것은 아니[다]." 가산세 면제요건으로서 정당한 사유라는 말은 귀책사유가 없다는 말과 어떤 관계인가? 이 판결과 93누18945 판결은 어떤 관계에 있는가?

[관련법령]

현행법으로 상속세 및 증여세법 제4조의2("수증자는…증여세를 납부할 의무가 있다"); 국세기본법 제15조.

사례 3-7 대법원 1997. 3. 20. 선고 95누18383 전원합의체 판결

【원고, 상고인】 김기태(소송대리인 변호사 김백영)
【피고, 피상고인】 진주세무서장
【원심판결】 부산고법 1995. 11. 10. 선고 95구3176 판결
【주   문】
원심판결을 파기하고 사건을 부산고등법원에 환송한다.
【이   유】
상고이유와 상고이유서 제출기간 경과 후에 제출된 상고이유보충서 중 상고이유를 보충하는 부분을 함께 판단한다.

1. 원심판결 이유에 의하면, 원심은 원고가 1990. 12.경 소외 이정주로부터 이 사건 토지를 매수하였으나 토지거래허가가 나지 아니하자 1991. 3. 8. 증여를 원인으로 한 소유권이전등기를 마친 사실을 인정한 다음, 원고가 토지거래에 관한 규제를 잠탈하기 위하여 매도자와의 사이에 증여증서를 작성하고 이를 원인증서로 하여 소유권이전등기를 한 후, 피고의 이 사건 증여세부과처분에 대하여 이 사건 토지를 매수취득한 것이고 증여받은 것은 아니라

고 주장하여 다투는 것은 전에 스스로 한 행위와 모순되는 행위를 하는 것으로서 자기에게
유리한 법지위를 악용함에 지나지 아니하므로 신의성실의 원칙이나 금반언의 원칙에 위배되
는 행위로서 허용되지 않는다고 판단하였다.

2. 가. 강행법규를 위반한…국토이용관리법상의 규제지역 내의 토지에 대하여 허가를
받지 아니하고 체결한 매매계약은 허가를 받기까지는 유동적 무효의 상태에 있으나 토지거
래허가를 받지 아니하고 이에 관하여 증여를 원인으로 한 소유권이전등기를 하였다면 이 때
로부터는 그 계약은 확정적으로 무효로 되고 그 소유권이전등기 또한 원인이 없어 무효이고
(대법원 1991. 12. 24. 선고 90다12243 전원합의체 판결, 1993. 12. 24. 선고 93다44319,
44326 판결, 1994. 12. 27. 선고 94다4806 판결 등 참조), 이와 같이 매매계약이 무효인 이
상 그 매매대금이 양도인에게 지급되었다 하여도 양도소득세 부과대상인 자산의 양도에 해
당한다거나 자산의 양도로 인한 소득이 있었다 할 수 없으므로 양도소득세 부과대상이 아니
며(대법원 1993. 1. 15. 선고 92누8361 판결 참조),[1] 또한 증여받은 것이 아니므로 증여세
부과처분도 위법하다 함(대법원 1991. 12. 10. 선고 91누2915 판결 참조)이 이 법원의 견해
이다.

나. 조세소송에서의 신의성실의 원칙의 적용은 … 사적 자치의 원칙이 지배하는 사법에
서보다는 제약을 받으며 합법성을 희생하여서라도 구체적 신뢰보호의 필요성이 인정되는 경
우에 한하여 비로소 적용된다고 할 것이다. 더구나 … 과세관청은 실지조사권을 가지고 있
는 등 세법상 우월한 지위에서 조세과징권을 행사하고 있고, 과세처분의 적법성에 대한 입증
책임은 원칙적으로 과세관청에 있는 점 등을 고려한다면, 납세의무자에 대한 신의성실의 원칙
의 적용은 극히 제한적으로 인정하여야 하고 이를 확대해석하여서는 안 될 것이므로(대법원
1996. 9. 10. 선고 95누7239 판결, 1993. 6. 8. 선고 92누12483 판결 등 참조), 납세의무자의
배신행위를 이유로 한 신의성실의 원칙의 적용은 그 배신행위의 정도가 극히 심한 경우가 아
니면 허용하여서는 안 될 것이다.

따라서 신의성실의 원칙과 동열시되거나 한 적용례로 통용되는 금반언의 원칙을 적용
함에 있어서도 객관적으로 모순되는 행태가 존재하고 그 행태가 납세의무자의 심한 배신행
위에 기인하였으며 그에 의하여 야기된 과세관청의 신뢰가 보호받을 가치가 있는 것이어야
할 것이다.

다. 한편, 국토이용관리법상의 규제지역 내의 토지거래에 대하여 허가를 받도록 한 취
지는 규제지역 내의 개인 간의 토지거래가 위 법의 투기거래 방지 목적에 저촉되는지 여부

---

1) 95누18383 판결에서 양도소득세를 부과할 수 없다는 부분은 대법원 2011. 7. 23. 선고 23644 판결
  (사례 9-2)로 폐기되었다(저자 주).

를 관할 관청이 검토한 후 허가하게 하고, 이와 같은 허가 없이는 당사자를 구속하는 계약
의 효력 자체가 발생하는 것을 금지하려는 것이므로, 이와 같은 허가를 받지 아니하고 거래
한 당사자 스스로가 무효를 주장하는 것이 신의성실의 원칙에 위배되는 권리의 행사라는 이
유로 이를 배척한다면 투기거래 계약의 효력발생을 금지하려는 국토이용관리법의 입법 취지
를 완전히 몰각시키는 결과가 될 것이어서 특단의 사정이 없는 한 그러한 주장이 신의성실
의 원칙에 반한다고는 할 수 없다고 함이 사법상의 신의성실의 원칙과 관련한 이 법원의 견
해이다(위 93다44319, 44326 판결, 대법원 1995. 11. 21. 선고 94다20532 판결, 1995. 2.
28. 선고 94다51789 판결 등 참조).

　　3. 가. 돌이켜 이 사건을 보면, 원고가 매매계약을 체결한 후 토지거래허가가 나지 아니
하자 증여를 원인으로 한 소유권이전등기를 함으로써 그 계약이 확정적으로 무효로 되었고
그 소유권이전등기 또한 원인이 없어 무효라 할 것인바, 이와 같이 원고가 이 사건 토지를
취득할 수 없게 된 이상 이에 대한 증여세 납부의무도 있다 할 수 없다.

　　나. 그런데 이러한 경우 증여세 납부의무를 다투는 원고의 주장이 신의성실의 원칙 또
는 금반언의 원칙에 위반되는 것인지를 살펴보기로 한다. …

　　실질과세의 원칙 하에서는 행위의 외형이 아니라 실질을 따져서 과세함이 원칙인바, 등
기원인이 매매라 하여도 실질이 증여이면 증여로 과세하여야 할 것이고 반대의 경우도 마찬
가지라 할 수 있다. 거래당사자가 법령상의 제한 등의 이유로 실질에 따라 등기를 하지 아
니하고 실질과 달리 등기를 한 후 소송에서 그 실질이 등기부상의 등기원인과 다른 것이라
고 주장한다 하여 이를 모순되는 행태라고 하기는 어렵다. 또 앞서 본 바와 같이 과세관청
은 실지조사권을 가지고 있을 뿐 아니라 이 사건과 같은 경우 그 실질을 조사하여 과세하여
야 할 의무가 있고 그 과세처분의 적법성에 대한 입증책임도 부담하고 있는데 적절한 실지
조사권 행사를 하지 아니한 과세관청에 대하여 납세의무자 스스로 등기원인을 달리하여 등
기하였음을 사전에 알리지 않고 부과처분이 있은 후 뒤늦게 다툰다는 것만으로 심한 배신행
위를 하였다고 할 수도 없을 것이다. 뿐만 아니라 과세관청이 등기부상의 등기원인만을 보
고 이를 그대로 신뢰하였다 하더라도 이를 보호받을 가치가 있는 신뢰라고 할 수도 없다.

　　한편 등기를 말소하는 등 문제된 행위가 있기 이전의 상태로 원상복구하였는지의 여부
는 배신행위 여부를 판단하는 요건이 될 수 없고, 무효의 등기에 근거하여 부과한 과세처분
은 그 등기의 말소 여부와 관계 없이 위법하다고 하는 이 법원의 종래의 견해와, 1994. 12.
22. 국세기본법이 개정되기 전까지는 감액경정청구제도가 도입되어 있지 아니 하여서 사후
의 사정변경에 따른 납세의무자의 구제절차가 미비하였으므로 원상복구되지 아니 하였음을
이유로 일단 과세처분이 적법하다고 하면 이후에 원상회복을 하더라도 이미 적법하게 확정

된 과세처분을 다툴 수 없었던 점, 등기된 내용과 실질이 다를 경우 그 등기를 말소하고 실질에 일치시키지 않는 한 등기된 원인대로 과세하여야 하고 실질에 의한 과세를 주장하는 것은 신의성실의 원칙에 반하여 허용될 수 없다고 한다면 실질과세원칙을 대폭 수정하는 결과가 된다는 점 등에 비추어 볼 때, 원상복구 여부가 배신행위 여부를 판단함에 있어 고려할 대상이라 할 수도 없다 할 것이다.

결국 이 사건에서 원고가 증여세 납부의무를 다툰다 하여 이를 신의성실의 원칙이나 금반언의 원칙에 위반되는 것이라 할 수는 없다. …

4. 그러므로 원심판결을 파기하고 사건을 원심법원에 환송하기로 하여 주문과 같이 판결하는바, 이 판결에는 대법관 이용훈의 별개의견과 대법관 박만호, 대법관 정귀호, 대법관 박준서, 대법관 지창권의 반대의견이 있다.

5. 대법관 이용훈의 별개의견은 다음과 같다.

…원고가 이 사건과 같이 증여세취소처분을 구하면서 사실심 변론종결시까지 스스로 저지른 불법적이며 당연무효인 외형을 제거하지 않고 있음에도 불구하고 법원이 이러한 소송을 그대로 인용한다면, 정의의 구현을 지향하여야 할 재판의 기본적 요청은 재판을 담당하는 법원 자신에 의하여 크게 훼손되는 결과를 가져온다는 우려를 금할 수 없다.…따라서 이 사건은…당사자가 위와 같은 불법적인 외형을 제거하는 것을 끝까지 거부하는지, 이를 거부한다면 그 이유가 무엇인지를 더 나아가 심리하여 그 소권의 행사가 신의성실의 원칙에 비추어 합당한지 여부를 심리·판단케 하기 위하여 원심법원에 환송함이 마땅하다고 하겠다.

6. 대법관 박만호, 대법관 정귀호, 대법관 박준서, 대법관 지창권의 반대의견은 다음과 같다.

…다수의견에서 적절히 지적하고 있는 바와 같이 납세의무자에 대한 신의칙 등의 적용은 그 주관적 귀책가능성의 정도(배신의 정도)가 극히 심한 경우에 한하여 제한적으로 허용하여야 할 것이다… 이 사건의 경우 원고의 주장이 신의칙 등을 적용하기 위한 위 요건에 해당하는지에 관하여 보기로 한다.

(1) 먼저 원고에게 객관적으로 모순적인 행태가 존재하는지에 관하여 보건대, 원고는 그 스스로 이 사건 농지를 증여받았다 하여 증여를 원인으로 한 소유권이전등기를 경료한 후 그에 따른 증여세가 부과되자, 그 부과처분의 취소를 구하는 소송절차에서는 위 농지를 증여받은 것이 아니라고 주장하는 것은 스스로 증여의 언동을 취하였다가 그 증여의 언동이 진실이 아니라고 주장하고 있는 점에서 객관적으로 모순적인 행태가 존재함이 명백하다. 따라서 다수의견에서 이 사건의 경우 원고가 모순되는 행태를 하였다고 보기 어렵다고 한 점은 납득하기 어려운 것이다.

(2) 다음 원고에게 주관적 귀책가능성이 존재하는지에 관하여 보건대, 원고는 스스로 강행법규인 국토이용관리법상의 토지거래허가제도를 잠탈하기 위하여 위법적인 법률상태(무효의 소유권이전등기)를 작출하였다고 자인하면서도 자기에게 유리한 위법적인 법률상태는 그대로 유지한 채 자기에게 불리한 과세처분만을 제거하려고 한다는 점에서, 즉 전에 스스로 한 행위와 모순되는 행위를 하면서 자기에게 유리한 법적 지위만을 악용하려고 한다는 점에서 그 주관적 귀책가능성이 극히 무겁다고 하지 아니할 수 없다… ① 무효의 등기에 근거하여 부과한 과세처분은 그 등기의 말소 여부와 관계 없이 위법하다고 한 대법원 1964. 11. 24. 선고 64누84 판결 등은 신의칙 등의 적용이 문제될 수 없는 사안에 관한 것이고, ② 이 사건의 경우 신의칙 등의 적용을 허용하여야 한다2)는 견해에 의하더라도 당해 소송절차의 사실심 변론종결일까지 그 등기를 말소하는 경우에는 신의칙 등의 적용을 허용하지 아니하겠다는 것이어서 다수의견에서 주장하는 바와 같이 사정변경(원상회복)에 따른 납세의무자의 구제가 불가능한 것은 아니며, ③ 등기된 내용과 실질이 다른 경우 실질에 의한 과세의 주장은 그 등기를 말소하지 아니하는 한 어떠한 경우에도 신의칙 등의 적용을 허용하여 이를 배척하여야 한다는 것이 아니라, 이 사건과 같이 자기에게 유리한 법적 지위만을 악용하려고 하는 경우에만 극히 제한적으로 그 적용을 허용하여 이를 배척하여야 한다는 것이므로, 실질과세의 원칙을 대폭 수정하는 결과를 초래하지도 아니 한다고 할 것이다.

원고가 자기에게 불리한 과세처분을 제거하려고 소송까지 제기하면서도 그 매수인과의 불법적인 합의를 바탕으로 이 사건 농지에 대한 소유권을 실질적으로 행사하는 한편, 등기부상 이 사건 농지에 대한 유효한 소유권자로서 남아 있으려고 하는 원고의 행태가 그 주관적 귀책가능성 내지 배신행위 여부를 판단함에 있어서 고려의 대상이 되어서는 아니 된다는 다수의견의 주장도 납득할 수 없는 것이다.

(3) 과세관청의 신뢰가 보호받을 가치가 있는 신뢰인지에 관하여 보건대, 원고가 토지를 매수하고도 그 거래 상대방과 통모하여 증여를 원인으로 한 등기를 경료한 이 사건에 있어서 그 등기부상 등기원인을 신뢰한 과세관청은 선의의 제3자에 해당한다고 할 것인바, 등기의 적법추정의 법리에 비추어 보아 이는 우리 법체계상 보호받을 가치가 있는 신뢰라 하지 아니할 수 없다. 따라서 별다른 이유도 없이 과세관청의 이러한 신뢰가 보호받을 가치가 있는 신뢰라고 할 수 없다는 다수의견의 주장도 수긍할 수 없는 것이다.

…다수의견을 취한다면, 증여와 같이 대가 없는 이전은 국토이용관리법의 규제대상이 아니므로, 투기거래를 목적으로 하는 토지거래자들은 토지를 매매하고도 일단 증여를 원인

---

2) 여기에서 신의칙의 적용을 허용한다(하지 않는다)는 말은 증여세를 과세할 수 있다(없다)는 뜻이다(저자 주).

으로 소유권이전등기를 한 후, 양수인에게 증여세가 부과되면 실질적으로 매매이지 증여가 아님을 주장하여 그 취소를 받은 다음, 양도인에게 양도소득세가 부과되면 그 매매가 무효임을 주장하여 그 취소를 받을 수 있는 한편(대법원 1993. 1. 15. 선고 92누8361 판결 참조), 매매 당사자끼리는 서로 조세포탈의 이익이 되고 외형상 아무런 하자가 없는 위 양수인 명의의 소유권이전등기를 실질적으로 유효한 것으로 취급하여 그대로 유지시키더라도 달리 제 3 자가 이를 말소할 수 있는 수단이 없으므로, 결국 매매 당사자는 그 소기의 목적을 이루게 됨으로써 국토이용관리법상의 토지거래허가제도를 잠탈할 수 있게 될 뿐만 아니라, 투기거래가 아니어서 토지거래허가를 적법히 받는 경우(양도인은 최소한 양도소득세를 부담하여야 한다)보다 경제적인 면에서 오히려 유리하게 되는 불합리한 결과를 초래하게 된다고 할 것이다. 따라서 다수의견을 취한다면 투기거래자는 물론 투기거래자가 아닌 경우에도 국토이용관리법상의 토지거래허가를 받는 것을 기피하게 될 것이므로, 투기거래를 방지하고자 하는 국토이용관리법의 입법 취지는 완전히 몰각되고 말 것이다…

　　　대법원장 윤관(재판장)　　대법관 박만호 최종영 천경송 정귀호 박준서 이돈희 김형
　　　　　　　　　　　　　선(주심) 지창권 신성택 이용훈 이임수 송진훈.

Notes & Questions

(1) 위 95누18383 판결(사례 3−7)에서 원고는 토지를 증여받은 적이 없다. 그럼에도 불구하고 증여세 과세처분이 정당하다고 과세관청이 주장하는 사실관계와 법적 근거는 무엇인가?

(2) 이 판결은 납세의무자의 행태를 신의성실 위반이라고 볼 수 있는 것은 극히 제한적이라고 하면서 그렇게 보기 위한 세 가지 요건을 제시하고 있다. 무엇인가? 판결문 2.나. 참조. 참고로 납세의무자에게 신의성실의 원칙을 적용한 최초 판결은 대법원 1990. 7. 24. 선고 89누8224 판결로서, 농민이 아닌 자가 아버지로부터 농지를 이전받으면서 시골로 주소를 옮기고 그 땅을 경작할 것을 서약하는 문서까지 작성 제출하여 농지소유허가를 받고 자신의 앞으로 등기를 이전한 후 증여세가 과세되자, 농민이 될 의사가 없으므로 등기는 무효라고 주장하는 것은 신의칙에 어긋난다고 보아 증여세 과세처분을 유지하고 있다.

(3) 95누18383 판결(사례 3−7)의 다수의견과 반대의견은 이 판결의 사실관계에서 위 (2)의 세 가지 요건의 만족여부를 각 어떻게 판단하고 있는가? 한편 같은 요건을 다음 사실관계에 적용하면 어떻게 될까? "납세의무자가 명의신탁받은 부동산을 신탁자 등에게

임대한 것처럼 가장하여 건물 등의 취득가액에 대한 매입세액까지 환급받은 다음, 임대사업의 폐업신고 후 명의신탁을 이유로 임대차계약이 통정허위표시로서 무효라고 주장하는 것은 신의성실의 원칙에 위배되는가?" 대법원 2009. 4. 23. 선고 2006두14865 판결.

(4) 대법원 2011. 7. 21. 선고 2010두23644 판결(사례 9−2)은 95누18383 판결(사례 3−7) 가운데 양도소득세를 부과할 수 없다는 부분을 폐기하였다. 현행법의 감액경정청구 제도(사례 9−2 보충의견 다)는 95누18383 판결에 어떤 영향을 줄까? (사례 3−7) 3.(나).

제4장
조세채권의 성립·확정·소멸

제1절 조세법률관계

[관련법령]
국세기본법 제55조 및 제22조; 현행법으로 행정소송법 제2조; 법인세법 제98조 제1항 제5호.

사례 4-1 　대법원 1984. 2. 14. 선고 82누177 판결

【원고, 상고인】 트랜스 오션 걸프오일 컴파니 소송대리인 변호사 최덕빈
【피고, 피상고인】 울산세무서장 소송대리인 변호사 이재후
【원심판결】 대구고등법원 1982. 3. 9. 선고 81구54 판결
【주　　문】
상고를 기각한다.
상고 소송비용은 원고의 부담으로 한다.
【이　　유】
원고 소송대리인의 상고이유를 판단한다.
　　기록과 원심판결에 의하면, 소외 대한석유지주주식회사는 1980. 8. 1 미국 법인인 원고로부터 대한석유공사 주식 23,751,771주를 매수하고 그 매매대금을 지급함에 있어 당시 시행의 법인세법 제53조 내지 제56조, 제59조, 같은법 시행령 제122조를 근거로 하여 산출한 원고의 주식양도로 인한 소득에 대한 법인세 금 14,231,325,000원을 원천징수하여 이를 피고에게 납부하고 피고가 이를 수납하였는바, 위 대한석유지주주식회사가 원고로부터 위 법

인세를 원천징수하는 행위는 "대한민국과 미합중국 간의 소득에 관한 조세의 이중과세회피와 탈세방지 및 국제무역과 투자의 증진을 위한 협약" 제16조에 의하여 원고의 주식양도로 인한 소득은 국내의 과세대상에서 제외되기로 되어 있는 점에 비추어 위법하므로 위 대한석유지주주식회사가 위 법인세를 원천징수한 것은 위법함에도 불구하고 피고가 이를 수납하였음은 역시 위법한 행정처분이므로 그 취소를 구하는 원고의 이건 청구에 대하여 원심판결은 국세기본법 제21조 제2항 제1호 및 제22조 제2항 제3호에 의하면 각종 세법에 있어서 원천징수의 대상이 되는 소득은 세무관서의 부과처분이 없더라도 법정의 세율에 따라 그 세액이 자동적으로 확정되며 위에서 본 법인세법의 각 규정에 의하면 법인세의 원천징수는 지급자인 원천징수의무자가 법인세를 징수하여 과징관서에 납부하도록 하고 있어 법인세의 원천징수제도에 있어서 조세법률관계는 원칙적으로 원천징수의무자와 과징권자인 세무관서와의 간에만 존재하게 되고 납세의무자(수급자)와 세무관서와의 사이에 있어서는 원천징수된 법인세를 원천징수의무자가 세무관서에 납부한 때에 납세의무자로부터 납부가 있는 것으로 되는 것 이외에는 원칙적으로 양자 간에는 조세법률관계가 존재하지 아니하고 납세의무자는 특단의 사정이 없는 한 원천징수의 유무에 불구하고 그 조세채무의 불이행 또는 이행지체의 책임을 과세권자로부터 추궁당하지 아니하는 것이니 결국 원천징수행위에 의하여 납세의무자의 납세의무는 소멸하지만 원천징수의무자가 징수금을 납부하여야 할 의무는 세법상 원천징수의무자의 과세관서에 대한 납부의무를 근거로 하여 성립하므로 과세관서가 원천징수 세금을 수납하는 행위는 단순한 사무적 행위에 지나지 아니 하므로 그 수납행위는 공권력행사로서의 행정처분이 아님이 명백하다는 취지로 판단하여 피고의 이건 법인세의 수납행위를 행정처분임을 전제로 한 이 사건 소는 행정소송의 대상이 되지 아니하는 것을 그 대상으로 삼은 부적법한 것으로 단정하여 원고의 이건 소를 각하하였는바, 원천세징수에 관한 원심의 위와 같은 판단은 정당하고, 따라서 피고의 이건 법인세의 수납행위가 원고에 대한 행정행위라고 할 수 없으니 그 취소를 구하는 이 사건 소는 부적법함을 면할 수 없으므로 소를 각하한 원심의 조치 역시 정당하고, 거기에 소론과 같은 법리오해의 위법이 없으므로 논지는 이유 없다.

그러므로 상고를 기각하고, 상고 소송비용은 패소자의 부담으로 하기로 하여 관여 법관의 일치된 의견으로 주문과 같이 판결한다.

대법관　김덕주(재판장) 정태균 윤일영 오성환.

[관련법령]

민법 제742조.

사례 4-2   대법원 1995. 2. 28. 선고 94다31419 판결

【원고, 상고인 겸 피상고인】 효성중공업주식회사 소송대리인 변호사 이영수

【피고, 피상고인 겸 상고인】 서울특별시 소송대리인 변호사 곽창욱

【원심판결】 서울고등법원 1994. 5. 6. 선고 94나5443 판결

【주   문】

상고를 모두 기각한다.

상고비용은 상고인 각자의 부담으로 한다.

【이   유】

상고이유를 판단한다. …

피고의 상고이유에 대하여

1. 제 1 점 내지 제 7 점에 관하여

원심판결 이유에 의하면 원심은 원고가 1989. 6. 27. 도시재개발법에 의한 도심지재개발사업 시행인가를 받아 이 사건 업무시설용건물을 신축하여 1993. 6. 19. 준공검사를 마친 후 1993. 7. 19.에 그에 대한 취득세 금 408,083,780원을, 1993. 8. 12. 등록세 금 16,233,510원 등을 피고에게 각 자진신고납부한 사실을 인정한 다음, 이 사건에는 원고에게 유리한 위 사업시행 당시 시행되던 서울특별시재개발사업에대한시과세면제에관한조례가 적용되어 취득세 및 등록세가 면제된다고 할 것이고, 따라서 피고는 납세의무 없는 원고로부터 납부받은 위 취득세 및 등록세 상당액을 부당이득으로 원고에게 반환할 의무가 있다고 판단하였다.

그러나 취득세, 등록세는 신고납부방식의 조세로서 이러한 유형의 조세에 있어서는 원칙적으로 납세의무자가 스스로 과세표준과 세액을 정하여 신고하는 행위에 의하여 조세채무가 구체적으로 확정되고(과세관청은 납세의무자로부터 신고가 없는 경우에 한하여 비로소 부과처분에 의하여 이를 확정하게 되는 것이다), 그 납부행위는 신고에 의하여 확정된 구체적 조세채무의 이행으로 하는 것이며 국가나 지방자치단체는 그와 같이 확정된 조세채권에 기하여 납부된 세액을 보유하는 것이므로, 납세의무자의 신고행위가 중대하고 명백한 하자로 인하여 당연무효로 되지 아니하는 한 그것이 바로 부당이득에 해당한다고 할 수 없고, 여기에서 신고행위의 하자가 중대하고 명백하여 당연무효에 해당하는지의 여부에 대하여는 신고행위의 근거가 되는 법규의 목적, 의미, 기능 및 하자 있는 신고행위

에 대한 법적 구제수단 등을 목적론적으로 고찰함과 동시에 신고행위에 이르게 된 구체적 사정을 개별적으로 파악하여 합리적으로 판단하여야 할 것이다(당원 1986. 9. 23. 선고 86누112 판결; 1990. 11. 27. 선고 90다카10862 판결; 1993. 12. 7. 선고 93누11432 판결 등 참조). …

기록에 의하면 원고는 이 사건 자진신고납부에 앞서 그 취득세가 조례에 의한 면제대상임을 주장하여 피고에 대하여 면제신청을 하였으나, 피고는 앞에서 본 바와 같은 당원의 거듭된 견해에도 불구하고 이에 따르지 아니하고, 그 면제를 거부함에 따라 원고는 자진신고납부 해태에 따른 부가세의 부담회피와 신속한 소유권보존등기의 필요성에 의하여 부득이 자진신고납부를 하고, 그 구제수단으로 바로 이 사건 민사소송에 의하여(위와 같은 경우 지방세법상 납세의무자에게 과오납금환부신청권이 인정되지 아니하여 행정소송에 의한 구제방법은 인정되지 아니한다. 당원 1988. 12. 20. 선고 88누3406 판결 참조) 위 세액의 반환을 청구하기에 이르게 된 사정을 알 수 있는바, 이 사건에서는 이러한 특별한 사정으로 인하여 위 신고행위에 조세채무의 확정력을 인정할 여지가 없는 중대하고 명백한 하자가 있어 당연무효에 해당한다고 할 것이고, 따라서 피고는 납부된 세액을 보유할 아무런 법률상 원인이 없는 것이어서 결국 피고에 대하여 부당이득을 인정한 원심판단은 결론에서 정당하고, 이와 다른 논지는 이유 없다.

2. 제8점에 관하여

납세의무자와 과세관청 사이의 조세법률관계에서 발생한 부당이득에 대하여서는 민법상의 비채변제의 규정이 적용되지 아니하는 것이므로(당원 1991. 1. 25. 선고 87다카2569 판결 참조), 논지는 이유 없다.

그러므로 쌍방의 상고를 모두 기각하고, 상고비용은 상고인 각자의 부담으로 하여 관여 법관의 일치된 의견으로 주문과 같이 판결한다.

대법관 김석수(재판장) 정귀호 이돈희(주심) 이임수.

Notes & Questions

(1) 일정한 소득을 지급하는 자(원천징수의무자)가 법에 정한 세율로 세금을 징수하여 국가에 납부하고 돈 받을 권리가 있는 자(판례의 용어로 원천납세의무자, 법령의 용어로 원천징수대상자)에게는 잔액만을 지급하는 제도를 원천징수라 부른다.

(i) 대법원 1984. 2. 14. 선고 82누177 판결(사례 4-1)에서 원고는 원천징수의무자인가 원천납세의무자인가?

(ii) 이 판결은 민사사건인가 행정사건인가?

(iii) 이 판결에서 원고가 국세청을 상대로 구하고 있는 청구취지는 무엇인가? 82누177 판결에서 원고는 피고의 어떤 행위가 국세기본법 제55조 제 1 항(행정소송법 제19조) 의 처분에 해당한다고 주장하였는가?

(iv) 이 청구가 [   ]된 이유는 무엇인가? 만일 피고의 수납행위를 행정처분이라 가정 한다면 결론이 바뀌는가?

(2) 만일 원고가 부당이득의 반환을 구하였더라면 어떻게 되었을까? 82누177 판결은 원천 징수에 관련하여 국가와 조세법률관계에 있는 자는 누구라고 하는가? 원천납세의무자와 법률관계에 있는 자는 누구이고 이 법률관계는 조세법률관계인가 민사법상의 관계인가?

(3) 대법원 1995. 2. 28. 선고 94다31419 판결(사례 4-2)은 민사소송인가 행정소송인가? 세금에 관한 법률관계임에도 불구하고 민사법 관계가 될 수 있었던 이유는 신고납 세 행위가 [   ]이기 때문이다. 민사법관계(부당이득 반환청구)임에도 불구하고 민법 의 비채변제 규정이 배제되는 이유는 무엇인가? 참고로 행정소송법 개정시안은 세금에 관한 부당이득반환의 소를 당사자소송으로 정하고 있다. 신고납세의 법적 의의에 대해 서는 다음 제 3 절(조세채무의 확정) 참조.

(4) 82누177 판결(사례 4-1)에 관련한 현행법은 당시의 법률과 다르다. 현행법에서 원천 징수세액이 과다한 경우 원천징수대상자인 근로자나 비거주자에게 국가를 상대로 하는 구제수단이 있는가? 국세기본법 제45조의2 제 4 항.

제 2 절   조세채권채무의 구성요건(과세요건)

I . 납세의무자

(1) 국세기본법 제13조는 납세의무자의 종류를 어떻게 구분하고 있는가?

(2) 납세의무자가 미성년자인 경우 어떤 방식으로 신고 기타 세법상 필요한 행위를 할 수 있는가?

Ⅱ. 관할과 납세지

(1) 관할 없는 과세관청의 과세처분의 효력은 어떠한가? 납세의무자가 관할 없는 다른 세무서장에게 과세표준신고서를 제출한 경우 그 신고의 효력은 어떠한가?

Ⅲ. 과세물건과 세율

(1) 세금을 담세력에 따라 물리는 경우 과세물건으로는 어떠한 것이 있을 수 있을까? 과세물건별로 현행법에서 대표적인 세금을 들어보라.

(2) 조세채무의 금액은 과세물건을 일정한 수량 곧 [①]으로 표시한 뒤, 이 [①]에 세율을 적용하여 계산한다.

(3) 납세의무자의 소득세 [①]이 원래는 2천 5백만원이지만 조세특별조치로 5백만원이 줄어들어 2천만원이라고 하자. 또 [①] 1천만원까지는 법정세율이 10%이고, 1천만원을 넘는 금액에 대해서는 20%라고 하자. 부담할 세액은 얼마이고, 실효세율은 얼마인가? 경제학에서 말하는 한계(marginal)세율은 얼마인가?

Ⅳ. 조세채무의 성립

[관련법령]
국세기본법 제21조; 현행법으로 지방세법 제107조 제 1 항, 제105조(두 조를 묶으면, '과세기준일 현재 토지를…소유하고 있는 자는 재산세를 납부할 의무가 있다').

사례 4-3 대법원 1985. 1. 22. 선고 83누279 판결

【원고, 상고인】 박준관 소송대리인 변호사 황석연
【피고, 피상고인】 도봉구청장 소송대리인 변호사 민경택
【원심판결】 서울고등법원 1983. 4. 19. 선고 82구330 판결
【주   문】
상고를 기각한다.
상고 소송비용은 원고의 부담으로 한다.

【이 유】

상고이유를 판단한다.

1. 제 1 점에 대하여

원심판결 이유에 의하면, 원심은 원고가 소유하고 있는 이 사건 대지는 그 중 일부가 도로에 접하여 있고 인근의 주택들로 둘러싸여[1] 있으며, 위 대지의 토지등급이 1980년에는 66등급이고 1981년에는 68등급인데 그 지상에 건물이 건축되지 아니한 채 원고가 이를 1974년경 이후 동인석재산업주식회사에 임대하여 위 소외 회사는 나대지상태인 위 대지를 위 대지와 인접하여 있는 소외 회사의 공장에서 생산한 석물의 적재용 등의 장소로 사용하고 있는 사실을 인정한 다음, 지방세법⋯에는 공한지라 함은 내무부령이 정하는 지역 안의 대지, 공장용지, 학교용지 및 잡종지로서 지상정착물이 없고 사실상 사용하지 아니하는 토지를 말하되⋯비록 토지의 사용이 있더라도 그 사용이 일시적인 경우에는 공한지에 해당한다는 취지임이 명백하고⋯위 대지 상에는 지상정착물이 없을뿐더러⋯위 대지의 사용은⋯대지소유자인 원고의 직접사용이 아니고 임차인인 위 소외 회사에 의한 사용일 뿐이므로 위⋯소정의 공한지 제외요건에도 해당되지 않는다고 판시하고 있다.

기록에 의하여 살펴보면 원심의 위와 같은 사실인정과 판단은 모두 정당하게 수긍이 되고 거기에 소론 법령해석의 오류를 범한 위법이 없으므로 논지는 이유 없다.

2. 제 2 점에 대하여

원심이 그 거시증거에 의하여 이 사건 대지는 1972. 2.경부터 군사시설보호법 제 3 조에 의한 군사시설보호구역으로 설정되어 건축이 금지되어 오다가 1979. 3. 15.부터 건물이 바닥면적은 제한함이 없이 건물의 높이에 있어 2층 이하 건물을 건축할 수 있도록 위 건축금지가 해제된 사실을 확정한 다음 위 대지가 위와 같이 2층 이하의 건축이 허용되는 토지라면 그 높이에 관하여 제한을 받는다고 하여도 이를 들어 곧 직접, 간접으로 토지의 사용을 금지하는 결과를 초래하게 되었고 따라서 지방세법⋯소정의 건축이 금지된 토지에 해당한다고는 보여지지 아니한다고 판단한 조치는 기록에 대조하여 살펴보면 정당한 것으로 수긍이 가고 거기에 논지가 지적하는 바와 같은 심리미진의 위법이 없다.

3. 제 3 점에 대하여

이 사건 군사시설보호법에 의한 군사시설보호구역의 설정, 변경 또는 해제와 같은 행위는 행정입법행위 또는 통치행위로서 이와 같은 행위는 그 종류에 따라 관보에 게재하여 공포하거나 또는 대외적인 공고, 고시 등에 의하여 유효하게 성립되고 개별적 통지를 요하지

---

1) 판결 원문에서는 "쌓여".

아니한다 할 것인바(당원 1983. 6. 14. 선고 83누43 판결) 이와 같은 취지에서 조세채무는 법률이 정하는 과세요건이 충족되는 때에는 그 조세채무의 성립을 위한 과세관청이나 납세의무자의 특별한 행위가 필요 없이 당연히 자동적으로 성립하는 것이므로 이 사건 과세요건의 충족사실인 이 사건 대지에 대한 건축금지조치가 해제된 때로부터 1년 6월이 경과됨으로써 원고가 그 주장과 같이 위 건축금지의 해제사실을 알지 못하였거나 알 수 없었는지의 여부에 구애됨이 없이 이 사건 조세채무가 당연히 성립[한다]…

4. 따라서 원고의 상고를 기각하고, 상고 소송비용은 패소자인 원고의 부담으로 하여 관여 법관의 일치된 의견으로 주문과 같이 판결한다.

대법관 이정우(재판장) 정태균 신정철 김형기.

Notes & Questions

(1) 이 판결의 쟁점은 원고가 타인에게 임대하고 있는 토지가 옛 지방세법상 공한지(이 판결에 필요한 부분만 적자면 지상정착물이 없고 사실상 사용하지 아니하는 토지. 다만 건축이 금지된 토지는 공한지가 아니다)로서 재산세 중과세 대상인가이다. 중과세대상이 아니라고 원고가 주장하는 세 가지는 각 무엇인가? 이에 대한 법원의 판단은 무엇인가?

(2) 원고는 이 사건 대지에 대한 건축금지조치의 해제가 있었다는 사실을 몰랐다. 그럼에도 불구하고 재산세 중과세(공한지세) 납세의무를 지는 이유는 무엇인가? 납세의무가 성립하자면 과세요건사실이 존재한다는 것을 납세의무자가 인식하여야 하는가? 조세채무는 요건사실이 있으면 당연히 성립하는 것인가 아니면 행정행위의 효과로 생기는 것인가?

(3) 납세의무가 일단 성립한 뒤 일어나는 후발사실은 납세의무에 어떤 영향을 주는가? 증여세의 신고기한 안에 증여를 합의해제한 경우 증여세 납세의무가 없어지는가? 상속세 및 증여세법 제 4 조 제 4 항. 양도를 합의해제하는 경우 양도소득세나 취득세 납세의무는 없어지는가? 대법원 1990. 7. 13. 선고 90누1991 판결, 대법원 1991. 5. 14. 선고 90누7906 판결.

(4) 납세의무의 성립시기는 소득세, 법인세, 부가가치세 같은 기간과세라면 [   ]이 끝나는 때이고 상속세, 증여세, 취득세, 등록세 따위는 과세대상인 사건이 일어나는 때이다. 재산세는 특정한 시점 현재에 재산을 소유하고 있는 사람에게 물리는 것이므로 그 특정한 시점(과세기준일)에 성립한다. 국세기본법 제21조, 지방세기본법 제34조.

(5) 법의 발효나 시행시기에 관한 경과규정이 따로 없다면 납세의무의 내용은 납세의무 성
   립일 현재의 법에 따른다. (사례 5-4).

제 3 절 조세채무의 확정

[관련법령]

소득세법 제111조, 제114조; 민법 제741조.

> **사례 4-4** 대법원 2002. 11. 22. 선고 2002다46102 판결

【원고, 피상고인 겸 상고인】망 이금임의 소송수계인 홍순익 외 5인(소송대리인 변호사
                      노원욱)

【피고, 상고인】모성진

【피고, 피상고인】대한민국

【원심판결】서울고법 2002. 7. 9. 선고 2002나6502 판결

【주 문】

상고를 모두 기각한다. 상고비용은 각 상고인의 부담으로 한다.

【이 유】

1. 원고들의 상고이유에 대하여

   신고납세 방식의 조세에 있어서는 원칙적으로 납세의무자가 스스로 과세표준과 세액을
정하여 신고하는 행위에 의하여 납세의무가 구체적으로 확정되고(과세관청은 납세의무자로
부터 신고가 없는 경우에 한하여 비로소 부과처분에 의하여 이를 확정하게 되는 것이다.),
그 납부행위는 신고에 의하여 확정된 구체적 납세의무의 이행으로 하는 것이며 국가나 지방
자치단체는 그와 같이 확정된 조세채권에 기하여 납부된 세액을 보유하는 것이므로, 납세의
무자의 신고행위가 중대하고 명백한 하자로 인하여 당연무효로 되지 아니하는 한 그것이 바
로 부당이득에 해당한다고 할 수 없고, 여기에서 신고행위의 하자가 중대하고 명백하여 당
연무효에 해당하는지의 여부에 대하여는 신고행위의 근거가 되는 법규의 목적, 의미, 기능
및 하자 있는 신고행위에 대한 법적 구제수단 등을 목적론적으로 고찰함과 동시에 신고행위
에 이르게 된 구체적 사정을 개별적으로 파악하여 합리적으로 판단하여야 한다(대법원
1995. 2. 28. 선고 94다31419 판결, 2001. 4. 27. 선고 99다11618 판결 등 참조).

원심은, 실질적으로는 이 사건 공매처분 및 이를 원인으로 한 피고 모성진 앞으로 경료된 소유권이전등기가 무효라는 사정이 있다고 하더라도 피고 대한민국 산하 강동세무서장이 그러한 사정을 알고서도 원고들의 피상속인 망 이금임에게 양도소득세를 자진 신고·납부하게 하였다는 등의 특별한 사정이 없는 이상 위 소유권이전등기를 양도소득세 부과대상인 자산양도로 보고 그에 따라 망인이 양도소득세를 자진신고·납부한 행위에 있어 중대하고도 명백한 하자가 있다고 볼 수는 없다고 할 것이고, … 양도소득세 납부의무는 망인의 자진신고에 의하여 구체적으로 확정되었다고 할 것인데 망인의 양도소득세 자진신고·납부행위에 중대하고도 명백한 하자가 있다고 볼 수 없는 이상 원고들과 피고 모성진 사이에 소유권이전등기가 무효임이 밝혀져 말소하라는 판결이 확정된다고 하더라도 양도소득세 자진신고·납부행위에 중대하고도 명백한 하자가 생겨 그 행위가 무효가 되는 것은 아니라고 할 것이니 피고 대한민국의 양도소득세 수령이 원고들에 대한 관계에서 법률상 원인 없는 부당이득이 될 수 없다고 판단하여 원고들의 피고 대한민국에 대한 주위적 및 예비적 주장을 모두 배척하였다.

앞서 본 법리와 기록에 비추어 살펴보면, 원심의 위와 같은 인정 및 판단은 정당하고, 거기에 채증법칙 위배로 인한 사실오인이나 양도소득세 자진납부의 효력 및 부당이득에 관한 법리오해 등의 위법이 없다.

2. 피고 모성진의 상고이유에 대하여

구 택지소유상한에관한법률(1998. 9. 19. 법률 제5571호로 폐지) 소정의 택지초과소유부담금은 조세의 일종이 아니라 위 법이 정한 의무위반에 대한 제재로서 부과하는 금전적 부담으로서 위 법의 목적을 실현하기 위한 이행강제수단에 불과하므로 법률적인 근거 없이는 체납 택지초과소유부담금을 국세징수법에 따라 강제로 징수할 수는 없다 할 것이다.

그런데 위 법 폐지 전에는 그 제30조에서 "택지초과소유부담금의 납부의무자가 독촉장을 받고 지정된 기한까지 택지초과소유부담금 및 가산금 등을 완납하지 아니한 때에는 건설교통부장관은 국세체납처분의 예에 의하여 이를 징수할 수 있다"고 규정함으로써 국세징수법 제3장의 체납처분규정에 의하여 체납 택지초과소유부담금을 강제징수할 수 있는 길을 열어 놓았으나, 1999. 4. 29. 위 택지소유상한에관한법률 전부에 대한 위헌결정으로 위 제30조 규정 역시 그 날로부터 효력을 상실하게 되었고, 위 규정 이외에는 체납 택지초과소유부담금을 강제로 징수할 수 있는 다른 법률적 근거가 없으므로, 위 위헌결정 이전에 이미 택지초과소유부담금 부과처분과 압류처분 및 이에 기한 압류등기가 이루어지고 각 처분이 확정되었다고 하여도, 위헌결정 이후에는 별도의 행정처분인 공매처분 등 후속 체납처분 절차를 진행할 수 없고(대법원 2002. 4. 12. 선고 2002다2294 판결 참조), 만일 그와 같은 절차를 진행하였다면 그로 인한 공매처분은 법률의 근거 없이 이루어진 것으로서 그 하자가 중대하고도 명백하여 당연무효라고 할 것이며, 그 공매처분에 기하여 이루어진 소유권이전등기 역시 원인무효의 등기라고 할 것이다.

같은 취지에서 원고들의 피고 모성진에 대한 말소등기청구를 인용한 원심의 판단은 정당하고, 거기에 사실오인, 법리오해, 법령위반, 심리미진 등의 위법이 없다.

3. 그러므로 상고를 모두 기각하고, 상고비용은 패소자들 각자의 부담으로 하기로 하여 관여 대법관의 일치된 의견으로 주문과 같이 판결한다.

대법관 손지열(재판장) 조무제 유지담(주심) 강신욱.

Notes & Questions

(1) 이 사건의 기본적 사실관계로 원고는 양도소득세를 신고납부하였다. 원고에게 양도소득이 생긴 사정은 무엇인가?

(2) 국세기본법 제22조(납세의무의 확정)는 "국세는 해당 세법의 절차에 따라 그 세액이 확정된다"고 정하고 있다. 조세채무의 확정이란 법이 정한 절차에 따라 세액이 구체적 조세채무로 특정되어 "추상적으로 성립된 납세의무의 내용이 징수절차로 나아갈 수 있을 정도로 구체화"시키는 행위나 그렇게 "구체화된 상태"를 의미한다. 대법원 2011. 12. 8. 선고 2010두3428 판결(사례 5-5). 이에 관해 위 2002다46102 판결(사례 4-4)은 "[①]납세 방식의 조세에 있어서는 원칙적으로 납세의무자가 스스로 과세표준과 세액을 [①]하는 행위에 의하여 납세의무가 구체적으로 확정되고, 과세관청은 납세의무자로부터 신고가 없는 경우에 한하여 비로소 부과처분에 의하여 이를 확정하게 되는 것"이라고 한다. 구체적으로 이 사건의 양도소득세를 본다면 원고는 세액을 자진신고 납부할 의무(소득세법 제111조)를 이행하였고 국가는 신고가 없거나 신고내용이 틀린 부분에 관해서만 세액을 결정하거나 경정하는 부과처분을 하게 된다(소득세법 제114조). 이와 같은 신고납세 구조를 띤 세금에는 어떤 것이 있는가? 종합소득세, 법인세, 부가가치세, 종합부동산세에서 각각 해당 세법의 절차를 검토해보라.

(3) 2002다46102 판결(사례 4-4)에서 납세의무자는 신고납세한 세액을 민법상의 [   ]이라 주장하면서 그 반환을 구하고 있다. 원고가 패소한 이유는 무엇인가?

(4) 부당이득이 성립하자면 신고가 [①]이어야 한다. 2002다46102 판결(사례 4-4)은 신고가 [①]이려면 하자가 어느 정도에 이르러야 한다고 하는가? 이 사건에서 신고

에 하자가 있는 이유는 무엇이고 그 하자는 [①]의 정도에 이르렀는가? 94다21419 판결(사례 4-2)과 다른 점은 무엇인가? [①]가 아니지만 잘못된 신고에 대한 경정청구는 제6장 제1절 Ⅳ 참조.

(5) 조세채무의 확정 이후에는 특정한 납세의무자의 재산에 강제징수가 가능하다는 점에서 확정을 조세채권과 제3자(담보권자나 양수인 등)의 私權 사이의 우열을 정하는 기준으로 삼는 것이 입법론상 일응 가능하고, 실제로 우리 현행법도 그렇게 하고 있다. 이에 대해서는 뒤에 배울 국세우선권 및 제2차납세의무 참조. (사례 5-5).

(6) 2002다46102 판결(사례 4-4)에서 2.의 택지초과소유부담금에 관련하여 보면, 이 부담금도 세금이나 마찬가지로 부과처분에 취소사유가 있더라도 이미 불복기간이 도과하여 부과처분에 형식적 확정력이 생겼다면 체납처분은 그대로 유효한 것이 원칙이다. 대법원 1961. 10. 26. 선고 4292행상73 판결 이래 굳은 판례이다. 그럼에도 불구하고 원고가 경락인인 피고 모성진에 대해서는 승소한 이유가 무엇인가? 아래 제5장 제1절.

(7) 참고로, 이 사건에서는 원고가 경락인 모성진을 상대로 소유권 이전등기의 말소를 구하였다. 그와 달리 행정청을 상대로 공매처분의 무효확인을 구하더라도 소의 이익이 있다고 한다. 대법원 2008. 3. 20. 선고 2007두6342 판결, 2008. 6. 12. 선고 2008두3685 판결.

[관련법령]
민법 제741조, 제742조, 제750조; 현행법으로 상속세 및 증여세법 제76조 제1항(세무서장 등은 …신고에 의하여 과세표준과 세액을 결정한다. 다만 신고를 하지 아니하였거나 그 신고한 과세표준이나 세액에 탈루 또는 오류가 있는 경우에는 그 과세표준과 세액을 조사하여 결정한다).

사례 4-5 대법원 1991. 1. 25. 선고 87다카2569 판결

【원고, 피상고인】 최진국 외 3인 원고들 소송대리인 변호사 최광률 외 3인
【피고, 상고인】 대한민국
【원 판 결】 서울고등법원 1987. 9. 21. 선고 87나1244 판결
【주   문】
상고를 기각한다.
상고비용은 피고부담으로 한다.

【이　유】

1. 부당이득반환 청구부분에 대한 판단

원심판결 이유에 의하면 원심은 그 적시의 증거에 의하여 피고 산하 서울 강남세무서장이 1982. 10. 14.에 원고들에게 피상속인 최종상의 1981. 12. 17. 사망으로 인한 유산 상속에 있어 상속재산 가액을 금 27억여 원으로 과세가액을 금 12억여 원으로 결정통지하였고 원고들이 이에 따라 상속세액을 계산하여 1982. 11. 12.에 일부금 1억 7천 5백만원을 현금으로 납부하고 나머지 세금은 3년에 걸쳐 분할납부 할 수 있도록 연부연납허가 신청을 하여 그 허가를 받고 1983. 12. 28.에 아직 세무서장의 납세고지가 없는 상태에서 제 1 차 연도분으로 금 372,234,038원…을 납부하였다는 사실과 강남세무서장이 이 사건에서 상속재산 가액을 27억여 원으로 확정한 것은 상속재산 중 칠포개발주식회사 주식 314,000주의 가격을 1주당 금 1,465원씩 합계 금 4억 6천 1백만원으로 보았기 때문이었는데 그것은 한국감정원 소속 감정원이 1982. 2. 20.에 칠포개발주식회사 소유 경북 영일군 의창읍 칠포리 소재 토지의 가격을 15억 7천여 만원으로 잘못 감정한 결과에 근거한 것이고 그 후 한국감정원이 1982. 11. 29.에 그 토지에 대한 이건 상속개시 당시의 시가를 다시 감정한 결과, 이에 의하면 그 가액은 1주당 12원에 미달하는 합계 금 374만여 원에 불과하다는 사실을 인정하고 세무서장이 위 세금을 수령한 것은 위 정당한 감정결과를 기초로 계산된 세금을 초과하는 차액 상당에 관하여 법률상 원인 없이 이익을 얻고 그로 인하여 원고들에게 동액 상당의 손해를 가한 것이 된다고 판시하였는바 원심판결 적시의 증거들을 기록과 대조하여 살펴보면 그와 같은 사실인정을 수긍할 수 있는 것이며, 세무서장이 상속세 과세가액을 조사 결정하고 납세의무자로부터 연부연납허가 신청을 받아 이를 허가한 것만으로는 상속세부과처분이 있다고 볼 수 없으며 부과과세방식의 조세에 있어서 그 부과처분이 있기 전에 납세의무자가 자진하여 세금을 과다납부하게 되었다면 부당이득의 성립을 인정하여야 할 것이며 납세의무자가 세무서장의 인정가액에 따른 세금을 과세고지가 있기 전에 자진납부하였다 하여 거기에 비채변제의 법리가 적용된다 할 수 없으며 원고의 이 사건 부당이득금반환청구를 신의칙에 반한다고 할 수도 없으므로 원심판결에 소론과 같은 위법이 있다고 할 수 없다.

2. 국가배상 청구부분에 대한 판단

원심판결 이유에 의하면 원심은 위 1항과 같은 판시에 이어 원고들이 1985. 12. 28.에 세무서장의 납세고지(1985. 12. 10.자)에 의하여 3차연도분 세금 278,957,720원을 납부한 사실, 한국감정원이 1982. 11. 23.에 위 1982. 2. 20.자 감정은 부실한 것이 밝혀져 그 감정인을 징계처분하고 1983. 1. 20.에 그 취지를 국세청장에게 통보한 사실, 원고들이 1981. 12. 31.에 위 상속재산인 칠포개발주식회사의 주식 314,000주를 소외 진덕산업주식회사에게 양도하고 진덕산업이 강남세무서장에게 81사업년도 법인세과표 및 세액을 신고하면서 위 주식매입가격을 5억 3천만원으로 신고하였고 동 세무서장은 그 법인세의 실지조사 과정에서 그 주식가격을 1982. 2. 20.자 감정에 의거하여 계산하는 것은 부당하고 1982. 11. 29.자 감정에 의거하여야 한다고 판단하고 그에 기한 주식가격 374만여 원을 초과하는 5억 2천 6백여 만원은 시가보다 초과계상된 것으로 인정하고 1983. 6. 16.에 그 금액만큼 익금 산입하여 소득금액 변경통지를 하였다는 사실, 원고들이 강남세무서장을 피고로 이 사건 상속세과세가액 결정이 부당하다고 다투는 행정소송을 제기하고 그 사건 변론기일인 1983. 12. 27. 서울고등법원 법정에서 위 일련의 사실들을 증명할 수 있는 서증을 제출한 사실을 인정한 다음 그와 같은 사실에 비추어 보면 강남세무서장은 늦어도 1983. 12. 27.에는 한국감정원의 1982. 2. 20.자 감정이 부실감정임을 알았거나, 알 수 있었다고 추인된다는 취지로 판시하고 그렇다면 피고 소속의 공무원인 강남세무서장 등 담당공무원들이 그 직무를 집행함에 당하여 고의 또는 과실로 부실감정에 기초한 상속재산 평가액에 따라 상속세 납세고지처분을 함으로서 원고들에게 손해를 가한 것이 된다고 인정하고 정당한 결과를 기초로 계산되는 세금을 초과하는 차액 상당의 금액을 원고들에게 배상하여야 한다고 판시하였는바, 원심판결 적시의 증거들을 기록과 대조하여 살펴보면 그와 같은 사실인정을 수긍할 수 있는 것이고 원심판결에 소론과 같은 법리오해의 위법이 있다 할 수 없다.

3. 상고논지는 모두 이유 없으므로 상고를 기각하고 상고비용은 패소자에게 부담시키기로 관여 법관의 의견이 일치되어 주문과 같이 판결한다.

대법관   김용준(재판장) 박우동 이재성 윤영철.

Notes & Questions

(1) 위 대법원 1991. 1. 25. 선고 87다카2569 판결에서 원고는 세금을 신고납세한 뒤 부당이득의 반환을 구하고 있다. 앞서 본 대법원 2002. 11. 22. 선고 2002다46102 판결(사례 4-4)은 신고가 당연무효인 경우에만 부당이득이 성립한다고 하였으나 87다카2569 판결에서는 신고의 하자 여부를 아예 검토조차 하지 않고 있다. 이런 차이가 생기는 이유는 무엇인가? 납세의무의 확정방식이, 양도소득세는 "납세의무자가 스스로 과세표준과 세액을 정하여 신고하는 행위에 의하여 납세의무가 구체적으로 확정"되는 [   ] 방식인 데 비해 상속세는 정부가 과세표준과 세액을 결정하는 [   ] 방식이라는 것이다. 소득세법 제114조 제 1 항과 제 2 항과 상속세 및 증여세법 제76조("세무서장등은...신고에 의하여 과세표준과 세액을 결정한다")를 비교하면 세액을 확정하는 절차에 어떤 차

이가 있는가?

(2) 87다카2569 판결(사례 4-5)에서 원고가, 제3차연도분 세금에는 관해서는 부당이득의 반환을 구하지 않고 국가배상을 청구한 이유는 아마도 무엇일까? 앞 (1)의 질문과 관련하여 판결문 자체에서 부당이득 부분과 국가배상 부분 사이의 사실관계에 어떤 차이가 있는가?

(3) 이 판결은 세금 부과처분에 관련하여 국가배상을 인정한 드문 사례 중 하나이다.이 판결의 사실관계에서 공무원에게 고의과실이 있다고 본 이유는 무엇일까? 1982. 11. 29., 1983. 6. 16, 1983. 12. 27.과 1985. 12. 10.에 각각 무슨 일이 있었는가?

(4) 조세채무의 확정방식은 크게 보아 신고납세와 부과과세 두 가지로 나눌 수 있다. 입법론상 어떤 세금에 신고납세 방식을 적용하고 어떤 세금에 부과과세 방식을 적용하면 좋을까? 현행법상으로는 소득세, 법인세, 부가가치세는 모두 [   ] 방식이고, [   ]는 신고납세는 하지만 정부가 그를 근거로 세액을 확정하는 부과과세 방식이며, 원천징수하는 소득세와 법인세는 소득금액이나 수입금액을 지급하는 때에 성립과 동시에 확정된다. 국세기본법 제22조.

제 4 절 조세채무의 소멸

I. 조세채무의 소멸원인

(1) 민사법에서 채무의 소멸원인을 생각해 보면 변제·대물변제·경개·상계·면제·공탁 등이 있다. 이들 각각에 대응하는 소멸원인을 세법에서 생각해 보라.

II. 국세부과의 제척기간

[관련법령]
국세기본법 제26조의2.

사례 4-6   대법원 2010. 9. 30. 선고 2008두12160 판결

【원고, 상고인】원고 겸 망 소외 1의 소송수계인 원고 1외 3인(소송대리인 변호사 박
　　　　　　　형준)

【피고, 피상고인】남대문세무서장

【원심판결】서울고법 2008. 6. 13. 선고 2007누33179 판결

【주　　문】

상고를 모두 기각한다. 상고비용은 원고들이 부담한다. 원심판결의 당사자 표시 중 "2.
망 소외 2의 소송수계인"을 "2. 망 소외 1의 소송수계인"으로 경정한다.

【이　　유】

상고이유를 판단한다.

구 국세기본법(2010. 1. 1. 법률 제9911호로 개정되기 전의 것, 이하 '국세기본법'이라
고 한다) 제26조의2 제 1 항은 그 제 3 호에서 상속세 및 증여세를 제외한 국세의 부과제척
기간을 원칙적으로 당해 국세를 부과할 수 있는 날부터 5년간으로 규정하면서, 그 제 2 호에
서 납세자가 법정신고기한까지 과세표준신고서를 제출하지 아니한 경우에는 당해 국세를 부
과할 수 있는 날부터 7년간으로 규정하고 있다.

원심은, 원고 1과 원고들의 피상속인인 망인이 1994년경부터 2004년경까지 그들 소유
의 이 사건 부동산을 특수관계자인 소외 3 주식회사로 하여금 무상으로 사용하도록 제공하
고도 그에 따른 종합소득과세표준 및 세액을 전혀 신고하지 않은 사실, 피고는 원고 1과 망
인의 위와 같은 부동산 무상제공행위에 대하여 구 소득세법(2006. 12. 30. 법률 제8144호로
개정되기 전의 것) 제41조 소정의 부당행위계산 부인규정을 적용하여 원고 1과 망인에게
2006. 5. 22. 1998년 귀속 종합소득세를, 2006. 6. 21. 1999년 귀속 종합소득세를 각 부과하
는 이 사건 처분을 한 사실 등을 인정한 다음, 이 사건 처분과 같은 부당행위계산 부인에
의한 과세에 있어서도 법정신고기간 내에 과세표준신고서가 제출되지 않은 경우에는 국세기
본법 제26조의2 제 1 항 제 2 호가 적용되므로, 위 각 종합소득세를 부과할 수 있는 날로부
터 그 부과제척기간인 7년 이내에 이루어진 이 사건 처분은 적법하다고 판단하였다.

앞서 본 규정과 기록 등에 비추어 보면, 원심의 위와 같은 판단은 정당하고, 거기에 상
고이유에서 주장하는 국세의 부과제척기간에 관한 법리오해의 위법이 없다.

그러므로 상고를 모두 기각하고, 상고비용은 패소자들이 부담하도록 하며, 원심판결의
당사자 표시에 명백한 오류가 있으므로 이를 경정하기로 하여 관여 대법관의 일치된 의견으
로 주문과 같이 판결한다.

대법관 안대희(재판장) 박시환 차한성 신영철(주심).

Notes & Questions

(1) 원고는 소외3 회사에 부동산을 무상대여하였다. 따라서 원고가 실제로 번 소득은 없다. 그럼에도 불구하고 처분청이 원고에게 임대료 상당의 소득이 있다고 보고 종합소득세를 부과한 법적 근거는 무엇이라고 하는가? 자세한 내용은 나중에 보겠지만 우선은 앞의 실질과세 부분 참조.

(2) 원고가 부동산을 무상대여한 행위는 1998년과 1999년이다. 처분청이 임대료 상당액에 종합소득세를 부과한 것은 언제인가? 원고는 이미 적지 않은 세월이 흘렀다는 이유로 종합소득세 부과의 적법성2)을 다투고 있다. 원고가 들고 있는 법적 근거는 무엇인가? 국세기본법 제26조의2.

(3) 국세기본법은 국세부과 제척기간의 기산점을 어떻게 정하고 있는가? 이 사건에서 1998년분 종합소득세와 1999년분 종합소득세에 관한 제척기간의 기산점은 구체적으로 각 언제인가?

(4) 이 판결의 또 다른 쟁점은 원고에게 적용할 제척기간이 몇 년 짜리인가이다. 법원이 내린 답은 무엇이고 그렇게 판시한 이유는 무엇인가?

(5) 제 1 장에서 보기로 든 제 3 회 변호사시험 모의고사 문제는 답이 어떻게 되는가?

(6) 부과제척기간의 의의를 기간이 만료하면 조세채권이 소멸한다는 점보다 훨씬 넓게 읽어서 "제26조 제 1 항 소정의 과세제척기간이 일단 만료되면 과세권자로서는 새로운 결정이나 증액경정결정…어떠한 처분도 할 수 없[고]…[감액]처분조차도 할 수 없게 [된다]"는 대법원 판결이 있다. 대법원 1994. 8. 26. 선고 94다3667 판결 등. 그렇지만 뒤에 경

---

2) 이 점에 대해 입법론으로는 사람마다 생각이 다를 수 있다. 애초 민법에서도 소멸시효라는 제도 자체에 회의적인 생각을 할 수도 있고, 세법에서는 납세의무자의 자진신고가 없는 이상 국세청으로서는 과세물건의 존재를 파악하기 어렵기 때문이다. 가령 재산을 양도하고 잔금까지 다 받았지만 등기를 미루는 경우를 생각해보면 된다. 옛 국세기본법에는 제척기간이라는 제도는 없었고 5년 소멸시효만 있었으며(사례 3 – 1에서 1974. 12. 31., 이전에 지급된 이자 217,887,804원 부분 참조) 그에 관한 대법원 판결 가운데에는 무신고 상태에서 귀속사업년도가 지나고 5년 이상이 흘렀더라도 조세채권(부과권)은 시효소멸하지 않는다고 한 것이 있다. 대법원 1973. 10. 23. 선고 72누 207 판결 및 1980. 9. 30. 선고 80누323 판결. 조세부과권의 제척기간이라는 제도는 이 판결을 뒤집기 위해 생겨난 것이다.

정청구 부분에서 보듯 대법원 2006. 1. 26. 선고 2005두7006 판결, 2014. 1. 29. 선고 2013두18810 판결 등은 후발적 감액경정 사유가 있다면 부과제척기간과 무관하게 감액경정을 청구할 수 있고 또한 후발적 감액경정사유는 넓게 읽어야 한다고 판시하여, 94다3667 판결에는 남은 의의가 거의 없다.

사례 4-7 대법원 2018. 3. 29. 선고 2017두69991 판결

【원고, 상고인 겸 피상고인】 원고 (소송대리인 법무법인 명율 담당변호사 이승형)

【피고, 피상고인 겸 상고인】 인천세무서장

【원심판결】 서울고법 2017. 10. 18. 선고 2017누38555 판결

【주   문】

원심판결 중 원고 패소 부분을 파기하고, 이 부분 사건을 서울고등법원에 환송한다. 피고의 상고를 기각한다.

【이   유】

상고이유를 판단한다.

1. 원고의 상고이유(상고이유서 제출기간이 지난 후에 제출된 상고이유보충서의 기재는 상고이유를 보충하는 범위 내에서)에 대하여

가. 구 국세기본법(2010. 1. 1. 법률 제9911호로 개정되기 전의 것, 이하 같다) 제26조의2 제 1 항은 제 3 호에서 상속세·증여세 이외의 국세의 부과제척기간을 원칙적으로 당해 국세를 부과할 수 있는 날부터 5년간으로 규정하는 한편, 제 1 호에서 '납세자가 사기 기타 부정한 행위로써 국세를 포탈하거나 환급·공제받는 경우'에는 당해 국세를 부과할 수 있는 날부터 10년간으로 하도록 규정하고 있다.

구 국세기본법 제26조의2 제 1 항 제 1 호의 입법 취지는, 조세법률관계의 신속한 확정을 위하여 원칙적으로 국세 부과권의 제척기간을 5년으로 하면서도, 국세에 관한 과세요건 사실의 발견을 곤란하게 하거나 허위의 사실을 작출하는 등의 부정한 행위가 있는 경우에는 과세관청이 탈루신고임을 발견하기가 쉽지 아니하여 부과권의 행사를 기대하기 어려우므로, 당해 국세의 부과제척기간을 10년으로 연장하는 데에 있다.

따라서 구 국세기본법 제26조의2 제 1 항 제 1 호가 정한 '사기 기타 부정한 행위'라고 함은 조세의 부과와 징수를 불가능하게 하거나 현저히 곤란하게 하는 위계 기타 부정한 적극적인 행위를 말하고, 다른 행위를 수반함이 없이 단순히 세법상의 신고를 하지 아니하거나 허위의 신고를 함에 그치는 것은 여기에 해당하지 않는다(대법원 2013. 12. 12. 선고

2013두7667 판결 참조). 또한 납세자가 명의를 위장하여 소득을 얻더라도, 명의위장이 조세 포탈의 목적에서 비롯되고 나아가 여기에 허위 계약서의 작성과 대금의 허위지급, 과세관청에 대한 허위의 조세 신고, 허위의 등기·등록, 허위의 회계장부 작성·비치 등과 같은 적극적인 행위까지 부가되는 등의 특별한 사정이 없는 한, 명의위장 사실만으로 구 국세기본법 제26조의2 제 1 항 제 1 호에서 정한 '사기 기타 부정한 행위'에 해당한다고 볼 수 없다(대법원 2017. 4. 13. 선고 2015두44158 판결 참조).

나. 원심판결 이유와 원심이 적법하게 채택한 증거에 의하면 다음과 같은 사실을 알 수 있다.

(1) 원고는 비상장법인 조양운수 주식회사 발행주식 중 일부를 1981년 내지 1994년경 소외 1, 소외 2, 소외 3에게 명의신탁하였다.

(2) 원고는 2008. 5. 2.경 위와 같이 명의신탁한 주식을 자신 명의로 보유하고 있던 주식과 함께 모두 소외 4에게 양도하였고, 같은 해 8. 29.경 자신을 포함한 각 주식 명의자들의 명의로 양도소득세를 신고하였다.

(3) 피고는, 위와 같이 명의신탁된 주식에 대하여 지급된 2004년 및 2005년 각 배당금이 실질적으로 원고에게 귀속되었다는 이유로, 2015. 3. 9. 2004년 귀속 종합소득세 부과처분을, 같은 달 11일 2005년 귀속 종합소득세 부과처분을 하였다. 또한 피고는, 원고가 양도한 주식의 가액을 과소신고하였다는 이유로, 2015. 3. 17. 원고에게 2008년 귀속 양도소득세 부과처분을 하였다.

다. 위와 같은 사실관계와 더불어 기록에 의하여 알 수 있는 다음과 같은 사정들을 앞에서 본 법리에 비추어 살펴보면, 원고의 주식 명의신탁 행위와 이에 뒤따르는 부수행위를 조세포탈의 목적에서 비롯된 부정한 적극적인 행위로 볼 수 없다.

(1) 원고가 주식 중 일부를 1981년경부터 1994년경까지 명의신탁하여 이를 유지하기는 하였지만, 명의신탁 당사자들의 구체적 소득 규모에 따른 종합소득세 세율 적용의 차이, 조양운수 주식회사의 재무상태와 실제 이루어진 배당내역, 비상장주식 양도소득에 대한 누진세율 적용 여부 등의 사정과 그러한 사정의 변동 및 그에 대한 예견 가능성을 비롯하여 조세포탈의 목적을 추단케 하는 사정에 관한 피고의 충분한 증명이 없는 이 사건에서, 단순히 명의신탁이 있었다는 점만을 들어 원고가 이처럼 오랜 기간에 걸쳐 누진세율의 회피 등과 같은 조세포탈의 목적을 일관되게 가지고 명의신탁하였다고 단정하기는 어렵다.

(2) 명의신탁된 주식에 대한 배당금에 관하여 명의수탁자들의 소득세가 징수·납부되었지만, 이는 기존 명의신탁 관계가 해소되지 않은 상황에서 조양운수 주식회사가 배당금을 지급하면서 그 명의자인 명의수탁자들로부터 그에 대한 소득세를 일률적으로 원천징수한 결

과에 따른 것일 뿐으로서, 거기에 명의신탁 당사자들의 적극적인 행위가 개입되었다고 볼 만한 사정도 없다.

(3) 원고는 마찬가지로 기존 명의신탁 관계가 해소되지 않은 상태에서 명의수탁자들 명의로 된 주식을 일반적인 주식 양도방법으로 처분하였을 뿐이고, 그에 관한 양도소득세를 모두 신고하였다. 나아가 명의신탁으로 인해 결과적으로 양도소득 기본공제에 다소 차이가 생겼지만, 명의신탁으로 인해 양도소득세의 세율이 달라졌다는 등의 사정도 보이지 않는 이상, 이러한 사소한 세액의 차이만을 내세워 조세포탈의 목적에 따른 부정한 적극적 행위가 있다고 볼 수 없다.

라. 따라서 위 각 종합소득세와 양도소득세의 부과제척기간은 구 국세기본법 제26조의2 제 1 항 제 3 호에 따라 5년으로 봄이 타당한데, 각 종합소득세 부과처분과 양도소득세 부과처분은 모두 당해 국세를 부과할 수 있는 날부터 5년의 기간이 경과한 후에야 이루어진 것이 역수상 명백하므로, 위 각 처분은 부과제척기간이 이미 경과한 후에 이루어진 것으로서 위법하다...

3. 결   론

그러므로 원심판결 중 원고 패소 부분을 파기하고, 이 부분 사건을 다시 심리·판단하도록 원심법원에 환송하며, 피고의 상고를 기각하기로 하여 관여 대법관의 일치된 의견으로 주문과 같이 판결한다.

대법관   권순일(재판장) 고영한(주심) 김소영 조재연

Notes & Questions

(1) 통상의 부과제척기간은 [①]이다. 제척기간을 더 길게 잡아야 마땅한 경우로는 어떤 것이 있을까? 법정[②]까지 과세표준신고서를 제출하지 아니한 경우(신고의무가 있음을 전제로 한다. 대법원 2014.4.10 선고 2013두22109 판결), 제척기간은 [③]이다. 납세의무자가 [④]나 그 밖의 [⑤]한 행위로 국세를 포탈하거나 환급·공제받는 경우 제척기간은 [⑥]이다. 일정한 부정행위로 물게 되는 [⑦]는 제척기간이 늘어난다. 또 본세 그 자체에 대한 제척기간이 긴 것으로 [⑧]세와 [⑨]세가 있으며, 특히 일정한 부정행위로 50억원이 넘는 금액을 포탈한 경우에는 [⑧]이나 [⑨]가 있음을 안 날로부터 1년 이내라면 세금을 부과할 수 있다. 국세기본법 제26조의2 제 4 항.

(2) '사기 기타 부정한 행위'라 함은 "조세의 부과와 징수를 불가능하게 하거나 현저히 곤란
하게 하는 위계 기타 부정한 [   ]적인 행위를 말하고, 다른 어떤 행위를 수반함이 없
이 단순히 조세법상의 [   ]를 하지 아니하거나 허위의 [   ]를 함에 그치는 것은
이에 해당하지 않는다. [   ]처벌법 … 등에서 … '사기 기타 부정한 행위'는 형사처
벌의 구성요건으로 되어 있으므로, 어떠한 행위가 조세법상 '사기 기타 부정한 행위'에
해당하는지 여부를 가림에 있어서도 형사처벌 법규의 구성요건에 준하여 엄격하게 해석
하여야 할 것이다(대법원 2014. 5. 16. 선고 2011두29168 판결).

Ⅲ. 쟁송결과에 따른 제척기간 계산의 특례

[관련법령]
국세기본법 제26조의2 제2항.

사례 4-8 대법원 2002. 7. 23. 선고 2000두6237 판결

【원고, 상고인】 김예자 외 1인(소송대리인 변호사 김백영 외 1인)
【피고, 피상고인】 동래세무서장 외 1인(소송대리인 변호사 조봉국)
【원심판결】 부산고법 2000. 6. 23. 선고 99누2284 판결
【주 문】
원심판결 중 원고 정용태에 대한 부분을 파기하고, 이 부분 사건을 부산고등법원에 환
송한다. 원고 김예자의 상고를 기각하고, 이 부분 상고비용은 같은 원고의 부담으로 한다.
【이 유】
1. 과세처분을 취소하는 확정판결의 기판력은 확정판결에 나온 위법사유에 대하여만
미치므로 과세처분권자가 확정판결에 나온 위법사유를 보완하여 한 새로운 과세처분은 확정
판결에 의하여 취소된 종전의 과세처분과는 별개의 처분으로서 확정판결의 기판력에 저촉되
지 아니한다(대법원 1992. 9. 25. 선고 92누794 판결, 1992. 11. 24. 선고 91누10275 판결
등 참조).
원심이 같은 취지에서, 원고들이 제기한 1988년도 내지 1992년도 귀속분 종합소득세
및 방위세 부과처분(아래에서는 '종전처분'이라고 한다) 취소소송에서 원고들이 안영자로부
터 받은 돈이 부동산임대소득이 아니라 이자소득이라는 이유로 종전 처분을 전부 취소하는
판결이 확정되고, 그에 따라 피고들이 그 돈을 이자소득으로 보고 종전 처분의 부과세액을

한도로 하여 다시 원고들에게 이 사건 종합소득세 등 부과처분을 하였으므로, 이 사건 처분은 종전 처분에 대한 확정판결에서 나온 위법사유를 보완하여 한 새로운 과세처분으로서 종전 처분과 그 과세원인을 달리하여 위 확정판결의 기속력 내지 기판력에 어긋나지 아니한다고 판단한 것은 옳고, 거기에 상고이유의 주장과 같은 법리오해 등의 잘못이 없다. 따라서 이 부분 상고이유는 받아들일 수 없다.

2. 종전의 과세처분이 위법하다는 이유로 이를 취소하는 판결이 선고·확정된 후 1년 내에 과세관청이 그 잘못을 바로 잡아 다시 과세처분을 한 경우에는 구 국세기본법(1993. 12. 31. 법률 제4672호로 개정되기 전의 것) 제26조의2 제 1 항이 정한 제척기간의 적용이 없다(대법원 1996. 5. 10. 선고 93누4885 판결, 2002. 1. 5. 선고 2001두9059 판결 등 참조).

원심이 같은 취지에서, 이 사건 처분은 종전 처분 취소소송에 대한 판결이 확정된 날로부터 1년 내에 확정판결에 나온 위법사유를 보완하여 한 과세처분이므로 제척기간을 도과한 위법이 없다고 판단한 것은 옳고, 거기에 상고이유의 주장과 같은 법리오해 등의 잘못이 없으며, 또 과세관청은 납세자에게 유리한 재처분만 할 수 있을 뿐 납세자에게 불리한 재처분을 할 수 없다는 국세행정관행이 존재한다고 볼 수도 없다. 따라서 이 부분 상고이유도 모두 받아들일 수 없다.

3. 원심이, 원고들이 안영자로부터 받은 돈은 구 소득세법(1994. 12. 22. 법률 제4803호로 전문 개정되기 전의 것, 아래에서도 같다) 제17조 제 1 항 제11호의 비영업대금의 이익에 해당하는 이자소득으로 보아야지 이를 원고들이 대금업을 영위하면서 얻은 수입에 해당하는 사업소득으로 인정할 수 없다고 판단한 것은 옳고, 거기에 상고이유의 주장과 같은 법리오해나 채증법칙 위배 등의 잘못이 없다. 따라서 이 부분 상고이유도 받아들일 수 없다.

4. (생 략)

5. (생 략)

6. 그러므로 원심판결 중 원고 정용태에 대한 부분을 파기하여 이 부분 사건을 원심법원에 환송하고,3) 원고 김예자의 상고를 기각하며, 상고기각 부분에 대한 상고비용의 부담을 정하여 주문과 같이 판결한다.

대법관 이용우(재판장) 서성(주심) 배기원.

---

3) 여기서 생략된 5.항과 관련된 상고이유가 받아들여져 원심 판결이 일부 파기환송되었다(저자 주).

Notes & Questions

(1) 이 판결에서 이유 1. 부분의 기속력 내지 기판력 문제는 제 6 장으로 미루고 여기에서는 부과제척기간만 살펴보자. 이 사건에서는 국세기본법 제26조의2 제 1 항에 따른 제척기간 안에 부과처분이 있었지만 법원이 이 부과처분을 전부취소하였다. 그러자 처분청은 그 판결이 적시한 하자를 바로잡아서 새로 부과처분을 하였다. 쟁점은 새로운 부과처분 당시 제26조의2 제 1 항의 제척기간이 이미 지났는데 이 새로운 부과처분이 적법한가라는 점이다.

(ⅰ) 처분청이 새로운 처분의 근거로 기댈 수 있는 법조문은 무엇인가? 새로운 처분은 언제까지 할 수 있는가?

(ⅱ) 국세기본법 제26조의2 제 2 항에서 말하는 '경정결정'이나 그 밖에 필요한 '처분'이라는 말은 무슨 뜻인가? 대법원 1994. 8. 26. 선고 94다3667 판결 등은 이 조항의 취지를 "제26조 제 1 항 소정의 과세제척기간이 일단 만료되면 과세권자로서는 새로운 결정이나 증액경정결정…어떠한 처분도 할 수 없게 되는 결과 과세처분에 대한 행정심판청구 또는 행정소송 등의 쟁송절차가 장기간 지연되어 그 판결 등이 제척기간이 지난 후에 행하여지는 경우 판결 등에 따른 처분조차도 할 수 없게 되는 불합리한 사태가 발생하는 것을 방지하기 위하여 마련된 것"이라고 한다. 제26조의2 제 2 항의 처분이란 쟁송의 결과를 반영하는 처분인만큼 당연히 납세자에게 유리한 감액경정처분을 뜻하는 것 아닐까? 위 2000두6237 판결(사례 4-8)은 무엇이라고 하는가?

(2) 취소판결은 반드시 취소하는 세액을 특정하여야 하고(대법원 2006. 9. 28. 선고 2006두8334 판결) 취소하는 세액에 대해서는 [   ]력이 있으므로, 판결에 맞추어 국세청이 납세자에게 유리한 처분을 해야 하는 경우란 있을 수가 없다. 쟁송의 결과 국세청이 유리한 처분을 해야 하는 경우로는 어떤 것을 생각할 수 있을까?

(3) 납세고지서의 형식적 하자를 이유로 부과처분을 취소하는 결정이나 판결(사례 6-9)이 나온 경우 하자를 바로잡아 새로 과세처분하는 것이 가능한가? 대법원 1992. 5. 16. 선고 93누4885 판결. 과세처분의 일부하자를 이유로 전부취소하는 판결(사례 6-13)이 나온 경우 하자를 바로잡아 새로 과세처분하는 것이 가능한가? 대법원 2005. 5. 25. 선고 2004두11459 판결.

(4) 부과제척기간 경과 후의 불복절차에서 납세의무자가 [   ]자로 결정·판결된 경우 특례제척기간 안이라면 [   ]자를 과세할 수 있다는 명문규정이 있다. 국세기본법 제26

조의2 제3항. 이렇게 하는 이유는 무엇인가? 한편 종래의 판례는 과세물건의 인적 귀속이 잘못되었다는 이유로 부과처분을 취소하는 경우 바른 귀속자에게 특례제척기간을 적용할 수 없다고 한다. 대법원 1996. 9. 24. 선고 96누68 판결.

(5) 기간과세에서 어느 해의 세액을 귀속시기의 오류로 고쳐잡는 판결 등이 나온다면 그와 연동된 다른 해의 세액을 경정할 수 있다. 국세기본법 제26조의2 제2항 제1호의2.

Ⅳ. 조세채권의 소멸시효

(1) 국세기본법의 시효중단사유를 청구, 압류·가압류·가처분, 승인 등 민사채무의 시효중단사유와 비교하는 경우 견줄 만한 것은 각각 무엇인가?

(2) 시효완성 이후에 징수처분이 가능한가? 시효의 이익은 포기할 수 있는가?

(3) "부과권의 제척기간이 도과하기 전에는 징수권의 소멸시효 완성 여부와 상관없이 경정처분이 가능하[다]." 대법원 2006. 8. 24. 선고 2004두3625 판결.

(4) 甲은 2008년도분 종합소득세 1억 원에 대하여 법정신고기한 내에 신고만 하였을 뿐 그 세금을 납부하지 아니하였다. 과세관청은 이 사실을 뒤늦게 발견하고, 2014. 11. 15.에 甲에게 종합소득세 1억 원을 납세고지(이하 '이 사건 처분'이라 한다)하였다. 「국세기본법」 제27조를 참조하여 이 사건 처분이 국세징수권의 소멸시효를 도과한 것인지를 논하시오. (2015년 4회 변호사시험)

제 5 장
조세채권의 효력

제 1 절   자력집행

사례 5-1   대법원 2002. 11. 22. 선고 2002다46102 판결 (사례 4-4)

Notes & Questions

(1) 이 판결 제 2 점의 택지초과소유부담금에 터잡은 압류처분은 어떤 법률에 따라 이루어졌을까? 구 택지소유상한에 관한 법률 제30조(체납처분등): 부담금의 납부의무자가 독촉장을 받고 지정된 기한까지 부담금 및 가산금등을 완납하지 아니한 때에는 건설교통부장관은 국세[   ]의 예에 의하여 이를 징수할 수 있다.

(2) 부과처분을 강제하기 위한 체납처분은 (i) [①   ]처분과 그에 따른 [①   ]등기, (ii) [①   ]한 재산의 [②   ], (iii) [②   ]대금의 [③   ], 이 세 가지 절차로 이루어진다.

(3) 앞 문항에 나오는 체납처분 절차는 행정청이 단독으로 밟으면 되는가 법원의 결정을 받아야 하는가? 私債權者와 국가 사이의 이 차이는 어떻게 정당화할 수 있는가?

(4) 2002다46102 판결(사례 4-4) 제 2 점에서 공매처분이 당연무효가 된 이유는 무엇인가?
i) 일반적인 행정법 문제로 부과처분의 취소사유는 체납처분에 승계되는가? 대법원 1993. 7. 27. 선고 92누15499 판결 등.

ii) 2002다46102 판결에서 부담금부과처분은 당연무효인가? 당연무효가 되려면 하자가 어느 정도여야 하는가?

iii) 그렇다면 공매처분이 당연무효가 된 이유는 무엇인가?

(5) 국세기본법에 따른 이의신청·심사청구 또는 심판청구가 진행중이거나 행정소송이 계속 중에 있는 국세의 체납으로 인하여 압류한 재산은 그 신청 또는 청구에 대한 결정이나 소에 대한 판결이 확정되기 전에는 [   ]할 수 없다. 다만 썩거나 상하거나 감량되어 재산의 가치가 줄어들 우려가 있다면 [   ]가 가능하다. 국세징수법 제61조.

(6) 조세채무자가 돈을 늦게 내고 버팀으로써 오히려 이득을 보는 것을 막기 위해 종래 민사법의 손해배상에 대응하는 제도로 가산금 제도를 두고 있었지만, 2019년 이후로는 납부지연가산세로 가산세에 흡수되었다.

제 2 절 가 산 세

[관련법령]
현행법으로 국세기본법 제48조 제1항.

사례 5-2 대법원 1992. 10. 23. 선고 92누2936 판결

【전   문】

【원고, 상고인 겸 피상고인】 삼풍건설산업주식회사 소송대리인 변호사 조언 외 1인

【피고, 피상고인 겸 상고인】 성동세무서장

【원심판결】 서울고등법원 1992. 1. 16. 선고 91구2719,20885(병합) 판결

【주   문】

피고가 1990. 8. 16. 고지한 1988. 사업연도 법인세...부과처분에 관한 원심판결의 원고 패소부분 중 법인세의 가산세부분을 파기하고 이 부분 사건을 서울고등법원에 환송한다.

원고의 나머지 상고 및 피고의 상고를 각 기각한다.

상고기각된 부분의 상고비용은 상고인 각자의 부담으로 한다. …

【이   유】

1. 원고소송대리인들의 상고이유를 본다.

가. 아파트분양사업의 손익귀속사업연도에 대하여

법인세법 제17조 제 1 항에 의하면 내국법인의 각 사업연도의 익금과 손금의 귀속사업
연도는 그 익금과 손금이 확정된 날이 속하는 사업연도로 한다라고 규정하여 손익확정주의
를 선언한 다음, 같은 조 제 2 항 이하에서 거래의 유형·내지 대금의 지급방법에 따라 그 귀
속시기를 개별적으로 열거하고 있으나, 이러한 거래유형 등에 따른 세법상의 손익귀속에 관
한 규정은 현대사회의 다종다양한 모든 거래유형을 예측하여 그 자체 완결적으로 손익의 귀
속을 정한 규정이라 할 수 없으므로, 위 열거된 조항으로 손익의 귀속을 정하는 것이 어려
운 경우에는, 법인세법상의 손익확정주의에 반하지 아니하는 한, 일반적으로 공정타당한 회
계관행으로 받아들여지는 기업회계기준상의 손익의 발생에 관한 기준을 채택하여 손익의 귀
속을 정할 수도 있다 할 것이고 또한 그렇게 함이 국세기본법 제20조 소정의 기업회계존중
의 원칙에도 부합한다 할 것이다.

원심이 확정한 사실에 의하면 원고는 토건업, 주택건설업을 목적사업으로 하는 법인으
로서 그 소유의 서울 서초구 서초동 산 192의 3 외 5필지 지상에 23개동 2,390세대의 삼풍
아파트를 건축분양하기로 하여 1986. 11. 3. 아파트건설공사에 착공한 다음 분양을 개시하여
1988. 7. 19. 준공함으로써 3년 동안 분양수입금을 얻었다는 것으로서, 원고와 같은 아파트
분양사업자가 장기간에 걸쳐 아파트를 건설하여 분양하는 것…에 대하여는 법인세법상 그
귀속시기를 명확히 규정한 바 없다 할 것이어서 기업회계기준…에 의하여 손익을 분배하고
그 귀속을 정할 수도 있다 할 것이고, 또한 그렇게 한다 하여 법인세법상의 손익확정주의에
반한다고 할 수 없으며, 한편 위 기업회계기준상 … 분양원가의 하나인 토지가액은 기업회
계의 원리상 그 자체 원가배분의 대상이 되는 것으로서 … 토지가액 전부가 공사착공연도에
일시에 투입되었다고 볼 것이 아니라 … 분양수입 및 토지가액을 포함한 분양원가는 결국
아파트건축공사의 공사진행기준(작업진행률)에 따라 분배되고 귀속된다 할 것이다.

따라서 원심이 1986. 내지 1988. 사업연도 법인세 과세표준 등을 신고함에 있어 … 아
파트부지로 제공된 토지대금 전액을 착공연도인 1986. 사업연도에 일시에 투입되었다고 보
아 … 손익의 분배, 귀속을 정한 원고의 조치를 배척하면서 … 분양수입 및 토지가액을 포
함한 분양원가를 아파트건축공사의 공사진행률에 따라 배분되고 귀속된다고 보아 손익의 귀
속을 다시 정한 다음 원고의 각 사업연도 법인세 과세표준 등을 경정한 피고의 조치를 지지
하고 있는바, 원심의 이러한 판단은 정당하고, 이와 반대의 입장에서 원심의 판단을 비난하
는 논지는 모두 이유 없다 …

다. 중과소신고가산세에 대하여

…법인세법 제41조 제 1 항 제 2 호에 의하면 정부는 납세의무자인 법인이 신고하여야

할 각 사업연도의 과세표준금액에 미달하게 신고한 경우에는 그 미달하는 금액에 해당하는 산출세액에 대하여 가산세를 징수할 수 있고 … 기간손익의 계산상 귀속시기를 달리함으로 인하여 과소신고소득금액이 발생한 경우 이로 인한 소득금액계산상 익금에 산입되는 금액은 중과소신고가산세의 부과대상이 됨은 규정상 명백하다 할 것이나, 한편 법인세법상 과소신고가산세는 과세의 적정을 기하기 위하여 납세의무자인 법인으로 하여금 성실한 과세표준의 신고를 의무지우고 이를 확보하기 위하여 그 의무이행을 해태하였을 때 가해지는 일종의 행정벌의 성질을 가진 제재라고 할 것이고, 이와 같은 제재는 납세의무자가 그 의무를 알지 못하는 것이 무리가 아니었다고 할 수 있어서 그를 정당시 할 수 있는 사정이 있을 때 또는 그 의무의 이행을 그 당사자에게 기대하는 것이 무리라고 하는 사정이 있을 때 등 그 의무해태를 탓할 수 없는 정당한 사유가 있는 경우에는 이를 과할 수 없다 할 것이다.

　　돌이켜 이 사건에 대하여 보면, 첫째 앞서 본 바와 같이 원고의 분양손익에 대한 배분, 귀속방식이 잘못되었다 하더라도 이는 손익의 귀속시기를 정하고 있는 기업회계기준상의 공사진행기준에 대한 견해의 대립에 기인한 것인데, 본래 광범하고 항상 변동하는 경제적 현상과 거래를 그 규제대상으로 하고 있는 세법은 기술적이어서 그 해석이 극히 어렵다 할 것이고 특히 손익의 귀속시기에 대하여는 그러하다 할 것이어서 이에 대하여는 단순한 법률상의 부지나 오해의 범위를 넘어 세법 해석상 의의로 인한 견해의 대립이 생길 수 있다 할 것이고 이 경우 납세의무자가 정부의 견해와 다른 견해를 취하였다 하여 가산세의 부과요건에 해당하게 된다고 본다면 납세의무자에게 너무 가혹하다는 점(기록에 의하면 국내의 기업중 원고방식과 같은 방법으로 손익의 귀속을 정한 법인이 다수 있는 것을 엿볼 수 있다), 둘째 이 사건에서와 같이 원고는 아파트 분양이라는 하나의 소득원천으로부터 발생하는 손익을 기간소득계산의 원칙상 3개 사업연도에 배분하는 작업을 거쳐야 하는데, 정부가 그 손익의 배분, 귀속이 잘못되었다 하여 당초의 사업연도에 이를 경정함이 없이 신고를 그대로 받아들였다가 그 후 그러한 잘못을 발견하고 일시에 3개 사업연도의 법인세를 전부 경정함으로써 원고에게 스스로 이를 경정할 수 있는 기회가 주어지지 아니한 점, 세째 이 사건에 있어 원고가 신고한 3개 사업연도에 있어 분양차익의 총액은 정부가 산정한 그것과 동일하나 단지 그 손익의 분배방법상의 차이에 불과한 것인 점 등을 종합하여 보면, 원고가 위와같이 1988. 사업연도 법인세 과세표준 등을 과소신고함으로써 결과적으로 그 의무이행을 해태하였다 하더라도 원고에게 그 의무해태를 탓할 수 없는 정당한 사유가 있다고 봄이 상당하다 할 것인데 … 이 점을 지적하는 논지는 이유 있다. …

　　3. 따라서, 1990. 8. 16. 고지한 1988. 사업연도 법인세 … 부과처분에 관한 원심판결의 원고패소부분 중 법인세의 가산세부분을 파기하여 이 부분사건을 서울고등법원에 환송하

고, 원고의 나머지 상고 및 피고의 상고를 각 기각하고 상고기각된 부분에 대한 상고비용은 상고인 각자의 부담으로 … 하기로 관여 법관의 의견이 일치되어 주문과 같이 판결한다.

　대법관　박우동(재판장)　윤영철　박만호

Notes & Questions

(1) 법령에 명문규정은 없었지만 이 판결에서 보듯 종래 판례는 의무불이행에 [　①　]한 사유가 있으면 가산세를 부과할 수 없다고 보았고, 국세기본법 제48조 제 1 항은 이를 입법하였다. 원고가 [　①　]한 사유가 있다고 주장하는 근거가 된 사실관계는 무엇이고 법원의 판단은 어떠한가?

(2) 가산세는 납세의무자에게 부여된 협력의무위반에 대한 책임을 묻는 행정적 제재이다. 따라서 가산세의 부담은 의무위반의 내용과 정도에 따른다.

　(i) 신고와 관련한 가산세 부담은, [　②　]행위인 무신고나 과소신고 > 무신고 > 과소신고의 순이다. 구법은 [　②　]행위 대신 '부당한 방법'이라는 말을 쓰고 있었는데 대법원 2013. 11. 28. 선고 2013두12362 판결은 이 말을 "과세요건사실의 발견을 곤란하게 하거나 허위의 사실을 작출하는 등의 부정한 적극적인 행위에 의하여 과세표준을 과소신고하는 경우로서 그 과소신고가 누진세율의 회피, 이월결손금 규정의 적용 등과 같은 조세[　　]의 목적에서 비롯된 것"이라고 보았다.

　(ii) 납부불성실 가산세는 이자상당액이고, 원천징수의무자의 경우에는 미납세액의 일정부분 더하기 이자상당액이다. 국세기본법 제47조의2에서 제47조의5.

　(iii) 자료제출 등 협력의무 위반에 가산세가 나오기도 한다. 과세관청이 이미 과세자료를 확보하고 있으면서 다시 자료제출 의무를 지우고 가산세를 물리는 것은 과잉금지(침해의 최소성) 원칙에 어긋나 위헌이다. 헌법재판소 2006.6.29. 2002헌바80 등(병합) 결정.

(3) 가산세는 부과요건이 본세와 다르므로, 본세가 감면되더라도 가산세는 감면되지 않는다. 조세특례제한법 제 3 조 제 2 항, 국세기본법 제47조 제 2 항 단서. 본세의 산출세액이 없는 경우에도 가산세는 부과할 수 있다. 대법원 2007. 3. 15. 선고 2005두12725 판결. 가산세만을 불복대상으로 삼아 따로 다툴 수도 있다. 하나의 납세고지서에 본세와 가산세를 함께 부과할 때에는 본세와 가산세 각각의 세액과 산출근거 등을 구분하여 기재해야 하고, 여러 종류의 가산세를 함께 부과하는 경우에는 그 가산세 종류별로 세액과 산출근거 등을 구분하여 기재해야 한다. 대법원 2012. 10. 18. 선고 2010두12347 판결.

제 3 절   책임재산의 보전

(1) 일반 민사법에서는 채무자가 자기재산을 **빼돌리는** 것을 채권자가 막기 위한 사전적 수
단으로 가압류와 가처분을 생각할 수 있다. 민사집행법 제276조, 제277조, 제300조. 세
법상으로는 이에 대응하는 제도가 있는가?

(2) 조세채권자에게도 채권자취소권과 채권자대위권이 인정되는가?

(3) 조세채권의 성립시기가 아직 이르기 전에 사해행위가 있는 경우 이를 취소할 수 있는가?
헌법재판소 2013. 11. 28. 2012헌바22 결정.

(4) 체납자가 재산을 **빼돌리는** 행위는 채권자취소권의 대상이 될뿐더러 조세범으로 처벌한다.

제 4 절   국세우선권

Ⅰ. 국세우선권과 담보물권

[관련법령]
구 국세기본법 제35조 제 1 항(아래 【이유】 1. 나. 참조).

사례 5-3   헌법재판소 1990. 9. 3. 89헌가95 전원재판부 결정

【제청법원】 서울고등법원(1989. 5. 10. 89카177 위헌제청신청)

【제청신청인】 ○○회사 서울신탁은행 대표이사 이광수 대리인 변호사 유현석

【주   문】

국세기본법(1974. 12. 21. 법률 제2679호) 제35조 제 1 항 제 3 호 중 '으로부터 1년'이
라는 부분은 헌법에 위반된다.

【이   유】

1. 제청사건의 개요와 심판의 대상

가. 제청사건의 개요

이 사건은 서울고등법원 89나7216 배당이의(配當異議) 사건의 원고인 주식회사 서울신

탁은행이 위 민사재판의 전제가 된 국세기본법 제35조 제 1 항 제 3 호의 위헌여부심판제청을 신청함에 따라 1989. 5. 15. 위 법원이 헌법재판소에 위 법조항에 대한 위헌 여부의 심판을 제청한 것이다.

위 민사재판의 기초가 된 사실관계는 다음과 같다. 즉 위 서울신탁은행은 1987. 8. 8. 채무자 김○홍 소유의 부동산(서울 강남구 방배○ 468의 5, 대지 161.3㎡ 및 위 지상 3층 건물 69평 2홉 지하실 11평 9홉)에 대하여 채권 최고액 금 102,200,000원의 근저당권 설정 등기를 필하고 금 73,000,000원을 대출하는 등 금융거래를 하던 중, 위 김○홍에 대한 제 3 채권자 이○범이 위 부동산에 대하여 강제경매신청을 하자(위 은행도) 근저당권에 기한 임의경매신청을 하여 그것이 관계사건의 집행기록에 첨부됨으로써 배당요구의 효력을 가지게 되었는바, 1988. 8. 25. 위 부동산이 금 131,096,900원에 경락되어 같은 해 9. 15. 배당금을 수령하게 되었으나 위 김○홍의 체납국세(양도소득세 및 방위세) 금 1,759,860,770원에 대하여 국가(광화문 세무서)가 교부청구를 하여 경락대금 전액을 우선 배당받게 되었기 때문에(위 은행은) 아무런 배당을 받지 못하게 된 것이다.

나. 심판의 대상

국세기본법 제35조 제 1 항은 "국세·가산금 또는 체납처분비는 다른 공과금 기타의 채권에 우선하여 징수한다. 다만, 다음 각호의 1에 해당하는 공과금 기타의 채권에 대하여는 그러하지 아니하다"라고 규정하고 있고 같은 항 제 3 호는 "국세의 납부기한으로부터 1년 전에 전세권·질권 또는 저당권의 설정을 등기 또는 등록한 사실이 대통령령이 정하는 바에 의하여 증명되는 재산의 매각에 있어서 그 매각금액 중에서 국세 또는 가산금(그 재산에 대하여 부과된 국세와 가산금을 제외한다)을 징수하는 경우의 그 전세권·질권 또는 저당권에 의하여 담보된 채권"이라고 규정하고 있다. 이 사건에서 심판의 대상이 된 것은 그 중 '으로부터 1년'이라는 부분이 헌법에 위반되는지의 여부에 관한 것이다.

2. 위헌여부심판제청의 이유와 관계인의 의견 (생 략)

3. 판   단

가. 판단의 기준 (생 략)

나. 재산권의 본질적인 내용의 침해 여부

(1) 재산권 및 저당권의 본질

먼저 위 국세기본법의 규정이 헌법 제23조 제 1 항에 의하여 보장된 재산권, 즉 사유재산제도와 저당권을 비롯한 담보물권의 본질적인 내용을 침해하고 있는 것인지의 여부를 본다. 재산권의 본질적인 내용이라는 것은 재산권의 핵이 되는 실질적 요소 내지 근본적 요소를 뜻하며, 재산권의 본질적인 내용을 침해하는 경우라고 하는 것은 그 침해로 인하여 사유

재산권이 유명무실해지거나 형해화(形骸化) 되어 헌법이 재산권을 보장하는 궁극적인 목적을 달성할 수 없게 되는 지경에 이르는 경우라고 할 것이다(헌법재판소 1989. 12. 23. 선고, 88헌가13 결정 참조)...

(2) 이 사건에서 재산권 및 저당권이 침해된 내용

이와 같은 개념정의하에서 그 구체적인 일례로서 이 사건의 기초가 된 제청법원의 배당이의 사건을 조명하여 볼 때, 제청신청인(서울신탁은행)이 담보목적물에 대하여 1번 근저당권을 취득한 일자(1987. 8. 8)보다 광화문세무서장이 취득한 조세채권의 '납기'는 각각 (1988. 1. 3. 및 같은 해 6. 30.로서) 약 6월 내지 11월 후이고, 위 세무서가 경락대금에 대하여 교부청구를 한 일자(1988. 9. 7.)는 1년 이상 경과된 것임을 알 수 있는바, 결국 먼저 성립하고 공시(公示)를 갖춘 담보물권이 후에 발생하고 공시를 전혀 갖추고 있지 않은 조세채권에 의하여 그 우선순위를 추월당함으로써, 합리적인 사유 없이 저당권이 전혀 그 본래의 취지에 따른 담보기능을 발휘할 수 없게 된 사정을 엿볼 수 있다. 이는 자금대출 당시 믿고 의지하였던 근저당권이 유명무실하게 되어 결국 담보물권의 존재의의가 상실되고 있음을 보여주는 사례로서, 담보물권이 합리적인 사유 없이 담보기능을 수행하지 못하여 담보채권의 실현에 전혀 기여하지 못하고 있다면 그것은 담보물권은 물론, 나아가 사유재산제도의 본질적 내용의 침해가 있는 것이라고 보지 않을 수 없는 것이다.

(3) 합헌론의 주장과 그에 대한 반론

이에 대하여 합헌론의 입장에서는 다음과 같은 주장을 펴고 있다.

㈎ 조세채권이 담보채권보다 1년만 소급 우선하게 되어 있는 것을 이유로 들어 그것은 사법질서(私法秩序)에 있어서 우선순위의 확보를 목적으로 하는 담보물권을 존중하면서, 한편으로는 제한된 범위 안에서 국세의 우선원칙을 관철시킴으로써, 국세와 사법상의 담보물권과의 우선순위를 조정하고 양자의 조화를 도모하고 있는 것일 뿐, 담보물권의 본질적인 내용을 침해하는 것은 아니라는 것이다. 그러나 이와 같은 논리는 조세채권과 통상의 담보물권제도를 비교하여 전개한 이론으로서, 당해 우선 당하는 담보물권을 대상으로 하여 판단하는 한 그 담보물권은 항상 후에 성립한 조세채권에 열후(劣後)하는 것으로서, 담보물권의 근본요소가 담보부동산으로부터 우선변제를 확보하는 담보기능에 있다고 할 때, 담보물권에서 담보기능이 배제되어 피담보채권을 확보할 수 없다면 그 점에서 이미 담보물권이라고 할 수도 없는 것이므로, 담보물권 내지 사유재산권의 본질적인 내용의 침해가 있는 점은 의문의 여지가 없다고 할 것이다….

다. 과잉금지의 원칙(비례의 원칙)의 준수 여부

…설사 이와 견해를 달리하여 담보물권의 본질적인 내용의 침해가 없는 것이라고 할지

라도 국민의 기본권을 제한하는 법률은 그 제한의 방법에 있어서도 일정한 원칙의 준수가 요구되는바, 그것이 과잉금지의 원칙이...다.

과잉금지의 원칙이라는 것은...국민의 기본권을 제한하려는 입법의 목적이 헌법 및 법률의 체제상 그 정당성이 인정되어야 하고(목적의 정당성), 그 목적의 달성을 위하여 그 방법(조세의 소급우선)이 효과적이고 적절하여야 하며(방법의 적절성), 입법권자가 선택한 기본권 제한(담보물권의 기능상실과 그것에서 비롯되는 사유재산권 침해)의 조치가 입법목적 달성을 위하여 설사 적절하다 할지라도 보다 완화된 형태나 방법을 모색함으로써 기본권의 제한은 필요한 최소한도에 그치도록 하여야 하며(피해의 최소성), 그 입법에 의하여 보호하려는 공익과 침해되는 사익을 비교형량할 때 보호되는 공익이 더 커야 한다(법익의 균형성)는 헌법상의 원칙이다(헌법재판소 위 결정 참조). ...오늘날 법치국가의 원리에서 당연히 추출되는 확고한 원칙으로서 부동의 위치를 점하고 있으며, 헌법 제37조 제 2 항에서도 이러한 취지의 규정을 두고 있는 것이다…

과잉금지의 원칙의 4가지 구체적 내용 중 목적의 정당성을 제외한 나머지 3가지의 내용에 관련하여 위 국세기본법의 규정이 과연 합당한 것인지의 여부를 살펴보기로 한다.

(1) 비공시(非公示) 조세채권이 공시된 담보물권에 우선하는 문제

㈎ 채권자 평등의 원칙과 담보물권의 배타적 우선권

우리나라의 사법체계(私法體系)는 모든 채권 특히 금전채권에 대하여서는 그 성립의 선후에 관계 없이 평등하게 취급하는 이른바 '채권자 평등의 원칙'을 정립하고 있다...공시의 원칙이 따르지 않는 채권을 그 성립의 선후에 따라 우선순위를 인정하게 되면 거래의 안전을 해할 뿐만 아니라, 나아가 담보물권에 의하여 보호되는 채권과도 충돌할 우려가 생기기 때문이다.

따라서 특정의 채권에 대하여 채권자 평등의 원칙에 의하여 채무자의 일반 재산에서 안분비례로 할당받는 이상의, 배타적인 만족을 받을 수 있기 위하여서는, 원칙적으로 특정의 물건으로 이를 담보하는 물적 담보제도에 의존할 수밖에 없게 되며, 오늘날 이러한 물적 담보제도를 매개로 하여 신용거래를 하는 금융제도가 자본주의 경제체제에서 커다란 비중을 점하고 있는 것이다. 그리고 이러한 경우 일반채권과 담보물권 간에 있어서는 담보물권이 절대로 우선하게 되며, 담보물권 상호 간에 있어서는 담보물권 설정의 선후에 따라 우선순위가 정하여지게 되는 것이다…

즉 대세적(對世的) 효력이 있는 권리는 그 권리의 존재 및 내용을 등기 기타의 방법을 통하여 이것이 공시되어야 하고, 공시되지 아니 하거나 공시의 방법이 마련되어 있지 아니한 권리는 배타적 효력을 가질 수 없도록 하는 것이 근대 사법의 기본원리인 것이다.

이러한 공시의 원칙은 사적 자치(私的自治)의 원칙이 지배하는 사법(私法)관계에서 적용되는 것임은 물론이지만, 대세적 효력이 있는 권리는 이를 공시방법을 통하여 제3자가 그 권리의 존재 및 그 내용을 알 수 있게 함으로써 제3자의 예견가능성을 보호하고자 하는데에 그 취지가 있는 만큼, 이러한 취지는 원칙적으로 공법(公法) 관계에서도 그대로 원용되어야 할 것이며, 비록 조세채권에 대하여 앞에서 본 바와 같은 고도의 공익성을 인정한다고 할지라도 이러한 당위성에는 변함이 없다 할 것이다.

(나) 합헌론의 주장과 그에 대한 반론

…

(2) 불확정 조세채권이 확정 담보물권에 우선하는 문제

위 국세기본법의 규정에 의하여 우선적 효력이 인정되는 조세채권은 저당권 등이 설정된 때로부터 1년 이내에 납부기한이 도래하는 한 모든 조세채권을 망라하는 것이므로, 여기에는 저당권의 설정 당시에는 아직 성립되거나 확정되지 아니한 조세채권도 당연히 포함되는 것이다…전세권·질권 또는 저당권을 설정하고 그 등기 또는 등록을 필(畢)할 당시에 아직 조세채무가 얼마쯤 발생될 것인지, 그리고 그 과세처분에 대하여 조세채무자가 과연 납세를 할 것인지 체납할 것인지의 여부가 예측불능인 것이다…전세권자나 질권·저당권자가 담보권을 취득할 당시에 아무리 최선의 노력을 경주하고 선량한 관리자의 주의의무를 다한다고 할지라도 담보권 설정자의 장래 1년 내의 조세채무 발생 여부 또는 조세체납 여부가 예측불능이거나 현저히 예측곤란이라면, 담보물권자에게 피해의 감수를 강요하는 것은 그가 사법상의 담보물권제도에 대하여 가지는 법적 신뢰성을 근저에서부터 허물어뜨리는 것이 되는 것이다..

(3) 합리적인 이유 없이 선량한 국민의 희생을 강요하는 문제

(가) 조세채무의 발생 및 체납에 귀책사유 없는 제3자

…국세기본법의 위 규정은 시간적으로 보다 늦게 성립하고, 또한 담보부동산과는 하등의 관련이 없는 조세채권을 저당권보다 우선하게 함으로써, 저당권자로 하여금 그가 저당권을 취득할 당시 일반 시민으로서 할 수 있는 최선의 노력을 경주하여 채무자에 대하여 조세채무의 부존재를 확인할 경우에도, 그 채권을 보전할 수 없게 하는 것으로서 결국 성실하고 선량한 국민에게 불의의 피해를 가하게 되는 셈인 것이다…

(나) 자의개재의 소지(素地)

이 사건의 기초가 된 사건의 경우처럼 그 과세사유가 당해 담보 부동산에서 초래하는 것이 아닐 때는 과세권자의 자의에 따라 담보물권자의 이해관계가 크게 좌우될 수 있는 것이다. 예컨대 어떤 납세자가 수개의 부동산을 가지고 거기에 여러 개의 담보물권을 설정한

다음 어떤 종류의 납세를 태만히 하였을 때 과세권자가 그 어느 부동산에 대하여 그리고 얼마나 과세권을 발동하느냐에 따라 개개의 부동산에 대한 담보물권자는 부당하게 불의의 피해를 입을 수 있는 것이다.

따라서 당해 부동산에서 비롯되는 조세로서 과거에 부과·징수되었던 실적을 근거로 해서 추정할 수 있는 범위 내의 조세채권이(기존의 담보물권에 우선하는 것이) 아니고 조세발생사유와 전혀 무관한 담보설정 부동산에 대하여 전년도의 과세액과는 비교조차 할 수 없는, 그 부동산의 객관적 교환가치보다 수십배를 능가하는 조세채권이 돌출하여 전혀 예상 외의 피해를 담보물권자에게 전가하는 것은 객관적인 합리성이 있다고 인정하기가 어려운 것이다.

(대) 합헌론의 주장과 그에 대한 반론

…국세기본법이 소유권을 제 3 자에게 양도하는 경우에는 조세가 우선할 수 없게 하면서도 같은 물권인 전세권이나 질권 또는 저당권에 대하여서는 조세가 우선하도록 하고 있는 점과 관련해서는…두 가지 물권이 모두 대단히 중요한 사권으로서 어느 것이나 국가가 그것을 보호해야 할 권리인 점에서는 차이가 있을 수 없다…

(4) 조세확보를 위한 각종 제도의 내용과 그 실효성의 제고(提高)

…위에서 살펴본 바와 같이 과세관청은 소급효를 갖는 국세우선징수권이 아니더라도 조세징수 확보를 위한 수많은 유리한 제도를 보유하고 있으며, 방대한 세무조직·정보자료 및 조세범죄 수사권 등을 배경으로 하여 그러한 제도를 적시에 적절히 활용한다면 선량한 국민의 재산권을 본질적으로 침해하지 않는 방법으로 과세목적을 달성할 수 있을 것으로 기대되는데도 조세채권의 소급우선권까지 보유하는 것은 오직 과세관청의 과세징수상의 편의만을 도모할 뿐 선량한 국민에 대하여서는 합리적인 이유 없이 그 희생을 강요하는 것으로서, 결국 위 국세기본법의 규정은 방법의 적정성 내지는 피해의 최소성의 원칙에 반한다고 할 것이다.

4. 결   론

이상을 종합하여 보건대 국세기본법의 위 규정은 재산권의 본질적인 내용을 침해할 뿐만 아니라 나아가서 과잉금지의 원칙에도 위배되어 위헌임을 면키 어렵다고 할 것이다. 그렇다면 조세채권의 우선은 담보물권에 의하여 보호되고 있는 피담보채권과의 관계에 있어서는 앞에서 살펴본 과잉금지의 원칙에 비추어 볼 때 담보물권의 설정자가 납부하여야 할 조세의 존부 및 그 범위를 담보물권 취득자가 예측할 수 있는 시기를 기준으로 한계가 그어져야 할 것이며, 그 시기는 현행 조세법의 체계상 납부할 조세의 존재 및 액수를 담보물권 취득자가 확인 가능한 최종의 시점인 조세의 납부기한이라고 하여야 할 것이다. 그렇게 되면,

조세채권은 일반채권에 항상 우선할 수 있고 담보채권과의 관계에 있어서도 조세채권의 납부기한이 먼저 도래하면 역시 우선하는 결과가 되어 조세우선의 기본원칙이 존중됨과 동시에 담보물권자에게도 불측의 피해를 주지 않아 조세에 있어서 헌법의 대원칙인 조세의 합법률성의 원칙과 그에서 파생된 예측가능성 및 법적 안정성이 보장됨과 동시에 조세의 합형평성의 원칙이 지향하는 이념도 실현될 수 있을 것이기 때문이다.

그러므로 국세기본법 제35조 제1항 제3호 소정의 "국세납부기한으로부터 1년 전에 전세권·질권 또는 저당권의 설정을…"이라고 한 규정 중에서 '으로부터 1년'이라는 부분은 헌법 전문, 제1조, 제10조, 제11조, 제1항, 제23조 제1항, 제37조 제2항 단서, 제38조, 제59조의 규정에 위반된다. 이 결정은 재판관 조규광 및 재판관 한병채의 아래와 같은 반대의견이 있는 외에는 관여 재판관의 의견이 일치되었으므로 주문과 같이 결정한다.

5. 재판관 조규광 및 재판관 한병채의 반대의견

가. …국세의 납부기한으로부터 1년 내에 설정된 저당권 등에 의하여 담보된 채권이 국세보다 열후관계에 서는 관계로 그 한도 내에서 저당권 등 채권자가 입게 되는 손해는 국세의 우선원칙이 합헌적인 것으로 평가되는 이상 뒤에서 언급한 바 국세와 저당권 등과의 우선순위 시점조정에서 결과하는, 부득이 수인하여야 할 불이익이며 재산권의 본질적인 내용 침해로는 볼 수 없다. 국세의 우선징수로서 무담보채권자가 받게 될 손해를 고려한다면 이 이치는 자명하다.

나. …국세와 담보권의 우선순위조정에 관하여 한계선을 긋는 효과적이고 합리적인 기준일 선택은 입법자의 입법재량에 일단 맡겨야 할 성질의 것이라 할 것이다. 위 '납부기한으로부터 1년 전'이라는 기준일 설정이 국세의 확보라는 공익과 담보권의 보호라는 사익 양자를 잘 저울질하여 국세우선의 원칙에 의한 재산권 피해를 최소화시키는 가장 적정한 기간인지 여부를 단정하기는 어렵지만 그렇다고 해서 다수의견과 같이 '납부기한'이라는 시점만이 유일의 합리적인 조정기준일이 된다고 분명히 단정할 수도 없다. 이러한 안건심사에 있어서 재산권 제한에 관한 수단의 적정성, 피해의 최소성 및 법익의 형평성 평가는 입법자의 합리적인 판단에 맡겨야 할 것으로 본다…

다. …납세의무자의 조세채무책임재산은 특별한 규정이 있는 경우를 제외하고 납세의무자의 소유재산에 한정된다는 것은 당연한 일이며 제3자에게 소유권이 양도된 재산에까지 국세징수의 추급효(追及效)를 인정치 아니함은 국민의 재산권 보호라는 헌법적 요청상 뚜렷한 합리적인 근거가 있는 것이다.

라. 다수의견의 견해와 같이 '으로부터 1년'이라는 부분이 헌법에 위반되는 것으로 하여, 결과적으로 국세의 납부기한을 기준으로 해서 국세가 저당권 등에 담보되는 채권에 우

선하는지의 여부를 판가름하게 하더라도 다음과 같은 문제점은 그대로 남아 있거나, 오히려 새로운 불합리 내지는 혼란이 생기게 되므로 부당하다. 즉,

(1) 첫째로, 다수의견은 '으로부터 1년'의 부분만을 삭제하여 국세의 납부기한을 기준으로 해서 국세우선의 여부를 판단하도록 하게 하면 제3 이해관계인은 납부기한 현재 조세채무자가 부담하는 조세채무의 존부 및 그 조세의 금액 등에 대하여 알 수 있는 예측 불가능한 조세채무의 돌연한 출현으로 저당권 등 권리자가 입게 될 위험이 제거될 수 있다는 점에 크게 근거하고 있는 것으로 보여진다.

그러나, 현재의 세법 규정하에서는 납부기한 현재로 납세의무자가 부담하는 조세채무의 존부 및 그 금액 등에 관하여 제3 이해관계인이 확인할 수 있는 납세증명제도가 정비되어 있지 아니하여 제3 이해관계인의 거래안전과 예측가능성이 꼭 확보되는 것도 아니다…

마. 국세기본법 제35조 제1 항 제3 호 중 '납부기한으로부터 1년 전'이라는 규정의 절대적 합리성에 대한 의심은 유보한 채로 입법재량에 속하는 문제를 들어 이것이 위헌이라는 명백한 논증이 미흡한 이상 위 규정부분을 다수의견에 동조하여 위헌이라고까지 단정할 수는 없는 것이다.

재판관 조규광(재판장) 이성렬 변정수 김진우 한병채 이시윤 최광률 김양균 김문희.

Notes & Questions

(1) 위 헌법재판소 1990. 9. 3. 89헌가95 결정(사례 5 – 3)은 조세채권(양도소득세)과 저당권 사이의 선후를 다루고 있다. 근저당권설정등기는 1987. 8. 8.이다. 이 사건 양도소득세의 납부기한은 그 뒤인 1988. 1. 30. 및 1988. 6. 30.이다. 그럼에도 불구하고 광화문 세무서가 우선변제를 받은 이유는 무엇인가?

(2) 이 사건에서 헌법재판소가 구 국세기본법 제35조 제1 항을 위헌이라 본 이유는 무엇인가?

(3) 위 헌법재판소 결정 이후 1990. 12. 31. 국세기본법이 개정되어 조세채권의 법정기일과 담보물권의 설정일 사이에서 선후를 비교하는 방식으로 양자 간 우선순위를 따지게 되었다. 과세표준과 세액의 신고에 의하여 납세의무가 확정되는 국세(중간예납하는 법인세와 예정신고납부하는 부가가치세를 포함한다)에 있어서 신고한 당해 세액에 대하여는 법정기일이 [①]이다. 국세기본법 제35조 제1 항 제3 호 ㈎목. 과세표준과 세액을 정부가 결정·경정 또는 수시부과결정하는 경우에 고지한 당해 세액에 대하여는 납세고

지서의 [②]이다. 국세기본법 제35조 제 1 항 제 3 호 ㈏목. 납세고지서의 도달일이
아닌 [②]을 법정기일로 삼고 있는 이유는 무엇인가? 헌법재판소 1997. 4. 24. 93헌
마83 결정.

(4) (사례 5-3)에서 비공시되거나 확정되지 아니한 국세가 공시되고 확정된 위 권리보다
우선하는 것이 문제가 되었다. (사례 5-3)5.라(1). 1990. 12. 31. 국세기본법 개정으로
공시 문제는 해결되었는가? 헌법재판소 1995. 7. 21. 93헌바46 결정. 주택이나 상가의
임차인이 열람할 수 있는 국세의 범위와 그밖의 이해관계자가 파악할 수 있는 국세의
범위를 비교해보라. 국세징수법 제 6 조(그 내용은 같은 법 시행령 제 2 조)와 제 6 조의2
참조.

[관련법령]
국세기본법 제35조 제 1 항.

예제 압류주택의 경매가액이 1억원인 상황에서 배당절차에 참가한 각 채권자의 채권액은
다음과 같다.
  − 법인세 체납액: 7천만원
  − 주택임대차보호법 제 8 조에 따라 임차인이 국세보다 우선하여 변제받을 수 있는
    보증금: 1,200만원
  − 저당권부채권: 3,000만원 (설정등기일 ×××2. 5. 1.)

Notes & Questions

(1) 앞의 사실관계에서 법인세 7천만원을 증액경정하는 납세고지서의 발송일이 ×××2. 3.
31.이라면 각자 배당받을 수 있는 금액은 얼마인가?

  (풀이) 1) 소액임차보증금   1,200만원
         2) 법인세   7,000만원
         3) 저당권부채권   1,800만원   계 1억원

  (ⅰ) 법인세채권의 법정기일이 저당권설정일보다 빠르므로 법인세가 우선한다.
  (ⅱ) 문제에 주어진 임차보증금은 국세에 우선한다.

(2) 같은 사실관계에서 법인세 7천만원을 증액경정하는 납세고지서의 발송일이 ×××2. 7.

1.이라면 각자 배당받을 수 있는 금액은 얼마인가?

(풀이) 1) 소액임차보증금   1,200만원
       2) 저당권부채권   3,000만원
       3) 법인세   <u>5,800만원</u>   계 1억원

Ⅱ. 국세우선권과 허위담보취소권

(1) 허위담보취소권(국세기본법 제35조 제4항)은 채권자취소권의 일부일 뿐이지만, 국세우선권 조문에 들어 있다. 국세우선권의 1년 소급이 없어지면서 보완책의 한 갈래로 들어온 까닭이다. 어떤 문제점을 보완한 것일까?

Ⅲ. 국세우선권과 양도담보권

(1) 국세채권과 양도담보권자의 권리의 우열은 양도담보권을 저당권에 견주어 국세의 법정기일(신고일이나 납세고지서 발송일 등)과 양도담보권의 설정일 가운데 어느 쪽이 앞서는가에 따른다.

(2) 아래 국세기본법 제42조의 양도담보권자의 [   ]라는 표현은, 저당권의 경우에는 저당권자는 별개의 담보물권을 취득하고 당해 재산의 소유권 자체는 납세의무자(＝채무자)의 소유로 남아 있으므로 세금을 부담하는 자는 납세의무자인 듯한 외관을 띠는 데 비해 양도담보의 경우에는 소유권 자체가 양도담보권자에게 넘어가므로 납세의무자 아닌 자가 특정한 재산으로 세금을 부담하는 듯한 외관을 띠기 때문이다.

국세기본법 제42조(양도담보권자의 [   ]) ① 납세자가 국세·가산금 또는 체납처분비를 체납한 경우에 그 납세자에게 양도담보재산이 있을 때에는 그 납세자의 다른 재산에 대하여 체납처분을 집행하여도 징수할 금액에 미치지 못하는 경우에만 「국세징수법」에서 정하는 바에 따라 그 양도담보재산으로써 납세자의 국세·가산금과 체납처분비를 징수할 수 있다. 다만, 그 국세의 법정기일 전에 담보의 목적이 된 양도담보재산에 대해서는 그러하지 아니하다.
② 제1항에서 '양도담보재산'이란 당사자 간의 계약에 의하여 납세자가 그 재산을 양도하였을 때에 실질적으로 양도인에 대한 채권담보의 목적이 된 재산을 말한다.

(3) 납세자(재산을 양도담보에 제공한 자)가 체납한 세금을 양도담보권자로부터 징수하

려 하는 때에는 세무서장은 양도담보권자에게 [①]를 발송하여야 한다. 그런데 [①]를 받기 전에 양도담보권자가 양도담보재산을 다시 다른 사람(제3의 담보권자)에게 담보제공하였다면 조세채권과 제3의 담보권자 사이의 우열을 정함에 있어서 조세채권의 법정기일은 [①] [②]일이다. 국세기본법 제35조 제1항 제3호. 왜 그렇게 정하고 있는 걸까?

Ⅳ. 국세우선권과 가등기담보

(1) 어느 부동산 소유자(조세채무자)에 관련하여, (i) 조세채권의 확정(법정기일), (ii) 가등기, (iii) 조세채권에 터잡은 압류등기가 차례로 있다고 하자. (ii)의 가등기가 순위보전의 가등기인 경우와 담보가등기인 경우 가등기권리자와 조세채권자의 선후는 각각 어떻게 되는가? 대법원 1996. 12. 20. 선고 95누15193 판결. 국세기본법 제35조 제2항.

Ⅴ. 국세우선권과 사업양도

(1) 신고납세 세목이라면 납세자의 신고, 부과과세 세목이라면 납세고지서의 발송으로 세액이 특정된 조세채권은 그 뒤 납세자의 재산에 설정된 담보채권에 우선한다. 한편 조세채권이 특정된 뒤에라도 납세자가 재산을 제3자에게 양도한다면 재산은 양수인의 소유가 되므로 조세채권자는 양수인이나 당해 재산에 대하여 아무런 추급권을 행사할 수 없다. 헌법재판소 1990. 9. 3. 89헌가95 결정(사례 5-3)의 3.다.(3)(다) 및 5.다.

(2) 조세채권 특정 후 납세자가 재산을 양도한 경우 예외적으로 조세채권자가 추급효를 가지는 경우가 있다. 첫째로, [①]의 경우 [①]권자는 형식상 양수인의 지위를 가지지만 물적 납세의무를 진다. 둘째로, 납세자가 [②]을 양도한 경우라면 양도일 이전에 양도인의 납세의무가 확정된 당해 [②]에 관한 국세, 가산금과 체납처분비를 양도인의 재산으로 충당하여도 부족이 있는 때에는 [②]양수인은 그 부족액에 대하여 [③]을 한도로 제2차납세의무를 진다. 국세기본법 제41조, 제42조. 사업양수인에 관해서는 (사례 5-5), 특히 Notes and Questions (5) 참조.

Ⅵ. 특정 재산에 부과되는 당해세

(1) '그(구 법의 용어로 "당해") 재산에 대하여 부과된 세금'(속칭 당해세)은 그 재산에 대한 담보물권 설정일 이후에 확정된 것이더라도 담보물권에 우선한다. 국세기본법 제35조 제 1 항 제 3 호. (사례 5 – 3) 3.다(3)(나). 어떤 국세가 이러한 당해세에 해당하는가? 같은 법조 제 5 항. 그 밖에 지방세기본법 제99조.

(2) 위 제 5 항에 적힌 세금이라면 항상 "담보물권을 취득할 사람이 장래 그 재산에 대하여 부과될 것을 상당한 정도로 예측할 수 있는 것"일까? 당해세가 여러 물건이 합산되어 과세되는 경우나 누진세율인 경우 위 예측가능성이 확보되는가?

(3) 특정 재산의 증여가 아니라 재산의 취득자금을 증여받은 것으로 추정하여 부과하는 증여세(대법원 1996. 3. 12. 선고 95다47831 판결), 저가양도를 증여로 의제하는 까닭에 내는 증여세(대법원 2002. 6. 14. 선고 2000다49534 판결), 채권자가 저당권을 설정받은 뒤 채무자가 이 재산을 증여한 경우 수증자가 낼 증여세(위 저당권과 관계해서, 대법원 1991. 10. 8. 선고 88다카105 판결), 저당권을 설정한 채무자가 죽는 경우 상속인에 대한 상속세(위 저당권과 관계해서, 대법원 1995. 4. 7. 선고 94다11835 판결)는 각각 당해세에 해당하는가?

Ⅶ. 조세채권 사이의 우열

(1) 조세채권 사이의 선후관계는 법정기일이 아니라 누가 먼저 [   ]하는가에 달려 있다. 국세기본법 제36조.

(2) 어떤 부동산에 관하여 (ⅰ) 공시를 수반하는 담보물권이 설정되고 (ⅱ) 담보물권 설정일 이후에 법정기일이 도래한 조세채권에 터잡아 압류가 있고 (ⅲ) 다시 그 뒤 법정기일이 담보물권 설정일 이전인 조세채권에 터잡아 압류가 이루어졌다. (ⅰ), (ⅱ), (ⅲ), 이 세 채권의 우선순위는 어떻게 되는가? 국세기본법 제[   ]조에서는 'ⅲ > ⅰ > ⅱ'의 관계가 생기고, 국세기본법 제[   ]조에서는 'ⅱ > ⅲ'의 관계가 생기는 순환이 생긴다. 어느 쪽을 더 중시해야 할까? 제36조를 빌미로 'ⅱ > ⅰ'이 성립할 수는 없다. 조세채권과 담보물권의 관계는 법정기일과 담보물권 설정일의 선후에 따를 뿐이다. 대법원 2005. 11. 24. 선고 2005두9088 판결.

제5절　납부책임의 인적 확장

Ⅰ. 연대납세의무

(1) [　①　]납세의무자는 각자가 세액 전체를 납부할 의무가 있다. [　②　]와 [　③　]에 관한 서류는 [　①　]납세의무자 모두에게 송달하여야 하고(국세기본법 제8조 제2항 단서), 어느 한 사람에게 송달한 것 만으로 다른 모든 사람에게 효력이 생기지는 않는다.

(2) 공동사업에서 버는 소득세 납세의무(소득세법 제2조의2 제1항 단서에 따른 합산과세 대상은 아니다)에 대해 공동사업자는 각자 분할채무를 지는가 아니면 연대납세의무를 지는가? 소득세법 제2조의2 제1항. 공동사업에서 생기는 부가가치세 납세의무에 대해 공동사업자는 각자 분할채무를 지는가 아니면 연대납세의무를 지는가? 헌법재판소 2006. 7. 27. 2004헌바70 결정.

Ⅱ. 제2차납세의무

[관련법령]
국세기본법 제39조 제1항.

사례 5-4　대법원 2005. 4. 15. 선고 2003두13083 판결

【원고, 피상고인】정리회사 제일종합레미콘 주식회사의 관리인 금태환의 소송수계인 같은 정리회사의 관리인 김주락
【피고, 상고인】포항세무서장
【원심판결】대구고법 2003. 10. 17. 선고 2003누682 판결
【주　문】
상고를 기각한다. 상고비용은 피고가 부담한다.
【이　유】
구 국세기본법(1998. 12. 28. 법률 제5579호로 개정되기 전의 것) 제39조 제1항은 출자자의 제2차 납세의무에 관하여 규정하면서, 법인(주식을 한국증권거래소에 상장한 법인

을 제외한다)의 재산으로 그 법인에게 부과되거나 그 법인이 납부할 국세·가산금과 체납처분비에 충당하여도 부족한 경우에는 그 국세의 납세의무의 성립일 현재 다음 각 호의 1에 해당하는 자는 그 부족액에 대하여 제 2 차 납세의무를 진다라고만 규정하여, 제 2 차 납세의무를 부담하는 과점주주의 책임범위에 관하여 별도의 제한을 두지 않았는데, 현행 국세기본법(1998. 12. 28. 법률 제5579호로 개정되어 1999. 1. 1.부터 시행된 것, 이하 '개정 국세기본법'이라 한다)은 같은 항에 단서를 신설하여, 제 2 호의 규정에 의한 과점주주의 경우에는 그 부족액을 그 법인의 발행주식총수로 나눈 금액에 과점주주의 소유주식수를 곱하여 산출한 금액을 한도로 제 2 차 납세의무를 부담한다고 규정함으로써 과점주주의 제 2 차 납세의무의 범위를 제한하고 있으면서도, 그 개정법률 부칙에서 제39조 제 1 항의 개정조문과 관련하여 별도의 경과규정을 두지 아니하였는바, 조세법령이 개정되면서 그 부칙에서 개정조문과 관련하여 별도의 경과규정을 두지 아니한 경우에는 '납세의무가 성립한 당시'에 시행되던 법령을 적용하여야 하는 것이고, 한편 제 2 차 납세의무가 성립하기 위하여는 주된 납세의무자의 체납 등 그 요건에 해당되는 사실이 발생하여야 하는 것이므로, 그 성립시기는 적어도 '주된 납세의무의 납부기한'이 경과한 이후라고 할 것이다.

원심판결 이유에 의하면, 원심은 판시와 같은 사실을 인정한 다음, 원고의 이 사건 제 2 차 납세의무는 소외 회사의 1998년도 2기분 부가가치세에 대한 것으로서, 그 성립시기는 적어도 주된 납세의무자인 소외 회사의 체납사실이 발생한 이후라고 할 것인데, 소외 회사의 위 부가가치세 납세의무의 납부기한은 피고가 1999. 3. 15.경 납세고지서에 의하여 지정한 납기일인 1999. 3. 31.이라고 할 것이므로, 결국 원고의 이 사건 제 2 차 납세의무는 개정 국세기본법의 시행일인 1999. 1. 1. 이후에 성립한 것이고, 따라서 원고의 이 사건 제 2 차 납세의무의 범위 등에 관하여는 그 납세의무가 성립한 당시에 시행되는 법령인 개정 국세기본법이 적용된다고 판단하였다.

위의 법리와 기록에 비추어 살펴보면, 원심의 위와 같은 사실인정과 판단은 정당하고, 거기에 상고이유에서 주장하는 바와 같은 제 2 차 납세의무에 대하여 적용될 법령에 관한 법리오해 등의 위법이 있다고 할 수 없다.

그러므로 상고를 기각하고, 상고비용은 패소자인 피고가 부담하기로 하여, 관여 대법관의 일치된 의견으로 주문과 같이 판결한다.

대법관 유지담(재판장) 배기원 이강국(주심) 김용담.

Notes & Questions

(1) 위 2003두13083 판결의 쟁점은 소외회사의 1998년 제 2 기분 부가가치세 미납세액에 관련하여 원고가 출자자로서 지는 제 2 차납세의무의 범위가 어디까지인가이다.

（ⅰ） 원고가 소외회사의 1998년도 제 2 기분 부가가치세 납세의무에 대한 책임을 지게 된 법률상 근거는 무엇인가? 회사의 조세채무에 대한 책임을 주주에게 지우는 입법론상 의 이유는 무엇이며, 현행법상 요건은 무엇인가?

（ⅱ） 국세기본법 제39조 제 1 항에 관련하여 1998. 12. 28. 개정되어 1999. 1. 1.부터 시행되는 법이 적용된다고 원고가 주장하는 실익은 무엇인가?

（ⅲ） 1998년 제 2 기분 부가가치세에 관련한 원고의 납세의무에 대해서 1998년에 관한 법이 아니라 1999. 1. 1.부터 시행되는 법이 적용된다고 판시한 근거는 무엇인가? 원고 의 제 2 차납세의무가 성립하는 시기는 언제인가? 왜 그런가?

(2) 자회사 주식의 취득일자가 12. 28.이어서 12. 31.까지는 주주권을 실제로 행사할 만한 시간적 여유가 없었다는 이유로 제 2 차납세의무를 벗을 수 있는가? 대법원 2003. 7. 8. 선고 2001두5354 판결. 모회사에 부도가 나서 관리단이 경영을 맡았다면 모회사는 자회사에 대한 실질적 권리를 잃은 것으로 보아 제 2 차납세의무를 벗어나는가? 2001두5354 판결.

(3) 본래의 납세의무자 아닌 자에게 제 2 차납세의무를 지울 수 있는 경우로 출자자 외에 또 어떤 경우를 생각할 수 있는가? 현행 국세기본법에서는 어떤 경우에 지우고 있는가?

(4) 조세채무자(주된 납세의무자)에게 체납처분을 집행하지 않았더라도 제 2 차납세의무가 생기는가? 대법원 1996. 2. 23. 선고 95누14756 판결. 주된 납세의무자에 대한 시효의 중단은 제 2 차납세의무자에 대하여도 그 효력이 있는가? 대법원 1985. 11. 12. 선고 85누488 판결. 제 2 차납세의무자가 여럿인 경우 각자 얼마만큼의 납부책임을 지는가? 대법원 1996. 12. 6. 선고 95누14770 판결. 제 2 차납세의무자는 원래의 납세의무자에게 구상권 행사가 가능한가? 대법원 1987. 9. 8. 선고 85누821 판결.

[관련법령]

국세기본법 제41조, 제22조 제 1 항; 부가가치세법 제58조 제 1 항(납세지 관할 세무서장은 사업자가 예정신고…한 납부세액을 납부하지 아니[한]…경우에는 그 세액을…국세징수법에 따라 징수한다).

사례 5-5 대법원 2011. 12. 8. 선고 2010두3428 판결

【원고, 피상고인】 원고(소송대리인 법무법인 인화 담당변호사 한정현)

【피고, 상고인】 고양세무서장

【원심판결】 서울고법 2010. 1. 20. 선고 2009누17423 판결

【주　문】

원심판결 중 부가가치세 32,634,150원에 관한 부분을 파기하고, 이 부분 사건을 서울고등법원에 환송한다. 나머지 상고를 기각한다.

【이　유】

상고이유를 판단한다.

1. 부가가치세 부분에 관하여

구 국세기본법(2010. 1. 1. 법률 제9911호로 개정되기 전의 것, 이하 같다) 제41조 제1항, 구 국세기본법 시행령(2007. 12. 31. 대통령령 제20516호로 개정되기 전의 것, 이하 같다) 제22조는 사업의 양도·양수가 있는 경우에 양도일 이전에 양도인의 납세의무가 확정된 당해 사업에 관한 국세·가산금과 체납처분비를 양도인의 재산으로 충당하여도 부족이 있는 때에는 그 사업에 관한 권리와 의무를 포괄적으로 승계한 양수인은 그 부족액에 대하여 양수한 재산의 가액을 한도로 제2차 납세의무를 진다고 규정하고, 구 국세기본법 제22조, 구 국세기본법 시행령 제10조의2 제1호 본문은 부가가치세에 있어서는 과세표준과 세액을 정부에 신고하는 때에 그 세액이 확정된다고 규정하고 있다. 그리고 구 부가가치세법(2007. 12. 31. 법률 제8826호로 개정되기 전의 것, 이하 같다) 제18조 제1항, 제4항은 사업자는 제1기분 예정신고기간(1. 1.부터 3. 31.까지)과 제2기분 예정신고기간(7. 1.부터 9. 30.까지)이 각 종료한 후 25일 이내에 당해 예정신고기간에 대한 과세표준과 세액을 사업장 관할세무서장에게 신고(이하 '예정신고'라 한다)하고 그 세액을 납부하여야 한다고 규정하고, 제23조 제1항은 사업장 관할세무서장은 사업자가 예정신고를 하는 때에 신고한 세액에 미달하게 납부한 경우에는 그 미달한 세액을 국세징수의 예에 의하여 징수한다고 규정하고 있으며, 구 부가가치세법 시행령(2008. 2. 29. 대통령령 제20720호로 개정되기 전의 것, 이하 같다) 제65조 제1항 제1호 단서는 예정신고에서 이미 신고한 내용은 확정신고의 대상에서 제외한다고 규정하고 있다.

구 국세기본법 제22조, 구 국세기본법 시행령 제10조의2 제1호 본문이 부가가치세 납세의무의 확정시기를 과세표준과 세액을 정부에 신고하는 때로 규정하면서 그 신고의 범위에서 예정신고를 제외하고 있지 않은 점, 납세의무의 확정이란 추상적으로 성립된 납세의무

의 내용이 징수절차로 나아갈 수 있을 정도로 구체화된 상태를 의미하는데, 예정신고를 한 과세표준과 세액은 구 부가가치세법 시행령 제65조 제 1 항 단서에 의하여 확정신고의 대상에서 제외되므로 그 단계에서 구체화되었다고 할 수 있을 뿐만 아니라 구 부가가치세법 제 23조 제 1 항에 의하여 그에 대한 징수절차로 나아갈 수 있는 점 등을 고려하여 볼 때, 부가가치세 과세표준과 세액의 예정신고를 한 때에 그 세액에 대한 납세의무가 확정되었다고 할 것이므로 구 국세기본법 제41조 제 1 항에서 말하는 '사업 양도일 이전에 양도인의 납세의무가 확정된 당해 사업에 관한 국세'에는 사업 양도일 이전에 당해 사업에 관하여 예정신고가 이루어진 부가가치세도 포함된다고 해석함이 상당하다.

　　원심판결의 이유와 원심이 적법하게 채택한 증거에 의하면, ① 원고는 2007. 11. 15. 주식회사 프리머스화정(이하 '프리머스'라 한다)으로부터 고양시 덕양구 화정동 966 - 1에 있는 씨네플러스 영화관 운영사업(이하 '이 사건 사업'이라 한다)에 관한 권리와 의무를 포괄하여 양수한 사실, ② 프리머스가 2007. 10. 24. 이 사건 사업에 관하여 2007년 제 2 기 예정신고기간(2007. 7. 1.부터 9. 30.까지)의 부가가치세 32,634,150원(이하 '이 사건 부가가치세'라 한다)을 예정신고(이하 '이 사건 예정신고'라 한다)하였으나 이를 납부하지는 않은 사실, ③ 피고는 2007. 12. 5. 프리머스에 이 사건 부가가치세 및 그에 대한 납부불성실가산세 401,400원(이하 '이 사건 가산세'라 한다) 합계 33,035,550원의 납부를 고지하면서 납부기한을 2007. 12. 31.로 정한 사실, ④ 프리머스가 그 납부기한이 경과하도록 이 사건 부가가치세 및 가산세를 납부하지 아니하자, 피고는 2008. 5. 8. 원고를 제 2 차 납세의무자로 지정하여 원고에게 이 사건 부가가치세 및 가산세...합계 35,612,290원을 부과하는 이 사건 처분을 한 사실 등을 알 수 있는바, 이러한 사실관계를 앞서 본 규정과 법리에 비추어 살펴보면, 프리머스가 2007. 10. 24. 이 사건 예정신고를 함으로써 이 사건 부가가치세 납세의무가 확정되었는데 그 후인 2007. 11. 15. 원고가 이 사건 사업을 양수하였으므로 원고는 이 사건 부가가치세에 대하여 제 2 차 납세의무를 부담한다고 할 것이다.

　　그럼에도 원심은, 이 사건 부가가치세 납세의무가 확정되는 시기는 그에 관하여 예정신고를 한 때가 아니라 확정신고를 한 때라는 전제하에 원고가 이 사건 사업을 양수할 당시에는 확정신고가 없었으므로 이 사건 부가가치세 납세의무가 확정되지 아니하였다는 이유로 원고가 그에 관한 제 2 차 납세의무를 부담하지 않는다고 판단하였으니, 이러한 원심의 판단에는 예정신고에 의한 납세의무 확정 등에 관한 법리를 오해하여 판결에 영향을 미친 위법이 있다. 이 점을 지적하는 상고이유의 주장은 이유 있다.

　　2. 가산세...부분에 관하여

　　앞서 본 바와 같이 부가가치세의 납세의무는 그 과세표준과 세액의 신고만으로 확정되지만, 그 신고세액을 제대로 납부하지 아니한 경우에 부과되는 납부불성실가산세의 납세의무는 그 확정을 위하여 과세관청의 납부불성실가산세 부과처분이 별도로 필요하다(대법원 1998. 3. 24. 선고 95누15704 판결 등 참조)...

전항에서 본 사실관계를 위 법리에 비추어 살펴보면, 프리머스의 이 사건 가산세 납세의무는 피고가 프리머스에 이 사건 부가가치세 및 가산세의 납부고지를 함으로써 이 사건 가산세에 대한 부과처분이 이루어진 2007. 12. 5. 확정되었...다고 할 것이므로, 그 전인 2007. 11. 15. 이 사건 사업을 양수한 원고로서는 이 사건 가산세...에 대하여 제 2 차 납세의무를 부담하지 않고, 이 사건 처분 중 이 사건 가산세...에 관한 부분은 원고가 그에 대한 제 2 차 납세의무를 부담함을 전제로 한 것으로서 그 하자가 중대하고도 명백하므로 무효라고 할 것이다…

대법관 이인복(재판장) 김능환 안대희(주심) 민일영.

Notes & Questions

(1) 처분청은 프리머스가 미납한 2007. 7. 1.에서 9. 30.까지 기간분의 쟁점 부가가치세를 원고에게 부과했다. 제 3 자인 원고에게 프리머스의 부가가치세를 부과한 법조문상의 근거는 무엇인가?

(2) 쟁점 부가가치세가 양도일 현재까지 확정되었는가에 관해 원심과 대법원은 각 어떻게 판단했고 그 이유는 무엇인가? 대법원은 조세채무의 확정이란 무슨 뜻이라고 설시하고 있는가? 관련법령이나 이 판결이 들고 있는 법조문 외에 국세기본법 제35조 제 1 항 제 3 호 ㈎목 참조.

(3) 이 판결에서 가산세 부분에 관해서는 원고가 제 2 차 납세의무를 벗어날 수 있는 이유가 무엇인가? 다른 보기로 사업양도에 따라 발생하는 양도소득세에 대해서 사업양수인이 제 2 차납세의무를 지는가?

(4) 중요재산의 양수방법이 매매계약이 아니라 경매인 경우에도 사업양수인이 제 2 차납세의무를 지는가? 대법원 2002. 6. 14. 선고 2000두4095 판결.

(5) 2019.2.12. 개정된 법인세법시행령 제22조에 따르자면 사업양수인이 사업양도인과 특수관계가 없다면, 양도인의 조세회피를 목적으로 양수한 경우에만 제 2 차 납세의무를 진다.

제 6 절 조세채권의 징수를 위한 기타의 제도

I. 원천징수

(1) 대법원 1984. 2. 14. 선고 82누177 판결(사례 4-1)에서 원천납세의무자가 제기한 소송은 민사소송인가 행정소송인가? 국가를 상대로 부당이득의 반환을 구하였다면 그 사건 당시의 법에서는 어떤 결과가 나왔을까? 그 이유는 무엇인가? 이 판결의 사실관계에 현행법을 적용한다면, 납세의무자가 국가를 상대로 택할 수 있는 구제수단은 무엇인가? 국세기본법 제45조의2 제 4 항.

(2) 원천징수세액은 세액의 선납인 경우도 있고 최종적 세부담인 경우도 있다. 원천징수대상인 소득을 다른 소득과 합하여 누진세율로 신고납부한다면 전자가 되고, 따로 신고납세의무가 없는 경우에는 후자가 된다. 전자를 [①] 원천징수, 후자를 [②] 원천징수라 부르기도 한다. [②] 원천징수가 누락된 경우 신고납세의무가 없는 자에게도 세금을 부과할 수 있는가? 대법원 2001. 12. 27. 선고 2000두10649 판결; 2016. 1. 28. 선고 2015두52050 판결.

(3) [①] 원천징수의 경우 국가가 원천납세의무자와 직접 법률관계를 맺으므로, 원천납세의무자는 신고납세나 부과과세 과정에서 원천징수된 세액을 고려하여 조세채무를 정산하게 된다. 국가도 원천납세의무자에게 직접 세금을 부과하여 정산할 수 있다. 원천징수의무자가 징수한 세액을 실제 납부하지 않은 경우 기납부세액공제가 가능한가? 대법원 1984. 4. 10. 선고 83누540 판결. 원천징수가 이루어지지 않은 경우 원천납세의무자는 신고납부시(또는 국가의 부과과세시) 기납부세액공제가 가능한가? 대법원 2001. 12. 27. 선고 2000두10649 판결. 원천징수한 금액이 정당한 세액보다 많다면 원천납세의무자는 징수당한 금액 전부를 공제받을 수 있는가?

(4) 완납적 원천징수의 경우 국가는 원천납세의무자로부터 세금을 걷을 수 없고 원천징수의무자에게서만 걷을 수 있는가? 원천징수가 잘못되어 너무 적은 세금을 원천징수당한 원천납세의무자가 스스로 신고납부로 세금을 더 내는 것은 가능한가? 소득세법 제70조 제 1 항, 제76조. 원천징수가 잘못되어 세금을 너무 많이 내는 경우 원천납세의무자와 원천징수의무자는 각각 국가에 직접 환급을 청구할 수 있는가? 국세기본법 제45조의2 제 4 항.

Ⅱ. 세무조사권

사례 5-6 대법원 2006. 5. 25. 선고 2004두11718 판결

【원고, 상고인】 원고(소송대리인 법무법인 율촌 담당변호사 우창록외 2인)

【피고, 피상고인】 종로세무서장

【원심판결】 서울고등법원 2004. 9. 24. 선고 2003누10833 판결

【주 문】

상고를 기각한다.

상고비용은 원고가 부담한다.

【이 유】

상고이유(상고이유서 제출기간 경과 후에 제출된 상고이유보충서는 상고이유를 보충하는 범위내에서)를 판단한다.

1. 상고이유 제 1 점에 대하여

원심은 그 채택 증거에 의하여, 원고의 사업장 소재지를 관할하는 남인천세무서장이 1998. 11.경 실시한 세무조사는 부가가치세 경정조사로서 그 조사목적과 조사의 대상이 부가가치세액의 탈루 여부에 한정되어 있었고, 그 세무조사결과에 따라 부가가치세의 증액경정처분만이 이루어졌던 사실, 반면에 원고의 주소지를 관할하는 서울지방국세청장이 1999. 11.경 실시한 세무조사는 종합소득세의 탈루 여부 등 원고의 개인제세 전반에 관한 특별세무조사였고 그 조사결과에 따라 이 사건 종합소득세의 증액경정처분 등이 이루어진 사실 등을 인정한 다음, 남인천세무서장이 한 세무조사는 부가가치세와 관련된 세무조사에 한정된 것인 반면, 서울지방국세청장이 한 이 사건 세무조사는 종합소득세 등 개인제세 전반에 관련된 세무조사이므로, 이 사건 종합소득세부과처분에 관한 한 위 각 세무조사가 같은 세목 및 같은 과세기간에 대한 중복조사에 해당하는 것으로 볼 수는 없다고 판단하였다.

원심판결 이유를 관계 법령의 규정 및 기록에 비추어 살펴보면, 원심의 위와 같은 사실인정과 판단은 정당한 것으로 수긍이 가고, 거기에 상고이유에서 주장하는 바와 같은 채증법칙 위배로 인한 사실오인 또는 중복조사에 관한 법리를 오해한 위법 등이 있다고 할 수 없다..

3. 결 론

그러므로 상고를 기각하고 상고비용은 패소자인 원고가 부담하기로 관여 대법관의 의

견이 일치되어 주문과 같이 판결한다.

　　대법관　　양승태(재판장) 강신욱(주심) 고현철 김지형

Notes & Questions

　　세무조사에 관한 법률문제의 핵심은 국가세수의 보호와 납세의무자의 인권 사이의 균형이다.

(1) 세무조사결정은 납세의무자의 권리·의무에 직접 영향을 미치는 공권력의 행사에 따른 행정작용으로서 항고소송의 대상이 된다. 대법원 2011. 3. 10. 선고 2009두23617, 23624 판결.

(2) 국세기본법에서 정한 세무조사대상 선정사유가 없음에도 세무조사대상으로 선정하여 과세자료를 수집하고 그에 기하여 과세처분을 하는 것은 적법절차의 원칙을 어기고…법…을 위반한 것으로서 특별한 사정이 없는 한 그 [　　　]은 위법하다. 대법원 2014. 6. 26. 선고 2012두911 판결.

(3) [　①　]조사 금지 의무를 위반하여 실시된 위법한 세무조사에 기초하여 이루어진 과세처분은 위법하다. 대법원 2006. 6. 2. 선고 2004두12070 판결. 그러나 (사례 5−6)에서 1998. 11의 조사와 1999. 11의 조사는 [　②　]세에 관한 한 [　①　]조사가 아니라고 한다. 왜 아닌가?

(4) 탈세자료가 있어 이미 조사한 ○○년분 법인세를 한번 더 세무조사한다면 위법한가? 국세기본법 제81조의4.

Ⅲ. 우회적 강제

(1) 국세청 홈페이지(http://www.nts.go.kr)에서는 고액·상습체납자의 명단을 공개하고 있다. 체납된 국세가 이의신청·심사청구 등 불복청구중에 있는 경우라도 고액이라면 그 명단을 공개할 수 있는가?

(2) 관허사업제한, 납세증명서의 요구, 체납자공개 따위의 제도는 [　　　]의 원칙을 어기지 않도록 적절한 범위 안에서 운용해야 한다.

제6장
세금에 관한 다툼의 해결

제1절 행정부 단계

I. 과세 전 적부심사

[관련법령]
국세기본법 제81조의15, 동법 시행령 제63조의14.

(1) 국세기본법이 정하는 [   ]는 세금을 부과하는 내용의 행정처분, 즉 과세처분이 내려지기 전에 과세관청으로 하여금 납세자에게 일정한 예고를 하도록(과세예고통지) 하고 그러한 예고나 세무조사 결과를 통지받은 납세자가 이에 대하여 다투는 것을 내용으로 하는 제도이다.

(2) 법에서 과세예고 통지의 대상으로 삼고 있지 않다거나 [①]를 거치지 않고 곧바로 과세처분을 할 수 있는 예외사유로 정하고 있는 등의 특별한 사정이 없는 한 과세예고 통지를 하지 아니함으로써 납세자에게 [①]의 기회를 부여하지 아니한 채 과세처분을 하였다면… [②]은 위법하다. 대법원 2016. 4. 15. 선고 2015두52326 판결.

II. 행정심판

1. 개   요

[관련법령]
국세기본법 제7장(제55조 이하).

(1) 국세기본법은 행정소송 절차와 구별되는 별개의 행정심판 절차를 마련해 두고 있다. 행정심판 절차를 따로 마련하여 두는 이유는 무엇인가?

(2) 국세에 관한 행정심판 절차는 국세청장에 대한 [①]와 국무총리 산하 조세심판원에 대한 [②]의 두 절차로 이루어져 있다. 필요적 전심이기는 하지만 둘다 거치는 것이 아니고 둘 중 하나만 거치면 행정소송이라는 다음 단계로 넘어갈 수 있다. 국세기본법 제56조 제 2 항. 한편 지방세는 헌법재판소 2001. 6. 28. 2000헌바30 결정이 그 당시의 법에 의한 필요적 전심을 위헌으로 판시했고, 그 뒤에 법이 바뀌어 현재는 국세와 마찬가지로 조세심판원을 거치지만 여전히 임의적 전심으로 남아있다.

(3) '필요적' 전심이라고는 하더라도 소제기 자체를 물리적이거나 법률적으로 막을 수 있는 길은 없고 전심절차를 거치지 않았다는 이유로 판결로써 소를 [   ]할 뿐이다. 다른 한편 이 말은 소제기 전에 미리 전심절차를 거치지 않았더라도 판결이 나오기 전까지 (정확히는 사실심 변론종결시까지) 전심절차를 거치기만 하면 된다는 말이기도 하다. 또한 판례는 일정한 요건 하에서 필요적 전치를 배제하기도 한다. 이에 대해서는 아래 제 2 절 II.2.2) 참조.

2. 심판대상

[관련법령]

국세기본법 제55조 제 1 항.

(1) 조세 행정심판 단계에서 심판대상은 국세기본법 제55조 제 1 항의 '처분'이다. 종래 조세심판원은 이 말을 행정소송, 특히 항고소송에 관한 판례상의 '처분'보다 넓은 개념으로 운용해 왔고, 학설도 이를 지지하고 있다. 그렇게 보아야 할 이유는 무엇인가?

[관련법령]

국세기본법 제55조 제 1 항, 제56조.

사례 6-1   대법원 2004. 7. 8. 선고 2002두11288 판결

(전 략)

【주   문】

원심판결을 파기하고, 사건을 서울고등법원으로 환송한다.

【이   유】

상고이유를 본다.

1. 원심의 판단

원심판결 이유에 의하면, 원심은 그 채용 증거를 종합하여, 소외 삼풍건설 주식회사(이하 '소외 회사'라고 한다)는 1993. 12. 15.경 13억 원을 유상증자하면서 대표이사인 최철종이 신주를 모두 인수하게 되면 과점주주가 되어 여러 가지 불이익을 받을 것에 대비하여 주식을 분산시킬 목적으로, 당시 경리부장이던 최경식의 아버지인 원고...의 명의를 빌려 마치 그들이 실권주 5만 주씩을 각 인수하는 것처럼 허위의 주식청약서와 이사회의사록 등을 작성한 사실, 소외 회사는 먼저, 1993. 7. 28.경 최철종의 예금계좌에서 10억 원을 인출하여 그 중 5억 원을 같은 날 원고 명의의 경수투자금융 예금계좌에 입금하였다가 다시 같은 해 12. 10. 위 5억 원을 인출하여 원고 명의의 기업은행 수원지점의 계좌에 4억 5,500만 원, 광명지점의 계좌에 4,500만 원을 각 분산 입금한 다음 같은 달 14. 위 5억 원을 모두 인출하여 원고 명의의 실권주 인수대금으로 소외 회사에 납입한 사실, 그 후 경인지방국세청에서 소외 회사에 대한 주식이동을 조사한 결과, 위와 같이 원고 명의로 납입된 주식 인수대금 5억 원이 최철종의 예금계좌에서 나온 것으로 밝혀지자, 광명세무서장은 1996. 8. 16.경 원고가 최철종으로부터 위 주식 인수대금을 현금증여받은 것으로 보아 원고에게 증여세 285,000,000원을 부과하는 처분(이하 '이 사건 제 1 처분'이라고 한다)을 하고 그 부과고지서를 원고에게 송달한 사실, 위 증여세부과고지서를 송달받은 원고는 아들인 최경식을 통하여 소외 회사에 그 경위를 문의한 결과, 소외 회사에서는 원고에게 회사에서 모두 알아서 처리할테니 걱정하지 말라는 취지의 답변을 한 사실, 이에 따라 최철종은 1996. 9. 30.경 원고에게 부과된 위 증여세 299,250,000원(가산세 14,250,000원 포함)을 원고를 대신하여 납부하였고, 이에 피고는 1999. 3. 6. 최철종이 대납한 위 증여세액을 원고가 다시 증여받은 것으로 보아 이 사건 처분을 한 사실 등을 인정한 다음, 원고가 납입한 주식 인수대금 5억 원은 원고가 모르는 사이에 소외 회사에서 임의로 원고 명의를 도용하여 실권주를 배정받은 다음, 최철종의 예금계좌에서 인출한 돈으로 마치 원고가 납입한 것처럼 위장, 처리한 것으로 보여지기는 하지만, 과세관청으로서는 원고 명의로 실권주 5만 주가 배정되고 그 인수대금이 최철종의 예금계좌에서 인출되어 납입된 것으로 밝혀진 이상 이를 증여세의 과세대상이 되는 것으로 오인할 만한 객관적인 사정이 있었다고 보여지므로, 위 주식 인수대금에 대하여 증여세를 부과한 이 사건 제 1 처분은 비록 그 하자가 중대하더라도 외관상 명백하다고 할 수 없어 당연무효라고 할 수는 없는 것이고, 한편, 원고가 이 사건 제 1 처분에 따른 증여세부과고지서를 송달받고서도 소외 회사에 대하여 그 경위만을 확인하였을 뿐 과세관청을 상대로 그 처분의 효력에 관하여 이의를 제기하거나 행정소송을 제기한 적이 없었는바, 사정이 이러하다면 이 사건 제 1 처분은 이미 확정되어 법률상 불가쟁력이 생겼다고 할 것이어서 원고의 증여세 납부의무는 확정적으로 그 효력이 발생하였다고 볼 것인데, 이와 같이 원고의 납부의무가 법률상 확정된 증여세를 원고를 대신하여 최철종이 납부한 것이 불법행위(명의도용)자로서 자신이 원고에게 부담하는 손해배상책임을 이행한 것이거나 또는 연대납부의무자로서 자신의 증여세 납부의무를 이행한 것으로 볼 수 있을 것인지에 관하여는 이를 인정할 만한 아무런 자료가 없는 반면, 오히려 위 인정 사실에서 나타난 바와 같은 원고 명의로 실권주를 배정받게 된 경위, 최철종이 원고에게 부과된 증여세를 대납한 경위 및 그 밖에 이 사건 변론에 나타난 모든 사정을 참작하여 보면, 원고로부터 이 사건 제 1 처분에 의한 증여세 부과경위를 문의받은 최철종이 원고에게 그 증여세액 상당액을 다시 증여할 의사로 원고를 대신하여 증여세를 납부하고 원고는 이를 묵시적으로 양해함으로써 법률상 자신의 책임으로 확정된 증여세 납부의무를 면한 것으로 봄이 상당하다고 판단하여 이에 관한 원고의 주장을 배척하였다.

2. 이 법원의 판단

그러나 원심의 위와 같은 사실인정과 판단은 수긍하기 어렵다.

일반적으로 행정처분이나 행정심판 재결이 불복기간의 경과로 인하여 확정될 경우 그 확정력은, 그 처분으로 인하여 법률상 이익을 침해받은 자가 당해 처분이나 재결의 효력을 더 이상 다툴 수 없다는 의미일 뿐, 더 나아가 판결에 있어서와 같은 기판력이 인정되는 것은 아니어서 그 처분의 기초가 된 사실관계나 법률적 판단이 확정되고 당사자들이나 법원이 이에 기속되어 모순되는 주장이나 판단을 할 수 없게 되는 것은 아니라고 할 것이다(대법원 1993. 4. 13. 선고 92누17181 판결 참조).

따라서 이 사건 제 1 처분이 이미 확정되어 법률상 불가쟁력이 생겼다고 하더라도, 원고가 최철종으로부터 실권주 인수대금 5억 원을 증여받았다는 사실관계까지 확정된 것은 아니므로, 원고로서는 최철종이 임의로 원고의 명의를 도용하여 소외 회사의 실권주를 배정받은 다음 자신의 예금계좌에서 주식 인수대금 5억 원을 인출하여 원고 명의의 예금계좌에 입금하였다가 다시 그 돈을 인출하여 실권주 인수대금으로 납입하고 원고 명의로 실권주를 취득하였는데 과세관청은 예금인출의 외관만을 보아 원고가 최철종으로부터 현금 5억 원을 증여받았다고 보고 이 사건 제 1 처분을 하였다는 이유로 별도의 처분인 이 사건 처분에 대하여 다툴 수 있다고 할 것이고, 원심이 적법하게 확정한 사실과 기록에 의하면, 위와 같은 경위로 이 사건 제 1 처분이 이루어진 사실, 이 사건 제 1 처분에 기한 증여세부과고지서를 송달받은 원고는 아들인 최경식을 통하여 소외 회사에 그 경위를 문의한 결과, 소외 회사에서는 원고에게 회사에서 모두 알아서 처리할 테니 걱정하지 말라는 취지의 답변을 한 사실, 그 후 소외 회사에서는 원고에게 별도의 의사표시를 하지 아니하고 소외 회사의 예금계좌에서 수표를 발행받아 위 증여세를 납부하고 최철종에 대한 주주, 임원단기차입금계정으로 기장처리한 사실 등을 알 수 있는바, 사정이 그러하다면 이 사건 제 1 처분의 전제사실과 같이 최철종이 원고에게 실권주 인수대금 5억 원을 증여하였다고 할 수는 없고, 따라서 이 사건 제 1 처분에 기한 증여세를 최철종이 납부하였다고 하더라도, 최철종이 원고에게 증여의 의사로 그 증여세 상당액을 증여하였다고 보기는 어려우며, 오히려 최철종이 명의도용으로 인하여 원고가 증여세를 부담하게 된 것에 대하여 책임을 느끼고 명의도용자로서 손해배상책임을 이행한 것으로 볼 여지가 있다고 할 것이다.

그럼에도 불구하고, 원심은 위에 적시한 점을 심리하여 이 사건 처분이 적법한지 여부를 판단하였어야 함에도 불구하고 이에 이르지 아니한 채 이 사건 제 1 처분이 확정되었다는 점에만 착안하여 최철종이 이 사건 증여세를 대납한 것이 새로운 증여에 해당된다고 단정하고 말았으니, 거기에는 증여세에 관한 법리를 오해한 나머지 심리를 다하지 아니 하였거나 채증법칙 위배로 사실을 오인하여 판결 결과에 영향을 미친 위법이 있다고 할 것이므로, 이 점을 지적하는 상고이유의 주장은 이유 있다.

3. 결   론

그러므로 원심판결을 파기하고, 사건을 다시 심리·판단하게 하기 위하여 원심법원으로 환송하기로 하여 관여 법관의 일치된 의견으로 주문과 같이 판결한다.

대법관 조무제(재판장) 이용우 이규홍(주심) 박재윤.

Notes & Questions

(1) 이 판결의 쟁점은 원고가 제 2 처분을 다투면서 제 1 처분의 전제사실을 다툴 수 있는가이다. 제 1 처분은 금[   ]원에 대한 증여세 부과처분이고 제 2 처분은 금[   ]원에 대한 증여세 부과처분이다. 원심은 다툴 수 없다고 하면서 그 이유는 제 1 처분에 [   ]이 생겼기 때문이라고 한다. 한편 대법원은 다툴 수 있다고 한다.

(i) 제 1 처분에서 증여라고 본 금액과 제 2 처분에서 증여라고 본 금액의 관계는 무엇인가?

(ii) 제 1 처분에 대해서 불가쟁력 또는 [   ] 확정력이 생긴 이유는 무엇인가? 국세기본법 제56조 제 1 항, 제 2 항, 제 5 항.

(iii) 이 사건에서 제 1 처분의 전제가 된 요건사실은 무엇인가? 누가 누구에게 무엇을

증여하였다는 말인가? 한편 제 2 처분의 요건사실은 무엇인가?

(iv) 대법원은, 제 2 처분을 다투면서 이미 확정된 제 1 처분의 요건사실을 다툴 수 있는 이유가 무엇이라고 하는가?

(2) 앞의 질문을 한결 더 일반화하여 형식적 확정력 내지 불가쟁력이라는 개념이 갖는 의미를 생각하여 보자. (ⅰ) 첫 번째 과세처분에 대한 불가쟁력이 발생한 이상 첫 번째 과세처분 자체를 쟁송절차에 의하여 취소받는 것이 가능한가? (ⅱ) 첫 번째 과세처분 아닌 다른 과세처분에 대한 쟁송절차에서 첫 번째 과세처분이 전제로 하는 사실관계가 사실은 존재하지 않는다고 주장하는 것은 가능한가? 형식적 확정력이나 불가쟁력이란 무슨 뜻인가?

3. 심판절차

(1) 행정심판은 '사법절차'를 준용하지만, 구체적인 사항들을 살펴보면 행정소송 단계에서와는 다른 특수성이 여러 군데에 있다. 예컨대 국세기본법 제59조 제 1 항은 변호사 외에 [   ]나 [   ]도 납세자를 대리할 수 있도록 정하고 있다. 또한 국세기본법 제64조 제 2 항 본문과 제72조 제 4 항 본문은 각각 국세심사위원회와 조세심판관 회의는 심리 과정을 공개하지 않아도 좋다고 정하고 있다.

(2) 납세자가 과세처분에 불복하여 행정심판을 제기하고 쟁송이 끝날 때까지는 상당한 시일이 걸린다. 납세자가 세금을 내지 않은 채 불복 절차를 진행한다면, 과세관청의 체납절차에는 어떤 영향이 있는가? 체납절차를 허용해야 옳을까 아니면 과세처분의 적법성이 궁극적으로 밝혀진 뒤에 가서야 체납절차를 진행할 수 있게 해야 옳을까? 이에 대한 우리나라 법의 태도는 어떠한 내용인가? 국세기본법 제57조, 국세징수법 제61조.

4. 재결과 효력

[관련법령]

국세기본법 제64조, 제65조, 제78조, 제80조.

(1) 조세심판원이나 국세청장과 같은 재결기관은 심판청구나 심사청구를 인용할 수도 있고 기각할 수도 있다. 전부 또는 일부를 인용하는 때에는 스스로 과세처분을 전부 또는 일부 취소하며 이때에는 과세관청이 따로 처분을 취소하는 조치를 취하지 않더라도 처분의 효력이 즉시 소멸하는데 이를 흔히 [   ]이라고 부른다.

(2) 재결실무에서는 '재조사결정'을 내기도 한다. 처분청으로 하여금 하나의 과세단위의 전부 또는 일부에 관하여 당해 결정에서 지적된 사항을 재조사하여 그 결과에 따라 과세표준과 세액을 경정하거나 당초 처분을 유지하는 등의 후속 처분을 하도록 하는 것이다. (사례 6-7) 2.가. 재조사결정은 처분청의 후속 처분에 의하여 그 내용이 보완됨으로써 이의신청 등에 대한 결정으로서의 효력이 발생한다고 할 것이므로, 재조사결정에 따른 심사청구기간이나 심판청구기간 또는 행정소송의 제소기간은 재조사 후 행한 처분의 결과 통지를 이의신청인 등이 받은 날부터 기산된다." 대법원 2010. 6. 25. 선고 2007두 12514 전원합의체 판결. 이를 확인하는 규정으로 국세기본법 제56조 제 4 항.

(3) 과세관청은 일단 재결기관의 결정이 있은 다음에 동일한 내용의 과세처분(즉 '재처분') 을 하지 못한다(기속력). 그러나 종전의 과세처분과 다른 사실관계를 전제로 하거나 법리구성을 다르게 한 경우에도 이러한 재처분을 하지 못하는가에 관하여는 까다로운 논의가 있다. 아래 제 2 절 II. 1. 3), II. 3. 2).

(4) 행정심판 결정에 대하여 여전히 만족하지 못하는 납세자는 어떻게 해야 하는가? 국세기본법 관련 조문에 정하여진 일정 기간 동안에 불복하지 않으면 어떻게 되는가? 대법원 2004. 7. 8. 선고 2002두11288 판결(사례 6-1) 참조. 과세관청은 행정심판 결정에 대하여 불만이 있더라도 불복할 수 없다. 납세자와 과세관청을 이와 같이 '불평등'하게 취급하는 것은 위헌인가? 정당한가?

III. 감사원 심사청구

[관련법령]
국세기본법 제56조 제 4 항.

(1) 조세심판원이나 국세청장에 심판 또는 심사 청구를 하는 대신 감사원에 심사청구를 낼 수도 있으며, 이 경우에도 다른 전심 절차를 거친 경우와 마찬가지로, 감사원의 결정에 의하여 소기의 성과를 거두지 못한 납세자는 행정[   ]을 할 수 있다. 이와 같이 감사원 심사청구는 사실상으로는 전심 절차의 하나로 기능한다는 점에서 조세심판원에 대한 심판청구나 국세청장에 대한 심사청구와 다를 것이 없으나, 감사원이라는 기관의 성질 상 납세자의 주장이 옳다고 여겨지는 경우에도 감사원은 스스로 처분을 취소할 수 없고 항상 시정을 명하여야만 한다는 점에 차이가 있다. 감사원법 제46조 제 2 항 참조.

IV. 경정청구

1. 경정청구의 요건과 효과

[관련법령]
국세기본법 제45조의2 제 1 항.

(1) 지금까지 살펴본 행정심판 절차에 관한 사항은 '처분'이라는 범주에 속하는 과세관청의 일정한 행위가 있었던 것을 전제로 한다. 그런데 이른바 신고납세 세목이 늘어나고 있는 현 시점에서는 납세자가 일단 과세표준과 세액을 신고 및 납부하였으나 그러한 신고 납부 내용에 잘못이 있었을 때 이를 바로잡고 더 많이 낸 세금을 돌려받을 수 있는 방법이 무엇인지도 문제된다. 국세기본법 제45조의2 제 1 항의 [   ]는 기본적으로 이러한 차원에서 국세기본법이 인정하고 있는 제도이다.

[관련법령]
민법 제741조; 국세기본법 제45조의2 제 1 항.

사례 6-2 대법원 1997. 3. 28. 선고 96다42222 판결

(전 략)

【주 문】

원심판결을 파기하고, 제 1 심 판결을 취소한다. 이 사건 소를 각하한다. 소송총비용은 원고의 부담으로 한다.

【이 유】

피고의 상고이유 제 2 점을 본다.

1. 신고납세방식을 취하고 있는 부가가치세에 있어서는 납세의무자의 확정신고 또는 과세관청의 경정결정에 의하여 납부세액이나 환급세액의 존부 및 범위가 확정되[는]…경우 납세의무자는 국가에 대하여 부당이득반환의 법리에 따라 민사소송으로 이미 확정되어 있는 환급세액의 반환을 구할 수 있다고 할 것이다. 그러나 납세의무자가 당초 신고한 과세표준과 납부세액 또는 환급세액에 누락·오류가 있음을 발견하여 법정신고기간 경과 후 6월 내에 과세표준 등의 감액 수정신고를 한 경우에는 그 수정신고만으로 당초의 신고로 인한 납세의무 또는 환급청구권에 변동을 가져오는 것이 아니라 과세관청이 그 수정신고의 내용을 받아들여 과세표준 등을 감액결정하여야만 그로 인한 납세의무 등에 관한 확정의 효력이 생

기게 되는 것이며, 이 경우 과세관청이 수정신고에 따른 경정을 거부하는 때에는 납세의무
자로서는 행정쟁송의 절차에 따라 그 거부처분을 취소받음으로써 비로소 수정신고로 인한
납세의무 등을 확정할 수 있는 것이므로 위와 같은 절차를 거쳐 환급청구권이 확정되기 전
에는 국가에 대하여 환급세액의 반환을 곧바로 청구할 수는 없는 것이다(당원 1996. 4. 12.
선고 94다34005 판결 참조).

　　기록에 의하면, 원고는 1992. 10. 25. 이 사건 매입세액을 불공제로 한 1992년 제 2 기
예정신고기간분 부가가치세의 예정신고를 하였다가 뒤늦게 그 신고가 잘못된 것을 발견하고
1993. 3. 2. 위 매입세액을 공제하는 것으로 바꾸어 환급세액이 금 318,057,272원이라는 내
용의 수정신고를 하였음을 알 수 있는바, 위 수정신고는 예정신고에 대한 수정신고기간(예
정신고기간 경과 후 3월 내)을 지난 것이긴 하나 그 신고가 확정신고에 대한 수정신고기간
(법정신고기간 경과 후 6월) 내에 이루어진 이상 결국 수정신고로서의 효력은 있다고 할 것
이고, 나아가 이는 환급세액의 증가를 가져오는 일종의 감액 수정신고로서 과세관청이 이에
대하여 원심이 확정한 바와 같이 위 신고내용에 따른 경정을 거부하고 있다면 위 환급청구
권의 존부와 범위가 아직 확정되지 아니한 상태에 있다고 할 것이므로 원고가 그 주장과 같
은 금원의 지급을 구하려면 행정쟁송절차를 통하여 위 경정 거부처분의 위법을 먼저 다투어
야 하고, 이 사건과 같이 피고에 대하여 민사소송으로 위 환급금의 지급을 구할 수는 없는
것이다. 원고의 이 사건 소는 쟁송방법을 잘못 선택한 것으로서 부적법한 것이라고 아니할
수 없다.

　　그럼에도 이와 달리 본안에 나아가 원고의 청구를 인용한 원심판결은 부가가치세 환급
청구권의 확정에 관한 법리 등을 오해하여 판결에 영향을 미친 위법을 저지른 것이라고 아
니할 수 없다.

　　2. 그러므로 나머지 상고이유에 대한 판단을 생략한 채 원심판결을 파기하고 당원이 이
사건을 직접 판결하기로 하여, 원심판결과 마찬가지로 본안에 대하여 판단한 제 1 심 판결
역시 위법함이 명백하므로 이를 취소하고, 위에서 본 이유로 원고의 이 사건 소를 각하하며,
소송총비용은 패소자의 부담으로 하기로 하여 관여 법관의 일치된 의견으로 주문과 같이 판
결한다.

　　대법관　송진훈(재판장) 천경송 지창권(주심) 신성택.

Notes & Questions

(1) 이 판결은 1994년 말에 경정청구 제도가 국세기본법에 들어오기 전에 존재하였던 감액

수정신고에 관한 것이다. 쟁점은 납세자가 기간 내에 적법하게 경정청구(이 판결 당시의 용어로 감액수정신고)를 하였지만 과세관청이 이에 응하지 않는 경우 납세자는 어떻게 해야 하는가이다. 판결이 제시한 구제수단은 무엇인가? 무엇을 어떤 형식으로 구하라는 말인가? 이 판결에서 제시된 논리는 현행법의 경정청구에도 그대로 적용된다. "경정청구에 의하여 곧바로 당초의 신고로 인한 납세의무에 변동을 가져오는 것은 아니고, 과세관청이 이를 받아들여 과세표준 또는 납부세액을 감액[　①　]하여야만 그로 인한 납세의무 확정의 효력이 생기게 되는 것이어서, 만약 과세관청이 그 법정기한 내에 조사, 결정이나 통지를 하지 아니하는 경우에는 납세자로서는 이를 과세관청이 경정청구를 거부한 [　②　]으로 보아 이에 대한 항고소송을 제기하여 그 거부[　②　]을 취소받음으로써 비로소 납세의무를 확정지을 수 있게 되는 것이다." 대법원 2003. 6. 27. 선고 2001두10639 판결. 국세기본법 제45조의2 제 3 항 단서.

(2) 경정청구가 들어오기 전의 감액 수정신고 제도는 그 사유 및 제기기간이 매우 제한되어 있다는 점에 많은 비판이 집중되었고, 따라서 경정청구 제도는 납세자가 과세표준과 세액을 과다하게 신고한 경우에는 일반적으로 이용할 수 있는 것으로 내용이 바뀌었다. 한편 경정청구를 할 수 있는 기간은 최초의 1년에서 2년, 3년을 거쳐 현행법상으로는 [　　]으로 정하여져 있다. 그리고 그 기산점은 [　　] 기한이 경과한 다음 날부터이다.

2. 경정청구의 배타성

사례 6-3　대법원 2002. 11. 22. 선고 2002다46102 판결 (사례 4-4)

[관련조문]
민법 제741조; 국세기본법 제45조의2 제 1 항.

Notes & Questions

(1) 이 판결의 쟁점은 원고의 양도(구체적으로는 공매처분에 의한 소유권 이전)가 [　　]인 경우 원고가 신고납세한 양도소득세를 부당이득으로 반환받을 수 있는가이다.

(2) 이 판결은 일정 요건하에서는 부당이득의 반환을 허용하면서도 구체적으로 이 사건에서는 원고의 청구를 기각하고 있다. 부당이득이 성립하기 위한 요건은 무엇이고 이 사건에서 원고의 청구를 기각한 이유는 무엇인가?

(3) 앞의 대법원 1997. 3. 28. 선고 96다42222 판결(사례 6－2)과 이 판결을 합해서 보면, 납세자가 신고납세 세목의 세금을 잘못 신고납부한 경우 원칙적으로 — 위 (2)에서 이야기한 요건이 갖추어져 있지 않는 한 — 경정청구를 통하여서만 구제받을 수 있다. 이것을 항고쟁송의 배타성이라는 용어에 견주어 '[   ]의 배타성'이라고 부르기도 한다.

3. 과세처분에 대한 경정청구

[관련법령]
국세기본법 제45조의2 제 1 항.

(1) 국세기본법 제45조의2 제 1 항의 규정은 경정청구의 대상에 관하여, 납세자가 신고(또는 수정신고)한 '과세표준 및 세액'의 '결정 또는 경정'을 청구할 수 있다고 정하고 있다. 일반적인 신고납세 세목의 경우에는 신고만으로 과세표준과 세액이 확정되므로 이때에는 과세관청의 결정이 필요하지 않고 납세자는 신고에 의하여 확정된 과세표준과 세액의 [   ]을 청구하게 된다. 그렇다면 '결정'을 청구할 수 있다는 말은 무슨 뜻일까? 가령 [   ]나 증여세는 신고납세를 요구하지만 납세자의 신고가 '과세표준 및 세액'을 확정시키지 않고 과세관청이 다시 이에 대한 결정을 하여야 비로소 확정되므로, 과세표준과 세액의 결정을 청구하여야 한다.

(2) 신고납세후 증액경정 부과처분이 있는 경우 그에 대한 불복방법은 통상 무엇인가? 국세기본법 제55조 제 1 항, 제61조 제 1 항, 제68조 제 1 항. 경정청구도 가능한가? 같은 법률 제45조의2 제 1 항 제 2 문.

(3) 앞의 질문에 나오는 두 가지 불복방법은 어떤 관계에 있는가? 두 가지 불복방법을 굳이 인정할 필요가 있겠는가?

4. 후발적 경정청구

[관련법령]
국세기본법 제45조의2 제 2 항.

사례 6-4 대법원 2014. 1. 29. 선고 2013두18810 판결

【원고, 피상고인】 원고 1 외 4인(소송대리인 법무법인(유한) 율촌 담당변호사 소순무 외 2인)

【피고, 상고인】 성남세무서장 외 1인(소송대리인 정부법무공단 담당변호사 이재락 외 2인)

【원심판결】 서울고법 2013. 6. 28. 선고 2012누21637 판결

【주 문】

상고를 모두 기각한다. 상고비용은 피고들이 부담한다.

【이 유】

상고이유를 판단한다.

1. 국세기본법 제45조의2 제2항은 납세자가 후발적 경정청구를 할 수 있는 사유로 제1호부터 제4호로 '최초의 신고·결정 또는 경정에서 과세표준 및 세액의 계산 근거가 된 거래 또는 행위 등이 그에 관한 소송에 대한 판결에 의하여 다른 것으로 확정되었을 때'(제1호) 등을 규정한 다음, 제5호에서 '제1호부터 제4호까지와 유사한 사유로서 대통령령으로 정하는 사유가 해당 국세의 법정신고기한이 지난 후에 발생하였을 때'를 규정하고 있다. 그리고 그 위임에 따른 국세기본법 시행령 제25조의2는 "법 제45조의2 제2항 제5호에서 '대통령령으로 정하는 사유'란 다음 각 호의 어느 하나에 해당하는 경우를 말한다."고 규정하면서 제1호부터 제3호로 '최초의 신고·결정 또는 경정을 할 때 과세표준 및 세액의 계산 근거가 된 거래 또는 행위 등의 효력과 관계되는 계약이 해제권의 행사에 의하여 해제되거나 해당 계약의 성립 후 발생한 부득이한 사유로 해제되거나 취소된 경우'(제2호) 등을 규정하는 한편, 제4호에서 '그 밖에 제1호부터 제3호까지의 규정에 준하는 사유가 있는 경우'를 들고 있다.

이러한 후발적 경정청구제도는 납세의무 성립 후 일정한 후발적 사유의 발생으로 말미암아 과세표준 및 세액의 산정기초에 변동이 생긴 경우 납세자로 하여금 그 사실을 증명하여 감액을 청구할 수 있도록 함으로써 납세자의 권리구제를 확대하려는 데 있다(대법원 2011. 7. 28. 선고 2009두22379 판결 등 참조).

한편 소득세법상 소득의 귀속시기를 정하는 원칙인 권리확정주의는 소득의 원인이 되는 권리의 확정시기와 소득의 실현시기와의 사이에 시간적 간격이 있는 경우에는 과세상 소득이 실현된 때가 아닌 권리가 확정적으로 발생한 때를 기준으로 하여 그때 소득이 있는 것

으로 보고 당해 과세연도의 소득을 계산하는 방식으로, 실질적으로는 불확실한 소득에 대하여 장래 그것이 실현될 것을 전제로 하여 미리 과세하는 것을 허용하는 것이다. 이러한 권리확정주의는 납세자의 자의에 의하여 과세연도의 소득이 좌우되는 것을 방지함으로써 과세의 공평을 기함과 함께 징세기술상 소득을 획일적으로 파악하려는 데 그 취지가 있을 뿐 소득이 종국적으로 실현되지 아니한 경우에도 그 원인이 되는 권리가 확정적으로 발생한 적이 있기만 하면 무조건 납세의무를 지우겠다는 취지에서 도입된 것이 아니다(대법원 1984. 3. 13. 선고 83누720 판결, 대법원 2003. 12. 26. 선고 2001두7176 판결 등 참조).

위와 같은 후발적 경정청구제도의 취지, 권리확정주의의 의의와 기능 및 한계 등에 비추어 보면, 소득의 원인이 되는 권리가 확정적으로 발생하여 과세요건이 충족됨으로써 일단 납세의무가 성립하였다 하더라도 그 후 일정한 후발적 사유의 발생으로 말미암아 소득이 실현되지 아니하는 것으로 확정됨으로써 당초 성립하였던 납세의무가 그 전제를 잃게 되었다면, 사업소득에서의 대손금과 같이 소득세법이나 관련 법령에서 특정한 후발적 사유의 발생으로 말미암아 실현되지 아니한 소득금액을 그 후발적 사유가 발생한 사업연도의 소득금액에 대한 차감사유로 별도로 규정하고 있다는 등의 특별한 사정이 없는 한 납세자는 국세기본법 제45조의2 제 2 항 등이 규정한 후발적 경정청구를 하여 그 납세의무의 부담에서 벗어날 수 있다고 보아야 한다.

따라서 납세의무의 성립 후 소득의 원인이 된 채권이 채무자의 도산 등으로 인하여 회수불능이 되어 장래 그 소득이 실현될 가능성이 전혀 없게 된 것이 객관적으로 명백하게 되었다면, 이는 국세기본법 시행령 제25조의2 제 2 호에 준하는 사유로서 특별한 사정이 없는 한 국세기본법 시행령 제25조의2 제 4 호가 규정한 후발적 경정청구사유에 해당한다고 봄이 타당하다.

2. 원심판결 이유에 의하면 다음과 같은 사실을 알 수 있다.

① 주택건설사업의 시행사업 등을 영위하던 주식회사 현진(이하 '현진'이라고만 한다)은 2007. 3. 19. 주주총회에서 2006 사업연도[말 현재의] 이익잉여금 중 97억 9,200만 원을 주주인 원고 1, 2, 3 등에게 현금으로 배당하기로 결의하였고, 주택건설업 등 종합건설업 및 그와 관련된 부대사업을 영위하던 현진에버빌 주식회사(이하 '현진에버빌'이라고만 하고, 현진과 통틀어 '소외 회사들'이라 한다)는 2007. 3. 19. 주주총회에서 2006 사업연도[말 현재의] 이익잉여금 중 37억 2,300만 원을, 2008. 3. 25. 주주총회에서 2007 사업연도 이익잉여금 중 74억 4,600만 원을 주주인 원고들에게 현금으로 배당하기로 결의하였다(이하 위 배당 결의에 따라 원고들에게 지급될 배당금을 '이 사건 배당금'이라 한다).

② 현진은 2007. 3.경 이 사건 배당금 중 원고 1, 2, 3에 대한 배당금 전액에 관하여

배당소득세를 원천징수하여 납부하였고, 위 원고들은 2008. 5.경 그 배당금 전액을 배당소득으로 하여 2007년 귀속 종합소득세를 신고·납부하였다.

③ 현진에버빌은 2007. 3.경과 2008. 3.경 이 사건 배당금 중 원고들에 대한 배당금 전액에 관하여 배당소득세를 원천징수하여 납부하였고, 원고들은 2008. 5.경과 2009. 5.경 그 배당금 전액을 배당소득으로 하여 2007년 및 2008년 귀속 종합소득세를 신고·납부하였다.

④ 원고들은 이 사건 배당금 중 원심판결문 [별지]의 '미수령금액'란 기재 금액(이하 '이 사건 미수령 배당금'이라 한다)을 소외 회사들로부터 지급받지 못하였는데, 소외 회사들은 2006년 이후 부동산규제 정책에 따른 건설경기 침체와 2008년 하반기부터 시작된 세계적인 금융위기의 충격에 따른 아파트 미분양 사태 등이 이어지면서 영업수지 악화와 이자 부담의 급격한 증가 등을 견디지 못하고 2009. 9.경 모두 부도처리 되었다.

⑤ 현진은 2009. 9. 16. 서울중앙지방법원에 회생절차개시신청을 하여 2009. 10. 15. 그 개시결정을 받았고, 2010. 9. 7.에는 회생계획이 인가되었는데, 위 회생계획에서는 주주인 원고 1, 3의 배당금채권을 전부 면제하는 것으로 규정하였다.

⑥ 현진에버빌도 2009. 9. 16. 서울중앙지방법원에 회생절차개시신청을 하여 2009. 10. 15. 그 개시결정을 받았으나, 2010. 1. 25. 청산가치가 계속기업가치보다 크다는 이유로 회생절차 폐지결정을 받고 2010. 2. 9. 파산선고를 받았다. 현진에버빌의 2010. 2. 8. 현재 대차대조표상 자산총액은 2,658억 원 정도였으나 환가 가능성을 고려하여 재평가한 향후 환가 가능한 총자산은 241억 원 정도에 불과하였다. 그에 비하여 파산선고 이후 신고 및 시인된 현진에버빌의 부채는 원고들에게 미지급된 배당금을 포함하여 6,518억 원 정도이고, 그 중 근저당권 등 담보권이 설정된 채권은 50억 원 정도이며, 조세채권은 305억 원 정도였다.

3. 이러한 사실관계를 앞서 본 법리에 비추어 살펴보면, 이 사건 배당금에 대한 배당결의에 따라 원고들의 이 사건 미수령 배당금에 대한 권리가 확정적으로 발생하였다고 하더라도 그 후 이 사건 미수령 배당금채권은 소외 회사들의 도산 등으로 인하여 회수불능이 되어 장래 그 소득이 실현될 가능성이 전혀 없게 된 것이 객관적으로 명백하고, 이는 국세기본법 시행령 제25조의2 제 2 호에 준하는 사유로서 국세기본법 시행령 제25조의2 제 4 호가 규정한 후발적 경정청구사유에 해당한다. 따라서 이 사건 미수령 배당금채권의 회수불능을 이유로 한 원고들의 경정청구를 거부한 피고들의 이 사건 각 처분은 위법하다.

4. 원심판결에는 그 이유 설시에 일부 미흡한 점은 있지만, 원고들의 경정청구를 거부한 피고들의 이 사건 각 처분이 위법하다고 본 결론은 정당하고, 거기에 상고이유 주장과 같이 권리확정주의나 후발적 경정청구사유 등에 관한 법리를 오해하여 판결에 영향을 미친 위법이 없다.

5. 그러므로 상고를 모두 기각하고 상고비용은 패소자들이 부담하도록 하여 관여 대법관의 일치된 의견으로 주문과 같이 판결한다.

대법관 박병대(재판장) 양창수 고영한 김창석(주심).

Notes & Questions

(1) 원고들은 배당금 지급결의는 있었지만 아직 실제로 돈을 받지 못한 상태에서 앞으로 받을 배당금을 2007년분 소득으로 신고납세하고 그 뒤 국세기본법 제45조의2 제 1 항의 기간이 지난 뒤에 후발적 경정청구를 한 것으로 보인다. 아직 돈도 받지 못한 배당금이 2007년분의 소득이 되는 이유는 무엇인가?

(2) 이 판결의 쟁점은 배당금 지급의무를 지는 회사의 회생계획 인가나 파산이, 법령에 명문규정이 없더라도 원고들에게 후발적 경정청구 사유가 되는가이다. 답은 무엇이고 그렇게 판시한 이유는 무엇인가?

(3) 대법원 2006. 1. 26. 선고 2005두7006 판결은 후발적 경정청구 사유가 있으면 부과제척기간이 지났더라도 경정청구가 가능하다고 판시하고 있다. "최초에 신고하거나 결정 또는 경정한 과세표준 및 세액의 계산근거가 된 거래 또는 행위 등에 대하여 분쟁이 생겨 그에 관한 판결에 의하여 다른 것으로 확정된 때에는, 납세의무자는 국세부과권의 제척기간이 경과한 후라도 국세기본법 제45조의2 제 2 항 제 1 호의 규정에 따른 경정청구를 할 수 있다". 이 판결과 2013두18810 판결(사례 6 - 4)을 합하면, 제척기간이 지나면 감액경정(결정)도 불가능하다는 대법원 1994. 8. 26. 선고 94다3667 판결 등에는 어떤 의미가 남는가?

(4) "법인세에서도 구 국세기본법 시행령 제25조의2 제 2 호에서 정한 '해제권의 행사나 부득이한 사유로 인한 계약의 해제'는 원칙적으로 후발적 경정청구사유가 된다고 할 것이다. 다만 법인세법이나 관련 규정에서 일정한 계약의 해제에 대하여 그로 말미암아 실현되지 아니한 소득금액을 그 해제일이 속하는 사업연도의 소득금액에 대한 차감사유 등으로 별도로 규정하고 있거나 경상적·반복적으로 발생하는 상품판매계약 등의 해제에 대하여 납세의무자가 기업회계의 기준이나 관행에 따라 그 해제일이 속한 사업연도의 소득금액을 차감하는 방식으로 법인세를 신고하여 왔다는 등의 특별한 사정이 있는 경우에는 그러한 계약의 해제는 당초 성립하였던 납세의무에 영향을 미칠 수 없으므로 후발적 경정청구사유가 될 수 없다." 대법원 2014. 3. 13. 선고 2012두10611 판결.

(5) 수뢰액 등 [①]소득에 대한 납세의무가 일단 성립하였지만 그 뒤 [②]나 추징을 당하면 후발적 경정청구가 가능하다. 대법원 2015.7.16. 선고 2014구5514 판결.

5. 증액수정신고와 기한 후 신고

[관련법령]

국세기본법 제22조의2, 제45조, 제45조의3.

(1) 지금까지는 보았듯 과세표준과 세액을 납세자가 과다하게 신고한 경우 경정청구를 할 수 있다. 반대로 과세표준과 세액을 과소하게 신고한 경우에는 (증액)수정신고를 할 수 있으며, 전혀 신고하지 않은 경우에는 기한 후 신고를 할 수 있다. 두 경우 모두 일정한 범위에서 [①] 감면의 효과가 생긴다. 전자의 경우에는 과세표준과 세액을 확정하는 효과가 있으나 후자의 경우에는 과세관청이 기한 후 신고를 받아 과세표준과 세액을 [②] 한다.

6. 근로소득자 등의 경정청구

원천징수와 관련된 경정청구에 관하여는 이 책 제 5 장 제 6 절 참조.

제 2 절   소   송

Ⅰ. 세금소송의 틀

(1) 세금과 관련된 분쟁은 국가와 납세자 사이에 발생하는데, 이러한 분쟁 역시 궁극적으로는 법원에서 맡는다. 따라서 과세처분을 받거나 경정청구 거부처분을 받으면 납세자는 행정심판 단계를 거쳐 국가에 행정소송을 제기함으로써 최종적으로 권리구제를 받을 수 있다. 물론 행정심판 단계에서 구제를 받을 경우 국가는 이러한 결정에 불복할 수 없으므로 행정소송 단계까지 거칠 필요는 없다.

(2) 이와 같이 세금과 관련된 소송은 납세의무자의 주도에 따라 절차가 개시되고 조세채권자인 국가가 먼저 소송을 제기하는 경우란 사해행위취소소송 등 징수 단계에서의 몇몇 특수한 유형의 소송을 제외하고는 없다. 이런 점에서 대부분 채권자의 주도로 쟁송절

차가 시작하는 민사소송과 다르다. 왜 그런가?

(3) 납세자가 소송을 제기하는 경우 가능한 소송의 형태로는 어떤 경우에 어떤 것이 있을 수 있을까?

Ⅱ. 행정소송

1. 행정처분의 단위와 소송물

1) 소송물: 총액주의 v. 쟁점주의

[관련법령]

행정소송법 제 8 조; 민사소송법 제262조.

사례 6-5 대법원 1992. 9. 22. 선고 91누13205 판결

【원고, 피상고인】 롯데알미늄주식회사 소송대리인 변호사 강해룡

【피고, 상고인】 관악세무서장

【환송판결】 대법원 1989. 12. 22. 선고 89누46 판결

【원심판결】 서울고등법원 1991. 11. 13. 선고 90구2583 판결

【주   문】

원심판결을 파기하고 사건을 서울고등법원에 환송한다.

【이   유】

피고소송수행자의 상고이유를 본다.

1. 저가양도 부분에 관하여

(가) 원심은 그 채택한 증거들에 의하여, 원고는 알미늄박 제조 및 동 제품가공판매업 등을 주업으로 하는 외국투자법인으로서 1982. 5. 27. 그룹사인 소외 주식회사 롯데주조(이하 '롯데주조'라 한다)의 신주발행시 실권주 500,000주(이하 '이 사건 주식'이라 한다)를 1주당 액면가액인 금 1,000원씩 인수하였다가 1983. 12. 31. 소외 롯데칠성음료주식회사(이하 '롯데칠성'이라 한다)에 이를 1주당 금 240원씩 합계 금 120,000,000원에 양도하고 그 차액금 380,000,000원을 1983. 사업년도의 손금으로 계상한 사실, 이에 피고는 이 사건 주식양도 당시의 1주당 시가도 액면가액인 금 1,000원으로 봄이 타당하므로 이 사건 주식의 양도는

원고가 출자자 등에게 자산을 시가에 미달하게 양도한 때에 해당된다고 보고 법인세법 제20조, 같은법 시행령 제46조 제 1 항 제 1 호, 제 2 항 제 4 호[1]를 적용하여 원고가 손금으로 계상한 위 주식처분손 금380,000,000원을 손금불산입하고 법인소득금액계산상 익금에 산입하여 1987. 4. 20. 이 사건 부과처분을 한 사실, 원고는 이 사건 주식을 롯데칠성에 양도함에 있어 공인회계사인 이경우가 위 양도 당시의 이 사건 주식가액으로 평가한 1주당 금 240.76원을 기준으로 이 사건 주식을 1주당 금 240원씩 양도한 사실 및 롯데주조는 기타 재제주의 주류제조면허를 가지고 있는데 위 이 경우는 이 사건 주식가액평가를 위하여 롯데주조의 순자산가액을 산정함에 있어 재산적 가치를 현실적으로 부인할 수 없는 위 주류제조면허가액을 포함시키지 않은 사실 등을 인정한 후, 나아가 위 이경우가 이 사건 주식을 평가함에 있어 롯데주조의 순자산가액에 위 주류제조면허가액을 포함시키지 않아 원고의 이 사건 주식의 양도가액이 정당한 시가에 따른 것이라고 보기는 어렵다 할 것이나, 한편 저가양도의 판정기준이 되는 시가에 대한 입증책임은 과세관청인 피고에게 있다 할 것인데 피고가 이 사건 주식의 시가로 내세우는 원고의 위 주식인수가액(액면가액)은 청약인과 회사 사이의 사원관계 발생을 목적으로 하는 신주인수의 법률적 성질이나 이 사건 주식의 양도가 신주인수 후 1년 이상의 기간이 경과한 뒤에 이루어진 점 등에 비추어 위 양도 당시의 시가라고 볼 수 없고 달리 피고가 위 주류제조면허가액을 포함한 이 사건 주식의 정당한 가액에 대하여 아무런 입증을 하지 않고 있으므로 결국 취득가액인 액면가액을 정당한 시가라고 보고 한 이 사건 처분은 위법하다고 판시하였다.

(나) 법인세법 제20조는 정부는 대통령령이 정하는 바에 의하여 내국법인의 행위 또는 소득금액의 계산이 대통령령이 정하는 특수관계 있는 자와의 거래에 있어서 그 법인의 소득에 대한 조세의 부담을 부당히 감소시킨 것으로 인정되는 경우에는 그 법인의 행위 또는 소득금액의 계산에 불구하고 그 법인의 각 사업년도의 소득금액을 계산할 수 있다고 규정하고 있고, 같은법 시행령 제46조 제 1 항, 제 2 항 제 4 호는 위 조세의 부담을 부당히 감소시킨 것으로 인정되는 경우의 하나로 출자자 등에게 자산을 시가에 미달하게 양도한 때를 들고 있으며, 같은법 시행규칙 제16조의2(1986. 3. 31. 재무부령 제1671호로 개정되기 전의 것) 단서는 법인세법 시행령 제46조의 규정 등을 적용함에 있어서 증권거래소에 상장되지 아니한 주식은 …그 시가에 의하되 시가를 산정하기 어려운 때에는 보충적 평가방법으로 규정된 같은 조 제 4 항(1990. 5. 1. 대통령령 제12993호로 같은 조 제 5 항으로 변경되기 전의 것) 각호의 규정에 따라 평가하여야 할 것이다.

---

1) 현행 법인세법상으로는 시행령 제88조 제 1 항 제 3 호에 해당한다(저자 주).

㈐ 이 사건에서 문제된 롯데주조의 주류제조면허에 대한 재산적 가치를 현실적으로 부인할 수 없는 것이고 위 이경우가 이 사건 주식의 평가를 위하여 롯데주조의 순자산가액을 산정함에 있어서 위 주류제조면허가액을 포함시키지 않았음은 원심이 판시한 바와 같으나 한편 기록상 이 사건 주류제조면허가액을 확인할 수 있는 자료를 찾아볼 수 없음은 물론 감정기관에 의한 가액평가 역시 불가능한 것으로 나타나 이는 결국 위 상속세법시행령 제 5 조 제 1 항 소정의 시가를 산정하기 어려운 때에 해당되는 것으로 인정되고 따라서 그 가액평가는 상속세법시행령…의 평가산식에 의할 수밖에 없다 할 것인데…그에 따른 위 주류제조면허의 평가가액은 없게 됨을 알 수 있다.

그렇다면 달리 공신력 있는 감정기관으로 볼 수 있는 위 이경우가 평가한 이 사건 주식의 평가가액이 잘못되었다고 볼 자료가 없는 이 사건에 있어서 그 평가가액에 기초한 이 사건 주식의 양도가액은 정당한 가액으로 볼 것이므로 원고의 이 사건 주식양도를 저가양도로 보아 과세한 피고의 이 사건 과세처분은 이 점에서는 위법하다고 할 것이다.

㈑ 원심이 이 사건 주식의 가액평가에 관한 위 증거판단을 빠트린 채 저가양도의 판정기준이 되는 시가에 대한 입증책임이 과세관청인 피고에게 있다는 점만을 이유로 저가양도에 관한 피고의 주장을 배척한 것은 잘못된 것이라 할 것이나 저가양도가 아니라고 본 판시결론은 결국 정당하므로 이 점에 관한 상고논지는 이유 없음에 돌아간다.

2. 고가매입부분에 관하여

㈎ 조세소송의 목적물은 과세관청이 결정한 소득금액[2]의 존부라고 할 것이므로 과세관청으로서는 그 처분의 동일성을 해하지 아니하는 범위 내에서 과세처분취소소송의 변론종결시까지 당해 과세처분에서 인정한 과세표준액 등이 객관적으로 존재함을 긍인하게 할 모든 주장과 자료를 제출할 수 있다고 할 것인바, 법인이 그 보유주식을 처분하고 그 처분손실액을 처분한 사업년도의 손비로 계상한 것에 대하여 과세관청이 이를 법인세법 소정의 저가양도에 해당한다고 보아 부당행위계산부인규정에 따라 손금부인하여 과세처분을 한 경우 그 과세처분취소소송에서 위 주식양도가 저가양도에 해당하지 않는다면 그 매입이 고가매입에 해당한다고 주장을 변경하였더라도 고가매입이거나 저가양도이거나간에 그 처분손실액의 부인을 통한 법인세 자체의 귀속사업년도는 달라진다고 볼 수 없고…피고의 위 주장변경은…처분내용의 동일성을 해한다고 볼 수 없어 허용되어야 할 것이다.

㈏ 기록을 살펴보면 피고는 원심 제 2 차 변론기일에 진술한 1988. 7. 8.자 준비서면 및 제 6 차 변론기일에 진술한 1988. 10. 14.자 준비서면에서 원고가 이 사건 주식을 액면가액

---

2) 여기서 '소득금액의 존부'라는 표현은 다른 세목까지 고려할 경우 '세액의 존부'라고 일반화할 수 있다(저자 주).

으로 인수한 것은 고가매입에 해당한다는 취지의 주장을 분명하게 한 바 있고, 또한 위에서 본 바와 같이 원고의 이 사건 주식양도가액이 법령에 따른 평가액에 기초한 것으로서 정당한 가액으로 인정된다면 그 차액의 범위나 보유기간 등에 비추어 다른 특별한 사정이 없는 한 원고의 위 주식인수가액은 시가 내지는 정상가격을 초과한 가격으로 보여지므로 원심으로서는 모름지기 롯데주조와 원고가 위 시행령 소정의 특수관계자에 해당하는지의 여부를 비롯한 위 초과액의 범위에 관하여 심리·판단하였어야 할 것이다.

(대) 원심판결에는 위 고가매입과 관련된 피고의 주장에 대한 판단을 유탈한 위법이 있다고 할 것이고 이는 판결결과에 영향을 미쳤다고 할 것이므로 원심판결은 이 점에서 그대로 유지될 수 없고 이 점을 지적하는 상고논지는 이유 있다.

3. 그러므로 원심판결을 파기하고 사건을 원심법원에 환송하기로 하여 관여 법관의 일치된 의견으로 주문과 같이 판결한다.

　　대법관　이회창(재판장) 배만운 김석수 최종영.

<hr />

Notes & Questions

(1) 이 판결의 사실관계 및 관련 실체법을 보자. 원고는 1982년에 합계 5억원을 주고 산 주식을 1983년에 1억2천만원에 처분하면서 처분손실 3억8천만원을 손금산입하였다. 처분청이 이 처분손실을 부인하려 하는 경우 그 논리는 처분한 가격이 시가보다 낮다는 점(이른바 '저가양도')일 수도 있고, 아니면 취득가격이 시가보다 높다는 점(이른바 '고가매입')일 수도 있다. 저가양도를 주장할 경우에는 납세자가 실제 양도한 가격은 1억 2천만원이지만 시가인 5억원에 양도했다고 보아 처분손실을 3억 8천만원만큼 줄인다.[3] 고가매입의 경우에는 실제 취득가격은 5억원이지만 시가 1억 2천만원에 취득한 것으로 보아 역시 처분손실을 3억 8천만원만큼 줄인다.[4] 두 주장 중 어느 쪽이 인정되더라도 해당 자산이 처분된 사업연도에 발생한 처분손실을 부인하고 따라서 납세자의 세부담은 그만큼 늘어나게 된다. 어느 쪽이든 시가와 거래가액(고가취득가액이나 저가양도가액)과의 차액은 상대방이 누구인가에 따라서 배당이나 상여 등으로 소득처분하거나 기부금

---

3) 분개로 표시한다면 1982년에 (주식 500, 현금 500), 1983년에 (현금 120 + 처분손 380, 주식 500)이라는 원고의 소득계산에서 1983년의 처분손을 배당금 내지 비지정기부금이라는 손금불산입 항목으로 바꾸는 것이다.

4) 분개로 표시한다면 원고의 1982년 소득계산을 (주식 120 + 배당금 내지 비지정기부금 380, 현금 500)으로 바꾸고 1983년 소득계산을 (현금 120, 주식 120)으로 바꾸는 것이다. 결과적으로 원고가 계산한 1983년의 처분손 380이 없어지는 점은 같다.

(손금불산입대상)으로 보게 된다. 법인세법 제67조, 제24조. 제13장 제 3 절.

(2) 이 판결의 쟁점은 1983년에 저가양도가 있었다는 이유로 법인세 부과처분을 한 뒤 그에
대한 소송과정에서 저가양도가 아니라는 사실이 밝혀지자 그 대신 1982년에 고가매입
이 있었다는 새로운 사실을 주장하는 것이 1983년분 법인세 부과처분의 취소소송에서
공격방어방법으로서 적법한가 아니면 심리범위를 벗어나는 주장인가이다.

(i) 민사소송이나 일반 행정소송과 마찬가지로 조세소송에서도 '소송물'이라는 개념이
통용되고 있고 조세소송에서도 소송물의 범위를 정할 필요가 있다. 한편 실무에서는 소
송물의 범위를 정하는 출발점으로 '과세단위'라는 개념도 흔히 쓰고 있다.('과세단위'라
는 말은 과세의 주관적·인적단위 내지 납세의무자의 단위라는 뜻으로도 쓰이지만5) 여
기에서는 과세의 객관적 단위 곧 과세물건이나 조세채무의 단위라는 뜻이다.) 소송물이
라는 말이나 마찬가지로 이 개념도 실정법상의 개념은 아니고 소송물과 어떻게 구별되
는 것인지도 반드시 분명하지는 않다. 다만 소송물의 범위가 이러한 '과세단위'보다 더
넓어질 수 없다는 점은 분명해 보인다.

(ii) 과세단위나 소송물이나 모두 이론상의 필요에 따른 개념이다. 통상 세목이 다르면
과세단위나 소송물이 다르다고 보고, 기간과세 세목이라면 과세기간이 달라도 역시 과
세단위나 소송물이 다르다고 본다. 그 밖의 경우 과세단위나 소송물이 어떻게 정하여지
는가 하는 점은 반드시 분명하지는 않고 논란의 소지가 있을 수 있다.

(iii) 91누13205 판결이 원심을 파기한 절차적인 이유는 판단유탈이다. 무엇에 관한 판
단을 유탈했다는 것인가? 이 사건에서 과세관청은 원심에서 처음에는 저가양도를 주장
하다가 중간에 고가매입으로 주장 내용을 바꾸었는데, 원심은 저가양도가 아니라고 판
단한 뒤 고가매입인지는 아예 심리하지 않았다는 것이다. 고가매입인지를 원심이 판단
하지 않은 이유는 무엇일까? 이 사건에서 과세관청이 제시한 저가양도의 주장과 고가매
입의 주장은 동일한 소송물 내에서의 주장인가, 아니면 소송물이 달라지는 주장인가?
바꾸어 말하면 과세관청이 저가양도에서 고가매입으로 주장을 변경한 것은 소송법적으
로 이른바 '공격방어방법의 변경'인가, 아니면 '청구의 변경'을 전제로 해야 가능한 주장
인가? 청구의 변경이라면 어떠한 절차가 필요한가? 이 사건에서 과세관청은 고가매입으
로 주장을 변경하기 위하여 실제로 어떠한 절차를 거쳤는가?

(iv) 원처분의 사유는 1983년에 주식을 저가양도했다는 것이다. 그렇다면 원처분을 다
투는 쟁송의 소송물은 과연 1983년에 저가양도가 있었는가라는 특정한 쟁점이라는 생

---

5) 예컨대 뒤에 볼 대법원 1981. 6. 9. 선고 80누545 판결(사례 7-3) 등.

각을 할 수 있다. 이런 생각을 [①]주의라고 부른다. [①]주의에서는 고가매입
여부는 이 소송물의 범위 밖이 된다.

(ⅴ) 91누13205 판결(사례 6-5)에서는 과세관청이 이 사건 주식이 3억 8천만원만큼
저가양도되었다는 이유로 가령 1억 1,400만원의 법인세를 부과하였고 소송절차에서 저
가양도가 아니었다는 사실이 밝혀졌다. 그렇지만 고가매입이라는 다른 사실로 원고가
1983년분 소득을 부족하게 신고한 금액이 3억 8천만원 이상이라는 사실이 밝혀졌지만
원심은 이 주장을 심리하지 않았고, 처분청은 이를 문제삼아 상고이유로 삼았다. 대법원
은 무엇이라고 하는가? 원처분의 사유인 저가양도와 전혀 다른 주장인 고가매입 여부
를 판단했어야 한다는 결론은 이 사건 소송물의 범위가 저가양도 여부보다는 크다는
것을 당연히 전제한다. 대법원은 이 사건에서 소송물(조세소송의 목적물)을 '과세관
청이 결정한 [①]금액의 [②]', 한결 더 일반화하자면 '과세관청이 결정한 세액의
[②]'라고 한다. 구체적으로 이 사건의 소송물은, 법원에 현출된 자료로 판단할 때
과세관청이 결정한 1983년분 소득금액 3억 8천만원이나 1983년분 세액 1억 1,400만원
이 정당화되는가라는 것이다. 그렇다면 1983년분 법인세에 영향을 주는 주장은 무엇이
든 같은 소송물의 범위 안에 있게 된다. 이런 생각을 [③]주의라고 부른다.

(ⅵ) 역으로 어떤 사실이든 과세관청이 결정한 세액이 법에 따라 신고할 세액보다 많다
는 사실, 가령 이 사건 주식과 전혀 무관한 비용누락액이 3억 8천만원 이상 있다는 사
실이 소송계속중 드러났다고 하자. 이 판결에 따르자면 애초의 과세처분 가운데 그만큼
은 취소해야 논리의 앞뒤가 맞는다.

(3) 총액주의, 곧 조세소송의 소송물이란 특정 과세처분에 의하여 부과된 세액의 납세의무
가 세법상 실제로 존재하는지 여부라는 이론이 소송법과 관련된 모든 구체적인 쟁점에
서 반드시 관철되지는 않는다. 이 점에 관하여는 뒤에서 다시 살펴보도록 한다.

(4) 끝으로 한 가지만 더 생각하여 보자. (2) 항에서는 조세소송에서의 다툼의 대상이 '과세
관청이 결정한 세액의 존부'라고 설명하였다. 이는 심리의 결과 또는 심리의 과정에서
혹시 과세관청이 결정한 세액 이상의 세액이 존재한다는 점이 드러난다고 하더라도, 법
원이 '과세관청이 결정한 세액' 이상의 세액이 존재한다는 점을 판결로써 확정할 수는
없다는 점을 가리킨다. 왜 그런가? 이와 달리 미국의 조세법원에서는 과세관청이 결정
한 것보다 더 많은 세액을 판결로써 확정하기도 한다. 이 차이는 어디에서 올까?

2) 소송물의 단위와 행정처분의 단위

[관련법령]

국세기본법 제56조 제 2 항.

사례 6-6 대법원 1992. 8. 14. 선고 91누13229 판결

【원고, 상고인 겸 피상고인】한성기업 주식회사 소송대리인 변호사 김홍근

【피고, 피상고인 겸 상고인】영도세무서장

【원심판결】부산고등법원 1991. 11. 8. 선고 91구2014 판결

【주 문】

원심판결 중 원고패소부분을 파기하고 이 부분 사건을 부산고등법원에 환송한다.

피고의 상고를 기각한다.

상고기각부분의 상고비용은 피고의 부담으로 한다.

【이 유】

상고이유를 본다.

1. 피고소송수행자의 상고이유에 대하여

(1) 과세처분이 있은 후에 증액경정처분이 있으면 당초의 과세처분은 경정처분에 흡수되어 독립적인 존재가치를 상실하므로 전심절차의 경유 여부도 그 경정처분을 기준으로 판단하여야 할 것이지만, 그 위법사유가 공통된 경우에는 당초의 과세처분에 대하여 적법한 전심절차를 거친 이상 전심기관으로 하여금 기본적 사실관계와 법률문제에 대하여 다시 검토할 수 있는 기회를 부여하였다고 볼 수 있을 뿐만 아니라, 납세의무자에게 굳이 같은 사유로 증액경정처분에 대하여 별도의 전심절차를 거치게 하는 것은 가혹하므로 납세의무자는 그 경정처분에 대하여 다시 전심절차를 거치지 아니하고도 취소를 구하는 행정소송을 제기할 수 있다고 할 것이다(당원 1990. 10. 12. 선고 90누2383 판결; 1990. 8. 28. 선고 90누1892 판결 각 참조).

기록에 의하면, 이 사건 재경정처분은 원고가 이미 적법한 전심절차를 거친 1990. 8. 21.자 증액경정처분에 의한 세액을 다시 증액한 재경정처분으로서 이 사건 선박의 자가공급에 따라 그 가액을 과세표준에 산입하는 것을 내용으로 하고 있는 점에서 경정처분의 내용과 공통되고, 그에 대하여 원고가 내세우는 위법사유도 공통됨을 알 수 있으니, 이 사건 재경정처분에 대하여 별도의 전심절차를 거치지 아니하고도 그 취소를 구할 수 있다고 할 것이므로, 같은 취지의 원심판단은 정당하고, 거기에 소론과 같은 심리미진이나 법리오해의

위법이 없다.

(2) (생 략)

(3) 앞서 본 바와 같이 증액경정처분의 경우에는 선행 과세처분이 그 경정처분에 흡수되어 독립적인 존재를 상실하므로 취소대상인 처분도 그 경정처분으로 특정하여야 할 것인바, 이 사건 과세처분은 1990. 8. 21자 증액 경정처분에 대한 1991. 2. 5.자 증액 재경정처분임에도 불구하고, 원심은 원고의 잘못된 청구취지를 바로 잡지 아니한 채, 위 증액경정처분의 일부와 증액재경정처분의 전부를 취소한다고 판결하였으니, 원심판결에는 증액경정처분의 법리를 오해한 위법이 있다고 하겠으나, 과세처분 취소소송의 소송물은 당해 과세처분에 의한 세액의 객관적 존부이고, 원심판결의 취지는 이 사건 증액재경정처분에 의한 세액 중 원심이 인정한 세액을 초과하는 부분을 취소하는 취지로 못볼 바 아니어서 원심판결의 위와 같은 법리오해가 판결의 결과에까지 영향을 미친 것은 아니라고 할 것이다. 결국 피고의 상고논지는 모두 이유 없다.

2. 원고소송대리인의 상고이유에 대하여

(생 략)

3. 그러므로 피고의 상고는 이유 없어 이를 기각하고, 이 부분 상고비용은 패소자인 피고의 부담으로 하며 원고의 상고는 이유 있어 원심판결 중 원고의 패소부분을 파기하고, 원심으로 하여금 다시 심리하도록 하기 위하여 위 부분의 사건을 원심법원으로 환송하기로 관여 법관의 의견이 일치되어 주문과 같이 판결한다.

대법관 박만호(재판장) 박우동 김상원 윤영철.

Notes & Questions

(1) 판결문 1.(3) 부분의 쟁점부터 보자. 원고에 대한 과세처분을 보면, 특정년도분(판결문에는 없지만 1989년 2기분이라고 하자) 부가가치세 납세의무에 관해 당초의 과세처분(또는 신고납세)이 있었고 그 뒤 1990. 8. 21.에 증액경정처분이 있었고 다시 1991. 2. 5.에 증액재경정처분이 있었다. 원고는 청구취지(＝원고가 전부승소한다고 하는 경우의 판결주문)에서 무엇의 취소를 구해야 하는가, 곧 취소대상인 처분은 어떻게 특정해야 하는가?

(i) 감액경정처분의 경우에는 특별한 문제가 없고, 감액경정처분 이후에도 계속 남아 있는 세액의 존부를 다투는 것으로 이해하면 그것으로 충분하다. 과세관청이 당초 1990년 4월 1일에 100원의 세액을 부과하는 처분을 하였다가 같은 해 8월 1일에 세액을 50

원만큼 감액하는 내용의 경정처분을 하였다면, 납세자는 1990년 4월 1일에 내려진 과세처분 중 감액되지 않고 남아 있는 50원 상당 부분만을 다투는 것으로 되고, 법원 역시 이를 전제로 하여 판단을 내리게 된다.

(ii) 문제는 증액경정처분이다. 이 사건에서 당초의 과세처분(편의상 1990. 4. 1. 부과한 1989년 2기분 세액이 100원이라고 하자) 뒤에 1990. 8. 21. 증액경정처분(가령 30원)이 있고 다시 1991. 2. 5. 증액재경정처분(가령 20원)이 있었고 법원의 최종적 판단에 따를 때 1989년 2기분의 정당한 세액은 110원이라고 하자. 원심의 판결주문은 [　①　]처분의 전부와 [　②　]처분 중 일부를 취소한다고 적고 있다. 이와 달리 대법원은 취소대상인 처분은 [　①　]처분으로 특정해야 한다고 판시하였다. 소장이나 판결주문에서 쟁송대상이 되는 행정처분은 두 개가 병존하는가 또는 처분이 하나뿐인가? 총액주의를 따른다면 두 처분 사이의 관계, 또 신고납세와 두 처분 사이의 관계는 어떻게 설명해야 하는가? 대법원의 판시에 따른다면 판결주문은 "피고가 [　날짜　] 원고에 대하여 한 1989년 제 2 기분 부가가치세 [　③　]원의 부과처분중 금[　④　]원을 넘는 부분은 이를 취소한다"가 되어야 할 것이다.

(2) 증액경정처분과 재증액경정처분을 각각 한 개의 처분이라고 보는 쟁점주의와 신고까지 셋을 합친 한 개의 처분만 있다고 보는 총액주의 사이에 구체적으로 어떤 차이가 생길 수 있을까? 이 판결의 사실관계와는 다르지만 가령 증액경정처분은 A사유에 의한 것이고 증액재경정처분은 B사유에 의한 것이라고 하자. 쟁점주의에서는 개개의 '쟁점'이 소송물을 이루는 것이기 때문에 각각 처분의 사유를 달리하는 당초처분과 증액 경정처분은 별개의 것으로서 서로 [　⑤　]하게 된다. 이를 [　⑤　]설이라 부른다. 반대로 총액주의에서는 다툼의 대상이 1989년 2기분 세액이 150원(또는 신고 및 자진납세 부족액이 50원)인가이고, 따라서 취소의 대상은 증액재경정처분으로 특정하게 되고 이 판결의 표현을 빌면 '증액경정처분의 경우에는 선행 과세처분이 그 경정처분에 [　⑥　]'된다. 이를 [　⑥　]설이라 부른다.

(3) 두 번째로 91누13229 판결(사례 6−6)의 1.(1) 부분에 관련하여, 원고의 청구가 전심절차를 거치지 않았다는 이유로 부적법 [　　]되어야 하는가라는 쟁점을 생각해보자. 원고는 증액경정처분에 대해서는 전심절차를 거쳤지만 증액재경정처분에 대해서는 따로 전심절차를 거치지 않은 채 취소의 소를 법원에 바로 내었다.

(i) 흡수설의 논리를 따른다면 원고는 취소대상인 처분에 대한 전심절차를 거친 것인가?

(ii) 원고가 바로 출소할 수 있다는 이유는 무엇인가?

(4) 위 (1)(ii)의 사실관계를 약간 바꾸어 원고가 1990. 4. 1.의 과세처분(A사유)에 대한 불복기간을 도과했고 그 뒤 증액경정처분(B사유)이 있다고 하자.
 (i) 원고가 증액경정처분을 다투면서 A사유를 다툴 수 있는가? 91누13229 판결(사례 6-6)의 흡수설을 일관한다면 어떤 결론이 나오는가? 쟁점주의에 의한다면 어떤 결론이 나오는가?
 (ii) 이 사건처럼 구체적 선박이 어느 것인가라는 점에서는 사실관계에 차이가 있더라도 자가공급이 과세표준에 포함되는가라는 법률문제로서는 사유가 공통된다면 앞의 결론은 달라지는가?
 (iii) 절차 문제로 4월 1일자 과세처분에 이미 불가쟁력이 생겼다는 사실은 어떤 영향을 미치는가?
 (iv) 만약 당초처분의 금액은 10억원이지만, 증액 경정처분의 금액은 50만원이나 100만원 정도에 지나지 않는다면 이러한 결과가 정당화될 수 있는가?

(5) 앞의 (4)에서 얻어지는 결과를 감안하여 뒤늦게 생긴 규정이 국세기본법 제22조의3이다. 이 법조 제2항은 감액경정청구에 적용되는 규정으로 기존의 소송물 이론과 어긋날 바 없다. 제1항은 병존설을 입법한 것인가? 그렇다면 기존의 총액주의 이론과의 관계는 어떻게 되는 것인가? 다음 판례를 보자.

[관련법령]
국세기본법 제22조의2.

사례 6-7   대법원 2012. 3. 29. 선고 2011두4855 판결

【원고, 상고인】주식회사 케이피케미칼(소송대리인 법무법인(유한) 율촌 담당변호사 소순무 외 6인)
【피고, 피상고인】울산세무서장
【원심판결】부산고법 2011. 1. 14. 선고 2010누4414 판결
【주   문】
 원심판결의 원고 패소 부분 중 2004 사업연도 법인세 부과처분에 관한 부분을 파기하고, 이 부분 사건을 부산고등법원에 환송한다. 나머지 상고를 기각한다.

【이   유】

상고이유를 판단한다.

1. 구 국세기본법(2010. 1. 1. 법률 제9911호로 개정되기 전의 것, 이하 같다) 제22조의2 제 1 항은 "세법의 규정에 의하여 당초 확정된 세액을 증가시키는 경정은 당초 확정된 세액에 관한 이 법 또는 세법에서 규정하는 권리·의무관계에 영향을 미치지 아니한다."고 규정하고 있다.

위 규정의 문언 및 위 규정의 입법 취지가 증액경정처분이 있더라도 불복기간이나 경정청구기간의 경과 등으로 더 이상 다툴 수 없게 된 당초 신고나 결정에서의 세액에 대한 불복을 제한하려는 데에 있음에 비추어 보면, 증액경정처분이 있는 경우 당초 신고나 결정은 증액경정처분에 흡수됨으로써 독립한 존재가치를 잃게 되어 원칙적으로는 증액경정처분만이 항고소송의 심판대상이 되고 납세자는 그 항고소송에서 당초 신고나 결정에 대한 위법사유도 함께 주장할 수 있으나, 불복기간이나 경정청구기간의 도과로 더 이상 다툴 수 없게 된 세액에 관하여는 그 취소를 구할 수 없고 증액경정처분에 의하여 증액된 세액의 범위 내에서만 취소를 구할 수 있다고 할 것이다(대법원 2009. 5. 14. 선고 2006두17390 판결, 대법원 2011. 4. 14. 선고 2008두22280 판결, 대법원 2011. 4. 14. 선고 2010두9808 판결 등 참조).

2. 가. 원심은 제 1 심판결을 인용하여, ① 원고가 2002 사업연도 법인세 2,649,499,491원…을 각 신고·납부한 사실, ② 부산지방국세청장은 원고에 대한 2002…사업연도 법인세 정기조사를 실시한 후 원고에 대한 과세자료를 통보하였고, 이에 피고는 2006. 12. 5. 원고에게 2002 사업연도 법인세 4,019,324,090원…을 각 증액경정한 사실(이하 '이 사건 증액경정처분'이라 한다), ③ 원고는 2007.3.2…국세심판원에 심판청구를 하였고, 국세심판원이 2008. 1. 21. '…이 사건 감액손실액을 감가상각부인액으로 보아 각 사업연도별 감가상각범위액을 재계산하고 각 사업연도별 감가상각시인부족액 범위 내에서 이를 손금으로 추인하되 2006. 12. 5. 고지된 법인세 경정액을 경정세액의 한도로 하여 그 과세표준과 세액을 경정한다'는 결정을 함에 따라 피고는 2008. 2.경 이 사건 각 증액경정처분 중 2002 사업연도 법인세 4,019,324,090원…을 각 감액경정한 사실(이하 '제 1 차 감액경정처분'이라 한다) …등을 인정한 다음, 2002 사업연도 법인세 부과처분에 관하여는, 원고가 당초 신고한 세액은 불복기간의 경과로 더 이상 그 변경이 허용될 수 없고 이 사건 증액경정처분에 의하여 증액된 세액 전액에 대해 제 1 차 감액경정처분을 한 이상 2002 사업연도 법인세에 대한 증액경정처분은 이로써 취소되어 더 이상 존재하지 아니함에도 이 사건 증액경정처분에 의하여 증액된 세액이 존재함을 전제로 그 취소를 구하는 청구는 부적법하다고…판단하여 이 사건 소

를 각하하였다.

　　나. (1) 우선 이 사건 증액경정처분 중 증액된 세액 부분이 제 1 차 감액경정처분에 의해 취소되었다고 하더라도 당초 신고한 세액은 이 사건 증액경정처분에 흡수되어 증액경정처분의 일부를 구성하고 있는 것이므로, 원심이 이 사건 증액경정처분이 제 1 차 감액경정처분에 의하여 전부 취소되어 더 이상 존재하지 아니한다고 판단한 것은 잘못이라고 하겠다.

　　(2) 다만 앞서 본 바와 같이 증액경정처분이 있더라도 불복기간이나 경정청구기간의 경과 등으로 인하여 더 이상 다툴 수 없게 된 당초의 신고세액이나 결정세액에 대하여는 그 취소를 구할 수 없으므로, 이 사건 취소청구 중에 이미 그러한 세액에 대하여도 취소를 구하는 부분이 있는지에 관하여 본다.

　　2005. 7. 13. 법률 제7528호로 개정되기 전의 구 국세기본법 제45조의2 제 1 항(이하 '개정 전 규정'이라 한다)은 경정청구기간을 법정신고기한 경과 후 2년 이내로 규정하고 있었[다]…

　　이 사건 2002 사업연도 법인세의 경우 그 법정신고기한인 2003. 3. 31.부터 그 개정 전 규정에 의한 2년의 경정청구기간이 경과한 후인 2006. 12. 5. 이 사건 증액경정처분이 있었으므로, 원고로서는 2002 사업연도 법인세신고에 의해 신고한 세액 범위 내에서는 더 이상 이를 다투거나 그에 불복하여 취소를 구할 수 없다고 할 것이다. 그렇다면 2002 사업연도 법인세 부과처분의 취소를 구하는 부분의 소를 각하한 원심의 결론은 결국 정당하고, 위에서 본 원심의 잘못은 판결결과에 영향을 미친 바 없다. 이 부분 상고이유는 받아들일 수 없다…

　　대법관　이상훈(재판장) 전수안(주심) 양창수 김용덕.

　Notes & Questions

(1) 하급심 판결에 나오는 사실관계를 보면, 원고는 애초 2002년분 법인세를 신고납세할 당시 감가상각비로 손금산입할 수 있는 금액을 착오로 손금산입하지 아니한 채 2,649,499,491 원의 세액을 신고납세하였다. 그 뒤 처분청은 특수관계자에 대한 업무무관가지급금 관련 인정이자 계산, 지급이자 손금불산입, 접대비한도초과액 손금불산입, 임시투자세액 부당공제 사실 등을 이유로 2002년분 세액을 증액경정하였다. 원고는 증액경정의 사유 자체는 인정하였지만, 애초 감가상각비 손금추인에 착오가 있었음을 이유로 국세심판원에 증액경정 처분의 취소를 구하였고 국세심판원은 증액경정 처분을 전부취소하였다. 그러나 원고는 이에 만족하지 않고 법원에 소를 내면서 한 걸음 더 나아가 '당초 신고는 이 사건 각 증액경정처분에 흡수된다고 해석함이 상당하다. 따라서…2002…사업연도

법인세는 증액경정된 세액부분뿐만 아니라 당초 신고 납부한 세액부분까지 취소되어야 한다'고 주장하였다.

(2) 우선 이 판결의 2.나.(1) 부분의 쟁점으로 원고가 취소를 구할 대상이 되는 부과처분이 존재하는가? 원심과 대법원은 각 어떻게 판단하고 있고 그 이유는 무엇이라고 하는가?

(3) 업무무관가지급금 관련 인정이자의 계산 등을 사유로 하는 증액경정처분을 다투는 쟁송에서 애초 신고 당시에 감가상각비 추인액의 손금산입이 빠졌다는 주장이 법률상 허용되는가? 그 이유는 무엇인가? 다른 보기로 (사례 12-1) 이유 1.가.6).

(4) 최종 결과에서 원고는 잘못 신고납세한 금액을 반환받았는가 못 받았는가? 앞 (3)의 질문에 대한 판시에도 불구하고 이런 결과가 생긴 법률상의 근거는 무엇인가?

(5) 앞의 내용을 종합하면 국세기본법 제22조의2가 생긴 이후 취소소송의 소송물은, 흡수설(총액주의)과 병존설(쟁점주의) 가운데 어느 쪽이 판례의 입장인가? 판례의 입장에서 본다면 국세기본법 제22조의2에서 "당초 확정된 세액…에 관한 권리의무관계"라는 말은 무슨 뜻이라는 것인가?

(6) 경정청구 기간은 1년에서 2년, 3년을 거쳐 현재는 5년으로 늘었다. (사례 6-2)의 Notes and Questions 참조.

3) 재처분과 소송물

[관련법령]
행정소송법 제 30 조

사례 6-8 대법원 2002. 7. 23. 선고 2000두6237 판결 (사례 4-8)

Notes & Questions

(1) 이 판결에서 부과제척기간에 관한 논점은 이미 보았다. 이유 1. 부분의 쟁점은 원고가 번 돈이 부동산소득이 아니라 이자소득이라는 이유로 원고에 대한 [①]세 부과처분을 취소하는 당초판결이 나온 뒤 처분사유를 이자소득으로 변경하여 다시 [①]세를 부과처분하는 것이 당초판결의 [②]에 저촉되는가이다. 법원의 판단은 무엇이고 그

이유는 무엇인가? 기속력이 미치는 범위는 어디까지라고 하는가?

(2) 취소소송의 소송물을 총액주의로 정의한다면 당초판결의 소송물은 1988년도 내지 1992년도 귀속분 '종합소득세'이다. 이 생각과 이 판결은 서로 어떤 관계에 있는가?

(3) 이 판결과 앞의 2011두4855 판결(사례 6-7)을 합해서 생각하면 대법원 판례에서 도출되는 소송물 이론의 내용은 대체로 다음과 같다. 과세관청은 동일 과세단위 내에서 (적어도 일정한 범위 내에서는) 결정된 세액의 존재를 뒷받침하기 위한 처분사유의 추가·변경을 할 수 있다. 가령 과세관청이 이자소득으로 과세한 뒤 소송계속 중에 소득의 종류를 사업소득으로 변경하고 정당한 세액을 입증하는 것이 허용된다. 대법원 2000. 3. 28. 선고 98두16882 판결. 그러나 그러한 추가·변경을 하지 않고 패소한다고 하여 추가·변경의 대상이 되었을 수도 있는 새로운 처분사유를 주장하여 재처분을 하는 것이 금지되지는 않는다. 이러한 결과는 순수한 쟁점주의 또는 총액주의에 비하여 과세관청 또는 납세자 중 누구에게 유리하다고 생각하는가? 옳다고 생각하는가?

(4) 기판력이 미치는 범위를 [   ]에 나온 [   ]라고 판시한 현실적 이유는 무엇일까? 총액주의의 사고방식을 소송절차 및 판결의 효력까지 일관할 수 없는 이유는 무엇일까? 2000두6237 판결(사례 4-8)이 언급하고 있는 당초판결이, 쟁점 소득을 이자소득이라고 볼 경우의 정당한 세액을 산출해서 초과부분만 취소하지 않고 부동산소득이라고 전제한 부과처분을 다 취소한 이유는 무엇일까? 법원의 판단은 당연히 소송과정에 현출된 자료의 제약을 받는 것이며 진정한 세액을 산출할 수 있는 자료가 나오지 않는다면 "당해 처분 전부를 취소해야 하는 것이지 재판대상이 아닌 다른 소득에 관하여 그 조사결정권도 없는 법원이 나서서 세액을 결정하여 그 초과부분을 취소할 수 없다." 대법원 1989. 11. 4. 선고 89누1250 판결. 또한 법원에 현출되지 않은 자료까지 다 고려한다면 실체법상의 진정한 세액은 국세청이 주장하는 세액보다 더 큰 금액일 가능성도 있지만, 법원에 이를 조사결정하여 세금을 부과할 권한이 있지는 않다. 그렇다면 결국 취소소송의 소송물은 무엇이라고 볼 수 있는가? 이리하여 판례는 소송물을 '과세관청이 결정한 세액의 [   ]', 바꾸어 말하면 과세관청이 결정한 세액이 진정한 세액의 범위 안에 있는가 아닌가를 묻는 것이라고 한다.

[관련법령]
행정소송법 제8조와 제30조; 민사소송법 제216조.

사례 6-9 대법원 1985. 12. 24. 선고 84누242 판결

【원고, 피상고인】 이대의 소송대리인 변호사 윤일영

【피고, 상고인】 서대문세무서장

【원심판결】 서울고등법원 1984. 2. 28. 선고 80구434 판결

【주 문】

상고를 기각한다.

상고 소송비용은 피고의 부담으로 한다.

【이 유】

피고 소송수행자의 상고이유를 본다.

1. 상고이유 제4,5,6,7점에 대하여

국세징수법 제 9 조, 소득세법 제128조, 같은법 시행령 제183조 등이 소득세를 부과 징수하고자 할 때에는 과세표준과 세율, 세액 및 그 산출근거를 납세고지서에 명시하여 발부·통지하도록 한 것은 단순한 훈시규정이 아니라 강행규정이며, 따라서 납세고지서에 세액산출 근거 등의 기재가 누락되었다면, 그 과세처분은 위법한 것으로서 취소의 대상이 된다 함이 당원의 확립된 판례이므로, 같은 취지의 원심판결은 정당하다.

그 결과, 이와 같은 납세고지의 하자는 납세의무자가 전심절차에서 이를 주장하지 아니하였다거나, 납세고지 전에 사실상 부과처분의 내용을 알고서 쟁송에 이르렀다고 하여, 그 하자가 치유되는 것이라고 할 수 없으며, 또 피고가 납세고지서의 누락된 기재사항을 보완하여 동일한 처분을 다시 하고, 이로 인하여 원·피고가 또 다시 쟁송절차를 되풀이하게 됨으로써 경제적·시간적·정신적 낭비를 초래하게 된다고 하여 이 사건 과세처분의 취소가 공공복리에 적합하지 아니 한다든지, 소의 이익이 없는 것이라고 할 수 없다.

국세기본법 제16조, 제58조에서 납세의무자에게 과세당국의 조사결정서 또는 관계서류를 열람 또는 등사할 수 있는 기회를 보장하고 있다고 하여, 과세근거명시에 관한 법령의 강행규정성에 무슨 소장을 가져오지 … 못한다.

또 원고가 위와 같은 위법사유를 전심절차에서 주장하지 않다가 이 사건 항고소송절차에서 뒤늦게 주장하였다고 하여, 이를 소론과 같이 동일성이 없는 청구원인의 추가로는 보기 어렵다 할 것이요, 따라서 원심이 원고의 위와 같은 위법사유 주장을 심리판단하였다 하여 허물이 될 수 없다. 논지는 모두 이유 없다.

2. 상고이유 제2, 3점에 대하여

(생 략)

3. 상고이유 제 1 점에 대하여

(생 략)

4. 그러므로 상고를 기각하고 상고 소송비용은 패소자의 부담으로 하여 관여 법관의 일치된 의견으로 주문과 같이 판결한다.

대법관 신정철(재판장) 정태균 이정우 김형기.

Notes & Questions

(1) 과세처분의 내용은 세법에 맞지만, 과세처분의 형식이 잘못되었다는 이유만으로 과세처분을 취소할 수 있는가?

(2) 원고가 과세처분의 실체법상 하자를 주장하다가 그런 하자가 없는 것이 소송과정에서 드러나는 경우 소의 변경 없이 절차의 하자를 주장할 수 있는가?

(3) 절차의 하자, 가령 납세고지서의 기재내용의 하자를 이유로 법원이 부과처분을 취소하는 경우 과세관청은 형식 또는 절차상의 하자를 바로잡아 새로운 과세처분을 할 수 있는가? 국세기본법 제26조의2 제 2 항, 대법원 1996. 5. 10. 선고 93누4885 판결 등. 할 수 있다면 굳이 과세처분을 취소하도록 할 이유가 있겠는가? 이에 관하여 이 판결은 무엇이라고 설시하고 있는가?

2. 항고소송을 내기 위한 형식적 요건

[관련법령]

국세기본법 제55조, 제56조 제 2 항.

(1) 세금에 관한 소송에서 현실적으로 가장 큰 비중을 차지하는 것은 역시 과세처분을 취소의 소이다. 일반 행정처분의 취소소송이나 마찬가지이다. 과세처분 취소의 소를 제기하려면 행정소송과 관련된 여러 가지 적법요건을 갖추어야 한다. 이러한 요건을 갖추지 못한 채 제기한 취소의 소는 부적법한 것으로서 법원이 각하하여 본안을 심리하지 않는다.

이러한 소의 적법요건으로서 중요한 것으로서는, (i) [   ]일이라는 제소기간의 제한 외에 (ii) 소의 이익, 그리고 (iii) 전심절차의 경유를 들 수 있다. 이하에서는 이 중 (ii)와 (iii)에 관하여 살펴보도록 한다.

1) 처분성, 원고적격, 訴의 이익

(1) 국민의 재판청구권은 재판을 청구할 이익 내지 소의 이익이 있을 것을 전제로 한다. 특히 현실적으로 조세소송의 중심을 이루는 항고소송은 (ⅰ) [   ], 곧 과세관청으로 부터 납세자의 구체적인 법적 이익에 영향을 미치는 거동이 있었는가, (ⅱ) [   ], 곧 사건의 관련자들 중에서도 특히 원고가 그러한 법적 이익에 구체적인 영향을 받았 기 때문에 소송의 당사자가 되기에 적절한 자인가, (ⅲ) 이른바 좁은 의미의 [   ]의 [   ], 곧 원고가 구하는 판결이 실제로 선고되었을 때 그것이 당해 분쟁을 적절하고 유효하게 해결할 수 있는 수단인가, 이런 문제들로 이루어져 있다. 이런 문제들은 성격 상 결국 개별적·구체적 사안을 두고 판단할 수밖에 없다. 먼저 (ⅰ)을 보자.

[관련법령]
국세기본법 제55조 제 1 항; 행정소송법 제19조.

사례 6-10 대법원 2006. 4. 20. 선고 2002두1878 판결

【원고, 상고인】 신한생명보험 주식회사(소송대리인 법무법인 율촌 담당변호사 소순무 외 1인)

【피고, 피상고인】 남대문세무서장

【원심판결】 서울고법 2002. 1. 11. 선고 2001누6823 판결

【주   문】

원심판결…을 파기하고, 제 1 심판결…을 취소하여 이 부분 사건을 서울행정법원에 환 송한다…

【이   유】

상고이유를 판단한다…법인세법 제67조…는 과세관청은 법인세의 과세표준을 결정 또 는 경정함에 있어서 익금에 산입한 금액을 그 귀속자에 따라 상여·배당·기타소득 등으로 처 분하도록 규정하고 있고, 구 소득세법…제17조 제 1 항 제 4 호, 제20조 제 1 항 …, 제21조 제 1 항 제20호, 제127조 제 1 항…는 위와 같이 법인세법에 의하여 배당·상여·기타소득으 로 처분된 소득금액을 소득세의 과세대상으로 하면서 그 소득금액을 지급하는 법인이 이를 원천징수하도록 규정하고 있으며, 한편 구 국세기본법 제21조 제 2 항, 제22조 제 2 항, 구 소득세법…는 원천징수의 대상이 되는 배당·상여·기타소득으로 처분된 소득금액을 '소득금 액변동통지서'라는 서식에 의하여 당해 법인에게 통지하고, 이와 같이 소득금액변동통지서

에 기재된 당해 배당·상여·기타소득은 그 통지서를 받은 날에 지급한 것으로 의제되어 그 때 원천징수하는 소득세의 납세의무가 성립함과 동시에 확정되는 것으로 규정함과 아울러, 원천징수의무자는 소득금액변동통지를 받은 달의 다음달 10일까지 원천징수세액을 납부하여야 하고, 만일 원천징수의무자가 징수하였거나 징수하여야 할 세액을 그 기간 내에 납부하지 아니 하였거나 미달하여 납부한 때에는 그 납부하지 아니한 세액 또는 미달한 세액의 100분의 10에 상당하는 금액을 불성실가산세로 납부하여야 할 뿐만 아니라, 원천징수의무자가 정당한 사유 없이 그 세를 징수하지 아니하거나 징수한 세금을 납부하지 아니하는 경우에는 1년 이하의 징역 또는 그 징수하지 아니 하였거나 납부하지 아니한 세액에 상당하는 벌금에 처하도록 규정하고 있다.

이와 같이 과세관청의 소득처분과 그에 따른 소득금액변동통지가 있는 경우...원천징수의무자인 법인으로서는 소득금액변동통지서에 기재된 소득처분의 내용에 따라 원천징수세액을 그 다음달 10일까지 관할 세무서장 등에게 납부하여야 할 의무를 부담하며, 만일 이를 이행하지 아니하는 경우에는 가산세의 제재를 받게 됨...에 비추어 보면, 소득금액변동통지는 원천징수의무자인 법인의 납세의무에 직접 영향을 미치는 과세관청의 행위로서, 항고소송의 대상이 되는 조세행정처분이라고 봄이 상당하다.

이와는 달리, 소득금액변동통지가 항고소송의 대상이 되는 행정처분이라고 할 수 없다고 판시한 대법원 1984. 6. 26. 선고 83누589 판결...2003. 1. 24. 선고 2002두10360 판결 등을 비롯한 같은 취지의 판결들은 이 판결의 견해에 배치되는 범위 내에서 이를 모두 변경하기로 한다...

그러므로 원심판결…을 파기하고… 사건을 제1심법원에 환송…하기로 하여 주문과 같이 판결한다. 이 판결에는… 대법관 손지열, 대법관 김영란의 각 반대의견이 있는 외에는 관여 대법관들의 의견이 일치되었고, 대법관 이강국, 대법관 고현철의 다수의견에 대한 보충의견이 있다.

대법관   이용훈(재판장) 강신욱 이규홍 이강국 손지열 박재윤 고현철(주심) 김용담
김영란 양승태 김황식 박시환 김지형.

Notes & Questions

(1) 이 사건의 쟁점은 소득세법에 따른 '소득금액변동통지'가 항고쟁송의 대상인 행정처분인가이다. 소득금액변동통지는 소득세법상의 제도이지만, 법인세법상 [①]이라는 제도의 안짝이다. 법인에 대한 세무조사에서 그 동안 숨겨놓았던 소득을 발견하는

경우, 이에 대한 법인세의 부과처분(구체적으로는 납세의 고지)과 거의 동시에 관련된 [①]에 터잡은 소득금액변동통지를 법인에게 보내고 이 사실을 처분상대방(소득귀속자)에게도 보낸다. 예컨대 법인에서 '사외로 유출'된 금액이 임직원에게 귀속된 경우에는 '상여'로 [①]을 하고, 이렇게 상여처분된 금액은 소득세법에서 근로소득으로 정하고 있으므로 원천징수 대상이다. 그리하여 법인의 입장에서는 법인세 납세고지서에 기재된 금액뿐 아니라, 소득금액변동통지의 시점에서 발생하는 원천징수세액 역시 국가에 납부하여야 한다.

(2) 판례는 '행정처분'이라는 말을 '행정청의 공법상 행위로서 특정사항에 대하여 법규에 의한 [①]의 설정 또는 [②]의 부담을 명하거나 기타 법률상 효과를 발생하게 하는 등 국민의 구체적인 [③]에 직접적인 변동을 초래하는 행위'라고 정의한다. 구체적으로 어떤 행위가 행정처분에 해당하는가 아닌가는 여러 가지를 종합적으로 따져서 정할 문제로 서로 생각이 갈릴 수 있다. 조세행정처분의 대표격인 부과처분이나 공매 따위 [④]처분이 행정처분이라는 것에는 다툼이 없지만, 세금에 관련한 행정청의 거동으로서 종래 판례가 행정처분에 해당하지 않는다고 본 것들도 적지 않다. 가령 소득금액결정, 익금가산결정 같은 행정청의 내부적 행위, 상속인에 대한 과세가액 통지 따위는 행정처분이 아니라고 보았고, (사례 6-10)이 나오기 전에는 소득금액변동통지도 행정처분이 아니라고 보았다.

(3) 소득처분을 행정처분으로 본다고 전제하고 다수의견과 앞뒤를 맞춘다면, 소득처분 뒤에 이어지는 원천징수세 징수처분에서 소득처분의 하자를 다투는 것은 허용해야 하는가? "과세관청의 소득처분과 그에 따른 소득금액변동통지가 있는 경우… 원천징수의무자인 법인이 원천징수하는 소득세의 납세의무를 이행하지 아니함에 따라 과세관청이 하는 납세고지는 확정된 세액의 납부를 명하는 징수처분에 해당하므로 선행처분인 소득금액변동통지에 하자가 존재하더라도 그 하자가 당연무효 사유에 해당하지 않는 한 후행처분인 징수처분에 그대로 승계되지 아니한다. 따라서 과세관청의 소득처분과 그에 따른 소득금액변동통지가 있는 경우 원천징수하는 소득세의 납세의무에 관하여는 이를 확정하는 소득금액변동통지에 대한 항고소송에서 다투어야 하고 그 소득금액변동통지가 당연무효가 아닌 한 징수처분에 대한 항고소송에서 이를 다툴 수는 없다." 대법원 2012. 1. 26. 선고 2009두14439 판결.

(4) 법인에 대한 소득금액변동통지는 원천납세의무의 존부나 범위와 같은 소득귀속자의 권

리나 법률상 지위에 어떠한 영향을 준다고 할 수 없으므로 소득처분에 따른 소득귀속자는 법인에 대한 소득금액변동통지의 취소를 구할 법률상 이익이 없다. 대법원 2013. 4. 26. 선고 2012두27954 판결.

(5) 소득금액 변동은 귀속자에게도 통지하지만 이 통지는 소득의 귀속자에 대한 행정처분이 아니므로(대법원 2014. 7. 24. 선고 2011두14227 판결) 귀속자는 뒤따르는 [   ]처분을 항고쟁송의 대상으로 삼거나 경정청구를 통하여야 한다. 법인이 아닌 소득귀속자에게 소득자통지용 소득금액변동통지서가 송달된 경우, 이를 법인에 대한 소득금액변동통지로 볼 수 없기 때문에 법인이 소득금액변동통지가 법인에 대한 행정처분임을 전제로 하여 취소를 구할 경우 그 소는 부적법하다. 대법원 2013. 9. 26. 선고 2010두24579 판결.

(6) 소득의 유출시기를 기준으로 기산한 부과제척기간이 지난 경우 소득귀속자를 과세하거나 원천징수의무자에게 원천징수세를 물리는 것은 가능한가? 불가능하다. 대법원 2014. 4. 10. 선고 2013두22109 판결. 소득처분이 행정처분이라는 판결과 부과제척기간의 기산점은 소득이 실제 유출된 시기를 기준으로 판단한다는 두 판결이 양립하자면, 소득처분의 성격은 '법률상 효과를 발생하게 하는' 법률행위의 성질을 가진 처분으로 보아야 하는가 아니면 관념의 통지라는 확인적 준법률행위의 성질을 가진 처분으로 보아야 하는가?

2) 전심절차

[관련법령]
국세기본법 제56조 제 2 항; 행정소송법 제18조 제 2 항.

> **사례 6-11** 대법원 1992. 8. 14. 선고 91누13229 판결 (사례 6-6)

> Notes & Questions

(1) 이 사건 원고는 1990. 8. 21.의 [①] 처분에 대해서 전심절차를 거쳤지만 그 뒤 1991. 2. 5.에 [②] 처분이 있었다. 쟁점은 후자의 처분에 대해서 전심절차를 거쳐야 하는가이다.
(i) 흡수설의 논리로는 증액재경정 처분에 대한 전심절차의 경유여부는 증액경정처분과 증액재경정처분 가운데 어느 쪽을 기준으로 판단하여야 하는가?
(ii) 이 판결에서 법원은 증액재경정처분에 대한 전심절차를 밟았어야 한다고 하는가?

이 판단의 이유는 두 가지 처분의 [③]가 공통된다면 구태여 다시 증액재경정처분에 대해 전심절차를 밟을 필요는 없다는 것이다.

(2) 이 사건에서 위법사유가 동일하다고 본 이유는 무엇인가? 다른 예로서 당초 처분이 법인의 이자수입에 근거한 것이고 증액경정처분이 법인의 부동산처분 관련 이익에 근거한 것이라면 위법사유가 공통되는가?

(3) 처분이 달라도 위법사유가 같다면 새로 전심을 거칠 필요가 없다는 이 판결의 논리를 연장하면, 가령 같은 계약관계에서 두 해에 걸친 원천징수의무 위반이 문제되는 경우 첫 해의 징수처분에 대해 전심절차를 거쳤다면 둘째 해의 징수처분에 대해서는 거칠 필요가 있을까? 대법원 1991. 7. 26. 선고 91누117 판결.

(4) 한편 동일한 사실관계에 터잡은 처분, 가령 부당행위 계산부인에 의하여 법인의 소득을 증액경정하면서 소득처분으로 거래상대방에게 소득세를 과세하는 경우처럼 세목이나 납세의무자가 다르다면 전심절차는 각각 거쳐야 한다는 것이 판례로 보인다.

3. 심리와 판결

1) 심   리

(1) 양도소득세 사건이라면 양수인이 누구인가는 소송물 내지 처분의 동일성에 영향을 주는가 아니면 공격방어방법일 뿐인가? 대법원 1994. 5. 24. 선고 92누9265 판결. 증여세에서 증여자가 누구인가는 어떠한가? 대법원 2006. 4. 27. 선고 2005두17058 판결.

(2) 소송계속 중 증액경정처분이 있는 경우에는 법원이 소의 변경을 허가할 수 있다. 이 경우 전심절차는 밟을 필요가 없다. 행정소송법 제22조 제 3 항.

사례 6-12 대법원 1984. 7. 24. 선고 84누124 판결 (사례 3-1)

Notes & Questions

(1) 입증책임에 관해서는 제 3 장 제 2 절 Ⅰ. 참조.

2) 판결의 형식과 효력

[관련법령]

행정소송법 제29조, 제30조.

(1) 원고의 청구에 이유가 있으면 과세처분을 [   ]하거나 그 [   ]를 확인하는 판결을 선고하여야 하고, 이유가 없으면 [   ] 판결, 이유를 따져보기에 앞서 아예 소 제기 자체가 일정한 적법요건을 갖추지 못하였다면 소 [   ] 판결을 선고한다. 한편 소송상 화해나 조정은 명시적으로 인정되어 있지는 않지만, 법원의 유도에 의하여 과세관청이 [   ]으로 과세처분을 감액경정 또는 취소하고 납세자가 소를 [   ]하는 방식으로 분쟁을 종결시키는 사례는 실무상 흔하다.

사례 6-13   대법원 1995. 4. 28. 선고 94누13527 판결

【원고, 상고인 겸 피상고인】 한국전력공사 소송대리인 변호사 김성수 외 2인

【피고, 피상고인 겸 상고인】 서울특별시 노원구청장

【원심판결】 서울고등법원 1994. 9. 29. 선고 92구2150 판결

【주   문】

원심판결 중 도시계획세부과처분에 관한 원고 패소부분을 파기하고 이 부분 사건을 서울고등법원에 환송한다.

피고의 상고를 기각하고 이 부분 상고비용은 피고의 부담으로 한다.

【이   유】

1. 먼저 피고의 상고이유를 본다.

원심이 적법하게 인정한 사실에 의하면, 피고는 원고 공사의 서울연수원 부지 등에 대한 종합토지세를 부과함에 있어서, 지방세법 제234조의13 제 2 항 제 4 호가 "직업훈련기본법에 의한 직업훈련시설에 직접 사용하는 토지(건축물 바닥면적의 7배를 초과하는 토지를 제외한다)"를 종합토지세 면제대상토지로 규정하고 있음을 전제로 하여 …종합토지세를 부과하였다…직업훈련에 직접 사용되는 건축물과 그렇지 아니한 건축물을 명확히 구분하여 그에 따라 종합토지세를 면제하거나 과세하여야 할 것인바, 피고가 채택한 위 산정방법은 지방세법령 어디에도 그 근거를 두지 아니한 것으로서 합리성과 타당성을 결여하여 위법하다고 아니할 수 없다.

또한 과세처분취소소송에 있어 처분의 적법 여부는 정당한 세액을 초과하느냐의 여부에 따라 판단되는 것으로서, 당사자는 사실심 변론종결시까지 객관적인 과세표준과 세액을

뒷받침하는 주장과 자료를 제출할 수 있고, 이러한 자료에 의하여 적법하게 부과될 정당한 세액이 산출되는 때에는 그 정당한 세액을 초과하는 부분만 취소하여야 할 것이나, 그렇지 아니한 경우에는 과세처분 전부를 취소할 수밖에 없으며, 그 경우 법원이 직권에 의하여 적극적으로 합리적이고 타당성 있는 면제대상토지의 산정방법을 찾아내어 부과할 정당한 세액을 계산할 의무까지 지는 것은 아니라고 할 것인바(당원 1992. 7. 24. 선고 92누4840 판결 참조), 기록에 의하여 살펴보아도 이 사건 연수원 부지상의 건축물 중 어느 것이 직업훈련에 전용으로 사용되고, 어느 것이 직업훈련과 사내일반연수에 공용으로 사용되는지를 명확히 구분할 수 없고, 따라서 정당한 종합토지세액을 산출할 수 없어 과세처분 전부를 취소할 수밖에 없다.

이와 같은 취지에서 이 사건 종합토지세부과처분을 전부 취소한 원심의 조치는 정당하고 거기에 소론과 같은 심리미진이나 법리오해의 위법이 있다고 할 수 없다. 논지는 이유가 없다.

2. …

3. 이에 도시계획세부과처분에 관한 원고 패소부분을 파기하고 이 부분 사건을 원심법원에 환송하며, 종합토지세부과처분의 취소청구에 관한 피고의 상고는 이를 기각하고 이 부분 상고비용은 패소한 피고의 부담으로 하기로 관여 법관의 의견이 일치되어 주문과 같이 판결한다.

대법관 김형선(재판장) 박만호(주심) 박준서 이용훈.

Notes & Questions

(1) 과세처분의 취소 또는 무효 등 확인 판결은 형성력이 있으므로 반드시 취소하는 세액을 숫자로서 명확하게 특정하여야 한다. 과세처분에 하자가 있으나 정당한 세액을 계산할 수 있는 자료가 법원에 현출되지 않았다면 판결을 전부취소한다. 조세심판원 등 전심기관의 실무에서는 일정한 기준만을 정하여 과세관청에게 구체적인 경정을 명하는 방식의 결정도 종종 하고 있다.

(2) 한편 취소 판결 등은 행정소송법의 규정에 따라 [   ]력을 가지고, [   ]력에 위반된 행정처분은 당연무효라는 것이 행정구제법학에서 일반적으로 인정되어 있다. 그리고 취소판결 등에도 확정판결의 일반적 효력으로서 기판력이 인정된다는 것이 일반적인 견해이지만, 기속력과 기판력의 관계, 그 구체적인 범위 등에 관하여는 여러 가지 복잡한 논란이 있지만 이 책의 범위 밖이다.

(3) 한편 총액주의 소송물 이론에도 불구하고 대법원은 취소 판결에 적시한 위법사유를 바로잡은 재처분이 취소판결의 기판력 또는 기속력에 어긋나지 않는다고 보고 있다. 대법원 2002. 7. 23. 선고 2000두6237 판결(제6장 제2절 Ⅱ.1.3)(사례 4-8, 6-8). 대법원 1985. 12. 24. 선고 84누242 판결(사례 6-9).

Ⅲ. 민사소송과 당사자소송

[관련법령]
국세기본법 제51조 제1항과 제6항; 행정소송법 제3조.

사례 6-14 대법원 2013. 3. 21. 선고 2011다95564 전원합의체 판결

【원고, 상고인】아시아신탁 주식회사(소송대리인 법무법인(유한) 원 담당변호사 이상호 외 1인)

【피고, 피상고인】대한민국

【원심판결】서울고법 2011. 9. 7. 선고 2011나4102 판결

【주　문】

상고를 기각한다. 상고비용은 원고가 부담한다.

【이　유】

상고이유를 판단한다.

1. 부가가치세법 제17조 제1항은 "사업자가 납부하여야 할 부가가치세액은 자기가 공급한 재화 또는 용역에 대한 세액(이하 '매출세액'이라 한다)에서 다음 각 호의 세액(이하 '매입세액'이라 한다)을 공제한 금액으로 한다. 다만 매출세액을 초과하는 매입세액은 환급받을 세액(이하 '환급세액'이라 한다)으로 한다."고 규정하면서, 제1호에서 '자기의 사업을 위하여 사용되었거나 사용될 재화 또는 용역의 공급에 대한 세액'을, 제2호에서 '자기의 사업을 위하여 사용되었거나 사용될 재화의 수입에 대한 세액'을 들고 있고, 제24조 제1항은 "사업장 관할 세무서장은 각 과세기간별로 그 과세기간에 대한 환급세액을 대통령령으로 정하는 바에 따라 사업자에게 환급하여야 한다."고 규정하고 있다… 이와 같이 부가가치세법령이 환급세액의 정의 규정, 그 지급시기와 산출방법에 관한 구체적인 규정과 함께 부가가치세 납세의무를 부담하는 사업자(이하 '납세의무자'라 한다)에 대한 국가의 환급세액 지급의무를 규정한 이유는…, 최종 소비자에 이르기 전의 각 거래단계에서 재화 또는 용역을

공급하는 사업자가 그 공급을 받는 사업자로부터 매출세액을 징수하여 국가에 납부하고, 그 세액을 징수당한 사업자는 이를 국가로부터 매입세액으로 공제·환급받는… 전단계세액공제 제도를 채택한 결과, 어느 과세기간에 거래징수된 세액이 거래징수를 한 세액보다 많은 경우에는 그 납세의무자가 창출한 부가가치에 상응하는 세액보다 많은 세액이 거래징수되게 되므로 이를 조정하기 위한 과세기술상, 조세 정책적인 요청에 따라 특별히 인정한 것이라고 할 수 있다(대법원 1992. 11. 27. 선고 92다20002 판결, 대법원 2011. 1. 20. 선고 2009두13474 전원합의체 판결 등 참조).

따라서 이와 같은 부가가치세법령의 내용, 형식 및 입법 취지 등에 비추어 보면, 납세의무자에 대한 국가의 부가가치세 환급세액 지급의무는 그 납세의무자로부터 어느 과세기간에 과다하게 거래징수된 세액 상당을 국가가 실제로 납부받았는지 여부와 관계없이 부가가치세법령의 규정에 의하여 직접 발생하는 것으로서, 그 법적 성질은 정의와 공평의 관념에서 수익자와 손실자 사이의 재산상태 조정을 위해 인정되는 부당이득 반환의무가 아니라 부가가치세법령에 의하여 그 존부나 범위가 구체적으로 확정되고 조세 정책적 관점에서 특별히 인정되는 공법상 의무라고 봄이 타당하다.

그렇다면 납세의무자에 대한 국가의 부가가치세 환급세액 지급의무에 대응하는 국가에 대한 납세의무자의 부가가치세 환급세액 지급청구는 민사소송이 아니라 행정소송법 제3조 제2호에 규정된 당사자소송의 절차에 따라야 한다…이와 달리 부가가치세 환급세액의 지급청구가 행정소송이 아닌 민사소송의 대상이라고 한 대법원 1996. 4. 12. 선고 94다34005 판결… 등과 국세환급금의 환급에 관한 국세기본법 제51조 제1항의 해석과 관련하여 개별세법에서 정한 환급세액의 반환도 일률적으로 부당이득반환이라고 함으로써 결과적으로 부가가치세 환급세액의 반환도 부당이득반환이라고 본 대법원 1987. 9. 8. 선고 85누565 판결…들은 이 판결의 견해에 배치되는 범위 내에서 이를 모두 변경하기로 한다.

2. 위 법리 및 기록에 비추어 보면, 원심이 이 사건 2008년 2기, 2009년 1기, 2009년 2기의 부가가치세 환급세액에 관하여 적용되는 구 부가가치세법(2010. 1. 1. 법률 제9915호로 개정되기 전의 것) 제24조 제1항 및 이 사건 2010년 1기의 부가가치세 환급세액에 관하여 적용되는 부가가치세법 제24조 제1항에 따라 각각 발생한 부가가치세 환급세액 지급청구권을 양수하였음을 내세우는 원고의 청구가 민사소송의 대상임을 전제로 민사소송절차에 의하여 심리·판단한 제1심판결을 취소하고 이 사건을 행정사건 관할법원인 의정부지방법원으로 이송한 조치는 정당하고, 거기에 상고이유의 주장과 같은 부가가치세 환급세액 지급청구권의 법적 성질과 소송형식에 관한 법리를 오해한 위법이 없다.

3. 그러므로 상고를 기각하고, 상고비용은 패소자가 부담하기로 하여 주문과 같이 판결

한다. 이 판결에 관하여 대법관 박보영의 반대의견이 있는 외에는 관여 법관의 의견이 일치하였다.

4. 대법관 박보영의 반대의견은 다음과 같다.

…사법체계나 소송실무의 관점에서는 민사소송과 당사자소송의 구별 실익이 그다지 크지 않다… 구태여 부가가치세 환급세액 지급청구에 관해서만 판례를 변경하면서까지 이를 당사자소송의 대상으로 보는 것은 국민의 권리구제수단 선택이나 소송실무상 혼란만 일으킬 우려가 있다…

대법원장 양승태(재판장)   대법관 양창수 신영철(주심) 민일영 이인복 이상훈
박병대 김용덕 박보영 고영한 김창석 김신
김소영

Notes & Questions

(1) 지금까지 공부한 판결은 대부분 항고소송이지만 민사소송(부당이득 반환의 소)이나 당사자소송도 있다.

(ⅰ) 지금까지 공부한 판결 가운데 민사판결에 어떤 것이 있었는가를 다시 찾아보라.

(ⅱ) 부과처분에 하자가 있는 경우 통상적인 구제수단은 [①]소송이지만 하자의 정도가 부과처분의 [②]에 이른다면 부당이득의 반환을 구할 수도 있다.

(ⅲ) 신고납부에 하자가 있는 경우 통상적인 구제수단은 관할세무서에 [③]청구를 내고 관할세무서가 [③]을 거부하면 [④]처분의 취소를 항고소송으로 구하는 것이다. 신고행위가 [②]라면 바로 부당이득의 반환을 구할 수도 있다.

(ⅳ) 종래의 이론에 따르자면 원천징수세액은 부당이득 반환의 소로 구하여야 한다. 대법원 2002. 11. 8. 선고 2001두8780 판결. 또한 신고납부에 하자가 없어도 법 자체에서 발생하게 되어 있는 환급세액도 부당이득 반환의 소로 구하여야 한다는 것이 종래의 이론이었으나, 대법원 2011다95564 판결(사례 6 – 14)는 부가가치세환급세액을 구하는 소는 [⑤]소송이라고 한다.

(2) 부가가치세를 돌려달라는 점에서는 (사례 6 – 14)는 (사례 6 – 2)와 같다. (사례 6 – 2)에서는 일단 경정청구를 하고 그래도 안되면 경정청구 거부처분 취소의 소를 제기하라고 한다. (사례 6 – 14)에서는 경정청구를 하지 않고 바로 법원에 출소했다. 사실관계에 어떤 차이가 있는가?

(3) 세금사건은 민사소송이 되는 경우에도 공법관계라는 성질상 민법규정은 세법에 규정이
없는 경우에만 보충적으로만 적용된다. 가령 비채변제에 관한 규정은 적용하지 않는다.
대법원 1995. 12. 28. 선고 94다31419 판결(사례 4−2). 국세기본법상 환급가산금 규정
은 부당이득의 반환범위에 관한 민법규정의 특칙이다. 대법원 2009. 9. 10. 선고 2009다
11808 판결.

(4) 국가배상 사건은 (사례 4−5)

제7장
현행 소득세법의 얼개

제1절 소득세제의 연혁과 기본이념

(1) 오늘날 소득에 대한 세금, 즉 소득세는 세제의 중핵을 차지하고 있으며, 소득에 따라 세금을 낸다는 생각은 너무나 자연스럽게 받아들여지고 있다. 그러나 이와 같이 너무나 당연한 것처럼 받아들이고 있는 소득세의 역사는 실상 겨우 200년 안팎이다. 또한 '소득'이란 개념도 그 의미가 반드시 명확한 것이거나 또는 소득세 도입에 앞서 분명히 정착되어 있었던 것이 아니며 오히려 소득세가 도입되어 발전되는 과정에서 과연 '소득'이란 무엇인가라는 연구와 논쟁이 벌어진 것이다.

(2) 세계 최초로 근대적인 소득세를 도입한 나라는 [   ]으로, 나폴레옹을 상대로 한 전쟁이 소득세 도입의 배경이 되었다. 전쟁에 드는 비용이 기하급수적으로 늘어나자, 결국 당시 [   ] 정부는 소득세(duties on income)라 불리는 새로운 내용의 세금을 도입하게 된다. 그 내용이 무엇이든 새로운 세금이 국민들의 환영을 받을 리는 만무하다. 실제로 소득세 역시 납세자들의 격렬한 반발을 부르게 되었다. 이 과정에서 납세자 개개인으로부터 직접 걷었던 소득세는 조세저항을 최소화하기 위하여 간접세에 한결 가까운 방향으로 변화하기도 한다. 이와 같이 변모된 소득세는 납세자의 모든 소득이 아니라 관련 세법의 별표(schedule)에 열거되어 있는 종류(또는 원천)의 소득에 한하여 물리는 것(schedular taxation, 요즘의 용어로 '분류과세')으로 바뀌었고, 특히 납세자로부터 직접 세금을 걷는 것이 아니라 중간에서 납세자에게 소득을 지급하는 자, 즉 '원천'(source)에서 세금에 해당하는 부분을 걷었다는 점(요즘의 용어로 '원천징수')에 그 중요한 특징이 있었다. 이로 인하여 국가가 소득을 발생시키는 개개 납세자의 경제생활

전반을 들여다 볼 필요성이 상당 부분 사라지게 되었고 소득세제는 종전보다 훨씬 더 원활하게 운영되었다.

(3) 그럼에도 불구하고 소득세제는 나폴레옹 전쟁 종결 직후 "다시는 재도입하지 않을 것"이라는 정치적 약속과 함께 폐지되었으나, 그 이후에도 영국 정부는 재정적 어려움을 겪을 때마다 소득세를 한시적으로 도입하여 문제를 해결하려 했다. 이러한 상황이 계속됨과 동시에 19세기 중반을 거치면서 담세력이나 세부담의 공평한 분배에 관한 사람들의 사고방식이 차차 바뀌었고, 소득세란 점차 필요악이 아니라 오히려 가장 공평한 세금으로까지 받아들이게 되었다. 결국 19세기 후반 이후로 소득세는 한시적인 세금이 아니라 영구적인 세금으로 전환되어 현재에 이르렀다.

(4) 독일의 소득세제 역시 영국의 소득세제와 마찬가지로 나폴레옹 전쟁과 관련하여 도입되었으며(나폴레옹이 프로이센을 굴복시키고 자신의 전비 중 일부를 부담시키고자 한 데에서 기원한다), 대체로 위에서 살펴본 영국의 변형된 소득세와 같은 내용을 담고 있었다가 역시 나폴레옹 전쟁 직후 바로 폐지되었다. 독일의 소득세제 발전에서는 특히 1891년에 있었던 전국적 소득세 실시가 중요하다. 이 소득세는 영국이 일찍이 도입했던 분류과세와 신고납세를 중핵으로 하고 있었는데, 분류과세란 결국 소득세법에 열거된 유형이 아니면 소득이 아니라는 [　　]설로 귀결되고 이는 '[　　]적 소득 개념'이라는 용어로 표현하기도 한다. 이와 같이 '열거된 소득만이 소득'이라는 입장이 과연 옳은 것이냐를 둘러싸고 논쟁이 있었으며, 특히 제한적 소득 개념을 정당화하기 위하여 소득이란 '늘 반복되는 수입'이라든가(반복성설), '고정된 원천으로부터의 순소득으로 규칙적·반복적으로 생기는 재화의 합'이라든가(원천설), 이런 주장들이 나왔다고 한다. 그리고 이러한 주장 역시 선재(先在)하는 소득 개념으로부터 연역적으로 도출된 것이라기보다는 당시의 독일 세법상 열거되어 있는 소득 항목들의 공통점을 귀납적으로 추출하고자 한 것일 뿐이다. 한편 이에 대하여 납세자의 경제적 부(富)의 일체의 증가를 소득으로 삼아 과세하자는 [　　]증가설 또는 포괄적 소득 개념이 제시되기도 하였으나 실정법에 채택되지는 못하였다.

(5) 미국의 소득세제 역시 남북전쟁의 전비 조달을 위하여 최초로 도입되었다가 곧 폐지되었다는 점에서는 다를 것이 없다. 그러나 그 후 미국의 소득세제 재도입은 한결 명확한 정치적 색채를 띠게 되며 특히 20세기를 전후하여 변화한, 사람들의 공평에 관한 관념을 뚜렷이 보여준다.

(6) 미국의 소득세는 남부와 중서부의 농촌에 뿌리를 둔 민주당이 관세 중심의 종래 세제가 북동부의 상공업자들에게 일방적으로 유리한 세제라고 주장한 결과 다시 생겨났다. 19세기 후반 미국에서는 산업이 급속도로 발전하면서 철도, 철강, 석유 등과 관련된 거부들이 다수 출현하게 되는데, 그럼에도 불구하고 관세나 물품세와 같은 간접세 중심의 세제하에서 이들이 부담하는 세부담의 비중은 상대적으로 미미하였다. 그리하여 1894년에 소득세가 다시 도입되었으나, 바로 다음 해에 이 소득세는 연방대법원에서 위헌 판결을 받아 사라지게 된다. 소득세가 위헌 판결을 받은 기술적인 이유는 미국 연방헌법의 해석상 소득세 부과가 연방정부의 권한 범위 내에 속하지 않는다는 데에 있었으나, 실제로 이 판결은 정치적 의도 — 즉 연방대법원의 보수적 성향 — 에 따른 것으로 의심을 받기도 한다. 결국 연방헌법의 개정을 통하여 1913년에 와서 순자산증가설과 신고납세, 그리고 누진율을 중심으로 하는 새로운 소득세제가 나타나게 되어 여러 가지 변화를 거쳐 현재에 이르고 있다.

(7) 새로운 소득세의 존립 근거가 된 연방헌법의 수정 조항이나 이에 따른 연방세법의 규정은 모두 소득의 개념을 대단히 넓게 정의하고 있었다. 그러나 여전히 소득의 개념을 제한하고자 하는 시도가 있었고 이러한 시도는 특히 [　　]의 개념을 소득세의 한 내용으로 편입시킨 결정적인 판결로 이해되는 "Eisner v. Macomber" 판결에서 그 정점을 이루었다. 이후 몇 십 년간 연방대법원을 비롯한 미국의 각급 법원은 개개의 특이한 유형의 사안들에서 과연 소득이 존재하는지 또는 실현되었는지를 정하는 문제에 매달리게 되었으나, 결국 1955년의 "Commissioner v. Glennshaw Glass Co." 판결에 이르러서는 미국의 연방소득세가 적어도 원칙에 있어서는 [　　]증가설 또는 포괄적 소득 개념에 입각하고 있음에 관하여 이론이 없게 되었다. 한편 이론적으로는 20세기 전반에 헤이그와 사이먼즈가 제시한 포괄적 소득 개념(이른바 헤이그-사이먼즈의 소득 개념), 곧 모든 경제적 부의 증가는 소득을 구성한다는 생각이 미국 소득세제의 대종을 이루게 되었다.

(8) 이런 역사를 밟아 소득세제는 [　　]세율을 채택하고 있다. 이는 소득이 많은 납세자에게 그만큼 더 많은 세부담을 지우게 된다는 것을 의미한다. 반대로 대개 '면세점'이라고 부르는 일정 수준 이하의 소득만 있는 사람에게는 세금을 물리지 않는다. 누진세의 이념이 "더 낼 만한 처지에 있는 사람이 더 내라"는 것이라면 소득이 "일정한 수준에 못 미치는 사람에게서 세금을 걷는 것은 불공평하다"는 말이 되기 때문이다. 더 나아가 면세점에 미치지 못하는 가난한 사람에게는 국가가 소득을 보조하여 주어야 하는 것은 아

닐까 하는 생각이 들게 된다. 이는 통상 사회보장제도의 영역으로 여겨져 오던 것이지만, 소득세를 통하여서도 이러한 목적을 달성할 수 있다. 이를 흔히 '음(−)의 소득세'라고 부르기도 한다. 곧 과세표준이 일정 수준 이상으로 낮아지는 사람에게는 국가가 소득세를 걷을 것이 아니라 아예 소득세 명목의 돈을 내어 준다는 말이다.

(9) 우리나라에서도 2008년부터 이른바 [   ]세제가 도입되어 실시되고 있다. 이 제도는 소득세제의 한 내용을 이루는 환급가능한 세액공제(refundable tax credit)라는 방식을 통하여 국가가 빈곤층에게 돈을 내어준다는 점에서 일종의 '음(−)의 소득세'에 해당한다고 볼 수 있다. 다만 이 제도의 특징은 국가가 내어주는 돈의 크기와 근로소득의 크기 사이에 관련이 있어서, 빈곤층 중에서도 근로소득이 있는 사람들에게 더 많은 돈을 지급하게끔 되어 있다는 데에 있다. 이 제도가 미국에서 들어왔다는 점과 관련이 있는 특성으로, 요컨대 '열심히 일했지만 가난에서 벗어나지 못하는' 사람들을 도와준다는 의미를 갖는다. 이러한 특징 때문에 이 제도에 의한 혜택은 빈곤층 중에서도 근로능력이 없는 사람들에게는 주어지지 않는다.

(10) 소득개념의 형성사는 회사제도 및 기업회계 제도와도 밀접한 관련을 맺고 있다. 산업혁명은 불특정 다수인의 자금을 모아서 하나의 거대한 자본을 형성하고 이를 기반으로 경제적 부를 창출하는 제도, 곧 회사라는 법제를 필요로 했다. 18세기 첫무렵 영국에서 터진 이른바 '남해회사'(South Sea Company) 사건의 여파로 주식회사 제도는 상당 기간 동안 불법화되어 있다가 결국 19세기 중반에 다시 도입된다. 주식회사 제도를 비롯한 회사 제도의 주요 특징 중 하나는 기업의 생산 활동에 조달되는 자금을 제공한 투자자들을 [   ]와 [   ]로 구분하여 서로 다르게 대우한다는 데에 있다. 특히 회사 제도에서 가장 중요한 기본적 원리는, 회사가 일정 기간 동안에 실제로 돈을 벌어들인 것이 있고, 또 그와 같이 벌어들인 돈 중에서 먼저 [   ]들에게 약속한 수익(즉 이자)을 보장한 다음에 남는 돈이 있어야 비로소 [   ]들이 이를 배당의 형태로 나누어 가질 수 있다는 것이다. 따라서 회사 제도가 원활히 활용될 수 있기 위해서는 일정 기간 동안 실제로 회사가 벌어들인 돈이 있는지, 그리고 이 돈이 채권자들에 대한 지급이자를 모두 주고도 남는 것이 있을 만큼 넉넉한지 여부에 관하여 투자자들이 쉽사리 합의에 이를 수 있어야 하는 것이다.

이와 관련하여 회사의 재무정보를 투자자들에게 [   ]하는 것과 함께, 과연 회사가 돈을 벌어들인 것인지를 논란의 여지 없이 확정할 수 있게 하는 회계기법이 비약적으로 발전하게 된다. 이처럼 회사의 '소득'을 측정할 수 있게 됨에 따라 소득세제의 일부로서

의 법인세의 부과가 가능하게 되고, 한결 넓게는 '소득'이라는 개념이 온 사회에 널리
퍼지는 기반이 생겨났다.

제 2 절 소득세의 대안?

(1) 소득세는 흔히 [   ]세의 한 종류로 불리는데, 이는 현행 소득세제가 소득을 얻는 개
개인으로부터 직접 세금을 걷는 형태를 띠고 있기 때문이다. 이론상으로는 소득세제를
간접세로 하는 것도 가능한데, 이러한 간접세인 소득세를 운용하기 위해서는 소득을 얻
는 개개인으로부터 세금을 걷는 것이 아니라 비교적 많은 사람들에게 소득이 지급되는
'길목'에서 세금을 걷어야 한다(이러한 '길목'으로는 예를 들어 다수의 피용인에게 근로
소득을 지급하는 고용주, 다수의 주주들에게 배당소득을 지급하는 회사, 다수의 예금주
들에게 이자소득을 지급하는 금융기관 등을 들 수 있다). 따라서 '소득세는 직접세'라고
흔히 분류하는 것은 현재 우리가 갖고 있는 소득세가 직접세에 해당한다는 의미이며,
소득세가 논리필연적으로 직접세인 것은 아니다.

(2) 소득세를 직접세로 운영하자면 간접세로 운영하는 것에 비해 더 많은 비용이 들어간다.
왜 그런가? 더 비싼 운영비용에도 불구하고 현행 소득세제가 직접세를 택한 이유는 무
엇인가?

(3) 지금까지 현행 세제의 중심을 이루고 있는 소득세제의 가장 기본적인 내용에 관하여 언
급하여 왔지만, 특히 미국에서는 소득세제 대신에 소비세제를 세제의 중심에 두어야 한다
는 주장이 제기되면서 소득세제와 소비세제의 우열에 관한 논쟁이 계속되어 왔다. 우리나
라는 소득과세에 관한 법으로 소득세는 직접세 방식으로 소비세의 대표격인 [   ]세는
간접세 방식으로 걷고 있다.

(4) 재산과세, 가령 그 대표격으로 상속세나 증여세는 소득세에 대한 대안이 될 수 있을까?
우선 규범적 당위야 어떻든 전세계적으로는 상속세는 약화되는 추세이고 아예 폐지한
나라도 적지 않다. 상속세는 출발점의 평등을 지향한다. 그러나 가령 상속세 세율을
100%로 하여 상속 제도 자체를 인정하지 않는다면 어떤 반응이 나타날까? 근본적으로
는 사유재산권을 보장하고 그 처분의 자유를 인정하는 이상 증여의 자유를 통째로 부정
하기는 어렵고 결국 상속 자체도 인정하지 않을 수 없다. 그러나 그 결과 모든 개인들을
동일한 출발점에 놓고 자유롭게 경쟁하게 한다는 자유주의적인 생각은 모순과 한계에

부딪치게 된다. 상속세는 이러한 현실적인 한계 속에서도 '출발점의 평등'이라는 이상에 그나마 한결 다가가 보자는 노력을 불완전하나마 이념적으로 담고 있는 세금이다.

(5) 상속세나 증여세는 재산의 무상이전에 물리는 세금이지만 재산의 보유 그 자체에 물리는 세금도 있다. 대표격이 2005년에 생긴 종합[   ]세이다. 재산과세의 근거로서는 내재적 소득의 과세를 들기도 한다. 포괄적 소득 개념으로 본다면 가령 자가주택에서 생기는 사용가치 상당액도 과세해야 공평하지만(아래 제 3 절 Ⅲ.(6)), 실제로 과세하지는 못하기 때문에, 이 점을 보완하기 위하여 재산세를 물린다는 것이다. 그러나 현행법상의 재산과세는 반드시 내재적 소득 때문은 아니다. 예컨대 부동산을 직접 사용하지 않고 임대한다면 임대료에 소득세를 부과하면서도 다시 이러한 부동산에 대하여 종합부동산세를 물린다.[1] 이처럼 내재적 소득과 무관한 재산과세는 정당화할 수 있을까? 한 해에 변호사보수로 10억원을 버는 변호사와 재산은 10조원을 물려받았지만 무능력해서 해마다 1억원씩 결손을 보고 있는 사업가가 있다고 하자. 전자에게만 세금을 물리고 후자에게는 물리지 않아야 하는가? 부 그 자체를 담세력으로 삼는다면, 현행법이 부동산과 관련된 채무, 예를 들어 임차보증금이나 전세금 반환채무, 근저당의 피담보채무 등의 가액을 공제하여 주지 않는다는 점은 또 어떻게 생각해야 할까? 이러한 질문들에 대하여 어떻게 대답하든간에 현실적으로는 재산세가 부과되고 있고, 앞에서 살펴본 것과 같은 소득세의 보완 성격을 가진 세금과 순수하게 재산에 대하여 부과되는 성격을 가진 세금이 섞여 있다고 할 수 있을 것이다.

(6) '재산세'라고 해도 실제로 우리나라에서 재산세를 부과하는 대상은 자동차 정도를 제외하면 거의 부동산에 한정된다. 한편 이러한 부동산에 대한 세금은 전통적으로는 [①]세로서 부과되었다. 그 이유는 무엇이라고 생각하는가? [①]자치단체가 공공재를 제공하여 그로 인하여 해당 지역 내의 부동산 가격이 올라간다면, 그러한 공공재 제공의 비용, 즉 세금은 누가 부담하여야 하고, 또 누구에게 귀속되는 것이 공평하겠는가? 이와 같이 전통적으로 지방세였던 재산세와 달리 종합부동산세는 [②]세로서 부과되는 세금이다. 이 세금이 [②]세로서 운용될 수밖에 없는 이유는 전국에 소재하는 부동산을 소유자별로 합산하여 누진과세하기 때문이다.

(7) 끝으로 통상 '거래세'라고 불리는 취득세에 관하여 생각해보자. 취득세란 일정한 종류의

---

1) 현행법에서는 임대료에 소득세를 내는 소형주택이라면 일정요건하에 종합부동산세 과세대상에서 빼주고 있다.

재산을 취득한 사람에게 그 재산의 가액에 상응하여 세금을 물리는 것이다. 판례는 취득세가 '본래 재화의 이전이라는 사실 자체를 포착하여 거기에 담세력을 인정하고 부과하는 유통세의 일종'이라고 설시하고 있다.[2] 그런데 재화의 이전을 규제하여야 하는 것이 아니라면, 이러한 재화 이전에 세금을 물릴 당위성이 있는가? 아마도 취득세란 재산을 취득할 정도의 부가 있다는 사실 그 자체에 담세력을 인정하여 물리는 세금이라고 설명하는 편이 나을 듯하다. 그런데 이미 재산을 취득한 자금을 벌었을 때 또는 무상으로 그러한 자금을 취득하였을 때 세금을 낸 것이라면 재산의 취득 자체에 담세력을 인정하여 세금을 물리는 것은 정당화될 수 있는가?

제 3 절 납세의무와 소득구분

I. 종합소득과 퇴직소득

[관련법령]
소득세법 제76조, 제55조, 제14조, 제 1 조, 제 4 조 제 1 항.

(1) 세금이란 기본적으로 국가가 국민에 대하여 얼마의 돈을 내도록 하는 것이다. 국가가 국민으로부터 돈을 걷어가려면 법률에 그 근거 규정이 있어야 한다는 점은 당연하다. 국가가 국민에게 구체적으로 얼마의 소득세를 어떻게 내라고 하는 법률의 근거 규정이 위 '관련법령'에 인용된 법조문 어디에 있는가? 개개 납세자가 납부하여야 하는 돈, 즉 세액은 구체적으로 어떻게 정하여지고, 그 전단계에서 알아야 하는 개념으로서 종합소득산출세액, 종합소득과세표준과 같은 것들은 또한 각각 어느 조문에 의하여 어떻게 정하여지는지 법조문들의 흐름을 따라가 보자.

(2) 매년의 소득세는 언제까지 납부하도록 되어 있는가? 흔히 소득세는 개인에 대하여 부과되고 법인세는 법인에게 부과된다고 알고 있는데, 그렇게 볼 만한 근거 규정은 어디에 있는가?

(3) 지금까지 우리는 '소득'이라는 용어만을 사용하였지만, 위에 인용된 조문들을 읽다보면 그냥 '소득'이라는 말이 나오지는 않고 예를 들어 '종합소득'처럼 ○○소득이라는 용어들이 사용되고 있음을 알 수 있다. 이는 우리나라의 소득세법이 모든 순자산의 증가를

---

2) 대법원 2004. 11. 25. 선고 2003두13342 판결.

'소득'으로서 동일하게 취급하기보다는, 각각의 소득이 발생하게 된 '원천'을 따져 그 원천별로 소득의 종류를 구분하고 이에 따라 다른 종류의 소득에 대하여는 각기 다른 취급을 하고 있음을 의미한다. 특히 소득세법 제14조 제 1 항은 [   ]소득과 [   ]소득은 서로 '구분하여 계산'하도록 정하고 있다.

한편 소득세법 제14조 제 2 항에 열거되어 있는 이자소득, 배당소득 등은 모두 [①] 소득의 구성요소가 되는 것으로서, 이들 각각의 소득에 대한 세금은 1차적으로 각각 따로 계산되더라도 궁극적으로는 하나의 [①]소득으로 합쳐지며 이에 대하여는 하나의 단일한 세금으로 [①]소득세(더 줄여서 종소세)가 부과된다.

Ⅱ. 양도소득

[관련법령]

소득세법 제92조 제 1 항, 제95조.

(1) 앞 항에서는 소득세법이 소득을 크게 종합소득과 퇴직소득으로 나누어 각각 별도의 소득세를 물리고 있음을 살펴보았다. 그에 더해 다시 별도로 다루고 있는 종류의 소득이 하나 더 있는데, 그것이 [①]소득이다. 소득세법의 전체 체계를 보면, 제 2 장에서는 종합소득과 퇴직소득을 별도로 구분하고 있고 제 3 장에서는 아예 다시 별도의 [①]소득에 관하여 [①] 소득세라는 단위를 따로 두고 납세의무를 지우면서 납부할 세액을 계산하기 위한 일련의 규정들을 두고 있다.

(2) 양도소득세의 세율 체계는 종합소득세의 세율 체계와는 다르다. 부동산에 관한 양도소득에 관한 세율 체계가 특히 복잡하고, 여기에는 원칙적인 세율 외에도 많은 예외적인 규정들이 있다. 부동산의 양도소득이란 종종 비도덕적 행위의 대명사처럼 인식되어 있는 '부동산 투기'에서부터 나오는 과실(果實)이기 때문에 이에 관하여는 여러 가지 특별한 규율이 필요하다고 본 때문이다.

Ⅲ. 소득개념의 이념형 v. 소득세법상 과세소득

(1) 결국 현행 소득세법상 소득의 종류는 먼저 크게 종합소득, [①]소득, [②]소득의 셋으로 구분된다. 다시 종합소득으로 과세대상이 되는 소득은 [③]소득, [④]소득, 연금소득, [⑤]소득, 배당소득, 기타소득으로 구분한다. 놀라운 일일런지는 모르

지만 위와 같이 '소득'이라는 말은 우리 소득세법의 가장 밑바탕을 이루지만 법은 막상 '소득'이라는 말의 의미를 뚜렷이 정의하고 있지 않다.

(2) 과세물건으로서 '소득'이라는 말은 누구나 흔히 사용하는 말이지만, 정작 이를 명확하게 정의하기는 매우 어렵다. 우리 소득세법의 해석에서도 언제나 통용된다는 보장은 전혀 없지만, 근대 소득세제의 역사로 돌아가 보면 소득 개념은 공평이라는 이념의 하부 개념으로 태어났다. 그런 맥락에서 소득이라는 개념을 정의한 것으로 이른바 헤이그 – 사이먼즈(Haig – Simons)의 소득 개념이라는 것이 있다. 이는 흔히 "소득=소비+순자산증가"라는 공식으로 표현한다. 일정 기간 동안 그 납세자가 소비하여 없어진 것과 순자산, 즉 경제적 부(富)가 늘어난 것의 합계가 소득이 된다는 것이다. 이론상 순수한 소득세, 즉 이념형(理念型)의 소득세는 이러한 의미의 '소득'에 대하여, 그리고 이러한 의미의 '소득'에 대하여만 세금을 물리는 것이라고 말할 수 있다.

(3) 우리 실정법상 소득의 구분은 두 가지 의미를 가지고 있다. 우선 과세대상이 되는 소득의 범위를 한정하는 의미를 가진다. 종합소득, 퇴직소득, 양도소득 중 어디에도 해당하지 않는 소득은 설사 헤이그 – 사이먼즈의 소득 개념에 들어맞더라도 소득세법에 의한 소득세 부과 대상이 아니다.

다음으로 이러한 소득 구분별로 납세의무의 구체적 내용이 다르다(앞에서 살펴본 양도소득세 세율의 문제도 그 예의 하나이다). 종합소득, 퇴직소득, 양도소득에 대한 각각의 소득세는 별도로 계산되고, 또 별도로 신고납부해야 한다.

(4) 한편 소득세법은 다시 종합소득, 퇴직소득, 양도소득의 범주 내에서도 소득세의 부과 대상이 되는 경제적 이익의 종류를 일일이 열거하는 입장을 취하고 있으며, 여기에 해당하지 않는 한 소득세법상의 소득세 부과 대상이 아니다. 여기서 잠시 앞에서 살펴본 역사를 다시 떠올려 보자. 이러한 소득세법의 태도는 공평한가? 아무튼 지금까지 살펴본 바에 따르면, 우리 소득세법은 [   ]설의 입장에서 제한적 소득 개념을 채택하고 있다고 결론지을 수 있다. 다만 널리 다른 나라와 비교하여 보면 소득세법이 과세 대상으로 열거하고 있는 경제적 이익의 범위는 상당히 넓은 편이고 그러한 점에서는 [   ]증가설에 사실상 접근하고 있다고 평가된다.

(5) 일단 과세소득으로 열거되어 있는 것이더라도 다시 소득세법의 특별 규정이나 조세특례제한법과 특별법에서 비과세대상으로 열거하고 있는 것들도 있다. 예를 들어 소득세법 제12조는 '비과세소득'이란 제목하에 많은 종류의 소득을 과세하지 않는 것으로 열거하

고 있다. 이들 조문들을 살펴보고 각각에 대하여 왜 특례를 인정하였는지에 관하여 생각하여 보자.

(6) 헤이그－사이먼즈의 소득 개념에 의할 때 이론적으로 흔히 논의의 대상이 되는 문제로 이른바 '내재적 소득'(imputed income, 귀속소득)이 있다. 어떤 자산을 보유하고 있을 때 그 자산으로부터 누리는 사용가치 상당의 이익을 가리키는 것이다. "소득 = 소비 + 순자산증가"라고 한다면, 월셋집의 임대인은 임대소득에 세금을 내지만 임차인은 월세(＝사용가치의 소비)를 비용으로 공제받지 못 한다. 그렇다면 자기 집에 사는 사람은 그가 직접 소비하는 집의 사용가치를 소득에 포함해야 균형이 맞는다. 자신이 자신에게 월세를 지급하는 셈이기 때문이다. 재산만이 아니라 가사노동 따위에도 내재적 소득의 과세문제가 생긴다. 내재적 소득은 아니지만 본질적으로 같은 문제가 사생활 재산의 양도소득 따위에도 생긴다.

(7) 결국 실정법의 소득 개념은 공평이라는 가치와 사생활의 자유라는 가치, 이 두 가지가 어느 정도 타협하는 곳에 자리잡게 마련이다. 원론적인 차원에서 이야기하자면, 지금까지 언급한 순자산증가설(또는 포괄적 소득 개념)은 헤이그－사이먼즈의 소득 개념을 바탕으로 공평의 이념에 더 충실한 것이고, 소득원천설(또는 제한적 소득 개념)은 그보다는 자유와 사생활보호라는 이념에 더 충실한 것이라고 할 수 있다. 입법례로는 미국과 같이 순자산증가설을 기본으로 하고 있는 나라가 있는가 하면 영국, 독일이나 우리나라와 같이 소득원천설을 기본으로 하고 있는 나라도 있다. 그러나 가령 우리나라처럼 소득원천설이나 제한적소득 개념을 따르면서도 과세소득의 범위가 아주 넓어서 결과적으로 순자산증가설에 가까울 수도 있다. 또 순자산증가설을 따르는 나라라 하더라도 실제는 과세하기 어려운 부분은 빼게 마련이다. 결국 소득세법의 체계를 순자산증가설과 소득원천설 중 어느 쪽에 입각하여 구성하든간에 실제의 결과는 그리 다르지 않은 것이 보통이다.

한편 법인세의 경우에는 우리나라도 [   ]설을 채택하고 있다. 왜 그럴까? 소득원천설이 순자산증가설에 대하여 가지는 특징이, 국가가 관여할 수 없는 개인의 사생활 영역을 인정하고 이에 대하여 국가가 관여하지 않도록 한다는 것이라는 점을 생각하여 보자. 이러한 소득원천설의 특징이 법인에 대하여도 적용될 수 있는가? '국가가 관여할 수 없는 법인의 사생활 영역'이라는 것을 인정할 수 있겠는가?

(8) 미실현이득은 과세할 수 있는가? 과세해야 하는가? 헌법재판소 1994. 7. 29. 92헌바49,

52(병합) 결정은 미실현이득의 과세는 원칙적으로 입법정책의 문제라고 한다. 사례 (12-1) [이유] 3. 나. (3).

(ⅰ) 실현주의와 포괄적 소득 개념은 어떤 관계인가? "이득이 실현되었건 실현되지 않았건", 곧 재산을 처분하여 현금화했든 아니면 값이 오른 상태에서 그대로 가지고 있든 "납세자에게 소득의 증대에 따른 담세력의 증대가 있었다는 점"에 차이가 있는가?

(ⅱ) 위 헌법재판소 결정은 미실현이익에 대한 과세가 합헌이기 위해서는 일정한 요소를 갖추어야만 한다고 설시하고 있다. 그러한 요소로서 들고 있는 것은 크게 세 가지이다. ㈎ 이득의 금액에 대한 공정하고 정확한 [   ], ㈏ 납세자의 현실담세력(현금 내지 유동성 문제), ㈐ [   ]가 다시 떨어질 수 있다는 점에 대한 배려.

(ⅲ) 위 (가), (나), (다) 세 요소 중 자산의 가치가 올랐다고는 하지만 다시 떨어질 수 있다는 점은 "미실현이득도 소득"이라는 명제에 대한 정당한 논박이 아니다. 가격이 오른 재산을 실제로 팔아서 현금을 받았다고 하자. 이 현금으로 무엇을 할까? 다시 다른 재산을 산다면, 새로 산 재산 역시 가격이 떨어질 수 있다는 점은 마찬가지일 뿐이다. 실현여부는 '전체 자산[①]을 어떻게 하여 둘 것인가를 선택하는 자산 [①]형태의 문제일 뿐'이다. 실현된 이상 과세할 수 있다는 논리는 재산을 판 돈으로 다시 다른 재산을 사지 않는다, 곧 처분대가를 현금화해서 바로 소비한다고 전제해야 한다. 그런데 이렇게 가정한다면 과세하는 금액은 이미 소득이 아니고 그 가운데 [②]하는 금액이다. 즉 논리를 엄밀히 따진다면 적어도 개념의 문제로서는 '실현'은 소득세제와는 모순되는 것이고 [②]세의 속성일 뿐이다.

(ⅳ) 그러나 ㈎, ㈏ 두 가지 문제점 때문에 현실의 세제는 어정쩡한 타협을 이루어 [   ]주의를 택하고 있다. 이러한 타협은 현실의 세제가 소득세와 소비세의 혼합이라는 성격을 띤다는 것을 말하고, 그 결과 논리의 앞뒤가 어긋나다 보니까 소득세의 틀 안에서 실현주의는 현실적으로 여러 가지 문제를 일으키게 마련이다. 상세한 것은 뒤의 세무회계 부분에서 다시 살펴본다.

(9) 위법소득은 과세할 것인가?

[관련법령]
법인세법 제67조, 소득세법 제20조 제 1 항 제 3 호.

사례 7-1   대법원 1983. 10. 25. 선고 81누136 판결

【원고, 상고인】 원고 소송대리인 변호사 임영득

【피고, 피상고인】 대전세무서장

【원심판결】 서울고등법원 1981. 3. 4 선고 80구519 판결

【주   문】

상고를 기각한다.

상고 소송비용은 원고의 부담으로 한다.

【이   유】

원고 소송대리인의 상고이유를 판단한다.

소득세법은 소득세부과대상이 되는 소득을 일일이 열거하여 그 열거된 소득에 대하여만 소득세를 부과하도록 규정하고 있으므로 소득세법에 규정되어 있지 아니한 소득에 대하여 소득세를 부과할 수 없음은 소론과 같으나 소득세법은 개인의 소득이라는 경제적 현상에 착안하여 담세력이 있다고 보여지는 것에 과세하려는 데 그 근본취지가 있다 할 것이므로 과세소득은 이를 경제적 측면에서 보아 현실로 이득을 지배·관리하면서 이를 향수하고 있어 담세력이 있는 것으로 판단되면 족하고 그 소득을 얻게 된 원인관계에 대한 법률적 평가가 반드시 적법하고 유효한 것이어야 하는 것은 아니라 할 것이다.

원심판결 이유에 의하면, 원심은 원고가 소외 1 주식회사의 부사장으로 재직하면서 같은 회사가 대전시로부터 매수한 공장부지 3,000평을 소외 천광철강주식회사에게 양도하고 그 대금을 착복하였는바 위 공장부지의 양도로 인한 이익은 소외 1 주식회사의 익금으로 산입되어야 할 것임에도 불구하고 이를 회사에 입금시키지 아니하고 원고 개인이 이를 취득하였으니 위 이익은 같은 소외 회사의 익금에 추가 산입되어야 하고 이는 같은 회사의 임원인 원고에게 귀속되었음이 분명하므로 당시의 법인세법...규정에 따라 이를 원고에 대한 상여로 처분하여야 할 것이며 소득세법 제21조 제 1 항의 규정에 의하면, 법인세법에 의하여 상여로 처분된 금액은 ...근로소득으로 보도록 되어 있으므로 결국 원고에게는 종합소득세 부과대상인 근로소득이 존재한다고 설시한 다음 위와 같은 원고의 소득이 범죄행위로 인한 위법소득에 해당된다 하더라도 소외 1 주식회사는 타에 처분된 위 공장부지를 그 매도인이었던 대전시에 반납한 양 기장 처리하여 놓고 원심변론종결시까지도 원고의 위법소득에 대한 환원조치를 취하고 있지 않으니 이는 과세소득에서 제외시킬 수 없다고 판단하여 원고의 청구를 기각하였는바, 위 공장부지의 양도로 인한 이익이 소외 1 주식회사의 익금으로 산입되어야 한다는 점에 다툼이 없는 이 사건에 있어서 이와 같은 원심의 판단은 논리과정에 다소

미흡한 점이 있기는 하나 결론에 있어서 정당하고 논지가 지적하는 바와 같은 세법의 법리를 오해하여 위법소득을 과세소득에 포함시킨 잘못이 있다거나 조세법률주의의 원칙을 위반한 잘못이 있다고 볼 수는 없다 할 것이다. 논지는 이유 없다.

이에 상고를 기각하고, 상고 소송비용은 패소자의 부담으로 하여 관여 법관의 일치된 의견으로 주문과 같이 판결한다.

대법관 김덕주(재판장) 정태균 윤일영 오성환.

> Notes & Questions

(1) 이 판결의 쟁점은 원고가 회삿돈을 횡령한 것을 원고의 소득으로 과세할 수 있는가이다. 과세할 수 없다고 원고가 주장하는 이유 두 가지를 첫 문단과 둘째 문단에서 각 하나씩 찾아보라. 두 가지 주장에 대한 법원의 판단은 무엇인가?

(2) 원고가 사실심 변론종결시까지 횡령금을 반환했다면 이 판결의 결론은 달라질까? 횡령금을 몰수나 추징받았다면 어떨까? 대법원 2015. 7. 16. 선고 2014두5514 판결.

(3) 위법소득의 반환에 어떤 효과를 줄 것인가의 문제는 별개로 생각한다면, 이 판결은 일단 '위법소득도 소득'이라고 본 중요한 선례이다. 그 밖에 (사례 8−1). '위법소득도 소득'이라는 논리를 실정법상으로 받아들인 것으로, [   ] 등을 과세 대상으로서 열거하고 있는 소득세법 제21조 제 1 항 제23호, 제24호의 규정 등을 들 수 있다.

(4) 사례 (7−1)에서는 위법소득을 얻느라 원고가 지출한 필요경비가 없겠지만, 가령 어떤 사람이 위법한 사업을 하면서 지출한 경비가 있다면 원칙적으로 필요경비로 공제받는다. 소득세제에서 담세력이란 원칙적으로 순소득이기 때문이다. 대법원 1998. 5. 8. 선고 96누6158 판결 (법인세). 필요경비의 지출이 사회질서에 반한다면 필요경비로 뗄 수 없다. (사례 13−7). 대법원 2015.2.26. 선고 2014두16164 판결(성매매손님 유치수당)

Ⅳ. 소득의 귀속

> 예제 갑이 5억 원을 출자하여 사업을 하되 거기서 생기는 이익 중 절반은 처음부터 아들인 병에게 거저 주기로 하는 약정을 체결하였다고 하자. 결국 1년 동안 5천만원을 벌어서 갑은 2,500만원만 갖고 나머지 2,500만원은 병이 가졌다고 하자.

(1) 갑의 소득은 얼마인가? 갑이 거래상대방들에게도 처음부터 거래대가의 절반은 병에게 지급하라고 하고 실제로 그와 같이 지급되었다면 결론이 달라지는가?

(2) 우리나라에서는 아직 이에 관한 명확한 선례가 제시된 바는 없는 듯한데, 미국에서는 이미 1920~30년대에 이 문제가 연방대법원에서 논의되어서 "Lucas v. Earl" 판결[3]이 나왔다:

"세법이 그 소득을 벌어들인 사람에게 소득세를 부과할 수 있다는 점은 너무나 명백하고, 그와 같이 소득을 벌어들인 당사자가 극도로 정교하게, 그러한 소득이 단 한 순간이라도 자신에게 귀속되는 일이 없도록 법적으로 미리 거래구조를 짜 놓는다 하더라도 그러한 소득세가 회피될 수 없음 역시 너무나 명백하다."

제 4 절 과세(소득계산)의 인적 단위

I. 개인 v. 가족(부부)

[관련법령]
구 소득세법(2002년말 개정 전의 것) 제61조 제 1 항(현재는 삭제. 아래 결정문 중 심판의 대상 부분 참조).

사례 7-2 헌법재판소 2002. 8. 29. 2001헌바82 결정

【당 사 자】청구인 최○희 대리인 변호사 강인애
　　　　　당해 사건 서울행정법원 2001구18496 종합소득세경정청구거부처분취소
【주　　문】
소득세법 제61조(1994. 12. 22. 법률 제4803호로 전문 개정된 것)는 헌법에 위반된다.

---

3) 281 U.S. 111(1930).

【이 유】

1. 사건의 개요와 심판의 대상

가. 사건의 개요

(1) 청구인은 ○○대학교의료원의 의사로서 1999년도 귀속 종합소득금액은 근로소득금액 48,996,506원, 부동산임대소득금액 11,748,546원이고, 청구인의 배우자 김동권은 □□섬유공업사, △△염공과 △△볼링장을 운영하는 개인사업자로서 1999년도 귀속 종합소득금액은 근로소득금액 2,400,000원, 부동산임대소득금액 214,137, 845원, 사업소득금액 (-)3,562,398,226원이었다.

(2) 청구인은 2000. 5. 30. 소득세법(이하 '법'이라 한다) 제61조 제1항, 동법시행령(이하 '법시행령'이라 한다) 제120조의 각 규정에 의하여 자신을 주된 소득자로 하여 1999년도 귀속 종합소득세과세표준확정신고를 함에 있어, 자신의 근로소득금액 48,996,506원과 부동산임대소득금액 11,748,546원에 자산합산대상배우자인 김동권의 부동산임대소득금액 214,137,845원을 합산하여 종합소득금액 274,882,897원, 과세표준 269,611,499원, 산출세액 94,844,599원 및 납부할 세액으로 94,406,597원을 신고하고, 그 세액을 전부 자진납부하였다.

(3) 그런데 청구인은 김동권의 사업소득에서 발생한 결손금 3,562,398,226원(이하 '이 사건 결손금'이라 한다)을 청구인과 김동권의 부동산임대소득금액 225,886,391원(214,137,845원+11,748,546원)에서 공제하지 않았다는 이유로, 2000. 8. 7. 종로세무서장에게 법 제45조 제1항에 따라 이 사건 결손금을 청구인과 김동권의 부동산임대소득금액에서 공제하여 종합소득세과세표준을 55,973,654원, 산출세액을 11,792,096원으로 경정하여 줄 것을 청구하였다. 이에 대하여 종로세무서장은 2000. 9. 24. 소득세법 통칙 45-2 및 45-4를 근거로 하여 청구인의 경정청구를 거부하는 처분을 하였다.

(4) 이에 청구인은 위 종로세무서장의 종합소득세경정청구거부처분의 취소를 구하는 소송을 서울행정법원에 제기하였고...위헌제청신청...기각결정문을 송달받은 후, 2001. 10. 29. 이 사건 헌법소원 심판청구를 하였다.

나. 심판의 대상

(1) 그러므로 이 사건의 심판대상은 소득세법 제61조(1994. 12. 22. 법률 제4803호로 전문 개정된 것) 제1항(이하 '이 사건 법률조항'이라 한다)이 헌법에 위반되는지 여부이며, 심판대상조항 및 관련조항의 내용은 다음과 같다.

소득세법 제61조(자산소득합산과세) ① 거주자 또는 그 배우자가 이자소득·배당소득 또는 부동산임대소득(이하 '자산소득'이라 한다)이 있는 경우에는 당해 거주자와 그 배우자 중 대통령령이 정하는 주된 소득자(이하 '주된 소득자'라 한다)에게 그 배우자(이하 '자산합산대상배우자'라 한다)의 자산소득이 있는 것으로 보고 이를 주된 소득자의 종합소득에 합산하여 세액을 계산한다…

2. 청구인의 주장과 이해관계기관의 의견

(생 략)

3. 판   단

가. 이 사건 법률조항의 입법연혁과 자산소득합산과세제도의 주요 내용

…(4) 소득세법상 자산소득합산과세의 대상자는 주된 소득자와 그 배우자(이하 '자산합산대상배우자'라 한다)이다(법 제61조 제 1 항). 여기서 '주된 소득자'는 거주자 또는 그 배우자 중 자산소득금액외의 종합소득이 많은 자…가 된다(법시행령 제120조)…

나. 외국의 입법례

…위에서 살펴 본 독일과 일본은 물론 다른 선진국가들도 부부의 자산소득합산과세제도를 시행하지 않고 있다.

4. 이 사건 법률조항의 위헌 여부

가. 이 사건 법률조항의 법적 효과 및 법률상 쟁점

…자산소득합산대상배우자의 자산소득이 주된 소득자의 연간 종합소득에 합산되면 합산 전의 경우보다 일반적으로 더 높은 누진세율을 적용받기 때문에, 더 높은 세율이 적용되는 만큼 소득세액이 더 증가하게 되어 합산대상소득을 가진 부부는 자산소득이 개인과세되는 독신자 또는 혼인하지 않은 부부보다 더 많은 조세를 부담하게 된다.

그러므로 이 사건에서의 법률상 쟁점은 이 사건 법률조항으로 인하여 혼인한 부부에게 더 많은 조세를 부과하는 것이 헌법에 위반되는지 여부이다.

나. 이 사건 법률조항이 헌법 제36조 제 1 항에 위반되는지 여부

이 사건 법률조항은 자산소득합산과세의 대상을 혼인한 부부로 한정하고 있으므로, 혼인과 가족생활의 보호를 규정하고 있는 헌법 제36조 제 1 항에 위반되는지 여부를 중점적으로 살펴본다.

(1) 헌법 제36조 제 1 항의 규범 내용

1) 헌법 제36조 제 1 항은 "혼인과 가족생활은 개인의 존엄과 양성의 평등을 기초로 성립되고 유지되어야 하며, 국가는 이를 보장한다"라고 규정하고 있는데…특정한 법률조항이 혼인한 자를 불리하게 하는 차별취급은 중대한 합리적 근거가 존재하여 헌법상 정당화되는

경우에만 헌법 제36조 제 1 항에 위배되지 아니한다…

(2) 이 사건 법률조항에 의한 혼인한 부부의 차별취급

이 사건 법률조항…혼인의 구성요건을 근거로 혼인한 부부에게 더 높은 조세를 부과하여 혼인한 부부를 혼인하지 않은 부부나 독신자에 비해서 불리하게 차별취급하고 있다.

(3) 이 사건 법률조항에 의한 혼인한 부부의 차별취급이 헌법상 정당화되는지 여부

이 사건 법률조항이 자산소득합산과세를 통해서 혼인한 부부를 혼인하지 않은 부부나 독신자에 비해서 차별취급하는 것이 헌법상 정당화되는지 여부를 살펴본다.

1) 자산소득합산과세제도가 부부 간의 인위적인 소득분산에 의한 조세회피행위를 방지하고자 하는 목적을 추구하고 있지만, 부부 간의 인위적인 자산 명의의 분산과 같은 가장행위 등은 상속세 및 증여세법상 증여의제규정(제44조) 등을 통해서 조세회피행위를 방지할수 있다.

그리고 부부의 일방이 혼인 전부터 소유하고 있던 재산 또는 혼인중에 상속 등으로 취득한 재산과 같은 특유재산 등으로부터 생긴 소득은 소득세 부담을 경감 또는 회피하기 위하여 인위적으로 소득을 분산한 결과에 의하여 얻어진 소득이 아니다. 그럼에도 불구하고 자산소득합산과세제도가 부부의 일방이 특유재산에서 발생한 자산소득까지 그 다른 한쪽의 배우자(주된 소득자)의 종합소득으로 보아 합산과세하는 것은 불합리하다…

3) 소득불평등의 직접적 원인이 되고 있는 자산소유의 불평등을 소득세에 의하여 시정하기 위하여 누진세율을 적용함으로써 소득의 재분배가 이루어지고 있다. 따라서 자산소득이 있는 자와 없는 자 간의 불공평의 해소를 위해서 혼인과는 상관 없이 자산소득이 있는 모든 납세의무자에 대하여 누진세율의 적용에 의한 소득세부과를 통해서 소득의 재분배기능을 강화하는 것은 타당하다. 그러나 자산소득이 있는 모든 납세의무자 중에서 혼인한 부부가 혼인하였다는 이유만으로 혼인하지 않은 자산소득자보다 더 많은 조세부담을 하여 소득을 재분배하도록 강요받는 것은 타당하지 않다고 할 것이다.

4) 부부자산소득합산과세와 같이 순수한 조세법 규정에서 조세부과를 혼인관계에 결부시키는 것은 가족법 등에서 혼인관계를 규율하는 것과는 달리 소득세법 체계상 사물의 본성에 어긋난다. 그래서 자산소득합산과세로 인하여 발생하는 소득세부담의 증가가 소득세법의 본질상 혼인관계를 기초로 발생하는 것은 타당하지 않다고 할 것이다.

5) 부부 자산소득 합산과세는 헌법 제36조 제 1 항에 의해서 보호되는 혼인한 부부에게 조세부담의 증가라는 불이익을 초래한다. 이러한 불이익은 자산소득을 가진 고소득계층뿐만 아니라 자산소득을 가진 중간 소득계층에게도 광범위하게 발생한다고 볼 수 있고, 자산소득을 가진 혼인한 부부가 혼인하지 아니한 자산소득자에 비해서 받게 되는 불이익은 상당히

크다고 할 것이다. 이에 반해서 자산소득합산과세를 통하여 인위적인 소득분산에 의한 조세회피를 방지하고, 소비단위별 담세력에 부응한 공평한 세부담을 실현하고, 소득재분배효과를 달성하는 사회적 공익은 기대하는 만큼 그리 크지 않다고 할 것이다. 위 양자를 비교형량하여 볼 때 자산소득합산과세를 통해서 얻게 되는 공익보다는 혼인한 부부의 차별취급으로 인한 불이익이 더 크다고 할 것이므로, 양자 간에는 균형적인 관계가 성립한다고 볼 수 없다.

위에서 살펴본 바와 같이, 이 사건 법률조항이 자산소득합산과세제도를 통하여 합산대상 자산소득을 가진 혼인한 부부를 소득세부과에서 차별취급하는 것은 중대한 합리적 근거가 존재하지 아니하므로 헌법상 정당화되지 아니한다. 따라서 혼인관계를 근거로 자산소득합산과세를 규정하고 있는 이 사건 법률조항은 혼인한 자의 차별을 금지하고 있는 헌법 제36조 제 1 항에 위반된다. 그러므로 이 사건 법률조항이 다른 헌법 조항에 위반되는지 여부에 대한 추가적인 판단은 불필요하다.

다. 소 결 론

그렇다면 이 사건 법률조항인 소득세법 제61조 제 1 항은 헌법에 위반된다...

5. 결   론

그렇다면 소득세법 제61조 제 1 항 내지 제 4 항은 헌법에 위반되므로 재판관 전원의 일치된 의견으로 주문과 같이 결정한다.

재판관   윤영철(재판장) 한대현 하경철 김영일 권성 김효종(주심) 김경일 송인준 주선회

Notes & Questions

(1) 이 사건의 배경으로, 청구인의 배우자는 부동산임대소득과 그 밖에 다른 사업소득을 벌었고(정확히는 이 사건 당시의 법에서는 부동산임대소득을 사업소득과 별도로 구분하고 있었다), 사업소득에서는 결손금이 났다. 그런데 이 사건 당시의 법은 자산소득(부동산임대소득 포함)은 [①]합산과세로 [①] 가운데 주된 소득자에게 합산하라고 정하고 있었다. 그 결과 배우자의 부동산임대소득은 청구인의 근로소득에 합산되고, 배우자의 사업소득 결손금은 공제받지 못한 채 장래로 이월하게 되었다. 현행법으로 소득세법 제45조.[4)]

---

4) 현행법에서는 부동산임대소득이 사업소득의 일종이지만, 부동산임대에서 생긴 결손금은 다른 사업소득에서 공제받지 못한다.

(2) 이 결정은 자산소득합산과세의 취지를 무엇이라고 하는가? 한결 일반화해서, 소득이
(i) 남녀 각 2억원씩인 부부와 (ii) 남편은 3천만원 여자는 3억 7천만원인 부부가 있
다고 하자. 이 두 부부 사이에 세부담은 같아야 할까 달라야 할까? 만일 이 두 부부의
세부담이 서로 같아야 한다면, 세부담을 일치시킬 수 있는 길은 무엇인가?

(3) 이 사건에서는 결손금 공제여부 때문에 청구인이 불리한 지위에 서게 되었지만 한결
더 일반화하더라도 이 사건 당시의 법은 [②]한 부부를 [②]하지 않은 남녀
나 독신자보다 불리하게 차별취급했다고 말할 수 있다. 부부소득이 합산되면 더 높
은 [   ]을 적용받기 때문이다(결정문 4.가.). 가령 예를 들어 소득이 2억원인 여자와
2억원인 남자가 결혼하면, 두 사람을 합해서 본 세금은 올라간다. 영어로는 이를
marriage penalty라 부른다.

(4) 이 결정에 따를 때 [②]한 부부에게 불리한 차별취급이 위헌이라는 근거는 무엇
인가?

(5) 결국 (i) 누진세하에서 (ii) 세제의 혼인중립성을 유지하면서 (iii) 소득이 같은 부부
라면 세부담도 같게 맞춘다, 이 세 가지의 동시달성은 불가능하다. 미국법 용어로 이를
impossibility theorem이라 부른다. 그렇다면 이 세 가지 가운데 어느 것을 버릴 것인
가? 미국 법원은 헌법에 명문규정이 없는 이상 이 선택은 입법재량이라고 한다.
Drucker v. Comr., 697 F.2d 46 (2nd Cir. 1982), cert. denied 461 US 967. 2001헌
바82 결정은 이 문제를 다루고 있는가?

(6) 혼인중립성을 포기하는 세제라면 반드시 marriage penalty가 생기는 것이 아니라 혼인
하면 세금이 줄도록 할 수도 있다. 가령 부부(또는 가족)의 소득을 합산한 뒤 이 소득을
식구수로 나눈다면 부부(또는 가족)간의 공평을 이루면서, 세금은 혼인 전보다 오히려
줄게 된다. 프랑스의 세제가 그렇다.

(7) 헌법재판소는 위 2001헌바82 결정의 논리를 종합부동산세에도 연장하여 합산과세는 위
헌이라 결정하였다. 헌법재판소 2008. 11. 13. 2006헌바112 결정. 따라서 현재 헌법재판
소의 판례는, 일반적으로 우리나라 헌법하에서는 marriage penalty 때문에, 담세력을
부부 단위로 측정할 수 없다는 입장이라고 이해할 수밖에 없다.

Ⅱ. 단   체

1. 비영리단체

[관련법령]

소득세법 제 2 조 제 3 항.

사례 7-3 대법원 1981. 6. 9. 선고 80누545 판결

【전 문】

【원고, 상고인】 유덕재 소송대리인 변호사 최병륜

【피고, 피상고인】 성북 세무서장 소송수행자 박정수

【원심판결】 서울고등법원 1980. 10. 15. 선고 80구274 판결

【주   문】

원심판결을 파기하고, 사건을 서울고등법원에 환송한다.

【이   유】

…원심판결은 그 이유에서 본건 재산인 각 임야는 원래 기계유씨 언염파종중의 분묘 20여 기가 산재하여 있고 1950년에는 위 종중의 사설묘지로서 허가까지 받은 위 종중의 소유인데 1972. 4. 12 그 소유권보존등기를 함에 있어서 편의상 위 종중 대표자인 원고 명의로 등기부상 등재되었던 사실, 그 후 경인고속도로가 개통되어 위 임야가 묘지로서 적당하지 않게 되자 다른 곳에 종중 묘지를 마련할 목적으로 종중결의를 거쳐 위 각 임야를 매각하게 된 사실, 그러나 위 각 임야가 등기부상 원고 소유로 등재되어 있었던 관계로 1977. 9. 5 원고 개인이 이를 소외 권오은에게 대금 19,782,000원에 매도하는 형식을 취하였고 그 후 이 매도대금으로 위 종중 명의로 다른 곳에 위 종중 소유의 토지를 구입하였던 사실, 위 종중은 국세기본법 시행령 제8조에 규정된 과세단위로 볼 수 있는 단체인 주무관청의 허가를 받아 설립되었거나 공익을 목적으로 출연된 기본재산이 있는 재단으로서 등기되지 아니한 것에 해당되지 않는 사실을 인정한 다음, 그렇다면 위 각 임야는 내부적인 관계에서는 위 종중의 소유라 하더라도 대외적인 관계에서는 원고의 소유라 할 것이고 위 종중은 국세기본법, 소득세법 및 법인세법등에 의하여 규정된 과세단위로 볼 수 있는 단체에 해당되지 아니하므로 위 각 임야를 원고의 소유로 보고 한 피고의 위 과세처분이 세법상의 실질과세의 원칙에 위배된다고 볼 수 없다 하여 과세처분취소를 구하는 원고의 본건 청구를 배척하였다.

···위 원판시는 위 종중이 세법상의 과세단위로 볼 수 없으니 등기명의인인 원고에의 과세를 적법시한 것 같으나 소득이나 수익 및 거래의 법률상 귀속은 명목뿐이고 사실상 귀속자가 따로 있을 때는 명목상의 귀속자에 세금을 부과하지 아니하고 실질상의 귀속자에 이를 부과한다는 취지인 만큼 실질상의 귀속자가 과세단위로 볼 수 있는 여부에 불구하고 명목상의 귀속자에겐 과세할 수 없는 것이라고 해석된다. 그리고 위 종중이 국세기본법상의 법인격이 없는 사단, 재단 또는 단체에 해당되지 아니한다 하여도 소득세법 제···에 규정된 단체의 대표자 또는 관리인이 선임되어 있고 이익의 분배방법 및 비율이 정하여져 있지 아니하는 단체로서 거주자로 보고 또 법인세법 제···에 규정된 법인격 없는 사단, 재단, 기타 단체는 비영리내국법인으로 보고 이 법을 적용한다는 규정에 따라 과세단위로 볼 수 있다고 할 것이니 이 점에서도 원심판결은 과세단위에 관한 법리오해 있다고 할 것이다.

그러므로 관여 법관의 일치된 의견으로 원심판결을 파기환송하기로 주문과 같이 판결한다.

대법관 전상석(재판장) 이일규 이성렬 이회창.

사례 7-4 대법원 1984. 5. 22. 선고 83누497 판결

【원고, 피상고인】 이홍열
【피고, 상고인】 수원세무서장
【원심판결】 서울고등법원 1983. 7. 14. 선고 83구2 판결
【주 문】
상고를 기각한다.
상고 소송비용은 피고의 부담으로 한다.
【이 유】
피고 소송수행자의 상고이유를 판단한다.

종중(宗中)은 소득세법 제···에 규정된 단체의 대표자 또는 관리인이 선임되어 있고 이익의 분배방법 및 비율이 정하여져 있지 아니하는 단체로서 거주자로 보아 과세단위가 된다 할 것인바(대법원 1981. 6. 9 선고 80누545 판결; 1983. 5. 10. 선고 82누167 판결 각 참조), 기록에 의하면 소외 덕수 이씨 진사공파 종중이 그 명의로 1936. 2. 1 취득하였던 임야 26,474평방미터를 소외 김건식에게 양도하자, 피고는 1982. 3. 2 위 종중의 대표자인 원고 개인 앞으로 양도소득세 금 2,325,106원, 방위세 금 232,509원을 각 부과한 사실이 인정되는데, 그렇다면 과세단위가 되는 위 종중에 대하여 과세하여야 할 터인데도 그러하지 아니

하고 그 대표자인 원고 개인에게 대하여 부과한 이 사건 과세처분은 위법하다 할 것이며(대법원 1983. 4. 12. 선고 82누444 판결 참조),

또 국세징수법 제 9 조에 의하면 세무서장 등이 국세를 징수하고자 할 때에는 납세자에게 세액산출근거를 명시한 고지서를 발부하여야 되며 국세기본법 제 8 조, 제10조 제 1, 2, 5 호, 제11조 제 1 항 제 3 호에 의하면, 위 고지서와 같은 세법상의 서류 등은 그 명의인의 주소, 거소, 영업소 등에 교부 또는 등기우편에 의하여 송달하여야 하며, 그 송달을 받아야 할 자가 주소 등을 이전한 때에는 주민등록표 등에 의하여 이를 확인하고 그 이전된 장소에 송달하되 그 주소 또는 영업소가 분명하지 아니한 때에는 공시송달할 수 있도록 각 규정되어 있고 같은법 시행령 제 7 조에 의하면 위 "주소 또는 영업소가 분명하지 아니한 때" 라고 함은 주민등록표 등에 의하여도 이를 확인할 수 없는 경우를 말한다고 규정하고 있는바, 원심판결 이유에 의하면 원심은 원고는 주민등록표상 1981. 12. 7.까지 서울 동대문구 전농동 46의 88에 거주하고 있다가 같은해 12. 8 경기 용인군 포곡면 마성리 24로 전출하였는데 피고는 위 종중에 대하여 부과하여야 할 이 사건 세금을 원고 개인에게 부과하면서 그 고지서를 원고의 주소지가 아닌 위 종중의 등기부상 주소지인 경기 용인군 포곡면 영문리 16으로 송달하였다가 1982. 1. 30 송달불능이 되자 원고에 대한 위 고지서를 공시송달하여 이 사건 부과처분을 하기에 이른 사실을 확정한 후, 그러하다면 피고가 원고의 주소를 주민등록표 등(위 임야를 매도한 후 종중의 대표자인 원고의 인감증명을 첨부하여 소유권이전등기를 경료하여 주었으므로 그 인감증명에 의하면 주민등록표상의 주소지를 그냥 알 수 있을 것이다)에 의하여 충분히 확인할 수 있음에도 불구하고 이에 이르지 아니하고 원고가 대표자로 있는 위 종중의 등기부상의 주소로만 발송하였다가 반송되었다 하여 행한 이 사건 납세고지서의 공시송달은 위 송달관계 법령의 규정상 적법한 송달로서 효력을 발생할 수 없다 하여

피고의 이 사건 부과처분은 원고에게 적법하게 고지되지 아니한 무효의 처분이라고 판단하고 있는바(대법원 1982. 3. 23. 선고 81누280 판결; 1982. 5. 11. 선고 81누319 판결 각 참조) 기록에 비추어 살펴보니 원심의 사실인정과 판단은 정당하게 여겨지고 거기에 주장하는 바와 같은 심리미진이나 국세기본법상의 공시송달에 관한 법리오해 및 채증법칙 위배의 위법이 없다. 논지는 모두 이유 없다.

따라서 상고를 기각하고, 상고 소송비용은 패소자의 부담으로 하여 관여 법관의 일치된 의견으로 주문과 같이 판결한다.

대법관 신정철(재판장) 김중서 강우영 이정우.

Notes & Questions

(1) 이 두 판결의 사실관계를 보면 처분청의 과세처분은 각 누구를 납세의무자로 보고 한 것인가? 이 두 판결은 실질적인 종중토지의 양도에 따르는 양도소득세 납세의무자는 종중과 대표자 가운데 어느 쪽이라고 하는가?

(2) 양도소득세는 소득세법에 따른 세금이다. 자연인이 아닌 종중이 소득세법상의 납세의무자가 되는 법조문상 근거는 무엇이고 그런 단체의 다른 예로는 어떤 것이 있을까?

(3) 종중이 법인세법상 납세의무자가 될 수 있는 가능성도 있는가? 대법원 80누545 판결(사례 7-3). 현행법으로 국세기본법 제13조 제 2 항, 법인세법 제 1 조 제 2 호, 부동산등기법 제26조, 금융실명거래 및 비밀보장에 관한 법률 제 2 조 제 4 호.

(4) 종중에 대한 과세처분이 적법하기 위해서는 납세고지서상 납세의무자를 어떻게 표시하여 어디로 송달해야 하는가? 83누497 판결(사례 7-4)에서 납세고지서의 공시송달에 하자가 있다고 판시한 이유는 무엇인가?

(5) 국세기본법 문제로, 납세고지서의 교부송달 및 우편송달에 있어서는 반드시 납세의무자 또는 그와 일정한 관계에 있는 사람의 현실적인 수령행위를 전제로 하고 있다고 보아야 하며, 납세자가 과세처분의 내용을 이미 알고 있는 경우에도 납세고지서의 송달이 불필요하다고 할 수는 없다. 대법원 1997. 5. 23. 선고 96누5094 판결 참조. 송달받을 장소에 사람이 없는 상태에서 서류를 두고 오는 것은 적법한 송달이 아니다. 대법원 2004. 4. 9. 선고 2003두13908 판결.

2. 공동사업장

[관련법령]

소득세법 제43조, 제87조, 제17조 제 1 항 제 8 호.

(1) 소득세법에는 '공동사업장'에 관한 규정이 있다. 납세의무자 자체는 여전히 '공동사업'을 경영하는 개개인이지만, 소득을 계산하는 과정에서는 일단 공동[①]을 하나의 과세단위처럼 보아 공동[①] 단위의 소득을 계산한 후 이러한 소득은 실제 분배받기 전이라도 공동사업자 개개인에게 배분(안분 내지 할당이라는 뜻이다)하여 각 공동사업자를 과세한다.

(2) 이러한 '공동사업'의 범위에 속하는 법률관계가 무엇무엇인지는 반드시 분명하지는 않다. 물론 민법상 전형계약의 하나인 조합 계약을 명시적으로 또는 묵시적으로 체결한 개개인들이 공동사업을 영위하는 것으로 볼 수 있음에는 이론이 없다. 그러나 상법상의 익명조합과 같은 이른바 '내적 조합', 즉 당사자 중 일부는 사업으로부터 발생하는 법률적 책임을 대외적으로 부담하지 않는 경우에도 이를 공동사업으로 볼 수 있는지에 관하여는 논의의 여지가 있다. 이 경우에는 관련 당사자들이 사업상의 위험은 부담하지 않거나 또는 제한적으로만 부담하면서 공동사업으로부터 자의적으로 가공의 손실을 발생시켜 인식함으로써 결국 전체적인 세부담을 줄이는 수단으로 악용될 가능성이 있기 때문이다(영어 표현으로는 흔히 'tax shelter'라고 부른다). 우리 소득세법은 이러한 경우에 대비하여 '경영에 참여하지 아니하고 출자만 하는' 이른바 '[   ]공동사업자'의 경우에는 그 소득의 성격을 [   ]소득으로 정하고 있다. 소득세법 제17조 제 1 항 제 8 호.

(3) 공동사업장에 관한 소득세법 조문은 현재에는 조세특례제한법상의 이른바 [②]기업 세제에 관한 규정과 그 적용범위가 겹쳐지는 부분이 있다. [②]기업으로 과세받기를 선택한 경우에는 법인격을 가진 단체이더라도 단체가 아니라 단체를 구성하는 개개인을 납세의무자로 보게 된다. 자세한 내용은 이 책의 범위를 넘는다.

(4) 甲과 乙은 서울사업장에서 의류판매업을 동업하기로 하면서 이 사업장에서 생기는 수익을 50：50으로 나누어 갖기로 하였다. 단, 서울사업장의 운영은 甲의 감독과 지휘 하에 甲이 고용한 직원들이 맡아서 수행하였으며, 乙은 이 사업에 출자만 하고 동 사업의 운영에는 참여하지 않았다. 20xx 과세기간에 서울사업장의 사업소득금액은 30억 원이었으며, 甲은 서울사업장 외의 사업에서 사업소득금액 60억 원이 있고, 乙은 서울사업장 외의 사업에서 10억 원의 결손금이 있다고 가정할 때(그 밖의 소득은 없다고 가정), 20xx 과세기간 甲과 乙의 종합소득금액은 각각 얼마인가? (소득세법 제43조를 참조). 그 이유를 설명하시오. 다만 甲과 乙은 서울사업장에 대하여 「조세특례제한법」상 동업기업과세특례를 신청하지 않았다. (2016. 10. 법학전문대학원협의회 모의고사)

제 5 절   소득구분(所得區分)의 의의

Ⅰ. 소득구분의 실익

(1) 우선 각 소득별로 '소득금액'이라는 개념을 살펴보자. 예컨대 이자소득이나 배당소득의 소득금액과 사업소득의 소득금액, 그리고 근로소득의 소득금액은 각각 어떻게 계산하는 가? 이들의 차이는 무엇인가? (왜 이렇게 차이를 두어 규정하고 있는지에 관하여는 제 8 장의 관련 부분에서 다시 살펴보게 되므로 여기서는 차이가 무엇인지를 확인하는 것 으로 일단 만족하도록 하자).

(2) 일단 종합소득의 범위에는 포함되지만, 소득세법이 따로 규정을 두어(제14조 제 3 항) 종합소득과세표준에 넣지 않고, 이른바 [①]과세하는 것들이 있다. 이러한 종 류의 소득은 일반적인 종합소득과는 달리, 소득세법이 각각에 대하여 따로 정하는 방 법에 따라 소득세를 부담하게 된다. [①]과세 소득의 범위 역시 소득구분별로 정 하고 있다.

(3) 종합소득과 퇴직소득, 양도소득 간에는 적용되는 세율의 체계가 다르다는 점은 이 장의 서두에서 언급한 바 있다(퇴직소득의 경우에는 형식적으로 적용되는 세율은 종합소득과 다를 바 없지만, 과세표준 산정 단계에서 퇴직급여액에서 공제되는 금액의 크기가 다르 고 세율적용 방법도 다르기 때문에 실제로는 세율을 다르게 정한 것과 마찬가지이다). 그 외에 종합소득 중에서도 사업소득에 대하여는 이른바 최저한세가 적용된다든지, 근 로소득에 대하여는 근로소득세액공제가 적용된다든지 하는 식으로 소득 구분에 따라 특 별한 취급을 받는 것들이 있다.

(4) 소득구분은 원천징수에도 영향을 미친다. 현행 소득세법상 원천징수의 대상으로 열거되 어 있는 종류의 소득은 무엇인가? 원천징수세율에는 어떤 차이가 있는가?

Ⅱ. 소득구분의 법적 성격

[관련법령]
소득세법 제127조 제 1 항 제 1 호와 제 4 호; 법인세법 제28조 제 1 항 제 1 호, 제67조; 소득

세법 제20조 제 1 항 제 3 호.

사례 7-5 **대법원 1988. 1. 19. 선고 87누102 판결**

【원고, 상고인】 일동제관공업주식회사 소송대리인 변호사 김학만

【피고, 피상고인】 동부세무서장

【원심판결】 서울고등법원 1987. 12. 29. 선고 86구392 판결

【주 문】

원심판결을 파기하고, 사건을 서울고등법원에 환송한다.

【이 유】

상고이유를 본다.

1. 원심판결 이유에 의하면, 원심은 원고가 1983. 및 1984. 각 사업년도의 법인세과세표준과 세액신고시에 사채이자로 지급한 금액이라 하여 손비로 계상한 1983년도분 금 23,085,574원과 1984년도분 금 44,209,383원에 대하여 피고는 그 채권자가 불분명하다 하여 원고의 위 각 사업연도의 법인세의 과세표준과 세액을 결정함에 있어 이를 손금에 산입하지 아니하고 익금에 가산한 후 그 대표자에 대한 상여로 처분하여 원고에게 그에 대한 … 근로소득세[5]…를 부과하고서도 위 각 금액에 대하여 다시 이 사건 이자소득세…부과처분을 한 사실…을 확정한 다음, 법인세법 제16조 제11호의 규정취지는 법인이 지출한 채권자불명의 사채이자에 대하여는 법인의 손익계산상 이를 손금에 산입하지 못하도록 규제하기 위한 것일 뿐 사채이자의 지급사실 그 자체를 부정하는 취지가 아니므로 비록 채권자가 불분명하더라도 실제로 이자지급이 있었다면 그 지급자인 법인으로서는 그에 대한 이자소득세의 원천징수의무를 부담한다 할 것이고, 한편 손금부인되어 익금으로 가산된 사채이자 상당금액은 그 대표자에 대한 상여로 간주되어 법인으로서는 이자소득세와는 별도로 그에 대한 … 근로소득세의 원천징수의무를 부담한다 할 것이므로 법인이 채권자가 불분명한 사채이자 지급으로 인하여 부담하게 되는 이자소득세와 그 상여처분으로 인하여 부담하게 되는 …근로소득세는 그 소득의 귀속자 세목, 세율, 조세채무의 성립 및 확정시기 등이 서로 다른 별개의 조세라는 전제하에 이 사건 사채이자의 지급에 대하여 원고에게 …근로소득세를 부과한

---

5) (저자 주) 원천징수의무자가 원고인 경우 판결문의 용례가 이렇기는 하지만 독자는 관련 세목(이 판결에서는 근로소득세와 이자소득세) 뒤에 '원천징수세'라는 말이 ~~빠졌다~~고 생각하고 읽어야 한다. 이하 다른 판결도 다 같다. '근로소득세"와 '이자소득세'라는 말은 소득세법 그 자체에는 없고 (종합소득세가 있을 뿐이다) 정확히는 근로소득에 대한 소득세 원천징수세, 이자소득에 대한 소득세 원천징수세라는 말이다.

외에 이자소득세를 부과한 이 사건 과세처분은 적법하다고 판단하고 있다.

2. 이 사건 과세요건 성립 당시 시행되던 구 소득세법(1985. 12. 23 법률 제3793호로 개정되기 전의 것) 제142조 제1항 제1호에는 이자소득금액을 지급하는 자는 그에 대한 소득세를 원천징수하여 납부하도록 규정하고 있으나, 한편 그 당시의 법인세법(1985. 12. 23 법률 제3794호로 개정되기 전의 것) 제16조 제11호, 같은법 시행령(1985. 10. 5 대통령령 제11776호로 개정되기 전의 것) 제33조 제7항 제1호, 제2호, 제3호의 각 규정에 의하면, 채권자의 주소 및 성명을 확인할 수 없는 차입금, 채권자의 능력 및 자산상태로 보아 금전을 대여한 것으로 인정할 수 없는 차입금, 채권자와의 금전거래사실 및 거래내용이 불분명한 차입금 등 채권자가 불분명한 사채이자는 법인의 사업년도의 소득금액계산상 이를 손금에 산입하지 아니하도록 되어 있고, 같은법 시행령 제94조의2 제1항 제1호 (나)목에 의하면, 이와 같이 손금에 산입하지 아니하고 익금에 산입한 금액으로서 사외유출이 분명하나 그 귀속이 불분명한 경우에는 이를 대표자에 대한 상여로 하도록 규정되어 있고, 위 소득세법 제21조 제1항 제1호 (다)목에 의하면, 법인세법에 의하여 상여로 처분된 금액은 이를 ...근로소득으로 하도록 규정되어 있으며, 같은법 제142조 제1항 제4호에 의하면, ...근로소득을 지급하는 자는 그에 대한 소득세를 원천징수하도록 규정되어 있는바, 위 각 규정의 취지를 종합하여 보면, 법인이 사채이자를 지급한 경우 그것이 위 법인세법 제16조 제11호와 같은법 시행령 제33조 제7항 각호에서 규정하는 채권자가 불분명한 사채이자로 인정되어 법인세의 과세표준과 세액을 결정함에 있어 손금산입에서 제외되고 익금에 산입되어 대표자에 대한 상여로 처분된 이상 그 금액은 법인의 대표자에게 귀속된 것으로 보아야 하고, 불분명한 채권자에게 귀속된 것으로는 볼 수 없으므로 법인은 그에 대한 ...근로소득세를 원천징수하여 납부해야 할 의무만이 있을 뿐 이와는 별도로 채권자에 대한 이자소득세를 원천징수하거나 이를 납부하여야 할 의무는 없다고 해석함이 상당하다 할 것이다.

원심이 이와 다른 견해 아래 원고의 판시 각 사업년도의 사채이자 지급금액이 모두 그 채권자가 불분명한 것으로 인정되어 대표자에 대한 상여로 처분된 사실을 확정하고서도 원고에게 그에 대한 ...근로소득세의 원천징수의무 이외에 불분명한 채권자에 대한 이자소득세를 원천징수할 의무까지 있다고 판단한 것은 채권자가 불분명한 사채이자의 귀속에 대한 법리를 오해하여 판결에 영향을 미친 위법을 저질렀다 할 것이므로 이 점을 지적하는 논지는 이유 있다.

3. 그러므로 원심판결을 파기하고, 다시 심리케 하고자 사건을 원심법원에 환송하기로 관여 법관의 의견이 일치되어 주문과 같이 판결한다.

대법관 이병후(재판장) 김달식 황선당.

Notes & Questions

(1) 이 사건의 쟁점은 원고가 지급한 이자에 관해서 원고가 어떤 원천징수의무를 지는가, 특히 이자소득 지급자로서의 원천징수의무와 근로소득 지급자로서의 원천징수의무 두 가지를 다 지는가, 하나만 진다면 어느 쪽을 지는가이다.

(2) 원고가 지급한 돈이 이자라는 점에는 다툼이 없는데 근로소득 관련 원천징수의무라는 쟁점이 생기는 이유는 무엇인가? 법인세법은 '[①]가 불분명한 私債의 이자'를 손금불산입하고 있고, 이처럼 귀속자를 알 수 없는 지출액은 [②]가 가져간 것으로 보아 그 [②]에 대한 상여로 소득처분한다. 채권자가 불분명한 사채의 이자라는 말은 그 자체로 해당 법인이 지급한 돈의 성질이 [③]라는 것을 전제로 한다. 하지만 동시에 이와 같이 손금불산입된 금액은 법인세법에 따라 대표자의 상여로 처분하고, 이처럼 상여처분받은 금액은 대표자의 [④]소득이 된다. 이 사건에서는 소득의 종류가 달라지면 원천징수[⑤]도 달라진다.

(3) 쟁점에 관해 이 판결은 어떻게 판시하고 있는가? 이유는 무엇인가?

(4) 아무튼 이 판결을 일반화한다면, 어느 하나의 경제적 이익이 일단 소득세법에 의하여 한 가지 소득으로 구분되면 설사 그것이 소득세법의 다른 규정에 비추어 볼 때 또 다른 소득으로 구분될 여지가 있다고 하더라도 두 가지 소득으로 모두 과세할 수는 없다. 복수의 규정 중 어느 소득으로 구분하여야 할 것인가에 관해 일률적으로 기준을 제시하기는 어렵다. 굳이 말하자면 결국 이 판결이 들고 있듯이 관련 규정들의 '취지를 종합'한다는 정도의 기준뿐이다.

제 6 절 종합소득공제와 신고납부

Ⅰ. 종합소득공제

[관련법령]
소득세법 제50조, 제51조, 제52조.

(1) 이미 살펴본 바와 같이, 종합소득과세표준이란 종합소득에 속하는 각 소득의 [   ]의 합계에서 '종합소득공제'의 액수를 차감한 것이며, 여기에 세율을 곱하면 곧 '종합소득 [   ]'이 나온다. 종합소득공제에도 기본공제, 추가공제, 특별공제 등의 종류가 있다.

(2) 기본공제나 추가공제란 가족구성원이 몇 명인가, 구성원의 처지가 어떤가(노인, 장애인, 유아, 여성세대주 등)에 맞추어 법이 정한 금액을 빼주는 것이다.

(3) 이러한 기본공제나 추가공제는 모두 소득세 세액을 계산하기 전에 소득의 크기를 줄여 주는 것이기 때문에 이로 인하여 납세자가 받는 혜택의 크기는 각 납세자에게 적용되는 세율에 따라 다르게 된다. 즉 똑같이 100만 원의 소득공제 혜택을 받더라도, 30%의 세율을 적용받는 사람은 이로 인하여 30만 원만큼의 세금을, 10% 세율의 적용을 받는 사람은 10만 원만큼의 세금만을 아끼게 된다. 이러한 결과는 공평한가? 소득이 낮은 사람이 오히려 더 많은 혜택을 받아야 공평한 것이 아닐까?

(4) 현행법은 종래의 종합소득공제 가운데 일부를 세액공제로 바꾸었다. 가령 법정요건을 만족하는 공익적 성격의 기부금을 지출하였다면, 자신이 적용받는 세율이 얼마이든지 관계없이 지출액의 일정비율을 세액단계에 가서 공제한다. [   ]소득자라면 의료비나 교육비 지출액의 일정비율도 세액공제한다.

Ⅱ. 과세기간과 신고납부

예제   서울에 살고 있는 자연인 김갑돌 씨는 올해 근로소득 2000만원, 사업소득 3000만원, 토지양도소득 1500만원, 1세대 1주택으로 비과세되는 양도소득 4000만원을 벌었다. 김 씨가 일하는 회사에서 근로소득세를 원천징수한 금액은 150만원이고 중간예납세액은 300만원이다. 단, 종합소득공제는 300만원이라고 가정하며, 양도소득공제는 무시한다. 세율은 종합소득이나 양도소득 모두 과세표준의 20%라고 가정한다.

Notes & Questions

(1) 김씨가 납부해야 할 올해분 세금은 얼마인가?

(2) 김씨는 이 세금을 언제까지 어떤 방식으로 내어야 하는가?

(3) 종합소득세는 다음 해 5월 31일까지 신고납부하여야 한다. 그러나 이러한 신고납부 의

무에는 몇 가지 예외가 인정되어 있다.

(i) 우선 [①   ]과세 대상인 소득만이 있는 납세자는 당연히 신고납세의무가 없다. [①   ]과세라는 개념 자체가 신고납부 의무가 있는 종합소득세로부터 [①   ]하여 과세하는 것이기 때문이다.

(ii) 신고납부 의무의 예외 중 중요하고 또 일반인들에게도 잘 알려져 있는 것으로는 근로소득자의 [②   ]이라는 것이 있다. [②   ]이란 다달이 원천징수한 세액의 누계와 한해 단위로 계산한 세액의 차액을 고용주가 정산해 주는 것이다. [②   ]을 마친 근로소득자에게는 신고납부 의무가 없다. 근로소득이나 분리과세 소득 말고도 다른 소득이 있다면 신고납부 의무가 있다. [②   ]은 보험모집인처럼 근로자는 아니지만 세무행정 면에서 근로자나 마찬가지 사정이 있는 경우에도 적용된다.

(iii) 입법론적 관점에서는 근로자의 [②   ]과 종합소득세 신고 가운데 어느 쪽이 낫다고 생각하는가?

제 7 절   실질과세와 부당행위 계산의 부인

[관련법령]

소득세법 제41조와 제101조; 현행법으로 상속세 및 증여세법 제35조 제 1 항(특수관계인 간에 재산을 시가보다 낮은 가액으로 양도한 경우 … 그 대가와 시가의 차액 … 을 … 증여재산가액으로 한다).

사례 7-6   대법원 1999. 9. 21. 선고 98두11830 판결

【원고, 상고인】 유정주(소송대리인 변호사 이해동)

【피고, 피상고인】 삼성세무서장

【원심판결】 서울고법 1998. 6. 18. 선고 97구45152 판결

【주　　문】

상고를 기각한다. 상고비용은 원고의 부담으로 한다.

【이　　유】

상고이유를 본다.

구 소득세법(1994. 12. 22. 법률 제4803호로 전문 개정되기 전의 것) 제55조 제 1 항은

정부는 양도소득 등이 있는 거주자의 행위 또는 계산이 그 거주자와 특수관계에 있는 자와의 거래로 인하여 당해 소득에 대한 조세의 부담을 부당하게 감소시킨 것으로 인정되는 때에는 그 거주자의 행위에 관계 없이 당해 연도의 소득금액을 계산할 수 있다고 규정하고, 구 소득세법시행령(1994. 12. 31. 대통령령 제14467호로 전문 개정되기 전의 것) 제111조 제 1 항 제 1 호와 제 2 항 제 1 호는 위와 같이 소득금액을 계산할 수 있는 경우의 하나로서 당해 소득자의 친족에게 시가에 미달하게 자산을 양도한 때 등을 들고 있으며, 구 상속세법(1996. 12. 30. 법률 제5193호로 상속세 및 증여세법으로 전문 개정되기 전의 것) 제34조의2 제 1 항은 제34조의 규정에 해당하는 경우(배우자 간의 양도행위)를 제외하고 현저히 저렴한 가액의 대가로써 재산을 대통령령이 정하는 특수관계에 있는 자에게 양도하였을 경우에는 그 재산을 양도한 때에 있어서 재산의 양도자가 그 대가와 시가와의 차액에 상당한 가액을 양수자인 대통령령이 정하는 특수관계 있는 자에게 증여한 것으로 간주한다고 규정하고, 구 상속세법시행령(1994. 12. 31. 대통령령 제14469호로 개정되기 전의 것) 제41조 제 1 항과 제 2 항 제 1 호는 증여한 것으로 간주하는 경우의 하나로서 양도자의 친족에게 시가 등의 100분의 70 이하의 가액으로 양도하는 경우를 들고 있다.

증여세와 양도소득세는 납세의무의 성립요건과 시기 및 납세의무자를 서로 달리하는 것이어서 과세관청이 각 부과처분을 함에 있어서는 각각의 과세요건에 따라 실질에 맞추어 독립적으로 판단하여야 할 것으로 위 규정들의 요건에 모두 해당할 경우 양자의 중복적용을 배제하는 특별한 규정이 없는 한 어느 한 쪽의 과세만 가능한 것은 아니라 할 것이다.

구 상속세법 제29조의3 제 3 항[6]은 제 1 항 및 제 2 항의 경우(증여받은 재산에 대하여 증여세를 부과할 경우)에 소득세법에 의하여 소득세가 부과되는 때에는 증여세를 부과하지 아니한다고 규정하고 있는바, 그 문언 내용이나 증여세가 소득세의 보완세로서의 성격도 가지는 점에 비추어 보면 위 규정은 수증자에 대하여 증여세를 부과하는 경우 그에 대하여 소득세가 부과되는 때에는 증여세를 부과하지 아니한다는 뜻으로 읽혀지고, 따라서 위 규정은 앞서 본 양도소득세 규정과 증여세 규정의 중복적용을 배제하는 특별한 규정에 해당하지 않는다 할 것이다.

그렇다면 원고가 그 친족으로부터 현저히 저렴한 가액의 대가로써 주식을 양수한 이 사건의 경우에는 양도인에게 양도소득세가 과세되는지 여부에 관계 없이 양수인인 원고에게 증여세를 과세할 수 있다 할 것이므로, 그 이유설시에 다소 부적절한 부분이 없지 아니하나 원고에 대하여 증여세를 과세한 이 사건 각 처분이 적법하다고 한 결론은 정당하고, 따라서

---

6) 현행법으로 제 4 조의2 제 2 항(저자 주).

이와 다른 견해에 서서 원심판결을 비난하는 상고이유 주장은 이를 모두 받아들일 수 없다.

그러므로 상고를 기각하고, 상고비용은 패소자의 부담으로 하기로 하여 관여 대법관의 일치된 의견으로 주문과 같이 판결한다.

대법관 서성(재판장) 박준서 신성택(주심) 이임수.

사례 7-7 대법원 2010. 9. 30. 선고 2008두12160 판결(사례 4-6)

Notes & Questions

(1) 특수관계자 사이에서 시가보다 낮은 가격으로 — 즉 '저가'로 — 거래가 이루어졌다는 것이 (사례 7-6)과 (사례 7-7)의 사실관계이다.

(i) (사례 7-6)에서 가령 시가는 100억원이지만 실제 양수도 가격은 60억원이라고 하자. 이 경우 양도인의 양도소득은 40억원 감소하고, 양수인은 그만큼의 경제적 이익을 보게 된다. 이에 대하여 국세청은 양도인과 양수인을 각각 어떻게 과세했는가? 이 사건의 원고는 어느 쪽인가?

(ii) (사례 7-7)에서는 무상임대인의 소득은 시세차익만큼 감소하고 임차인은 그만큼 경제적 이익을 보게 된다. 국세청은 임대인을 어떻게 과세했는가? 현행법에서 임차인은 어떻게 과세할 수 있을까? 상속세 및 증여세법 제37조, 소득세법 제21조 제 1 항 제13호.

(2) (사례 7-6)에서 양도인이 실제로 받은 금액은 60억원뿐인데 처분청이 양도가액을 100억원으로 계산해서 과세할 수 있다는 법조문상 근거는 무엇인가? (사례 7-7)에서 실제로 받은 임대료가 없는데 임대소득을 과세할 수 있다는 근거는 무엇인가?

(3) (사례 7-6)에서 과세처분이 위법하다는 원고의 주장 두 가지는 무엇인가? 각 주장에 대해 법원은 무엇이라고 판시하고 있는가?

(4) 저가양도부분(차액 40억원)에 관하여 양도인에게 과세하면서 같은 저가양수부분의 이익을 양수인에게 다시 과세하는 것은 이중과세 아닐까? 양도인이 제 3 자에게 해당 부동산을 시가 100억원에 팔고 그 대금 중 40억원을 양수인에게 증여한 경우(양수인이 원래 가지고 있던 60억원과 양도인에게서 받은 40억원을 합하여 부동산을 제 3 자에게서 산다고 생각하면 최종결과까지 완전히 같다)의 세법상 법률효과와 견주어 본다면 위 98두11830 판결(사례 7-6)은 옳은가 그른가?

(5) 다른 한편 특수관계인에게 100억원짜리 재산을 증여하는 경우와 1원에 저가양도하는 경우 현행법상 양도소득세 및 증여세의 세부담은 같은가, 다른가?

(6) 앞 (4)와 (5)의 모순은 어디에서 생기는 것인가? 입법론상 어떻게 해야 옳을까?

(7) (사례 7 − 6)에서 양수인이 특수관계인인 회사이었다면 어떻게 되는가? 영리법인은 증여세를 내는가? 법인세는 어떻게 되는가? 법인세법 제15조 제 2 항 제 1 호.

제8장

소득의 구분별 주요 논점

제1절 사업소득

I. 사업소득의 범위

1. 사업이란?

[관련법령]

소득세법 제16조, 제19조.

<table>
<tr><td>사례 8-1</td><td>대법원 1986. 11. 11. 선고 85누904 판결</td></tr>
</table>

【원고, 피상고인】이봉일 외 1 인, 원고들 소송대리인 변호사 전정구, 한수복

【피고, 상고인】용산세무서장

【원심판결】서울고등법원 1985. 10. 29. 선고 84구801 판결

【주   문】

상고를 기각한다.

상고비용은 피고의 부담으로 한다.

【이   유】

상고이유를 본다.

원심판결에 의하면, 원심은 그 채택증거에 의하여 원고 이봉일은 사업자등록을 하지 아니한 채 1978. 9.경부터 1980. 4.경까지 장기간에 걸쳐 그의 계산과 책임하에 업무용 차량 5대와 상시 7명의 종업원을 고용하여 경남사라는 상호를 내걸고 900여 억원의 자금을 동원

하여 그 판시내역과 같이 70여 명의 고객을 상대로 수십회에 걸쳐 금전을 대여하고 그에 대한 이자수익을 취득해 온 사실을 확정하고 있는바 기록을 살펴보면, 원심의 위와 같은 사실인정은 수긍이 가고 나아가 사실관계가 이와 같다면 위 원고가 비록 단기금융업법에 의한 재무부장관의 단기금융업인가를 받지 아니하였고 사업자등록을 필하지 아니하였다 하더라도 위의 금전거래행위는 그 규모와 횟수, 인적·물적설비의 정도, 거래의 태양 등 제반 사정에 비추어 이자수익의 취득을 목적으로 하는 대금업을 영위한 것이라고 보아야 할 것이므로 위의 금전거래로 인하여 취득한 이자 상당의 수입은 위 거래 당시의 소득세법(1982. 12. 21. 법률 제3576호로 개정되기 전의 소득세법) 제20조 제1항 제8호, 같은법 시행령 제36조 제1호 소정의 대금업으로 인하여 발생한 사업소득에 해당된다고 봄이 상당하다 할 것인바, 원심이 같은 견해에서 위 원고의 이건 이자 상당 수입을 소득세법상의 사업소득으로 판단한 조처는 정당하고 거기에 소론과 같은 사실오인, 심리미진, 이유불비, 이유모순의 위법이나 소득세법의 법리를 오해한 위법이 있다고 할 수 없다.

　　소득세법상의 대금업에 의한 사업소득이란 오로지 단기금융업법에 의한 재무부장관의 단기금융업 인가를 득하였거나 사업자등록을 필한 자의 이자수입만을 지칭하는 것이고 이와 같은 해석기준은 국세기본법 제18조 제2항(1984. 8. 7. 법률 제3756호로 개정되기 전의 국세기본법) 소정의 일반적으로 납세자에게 받아들여진 소득세법의 해석 또는 국세행정의 관행에 해당한다는 논지는 독단적 견해로서 채용할 수 없으므로 논지는 이유 없다.

　　그러므로 상고를 기각하고, 상고비용은 패소자의 부담으로 하기로 하여 관여 법관의 일치된 의견으로 주문과 같이 판결한다.

　　대법관　이명희(재판장) 윤일영 최재호 황선당.

사례 8-2　대법원 1989. 3. 28. 선고 88누8753 판결

【원고, 피상고인】 임민수
【피고 상고인】 청량리세무서장
【원심판결】 서울고등법원 1988. 7. 7. 선고 87구595 판결
【주　문】
상고를 기각한다.
상고비용은 피고의 부담으로 한다.
【이　유】
상고이유를 본다.

제 1 점에 대하여

원심이 적법하게 확정한 바와 같이 원고가 임대를 목적으로 1977. 5.경 이 사건 토지 위에 주택근린생활시설 등의 건물 6동을 신축하여 그 때부터 방실별로 여러 세대에게 6년여 동안 임대하여 오다가 1983. 6. 22. 과 같은 해 6.30. 소외인 등에게 위 토지 및 지상건물을 매도하였을 뿐 그 동안에 매매를 사업의 종류로 하여 사업자등록을 하였거나 그와 같은 사업을 영위한 일이 없었다면 이는 부가가치세시행규칙 제 1 조 제 1 항이 정하는 매매를 사업목적으로 나타내어 판매한 때나 그와 같은 목적으로 1과세기간 중에 1회 이상 부동산을 취득하고 2회 이상 판매한 때에 해당하지 아니 하므로 원고를 가리켜 부가가치세의 과세대상이 되는 부동산매매업자라고 할 수 없다 할 것이다. …

제 2 점에 대하여

소득세법상의 사업소득에 속하는 것인가의 여부는 그 사업이 수익을 목적으로 하고 있는지와 그 규모, 회수, 태양 등에 비추어 사업활동으로 볼 수 있을 정도의 계속성과 반복성이 있는지 등을 고려하여 사회통념에 따라 가려져야 할 것이므로 앞에서 본 바와 같이 원고가 이 사건 건물을 임대목적으로 신축하여 6년 동안이나 여러 사람에게 방실별로 임대하여 오다가 타인에게 매도하였을 뿐이라면 이를 가리켜 소득세법시행령 제33조 제 2 항이 정하는 "주택을 신축하여 판매하는 사업"을 영위하였다고 볼 수 없다 할 것이다. …

그러므로 상고를 기각하고, 상고비용은 패소자의 부담으로 하여 관여 법관의 일치된 의견으로 주문과 같이 판결한다.

대법관 안우만(재판장) 김덕주 윤관 배만운.

Notes & Questions

(1) 앞의 두 판결의 쟁점은 납세의무자의 활동이 사업의 정도에 이른 것인가이다. 그밖에도 (사례 4-8) 이유 3. 이 쟁점의 실익은 무엇인가? 각 판결에서 사업소득이라고 주장한 사람은 납세의무자인가 국세청인가? 납세의무자와 국세청의 입장이 서로 이렇게 엇갈리는 이유는 무엇인가? 사업소득과 이자소득 사이에서 소득금액의 정의에 어떤 차이가 있는가? 사업소득과 양도소득 사이에서는, 88누8753 판결(사례 8-2)에서 명시하고 있지는 않지만 이 사건 당시에는 부동산매매업자의 사업소득은 사업소득으로 보는 경우와 양도소득으로 보는 경우 중 높은 쪽으로 과세하고 있었다. 원고의 활동이 사업의 정도에 이르는가가 부가가치세에서는 어떤 차이를 낳는가?

(2) 소득세법 제19조 제 1 항 각 호에서는 사업소득에 해당하는 종류의 '소득'을 일일이 열

거하고 있다. 각 호에 열거된 것들의 공통점은 무엇인가? 88누8753 판결(사례 8-2)은 '사업'이라는 말을 어떻게 풀이하고 있는가? 현행법에서는 제21호로 입법.

(3) 85누904 판결(사례 8-1)에서 문제된 사업의 종류는 이른바 '대금업'이다. 이 판결의 내용에 비추어 볼 때 이러한 내용의 사업을 영위하고자 하는 사람은 관련 법령상 어떠한 요건을 갖추어야 하는 것으로 짐작되는가? 그러한 요건을 갖추지 않은 위법한 소득이라는 사실이 이 판결의 결론에 영향을 미쳤는가? (사례 7-1) 참조.

(4) 우리 소득세법은 소득원천설을 취하고 소득을 구분하여 각각 달리 과세하고 있기 때문에 사업에 해당한다는 사실이 납세자에게 유리할 수도 있고 불리할 수도 있지만 어느 경우에나 대법원은 하나의 '사업' 개념을 가지고 이를 일률적으로 적용하고 있다. 물론 법원이 제시하는 최종적인 판단기준은 '사회통념'이므로 궁극적으로 법원의 개별적·구체적 판단에 따라야 하지만.

2. 사업에서 발생하는 소득

[관련법령]

소득세법 제19조 제 1 항 제12호, 제94조 제 1 항 제 1 호.

사례 8-3   대법원 2008. 1. 31. 선고 2006두9535 판결

【원고, 상고인】 원고(소송대리인 변호사 진행섭)

【피고, 피상고인】 속초세무서장

【원심판결】 서울고법 2006. 5. 10. 선고 2005누15955 판결

【주   문】

상고를 기각한다. 상고비용은 원고가 부담한다.

【이   유】

상고이유를 판단한다.

1. 구 소득세법(2006. 12. 30. 법률 제8144호로 개정되기 전의 것, 이하 같다) 제19조 제 1 항에 의하면, 농업 및 임업, 어업, 광업, 제조업, 도매업 및 소매업, 건설업, 부동산업 등에서 발생하는 소득은 사업소득으로 규정하고 있고, 소득세법 시행령 제51조 제 3 항 제 5 호에 의하면, 사업소득에 대한 총수입금액을 계산함에 있어 사업과 관련된 수입금액으로서 당해 사업자에게 귀속되었거나 귀속될 금액은 총수입금액에 산입하여 하도록 규정하고

있으며, 구 소득세법 제94조 제 1 항에 의하면 그 각 호에서 규정하고 있는 토지 또는 건물, 부동산에 관한 권리 및 주식 또는 출자지분 등의 양도로 인하여 발생하는 소득은 양도소득으로 규정하고 있다.

이러한 관련 규정의 내용을 종합해 보면, 사업자가 사업을 영위하다가 그 사업장이 수용 또는 양도됨으로 인하여 그와 관련하여 사업시행자로부터 지급받는 보상금은, 그 내용이 양도소득세 과세대상이 되는 자산 등에 대한 대가보상금인 경우는 양도소득으로, 그 이외의 자산의 손실에 대한 보상이나 영업보상, 휴·폐업보상, 이전보상 등 당해 사업과 관련하여 감소되는 소득이나 발생하는 손실 등을 보상하기 위하여 지급되는 손실보상금인 경우는 그 사업의 태양에 따른 사업소득으로 보아 그 총수입금액에 산입함이 상당하다.

원심은, 원고가 1993. 11.경부터 2001. 11.경까지 이 사건 주택을 타인에게 임대하여 왔고, 2000. 7. 10.경에는 이 사건 주택을 사업장으로 하여 공동주택 장기임대를 주종목으로 하는 부동산업의 사업자등록을 하였으며, 이 사건 주택의 양도 무렵인 2002. 5.경 이 사건 주택의 양도대가와는 별도로 위 임대사업을 폐지함에 따른 영업손실보상 명목으로 이 사건 보상금을 수령한 사실을 인정한 다음, 이와 같은 원고의 사업운영 내용, 기간, 규모 및 이 사건 보상금의 지급경위와 그 지급시기 등에 비추어 보면, 이 사건 보상금은 이 사건 주택의 양도 또는 대여로 인하여 발생한 소득이 아니라 이 사건 주택의 임대사업과 관련하여 발생한 손실에 대한 보상금으로 지급된 것이므로, 양도소득...으로 볼 수는 없고 총수입금액에 산입되는 사업소득에 해당한다고 판단하였다.

위와 같은 법리와 관련 규정 및 기록에 비추어 살펴보면, 이러한 원심의 판단은 정당하고, 거기에 상고이유에서 주장하는 바와 같은 소득세법상 양도소득, 사업소득 및 부동산임대소득에 관한 법리오해 등의 위법이 없다.

2. (생 략)

3. 그러므로 상고를 기각하고, 상고비용은 패소자가 부담하기로 하여 관여 대법관의 일치된 의견으로 주문과 같이 판결한다.

대법관   김황식(재판장) 김영란 이홍훈 안대희(주심).

Notes & Questions

(1) 사업에서 발생하는 소득은 사업소득이다. '토지 또는 건물의 양도로 인하여 발생하는 소득'은 양도소득이다. 2006두9535 판결(사례 8 - 3)에서 임대사업용 주택의 양도대가는 무슨 소득인가? 그와 별도로 받은 영업손실(임대사업의 폐지)보상금은 '사업에서 발생

하는' 소득인가? 같은 뜻으로 대법원 2013. 9. 13. 선고 2011두6493 판결.

(2) 사업 자금을 은행에 예금하여 두는 과정에서 생기는 이자는 이자소득인가 사업소득인가? 이자소득은 대체로 은행이 지급하는 것임을 생각해 볼 때, 이자소득과 사업소득의 구분은 원천징수의무에 어떤 영향을 주는가? 역으로 원천징수의 현실적 가부는 소득구분에 어떤 영향을 줄까?

(3) 아래 두 사실관계에서 소득세법 제25조 제2항에 따르는 법률효과를 견주어보라. 법률효과가 다르다면 왜 그렇게 정하고 있을까?

(i) 어떤 사업자가 사업과 관련하여 판매 목적으로 만들거나 사들인 물건을 제3자에게 판매하지 않고 스스로 (가령 제과점 주인이 빵을) 소비한다. 제3자에게 판매한다면 받은 대가와 원가의 차액이 당연히 과세소득이지만, 이를 그냥 스스로 소비하는 것도 과세대상인가, 바꾸어 말하면 같은 차액 부분이 소득에 해당하는가?

(ii) 어떤 근로자가 퇴근 시간 이후에 앞마당에 반 평짜리 텃밭을 일구어 거기에서 나오는 농작물을 직접 소비한다. 이 농작물의 가치는 소득에 해당하는가?

Ⅱ. 사업소득의 소득금액: 필요경비

(1) 헤이그−사이먼즈의 소득 개념에서는 '순자산의 증가'를 문제 삼는다. '순자산'이라는 말은, 벌어들인 돈 전부를 소득으로 보는 것이 아니라 그러한 돈을 벌기 위하여 들어간 비용을 뺀 나머지만을 소득으로 보아야 한다는 의미를 포함하고 있다. 사업소득은 그러한 논리가 적용되는 대표적인 종류의 소득으로서, 소득세법은 '총수입금액'에서 [   ]를 공제한 나머지를 사업소득금액으로 보도록 규정하고 있다.

(2) 관련 법령에 열거된 조문들만 보면, 일반론으로서는 사생활의 영역에서 벗어난 공적 영역으로서의 '사업'을 하나의 과세단위로 보고, 이 범위 내에서 순자산증가설을 적용하는 것으로 이해할 수 있다. 이러한 측면에서 사업소득의 계산에 관한 규정들이나 이론들 중 상당 부분은 법인세법과 유사성을 띠게 된다. 다만 이미 살펴본 바와 같이 실제로는 사업의 영역 내에서 발생하는 소득 중에서도 양도소득이나 이자소득 등 다른 종류의 소득으로 분류되어 과세되는 것이 있기 때문에 이러한 것들은 사업소득의 범위에서 제외한다(이 점에서는 법인세와 다르다). 그리하여 "일단은 사업을 하나의 실체처럼 보고 순자산증가설로 소득을 계산한 뒤, 그런 소득 가운데 이자소득, 배당소득, 양도소득 같

이 다른 소득으로 구분되어 나간 소득을 제외한 나머지가 사업소득"이라고 정의하기도 한다.

(3) 한편 사업용 고정자산에 대한 양도소득세 부과와 관련하여서는 유의할 점이 있다. 즉 이러한 자산과 관련하여서는 사업소득 계산시 감가상각이 필요경비로 인정되어 종합소득세가 주는 경우가 있다. 예컨대 건물을 100만원에 매입하여 150만원에 매도한 납세자가 그 기간 동안 20만원의 감가상각액을 필요경비로 인정받았다고 가정하여 보자. 이때 납세자는 얼마의 소득에 대하여 양도소득세를 부담하여야 하겠는가? 소득세법 제97조 제 3 항.

(4) 법인세법에서도 다시 나올 문제이지만 '필요경비'는 '일반적으로 인정되는 통상적인' 것이어야 한다. 소득세법 제27조. 이 글귀는 "납세의무자와 같은 종류의 사업을 하는 다른 [자]도 동일한 상황 아래에서는 지출하였을 것으로 인정되는 비용"을 의미한다. 대법원 2009. 11. 12. 2007두12422 판결. 미국 세법에 나오는 '통상적이고 필요한'(ordinary and necessary)이라는 표현과도 일응 같다고 할 수 있다.

미국 판결들 중 특히 유명한 것으로 "Goedel v. Commissioner"[1]가 있다. 이 판결에서의 납세자는 증권중개업을 하는 사람이었는데, 이 사람은 당시 프랭클린 루즈벨트 대통령의 경제정책이 계속 지속되는 것이 자신이 운용하는 파트너십(partnership)의 증권투자와 관련하여 극히 중요하다고 생각하고, 루즈벨트 대통령이 사망할 경우에 대비하여 파트너십 비용으로 보험에 가입하고 보험료를 납입하였다는 것이다. 이러한 보험료가 파트너십의 증권투자와 관련하여 '통상적이고 필요한' 경비인지가 이 판결의 쟁점이 되었다. 미국에서는 어떻게 되었을까? 이러한 비용은 우리 소득세법에서 말하는 '일반적으로 인정되는 통상적인' 것으로 볼 수 있겠는가?

(5) 예컨대 치열한 수임 경쟁에서 그다지 두각을 나타내지 못하는 개업 변호사가 이러한 상황을 타개하기 위하여 법학전문대학원의 박사 과정이나 기타 특별 교육과정에 입학하는 경우 이와 관련된 비용은 변호사업을 영위하기 위하여 '일반적으로 인정되는 통상적인' 것에 해당하는가?

(6) 특별한 사정이 없는 한 사회질서에 위반하여 지출한 비용은 일반적으로 인정되는 통상적인 비용이 아니다. 대법원 2015. 1. 15. 선고 2012두7608 판결(사례 13-7).

---

1) 39 BTA 1(1939).

[관련법령]

소득세법 제27조 제 1 항, 제33조 제 1 항 제 5 호.

<hr>

사례 8-4   대법원 2002. 1. 11. 선고 2000두1799 판결 가공

애초 시가 1,048(이하 단위 백만원 생략) 상당의 토지를 소유하고 있던 임대자씨는 부동산임대업을 영위할 생각으로 그 토지 위에[2] 889를 들여 건물을 지었다. 그런데 임대자가 임대보증금으로 받은 금액은 1,138로 건축비보다 더 많아서 결국은 임대보증금을 받아서 건물을 지은 셈이다. 그렇지만 임대보증금은 건축이 어느 정도 진행된 이후에나 받은 것이고 애초에는 단기차입금 889를 빌려서 건설공사비로 지급했다. 그 뒤 임대보증금 1,138과 임대료 등 순사업소득 84를 합한 현금수입액 1,222가 들어오자 임대자는 차입금 가운데 714를 갚았고 남은 단기차입금은 889－714＝175이었다. 나머지 현금 508(＝1,222－714)로는 별개의 사생활재산을 사들였다.[3] 결과적으로, 건물을 짓기 전 임대자의 재산은 1,048이고 차입금은 없었지만, 건물을 지은 뒤의 재산은 토지 1,048, 건물 889, 사생활재산 508(합계 2,445)이고 이 재산을 조달한 재원(財源)은 원래 있던 재산의 가치 1,048(건물을 지은 후 이 금액은 사업상의 자본금 540과 사생활재산의 가치 508이 되었다), 차입금 175, 임대보증금 1,138, 사업소득 84이다(합계 2,445). 토지가 임대자의 소유라는 사실에는 변함이 없으므로 결국 최종적으로 변동한 부분만을 따져본다면 차입금과 임대보증금 그리고 약간의 소득(175＋1,138＋84＝1,397)으로 건물과 사생활재산(889＋508＝1,397)을 사들인 셈이다. 한편 변동과정을 본다면 차입금 889는 모두 건물을 짓기 위해 빌린 것이었으며 그 가운데 175가 미지급 상태로 남아있고, 사생활재산 508을 사들인 자금은 임대보증금 수입에서 인출한 것이다.

<hr>

Notes & Questions

남아있는 차입금 175에 따른 지급이자는 47이다. 이 지급이자는 사업상의 필요경비인가 아니면 공제할 수 없는 가사경비인가? 차입금 175가 건물을 짓는 데 들어갔다고 볼 것인가 아

<hr>

2) 납세의무자의 회계장부상 분개는 (차) 토지 1048 (대) 자기자본 1048. 법으로 따지면 자신의 재산을 자신의 사업용으로 쓰기 시작한 것 뿐이지만 기업회계에서는 마치 법인에 대한 현물출자처럼 처리한다.

3) 납세의무자의 회계장부상 분개로는 (차) 자기자본 508 (대) 현금 508. 결과적으로 자기자본의 대변잔액은 540이 된다.

니면 차입금, 임대보증금, 사업소득이 모두 섞인 현금이 토지, 건물 및 사생활자산으로 섞여
들어갔다고 볼 것인가?

Ⅲ. 필요경비 불산입

(1) 소득세법상의 필요경비 불산입은 법인세법상 손금불산입과 같은 논점이므로 뒤에 법인
    세에서 보기로 한다. 한편 사업 수행과 관련된 벌과금 등이나 사회질서에 위반하는 비
    용을 필요경비로 공제하여 주어야 하는가 하는 문제는 이미 보았다.

제 2 절   근로소득과 퇴직소득

Ⅰ. 근로소득의 범위

1. 근로의 제공

(1) 근로소득과 사업소득과의 관계를 생각하여 보면 소득세법 제20조 제 1 항에서 '근로의
    제공'이란 특히 타인에게 '종속'되어 그 타인에게 근로를 제공한다는 뜻이다.

(2) 근로소득과 사업소득의 구별 역시 쉽지 않은 경우가 있다. 예컨대 구단으로부터 받는
    직업 운동선수의 연봉은 사업소득인가? 보험모집인은 어떨까?

2. 근로를 '제공함으로써'

[관련법령]
소득세법 제20조 제 1 항.

사례 8-5   대법원 1999. 9. 17. 선고 97누9666 판결

【원고, 피상고인】 주식회사 조흥상호신용금고
【피고, 상고인】 부산진세무서장
【원심판결】 부산고법 1997. 5. 21. 선고 94구6376 판결

【주   문】

원심판결의 피고 패소 부분 중 …근로소득세 합계 909,683,990원…에 관한 부분을 파기하고, 이 부분 사건을 부산고등법원에 환송한다. 피고의 나머지 상고를 기각한다.

【이   유】

1. 원심판결의 요지

원심은 상호신용금고법에 따라 상호신용계업무, 신용부금업무 등을 목적으로 하여 설립된 법인인 원고가 1989. 3. 29.경부터 1991. 9. 30.경까지의 사이에 원심판결 별지 3. 기재 ㉮ 부동산 및 ㉯ 부동산의 임차보증금을 그 소유자들에게 지급한다는 명목으로 주주 겸 대표이사인 소외 이정우에게 금 7,600,000,000원, 주주 김문준, 김덕필에게 각 금 200,000,000원씩, 합계 금 8,000,000,000원을 지급하였으나 그 부동산들은 실제로 임차 사용된 적이 없는 사실, 피고는 원고가 특수관계자인 위 이정우 등에게 임차보증금 명목으로 합계 금 8,000,000,000원을 지급한 것은 임차보증금을 빙자하여 자금을 무상으로 변칙대여한 것으로서 부당행위계산에 해당한다고 보고 이를 부인하여, 원고의 1988. 7. 1.부터 1992. 6. 30.까지의 각 사업연도에 대한 법인세 과세표준을 경정함에 있어 그에 대한 인정이자를 익금에 산입한 뒤, 구 법인세법(1994. 12. 22. 법률 제4804호로 개정되기 전의 것, 이하 '법인세법'이라고 한다) 제32조 제 5 항, 같은법 시행령(1993. 12. 31. 대통령령 제14080호로 개정되기 전의 것, 이하 '법인세법시행령'이라고 한다) 제94조의2 제 1 항 제 1 호 (가) 목 및 (나) 목에 의하여 1989년 내지 1992년의 각 귀속연도별로 위 인정이자 중 이정우에 대한 부분은 상여로, 위 김문준, 김덕필에 대한 부분은 배당으로 각 소득처분하고, 그 소득처분에 근거하여 1993. 8. 20. 원고에 대하여 원심판결 별지 1. 나.항 기재와 같이 1989년 내지 1992년 귀속분 각 원천징수세액으로서 위 이정우의 …근로소득세…와 위 김문준, 김덕필의 배당소득세…를 징수고지하였다가, 국세심판소의 결정에 따라 세액을 일부 감액하여 1994. 9. 26. 원심판결 별지 2. 나.항 기재와 같이 징수고지한 사실을 인정하였다.

그리고, 원심은 헌법재판소가 1995. 11. 30. 93헌바32호 사건 및 94헌바14호 사건에서 이 사건 처분의 근거가 된 법인세법 제32조 제 5 항에 대하여 조세법률주의와 위임입법의 한계를 정한 헌법에 위반된다고 선고함에 따라 이 사건 원천징수 …근로소득세 및 방위세, 배당소득세 및 방위세 고지처분은 법률상 근거 없이 행하여진 것이 되어 위법하다고 판단하여, 이 부분에 대한 원고의 청구를 인용하였다.

2. 상고이유의 판단

가. 과세처분의 취소소송에 있어서의 소송물은 과세관청의 과세처분에 의하여 인정된 과세표준 및 세액의 객관적 존부이고, 과세관청으로서는 소송 도중이라도 사실심 변론종결

시까지 당해 처분에서 인정한 과세표준 또는 세액의 정당성을 뒷받침하기 위하여 처분의 동일성이 유지되는 범위 내에서 처분사유를 교환·변경할 수 있는 것이며, 과세관청인 피고가 사실심 변론종결시까지 법인세법 시행령 제94조의2 규정에 근거하여 소득금액을 지급한 것으로 의제하는 소득처분과는 별도로, 당해 원천징수처분의 정당성을 뒷받침하기 위하여 같은 소득금액이 대표이사나 출자자에게 현실적 소득으로 귀속되었다는 주장과 함께 합산과세되는 종합소득의 범위 안에서 그 소득의 원천만을 달리 주장하는 것은 처분의 동일성이 유지되는 범위 내의 처분사유 변경에 해당하여 허용된다 할 것이다(대법원 1997. 10. 24. 선고 97누2429 판결, 1997. 11. 14. 선고 96누8307 판결 등 참조).

이 사건 기록에 의한 즉, 피고는 원심에서 소득처분에 의한 인정이자 상당의 의제소득과는 별도로, 법인의 자금을 무상으로 대여받아 사용함으로써 그 사용기간 동안 얻은 통상 지급하여야 할 이자 상당의 경제적 이익이, 대표이사인 이정우에게는 구 소득세법(1994. 12. 22. 법률 제4803호로 전문 개정되기 전의 것, 이하 '소득세법'이라고 한다) 제21조 제 1 항 제 1 호 (가) 목 소정의 …근로소득으로서, 출자자인 김문준, 김덕필에게는 소득세법 제25조 제 1 항 제12호 소정의 기타소득으로서 각 현실적으로 귀속되었다고 주장하고 있었음을 알 수 있는바, 이는 처분의 동일성이 유지되는 범위 내에서의 처분사유 변경에 해당하여 허용된다 할 것이다.

나. (생 략)

다. 한편 법인의 대표이사가 그의 지위를 이용하여 법인의 수익을 사외로 유출시켜 자신에게 귀속시킨 것 중 법인의 사업을 위하여 사용된 것임이 분명하지 아니한 것은 특별한 사정이 없는 한 대표이사 자신에 대한 상여 내지 이와 유사한 임시적 급여로서 근로소득에 해당하는 것으로 볼 수 있으므로(대법원 1997. 12. 26. 선고 97누4456 판결 참조), 원심법원으로서는 대표이사인 이정우가 원고의 자금 7,600,000,000원을 무상으로 대여받아 사용함으로써 그 사용기간 동안 얻은 통상 지급하여야 할 이자 상당의 경제적 이익이 소득세법 제21조 제 1 항 제 1 호 (가) 목 소정의 근로소득으로서 이정우에게 귀속된 것이라는 피고의 변경된 처분사유에 관하여 심리하여 이 사건 처분이 그대로 유지될 수 있는지의 여부를 판단하였어야 할 것이다.

그럼에도 불구하고, 원심이 소득처분에 관한 법인세법 제32조 제 5 항이 위헌이라는 이유로 이 사건 처분 중 위 이정우의 1989년 내지 1992년 귀속분 갑종근로소득세 합계 금 909,683,990원 및 방위세 합계 금 45,005,430원의 원천징수처분 부분이 위법하다고 판단함에 그치고 만 것은, 처분사유 변경에 관한 법리를 오해하여 심리를 다하지 아니 하였거나 판단을 유탈한 것이라고 할 것이어서, 이 부분에 관한 상고이유의 주장은 정당하기에 이를 받아들인다.

3. 결   론

그러므로 원심판결의 피고 패소 부분 중 이정우의 1989년 내지 1992년 귀속분 …근로소득세 합계 909,683,990원 … 의 원천징수처분에 관한 부분을 파기하고, 이 부분 사건을 다시 심판하도록 하기 위하여 원심법원에 환송하며, 피고의 나머지 상고를 기각하기로 관여 대법관들의 의견이 일치되어 주문에 쓴 바와 같이 판결한다.

대법관   김형선(재판장) 정귀호 이용훈 조무제(주심).

Notes & Questions

(1) 이 사건 판시이유의 2.다.에서 말하는 '소득세법 제21조 제 1 항 제 1 호 (가)목 소정의 근로소득'이라는 말은 '근로의 제공으로 인하여 받는' 소득, 현행법의 표현으로는 '근로를 제공함으로써 받는' 소득이다. 대표이사의 횡령액은 이 글귀에 해당하는가?

(2) 이 사건 원고는 [   ]관계인인 이정우에게 자금을 무상으로 대여하였고, 국세청은 이런 무상거래에 법인세법상의 [   ] 계산부인 규정을 적용하여 이 대여금에 대한 이자상당액, 이 판결에서 쓰고 있는 실무용어로 [   ]이자를 원고의 익금에 산입하면서 같은 금액을 이정우의 근로소득으로 소득처분하였다. 애초 국세청의 소득처분에서 [   ]이자가 근로소득에 해당한다고 보았던 논거가 된 법령의 글귀는 무엇인가?

(3) 앞 (2)의 과세근거가 사라지고 앞 (1)의 쟁점이 생겨난 이유는 무엇인가? 근로를 제공함으로써 받는 소득에 해당하지 않는다면 원고의 원천징수의무 및 이정우의 납세의무는 어떻게 되는가?

(4) 근로를 '제공함으로써'라는 말이 근로에 대한 '대가관계'를 넘는다면 어디까지 가는 것일까?

3. 급   여

(1) 근로소득의 범위에는 '봉급·급료·보수·세비·임금·상여·수당과 이와 유사한 성질의 급여'가 모두 들어간다. 결국 받는 돈의 명목은 문제 삼지 않겠다는 뜻일 뿐이다.

4. 임원의 보수

(1) 임원보수를 근로소득으로 명시한 것은, 이사나 감사와 회사의 법률관계는 위임으로서 근로에 해당하지 않기 때문이다.

5. 상여처분(賞與處分)된 금액

(1) 앞에서도 언급한 바와 같이, 법인세법에 따라 [   ]로 소득처분한 금액은 근로소득으로 보도록 소득세법이 정하고 있다. 회사의 임직원이 횡령한 금액이 흔히 근로소득으로 과세되는 것도 이에 따른 것이다. 한편 법인세법은 회사의 자산 중 사외로 유출된 것으로서 그 귀속이 불분명한 것은 대표자에게 귀속된 것으로 추정하여 소득처분하는데, 이 경우 역시 위 소득세법의 규정에 따라 대표자의 근로소득으로 과세한다.

6. 퇴직소득과의 구별

(1) 퇴직하는 근로자가 일시금으로서 비교적 많은 돈을 받아가는 것이 우리나라의 근로 관행이지만, 이 돈이 모두 퇴직소득으로 구분되지는 않는다. 소득세법 제20조 제 1 항 제 4 호.

(2) 뒤에 보듯 법인세법에서도 임원이 퇴직시 받는 돈을 모두 그대로 모두 손금으로 인정하지는 않는다. 이와 같이 손금 부인이 있으면 역시 소득처분이 뒤따르게 되고, 이 경우에도 그 귀속자가 퇴직하는 임직원인 이상 소득처분의 내용은 '상여'가 된다. 결국 이러한 경우에는 위 제 4 호뿐 아니라 제 3 호에 의하여서도 근로소득으로 분류된다.

Ⅱ. 부가급여(附加給與)의 과세문제

1. 부가급여 과세의 어려움

(1) 반드시 근로와 대가관계에 있지 않더라도 근로자가 받는 돈은, 그 명목에 불구하고 실질적 성질을 급여 또는 이에 유사한 것으로 볼 수 있다면 근로소득이다. 근로소득의 범위에 들어가는가가 입법론이나 해석론에서 실제 문제되는 것은 주로 근로와 관련하여 지급하는 현금 외의 경제적 혜택이다. 영어로는 흔히 'fringe benefits'이라고 하고 여기서는 이 말을 '부가급여'라고 옮기기로 한다.

(2) 부가급여는 현실세계에서는 여러 가지 모습으로 나타나고 어려운 과세문제를 낳는다. 우선 '식사 또는 식사대'에 관하여 생각하여 보자. 예를 들어 A회사는 급여 명목으로 월 300만원을 지급하고, B 회사는 급여 290만원과 식사대 명목으로 10만원을 지급하며 C 회사는 급여 290만원을 지급하고 평균으로 잡을 때 직원 일인당 월 10만원 가치가 있는 점심식사를 무료로 제공한다.

(ⅰ) A의 근로자와 B의 근로자 사이에 세금에 차이를 둘 이유가 있는가?

(ⅱ) B의 근로자와 C의 근로자 사이에 세금에 차이를 둘 이유가 있는가?

(ⅲ) C의 근로자에게 일인당 10만원씩을 일률적으로 과세소득에 포함하는 것은 옳은가?

(ⅳ) 현행법에서는 세 가지 경우를 각 어떻게 과세하는가? 소득세법 제12조 제 3 호

(ⅴ) 납세의무자는 어떤 반응을 보이게 될까?

(3) 교수의 연구실에 냉난방시설을 설치하여 주는 대학교와 그렇지 않은 대학교를 생각하여 보자. 각각의 학교에 근무하는 교수들의 소득은 다르다고 보아야 하는가? 만약 그렇다고 한다면, 냉난방시설 외에 예컨대 공용주차장이나 교수휴게실에 있는 신문이나 커피머신에 대하여도 같은 논리를 적용하여야 하지 않겠는가? 그렇게까지 본다면 소득 측정과 관련하여 어떤 문제가 발생하는가?

(4) 결국 이러한 부가급여를 일일이 따져서 소득에 반영하여 과세하는 것은 불가능하고, 어디에서인가는 과세와 비과세의 영역을 나누는 선을 그을 수밖에 없다. 언뜻 자의적인 것처럼 보이는 소득세법의 관련 규정들은 실은 이러한 고민의 소산이다.

2. 의료보험·사회보험

(1) 부가급여 중 현실적으로 중요한 의미를 가지는 것으로서 의료보험 혜택을 들 수 있다. 의료보험 혜택을 받기 위해서 납입하는 보험료는 회사부담분과 본인부담분으로 구별되어 있다. 이와 같이 회사가 임직원의 보험료를 대신 부담하여 주는 것이라면 이 역시 '소득' 아닐까?

(2) 아무튼 현행 소득세법상으로는 회사부담분이든 본인부담분이든 보험료에는 소득세가 부과되지 않는다. 즉 회사부담분 보험료는 임직원의 소득에 포함되지 않고(소득세법 제12조 제 3 호 (너)목), 한편 본인부담분은 소득에서 공제된다(소득세법 제52조 제 1 항).

(3) 실제로 아파서 의료보험의 혜택을 받는 경우를 생각하여 보자. 이러한 혜택은 개개인의

소득인가 아닌가? 근로자가 업무상의 각종 재해나 질병과 관련하여 받는 각종 보상금 (요양보상금, 휴업보상금, 상병보상금, 장해보상금, 유족보상금 등)은 비과세소득으로 열거되어 있다.[4] 한편 질병이나 재해가 있을 때 받는 의료보험의 혜택은 과세소득의 범위에 들어있지 않으므로 과세대상이 아니다. 이러한 의료혜택이나 보상금을 비과세하는 이유는 무엇일까?

(ⅰ) 의료보험이나 보상금이 없는 경우라면 치료비는 소득에서 공제하여 주어야 할 것인가?

(ⅱ) 보험을 들지 않은 경우 치료비를 공제해 준다고 정하고 거기에 논리를 맞춘다면, 평시에 보험료를 내고 보험사고 발생시 치료비를 실손보상 받는다면, 그런 보험금이나 보상금은 과세여부와 보험료의 공제여부는 어떻게 정해야 할까?

(ⅲ) 현행 소득세법이 의료비의 공제에서, 법정기준을 넘는 금액만 공제해준다는 바닥을 깔아두는 것은 어떻게 평가해야 할까?

Ⅲ. 근로소득의 과세시기

(1) 현행법에서는 근로소득의 총급여액과 연금소득의 총연금액은 총수입금액의 일부로서 각 과세기간별로 해당 기간에 "수입하였거나 수입할 금액"을 과세한다. 그러나 현실적으로는 근로소득은 현금주의로 과세한다. 근로자가 근로 제공을 완료하여 임금을 지급받을 권리가 확정되었지만, 회사 사정이 어려워서 월급이 밀린 경우 이러한 근로자에게 과연 소득세를 물릴 수 있겠는가?

Ⅳ. 근로소득의 소득금액

(1) 근로소득금액은 '총급여액'에서 [   ]를 한 나머지 금액을 말한다. 이를 사업소득금액의 경우와 비교하여 보면 '총급여액'은 '총수입금액'에, [   ]는 '필요경비공제'에 각각 대응한다. 그런데 필요경비공제는 원칙적으로는 각자 실제로 발생한 경비를 공제하여 주는 것임에 반하여, [   ]는 누구에게나 총급여액의 일정 비율을 똑같이 빼 주는 일괄공제이다. 이러한 차이를 왜 두고 있을까? 근로소득자의 '필요경비'라고 할 만한 비용에 어떠한 것들이 있을 수 있을까? 근로소득에도 실제 필요경비를 공제해 주는 경우의

---

4) 소득세법 제12조 제 3 호 (라)목.

장단점은 무엇일까?

(2) 다른 한편으로 근로소득공제는 종합소득공제와 마찬가지로 근로소득자에 대하여는 일종의 '면세점'의 기능을 하는 것으로도 볼 수 있다. 즉 근로소득자의 경우에는 근로소득공제를 하고 나서 남은 금액에 대하여 다시 각종의 종합소득공제를 하므로, 종합소득공제와 마찬가지로 근로소득공제 역시 이러한 의미에서 면세점을 설정하는 의미를 가진다.

V. 정책적 특례

1. 주택취득자금 이자

(1) 법은 주택이 없는 근로자가 전세자금을 마련하기 위하여 돈을 빌린 경우의 원리금 상환액이나 집을 사기 위해 불입하는 저축액을 일정한도 안에서 공제한다. 집을 산 근로자의 경우에도 일정 규모 이하의 집이라면 그 집을 담보로 빌린 주택저당차입금의 지급이자를 일정한도 안에서 공제한다. 소득세법 제52조, 조세특례제한법 제87조. 왜 이런 규정을 두었을까?

(2) 주택취득 자금의 이자를 공제하지 않는다고 하자. 이 경우 (ⅰ) 자기 돈 2억원으로 15평짜리 집을 사서 살고 있는 사람과 (ⅱ) 자기 돈이 하나도 없어서 돈 2억원을 꾸어서 15평짜리 집을 산 사람, 이 둘 사이에 세금은 같아지는가?

(3) 주택취득 자금의 이자만 공제한다고 하자. 이 경우 (ⅰ) 돈을 꾸어서 집을 산 사람과 (ⅱ) 돈을 꾸어 전세를 살거나 돈을 꾸지 않고 다달이 월세를 내는 사람, 이 둘 사이에 세금은 같아지는가?

(4) 월세를 공제한다고 하자. 이 경우 소유주택이든 월세든 전세든, (ⅰ) 상대적으로 작은 집에 살면서 고급 승용차를 소유하고 있는 사람과 (ⅱ) 상대적으로 좋은 집에 살면서 대중교통수단을 이용하는 사람, 이 두 사람을 차별하여야 할 이유가 있는가?

(5) 문제의 근원은 어디에 있는 것일까? 앞의 헤이그 – 사이먼즈의 정의로 돌아가 따져본다면 위 (2)에서 두 사람의 소득을 어떻게 정의해야 하는가? 소유하고 있는 재산의 사용가치와 지급이자는 각 어떻게 반영해야 하는가? 제 7 장 제 3 절 Ⅲ.(6).

2. 스톡옵션

[관련법령]

소득세법 제20조 제 1 항 제 1 호.

사례 8-6   대법원 2007. 11. 15. 선고 2007두5172 판결

【원고, 상고인】 원고 1외 9인(소송대리인 법무법인 화우 담당변호사 한준호외 2인)

【피고, 피상고인】 강남세무서장 외 8인

【원심판결】 서울고법 2007. 1. 12. 선고 2004누3702 판결

【주   문】

상고를 모두 기각한다. 상고비용은 원고들이 부담한다.

【이   유】

상고이유를 판단한다.

1. 제 1, 2, 5 점에 대하여

소득세법 제20조 제 1 항 소정의 근로소득은 지급형태나 명칭을 불문하고 성질상 근로의 제공과 대가관계에 있는 일체의 경제적 이익을 포함할 뿐 아니라 직접적인 근로의 대가 외에도 근로를 전제로 그와 밀접히 관련되어 근로조건의 내용을 이루고 있는 급여도 포함한다 할 것이다.

원심판결 이유에 의하면 원심은, 원고들이 외국 기업들의 국내 자회사들인 판시와 같은 회사(이하 '국내 자회사들'이라 한다)의 임직원으로 각 근무하면서 국내 자회사들의 주식을 67% 내지 100%씩 보유하고 있던 각 외국 기업들(이하 '외국 모회사들'이라 한다)로부터 원고들이 일정한 기간 국내 자회사들에서 근무할 것과 원칙적으로 국내 자회사들과 고용계약이 해지되면 주식매수선택권 부여계약도 그 효력을 상실하며, 부여된 주식매수선택권은 타인에게 양도할 수 없다는 조건으로 주식매수선택권을 부여받은 후, 1996년부터 2000년까지 각각 그 주식매수선택권을 행사함으로써 그 행사일 현재의 주식거래가액(시가)에서 주식매수선택권 행사가격(실제 취득가격)을 공제한 차액을 기준환율로 환산한 금액 상당의 이익(이하 '이 사건 주식매수선택권 행사이익'이라 한다)을 얻은 사실을 확정하였다.

사정이 그러하다면 원고들의 이 사건 주식매수선택권 행사이익은 국내 자회사들의 경영과 업무수행에 직접 또는 간접적으로 영향을 미치는 외국 모회사들이 원고들에게 지급한 것으로서 이는 원고들이 국내 자회사들에게 제공한 근로와 일정한 상관관계 내지 경제적 합리성에 기한 대가관계가 있다고 봄이 상당하므로 이 사건 주식매수선택권 행사이익은 소득

세법…의 …근로소득에 해당된다고 할 것이고, 이는 원고들과 외국 모회사들 사이에 직접적인 고용관계가 없어 고용계약상의 사용자와 주식매수선택권 부여자가 다르다거나 위 각 주식매수선택권의 행사 당시 구 소득세법 시행령…에서 주식매수선택권 행사이익이 근로소득에 포함되는 것으로 열거되어 있지 않았다고 하여 달리 볼 것은 아니다.…

2. 제 3 점에 대하여

소득세의 과세대상이 되는 소득이 발생하였다고 하기 위하여는 소득이 현실적으로 실현되었을 것까지는 필요 없다고 하더라도 소득이 발생할 권리가 그 실현의 가능성에 있어 상당히 높은 정도로 성숙·확정되어야 하고, 그 권리가 이런 정도에 이르지 아니하고 단지 성립한 것에 불과한 단계로서는 소득의 발생이 있다고 할 수 없는바(대법원 2003. 12. 26. 선고 2001두7176 판결 등 참조), 주식매수선택권은 그 행사 여부가 전적으로 이를 부여받은 임직원의 선택에 맡겨져 있으므로 단순히 주식매수선택권의 부여 자체만으로는 어떠한 소득이 발생되었다고 볼 수 없고, 주식매수선택권을 행사하여 주식을 취득함으로써 비로소 해당 주식의 시가와 주식매수선택권 행사가액의 차액에 상당하는 경제적 이익이 확정 내지 현실화된다고 할 것이므로 위 행사 시점에 그로 인한 소득이 발생한 것으로 보아야 할 것이다.

원심이 이 사건 주식매수선택권의 행사이익은 그 행사시기가 속한 과세기간의 근로소득에 해당한다고 판단한 것은 위 법리에 따른 것으로서 정당하고, 거기에 상고이유로 주장하는 바와 같은 근로소득의 발생시기에 관한 법리오해 등의 위법이 없다…

3. 결   론

그러므로 상고를 모두 기각하고, 상고비용은 패소자들의 부담으로 하여 관여 대법관의 일치된 의견으로 주문과 같이 판결한다.

대법관 양승태(재판장) 고현철 김지형 전수안(주심).

Notes & Questions

(1) 이 판결의 쟁점은 외국모회사의 한국내 자회사에 근무하는 임직원이 외국모회사 주식에 대한 주식매수선택권(stock option)을 받아서 행사한 이익이 근로소득인가이다. 원고의 주장은 무엇이고 이 판결은 어떻게 판시하고 있는가?

(2) 근로의 대가로 주식매수선택권을 받는 경우, 선택권 행사 시점에 가서 주식시가가 행사가격보다 더 낮다면 선택권은 의미가 없이 사라지지만, 주가가 더 높다면 선택권을 행사하여 주식을 취득하거나 주가와 행사가격의 차액을 받게 된다. 실제로 주식을 받은

경우라면 언젠가는 그 주식을 처분하게 된다. 손쉽게 주가가 계속 오른다고 생각해보자. 이러한 일련의 과정 중 어느 시점에서 소득을 인식하고 소득세를 물릴 것인가? 가능성으로는 ① 주식매수선택권을 부여하는 시점에 주식매수선택권 자체의 가치만큼 소득을 인식하고 행사시점에 가서 시가와 원가(애초 과세한 선택권의 가치 + 행사가격)의 차액을 추가로 과세하는 방안, ② 주식매수선택권을 행사하는 시점에 시가와 행사가격의 차액(흔히 '행사차익')만큼 소득을 과세하는 방안을 생각해 볼 수 있다. 각 경우 현행법상 무슨 소득으로 구분하는가?

(3) 앞 세 가지 방안 중 원고의 주장은 무엇이고 이 판결의 답은 무엇인가? ①이나 ②나 소득구분에 차이가 없다면 원고가 ①을 주장한 이유는 아마 무엇일까? 이 판결이 ②의 입장을 따르는 근거로서 내세우는 논리는 어떠한 것인가? 특히 "단순히 주식매수선택권의 부여 자체만으로는 어떠한 소득이 발생되었다고 볼 수 없"다는 부분은 헤이그 – 사이먼즈의 소득 개념과 맞는가? 한편 '주식매수선택권의 부여 자체만으로' 소득이 있다고 보아 과세한다면 어떠한 어려움이 생길까?

(4) 이 판결은 소득세법의 주식매수선택권의 과세 방법에 관한 현재의 소득세법 규정이 생기기 전의 사안에 관한 것이지만, 그 뒤 이 판결의 내용이 법에 들어왔다. 현행 소득세법은 일단 ②에 따라 근로소득 — 다만 주식매수선택권의 행사 당시에 근로관계가 이미 종료된 경우에는 [   ]소득으로 과세한다 — 에 대한 소득세를 부과하고 나서, 다시 ③에 따라 주식의 양도차익을 과세하는 입장을 취하고 있다. 물론 ②에 의하여 이미 과세된 부분은 주식의 취득가액에 반영하도록 함으로써 추후 ③의 과세에서 빼 주도록 하고 있다.

(5) 한편 이 판결에서 문제된 사안의 특수성은, 해외의 대규모 상장법인이 우리나라에 100% 자회사를 두고 있었다는 점이다. 이 상황이라면 매수선택권의 목적물은 어느 주식이 되리라 생각하는가? 세법 쪽에서는 주식매수선택권을 외국법인으로부터 받은 것인가는 원천징수 대상이 되는 소득인지에 영향을 미칠 수 있다. 소득세법 제127조 제 1 항 제 4 호와 제 2 조 제 2 항.

VI. 퇴직소득

[관련법령]

소득세법 제22조, 제20조 제 1 항 제 4 호, 제48조, 제55조.

(1) 우리나라에서는 고용 관계를 종료하고 퇴직하는 경우 통상 퇴직금이라는 명목으로 상당한 금액을 일시금으로 지급하는 것이 보통이다. 이러한 일시금을 다른 소득에 비하여 소득세법상 다르게 취급하여야 할 이유가 있겠는가? 우선 누진세율과 관련하여 생각하여 보자. 그리고 다음으로는 정책적인 측면에서도 한 번 생각하여 보자.

(2) 근로소득 관련 부분에서 살펴본 바와 같이 퇴직으로 인하여 지급되는 돈 중에서도 일부는 퇴직소득이 아니라 [   ]소득으로 구분할 수 있다. 이 구분은 논리적으로 일관된 원칙에 따른다기보다는 정책적인 차원에서 그때그때 이루어진다고 볼 수 있다.

(3) 근로소득에 근로소득공제가 있는 것처럼 퇴직소득에도 퇴직소득공제가 있다. 퇴직소득금액은 퇴직급여액 — 근로소득의 '총급여액'에 대응한다 — 에서 퇴직소득공제를 한 금액이다. 그런데 퇴직소득공제는 근로소득공제보다 금액이 훨씬 크다. 나아가 퇴직소득에 세율을 적용하는 방법은 종합소득과 다르다. 어느 쪽이 유리한가? 퇴직소득을 우대하는 이유는 무엇일까?

제 3 절   연금소득

[관련법령]

소득세법 제14조 제 3 항 제 9 호, 제20조의3, 제51조의3.

(1) 연금은 대부분의 사람들이 일정 연령 이후 소득이 줄어든 뒤에도 생활에 문제가 없도록 국가가 정기적으로 일정한 금액을 지급하는 것이다. 연금 혜택은 공짜로 받을 수 있는 것은 아니고 위 연령대에 이르기 전에는 강제로 소득의 일부를 연금보험료로서 납부하도록 하고 있으므로 결국 '강제적인 저축'이라는 성격을 띠고 있다. 즉 국가 — 한결 정확하게 국민연금공단— 는 이와 같이 걷어들인 연금보험료를 운용하여 그 수익을 재원으로 하여 국민들에게 연금을 지급하는 것이다. 다만 연금에는 강제저축이라는 성격 외에 사회보장제도로서의 성격도 아울러 있기 때문에, 불입한 돈과 수령하는 돈의 크기가

꼭 서로 상응하는 것은 아니다.

(2) 예컨대 근로의 대가로 1억 원의 돈을 받아 그중 1천만원을 은행에 정기예금(자발적 저축)으로 넣고 1년만에 이자를 받는다고 생각하여 보자. 1억원의 근로소득(원본)과 이에 대한 이자에 대한 소득세는 언제 얼마를 소득으로 삼아 내는가? 한편 연금소득의 경우 연금보험료로 납부하는 부분과 뒤에 연금으로 수령하는 부분은 어떤 식으로 과세하는가? 예금 이자의 경우와 달리 과세하는 이유는 무엇일까?

(3) 우리 현행법상 연금소득에 대한 과세제도는 기본적으로 이른바 EET(exempt, exempt, tax) 방식, 곧 연금불입액을 공제하고 연금기금이 버는 투자수익을 비과세하고, 연금소득을 지급받는 단계에 가서 과세하는 방식이다. 지급단계에 가서 과세한다고 하나 이자소득과 견주어 본다면 이 방식은 기본적으로 이미 연금소득에 조세특혜를 베풀고 있는 것이다. 오늘날은 대부분의 나라가 EET 방식을 쓰지만 나라에 따라서는 이른바 TEE (tax, exempt, exempt) 방식에 따라 연금불입액을 근로소득에서 빼주지 않은 채 그대로 과세하고 그 뒤에 받는 원리금은 비과세하는 방식을 쓰기도 한다. 결과적으로 연금 납입에 따른 이자부분을 비과세한다는 점은 마찬가지이지만, 여러 나라가 서로 다른 방식을 쓰는 경우 퇴직 후 이민이 복잡한 이중과세 문제나 이중비과세 문제를 일으켜서 국제적으로 EET 방식으로 통일되는 추세에 있다.

(4) 일정 범위 내의 연금소득은 납세자 본인이 달리 원하지 않는 한 종합소득에 합산하지 않고 분리과세한다.

제 4 절 금융소득: 이자소득과 배당소득

I. 이자소득과 배당소득의 범위

1. 이자와 할인액

[관련법령]

소득세법 제16조, 제46조.

(1) 소득세법 제16조 제 1 항 각 호는 이자소득에 해당하는 것을 열거하고 있다. 이들의 공통점은 무엇인가? 특히 제12호의 규정에 주목하라.

(2) 민사법에서 흔히 생각하는 이자란 이자부 금전소비대차에서 발생하지만, 이는 소득세법에서는 '비영업대금의 이익'이라는 하나의 유형에 해당할 뿐이다. 그 외에 열거되어 있는 것들은 대개 '금융상품'이라고 부르는 제도권의 자금거래에서 발생하는 수익이지만, 이러한 것들도 궁극적인 경제적 성질은 금전소비대차에서 발생하는 이자와 다를 것이 없기 때문에 이를 모두 이자소득으로 구분한다.

(3) 소득세법 제16조 제 1 항 제12호에서는 포괄적인 내용의 규정을 두어 구체적으로 열거되지 않은 경제적 이익이라 하더라도 위 제12호가 정하고 있는 범위 내에 속할 수 있는 것은 이자소득으로 과세할 수 있는 가능성을 열어두고 있다. 이러한 입법태도를 '[   ]별 포괄주의'라고 부르기도 한다.

[관련법령]
소득세법 제46조 제 1 항.

예제 시장이자율이 10%라면 액면이 100원이고 만기가 발행일로부터 2년인 약속어음의 최초의 발행가액은 $100/(1.1)^2 ≒ 83$원이 될 것이다. 즉 이 경우에 발생하는 이자소득의 총액은 약 17원이 된다. 이 경우 이 약속어음을 발행한 사람으로부터 곧바로 이를 83원에 취득한 사람이 1년 후에 이 약속어음을 95원에 제 3 자에게 양도한다고 하자.

Notes & Questions

(1) 83원에 약속어음을 취득하여 95원에 양도한 이 사람에게 발생한 경제적 이익의 합계(=[①])는 얼마인가? 한편 이자소득이 기간에 비례하여 귀속된다는 측면에서 볼 때, 만기까지 2년의 기간 중 절반인 1년 동안 이 약속어음을 보유한 이 사람에게 귀속되는 이자소득의 크기(=[②])는 얼마인가? ① 과 ② 는 일치하는가?

(2) ① 과 ② 가 일치하지 않게 된 이유로 어떤 것이 있을 수 있을까?

(3) ① 과 ② 의 차액은 과세소득인가 아닌가?

(4) 법을 이렇게 만들어 둔 이유는 무엇일까? 이 사람은 부당한 이득을 얻는 것 아닐까?

(5) 위에서 살펴본 내용의 적용대상은 소득세법의 용어를 따르자면 '채권 또는 증권'이다. 이 말은 무슨 뜻일까? 앞 (1)의 사례에서 든 약속어음은 '채권 또는 증권'에 포함되는가? 소득세법 제46조, 동법 시행령 제102조.

2. 이자소득의 범위

[관련법령]

소득세법 제16조 제 1 항 제12호.

사례 8-7 대법원 2011. 4. 28. 선고 2010두3961 판결

【원고, 피상고인】 원고 1 외 47인(소송대리인 법무법인 율촌 담당변호사 신성택 외 8인)

【피고, 상고인】 용산세무서장(소송대리인 정부법무공단 담당변호사 구충서 외 6인)

【원심판결】 서울고법 2010. 1. 26. 선고 2009누6836 판결

【주   문】

상고를 각 기각한다. 상고비용은 피고가 부담한다.

【이   유】

상고이유를 판단한다.

구 소득세법(2006. 12. 30. 법률 제8144호로 개정되기 전의 것, 이하 같다) 제16조 제 1 항은 "이자소득은 당해 연도에 발생한 다음 각 호의 소득으로 한다."라고 규정하면서, 그 제 3 호에서 '국내에서 받는 예금의 이자와 할인액'을, 제 9 호에서 '대통령령이 정하는 채권 또는 증권의 환매조건부 매매차익'을, 제13호에서 '제 1 호 내지 제12호의 소득과 유사한 소득으로서 금전의 사용에 따른 대가의 성격이 있는 것'을 각 들고 있다.

그리고 구 소득세법 시행령(2005. 2. 19. 대통령령 제18705호로 개정되기 전의 것, 이하 같다) 제24조는 "법 제16조 제 1 항 제 9 호에서 대통령령이 정하는 채권 또는 증권의 환매조건부 매매차익이라 함은 금융기관이 환매기간에 따른 사전약정이율을 적용하여 환매수 또는 환매도하는 조건으로 매매하는 채권 또는 증권의 매매차익을 말한다."고 규정하고 있다…

원심은 그 채용 증거를 종합하여, 원고들은 2002년경부터 2004년경 사이에 주식회사 신한은행(이하 '신한은행'이라 한다)과 엔화스왑예금계약(이하 '이 사건 계약'이라 한다)이라는 이름으로, 원고들이 원화로 엔화를 매입하고 이를 예금하여 연리 0.25% 전후의 확정이자를 지급받고 만기에 원리금을 반환받는 엔화예금(이하 이 부분을 '엔화정기예금거래'라 한다)에 가입함과 동시에, 위 예금계약의 만기 또는 해지 시에는 엔화예금 원리금을 신한은행에 미리 확정된 환율로 매각하여 원화로 이를 지급받기로 하는 계약(이하 이 부분을 '이 사건 선물환거래'라 한다)을 체결한 사실, 신한은행은 2002년경부터 엔화정기예금거래와 선물환거래를 함께 가입하는 금융상품을 개발하여 고객에게 세후 실효수익률에서 일반정기예

금보다 유리한 것으로 홍보·판매하였는데, 이 사건 계약에 의하면, 고객들은 자신이 소유하던 원화를 엔화로 바꾸어 신한은행에 예치하고 만기에 예금에 대한 이자는 거의 없으나 계약 체결일 당시에 이미 약정된 선물환율에 의한 선물환매도차익(이하 '이 사건 선물환차익'이라 한다)을 얻게 되므로 결과적으로 확정금리를 지급하는 원화정기예금상품과 유사하고 소득세법상 선물환매도차익이 비과세되므로 금융소득종합과세를 피할 수 있어 원화정기예금과 대비하여 고수익을 확보할 수 있었던 사실…등을 인정하였다.

　　원심은 위와 같은 사실관계에 터 잡아, 당사자가 취한 거래형식이 세금의 부담을 회피하기 위한 행위라 하더라도 그것이 가장행위에 해당하는 등의 특별한 사정이 없는 이상 유효한 것으로 보아야 한다는 전제 아래, 이 사건 선물환계약은 엔화정기예금계약과는 구별되는 별개의 계약으로 인정되고, 법률행위의 효력이 없는 가장행위에 해당한다거나 엔화정기예금계약에 포함되어 일체가 되었다고 보기 어려우며, 이 사건 선물환거래로 인한 차익을 구 소득세법 제16조 제1항 제3호 소정의 예금의 이자 또는 이에 유사한 것으로서 같은 항 제13호 소정의 이자소득세의 과세대상에 해당한다고 보기 어렵다고 판단한 후, 나아가 구 소득세법 제16조 제1항 제9호는 채권 또는 증권을 환매조건부로 매매함으로써 계약 시부터 환매조건이 성취될 때까지 금전사용의 기회를 제공하고 환매 시 대가로 지급하는 일정한 이익을 이자소득으로 보아 과세하는 것인데, 이 사건 선물환차익을 채권 또는 증권의 환매조건부 매매차익 또는 이에 유사한 것으로 보기도 어렵고, 설사 이에 유사하다고 하더라도 구 소득세법 제16조 제1항 제9호, 구 소득세법 시행령 제24조 소정의 환매조건부 매매차익은 채권 또는 증권의 매매차익만을 대상으로 하는데 구 소득세법 제16조 제1항 제13호가 유형적 포괄주의의 형태로 규정되어 있기는 하지만 채권이나 증권이 아닌 외국통화의 매도차익에 대하여도 이를 이자소득세로 확대해석하는 것은 조세법률주의의 원칙에 비추어 허용할 수 없다고 판단하였다.

　　앞서 본 법리와 관계 규정 및 기록에 비추어 살펴보면, 원심의 위와 같은 판단은 정당한 것으로 수긍할 수 있고, 거기에 상고이유에서 주장하는 바와 같은 구 소득세법 제16조 제1항 제13호의 적용범위에 관한 법리오해 등의 위법이 없다.

　　그러므로 상고를 각 기각하고, 상고비용은 패소자가 부담하기로 하여, 관여 대법관의 일치된 의견으로 주문과 같이 판결한다.

　　대법관　신영철(재판장) 박시환 안대희(주심) 차한성.

Notes & Questions

(1) 원화는 이자율이 연 10%라고 하고 엔화는 이자율이 연 5%이며 오늘 현재 1엔 = 10원이라고 하자. 1년 뒤에 엔화를 사들이기로 하는 선물환 계약을 맺는다면 1년 뒤 지급해야 할 원화의 금액은 얼마일까? 100원을 원화로 예금하는 사람은 1년 뒤에 110원을 받는다. 금융시장이 균형에 있는 이상, 오늘 원화를 엔화로 바꾸어 예금했다가 1년 뒤의 엔화 원리금을 오늘 현재 미리 합의한 값(이것을 선물환율이라 부른다)에 따라 다시 원화로 바꾸는 경우의 투자수익은 원화예금의 투자수익과 같아야 한다. 곧 1년 뒤의 투자수익은 110원이 되어야 계산이 맞으므로 110원 = (100원/10엔)(1.05)(1년 선물환율)이 되어야 한다. 이 값을 계산하면 1년 선물환율은 1엔 = 10.4762원이 된다. 다시 정리하면 (i) 오늘 현재 100원을 원화예금하고 1년 뒤 110원을 받는 거래나 (ii) 원화 100원을 10엔으로 바꾸어서 엔화예금하고 1년 뒤 원리금 10.5엔을 받아서 이를 10.5 × 10.04762 = 110원으로 바꾸는 거래나 손익에 아무 차이가 생길 수 없다. 이런 관계를 parity라고 부른다. 이 사건의 쟁점은 (ii)의 거래에서 생기는 손익 10원이 이자소득인가 또는 이자소득 0.5엔과 선물환매도차익 (10원 − 0.5엔)의 결합인가라는 점이다.

(2) 납세의무자가 후자라고 주장하는 이유는 무엇이고 논거는 무엇인가? 국세청이 전자라고 주장하는 논거는 무엇인가? 법원의 판단은 어느 쪽이고 논거는 무엇인가?

(3) 법에 명시적으로 열거된 '이자소득과 유사한 소득으로서 금전사용의 대가'라는 말(이른바 유형별 포괄주의)이 들어오기 전의 판례는 가령 주택의 "분양계약 해제시 기납부금 반환에 대하여 지급이자율을 연 14%로 계산한 이자를 가산하여 지급[한]…이 사건 이자 명목의 금원은 위 [소득세법 제16조 제 1 항] 각 호 중 어디에도 해당하지 아니함이 분명하므로 이는 이자소득세의 과세대상 소득이 아니라"고 하였다. 대법원 2003. 3. 14. 선고 2002다68294 판결. 또한 유형별 포괄주의가 들어온 이후의 판례는 "직장공제회초 과반환금 중 회원의 퇴직·탈퇴 전에 지급되는 목돈급여와 종합복지급여의 부가금은 구 소득세법… 제16조 제 1 항 제 3 호에서 정한 '예금의 이자'와 성격이 유사하고 담세력도 대등하다고 볼 수 있으므로, 같은 항 규정에 제13호가 신설된 이후에는 이자소득세의 과세대상이 된다"고 하였다. 대법원 2010. 2. 25. 선고 2007두18284 판결. 유형별 포괄주의에서는 이자소득의 범위가 어디까지 미치는 것일까? 위 판결(사례 8−7) 직후 소득세법 개정으로 이자부상품과 파생상품이 결합된 거래에서 생기는 이익은 이자소득으로 구분하고 있다. 소득세법 제16조 제 1 항 제13호. 배당소득의 경우 소득세법 제17조 제

1 항 제10호.

(4) 유형별 포괄주의 입법은 이자소득과 배당소득이 소득세법상 원천징수 대상이라는 점에
서 문제를 일으킬 소지가 있다. 포괄주의란 결국 과세요건으로 불확정개념을 사용하는
것이기 때문에 거래 당시에는 이러한 요건이 충족되는지 여부가 반드시 분명하지 않을
수 있고, 따라서 소득을 지급하는 입장에서도 원천징수 의무의 유무가 뚜렷하지 않은
수가 있다. 원천징수 의무가 있는 것을 간과하고 원천징수를 하지 않은 경우 형벌[5]과
가산세가 부과될 가능성이 있을 뿐 아니라, 나아가 해당 원천징수의무자는 국가에게 원
천징수세액을 자기 부담으로 일단 납부한 후 원천납세의무자에 대한 민사상 조치를 취
하여 이를 상환받아야 하는 부담을 질 가능성도 있는데, 이는 경우에 따라 원천징수의
무자에게 지나치게 가혹한 결과가 될 수 있다.

3. 배당소득

(1) 이자소득과 마찬가지로 소득세법 제17조 제 1 항은 배당소득에 해당하는 항목들을 구체
적으로 열거하고 있고, 다만 현행법은 제 9 호에서 역시 유형별 포괄주의에 관한 규정을
두고 있다. 제 9 호에서는 배당소득의 공통적 징표로서 무엇을 들고 있는가?

(2) 배당소득은 원칙적으로 회사 제도와 연결되어 있고, 회사란 가장 기본적으로는 사람들
이 사업을 영위하여 거기서 나오는 수익을 나누어 가지기 위한 제도이다. 결국 배당소
득은 이와 같이 회사나 이에 준하는 것을 통하여 사업을 영위한 후 그 결과를 나누어
가짐으로써 발생하는 소득을 가리키는 것이다. 회사는 대개 법인세를 내게 되므로, 배당
소득은 이미 법인세를 낸 소득을 주주 기타 출자자들이 나누어 가지는 것에 다시 소득
세를 물리는 것이다. 다만, 소득세법 제17조 제 1 항에 열거되어 있는 항목들을 살펴보
면 회사 또는 법인세 부과대상의 존재를 전제하지 않는 것도 있다.
상세한 것은 법인세 부분으로 미루기로 한다.

4. 이자소득과 배당소득의 구분 : 집합투자

(1) 지금까지 살펴본 이자소득과 배당소득은 금융자산으로부터 발생하는 소득을 구분하는
두 개의 큰 축이 되며, 기본적으로는 소득 발생의 원천이 되는 금융자산을 크게 채권과
[   ]으로 구별하는 이분법에 근거를 두고 있다. 그러나 오늘날에 와서 금융거래가 복

---

5) 조세범처벌법 제13조.

잡하여지면서 이러한 이분법으로 쉽게 규율할 수 없는 경우가 늘어나고 있는데, 이른바 간접투자도 그 한 예이다.

(2) 일상생활에서 흔히 보는 집합투자 — 통상 '펀드'라고 불린다 — 는 보통 투자위험 분산을 노린 것이다. '포트폴리오'의 구성은 개인 차원에서는 어려우므로 결국 불특정 다수 투자자들의 돈을 모아 투자 포트폴리오를 만들고 거기에서 나오는 수익을 투자자들에게 귀속시키는 거래 형태를 취하게 된다. 특히 이러한 투자포트폴리오를 만들 때 중요한 점은 포트폴리오에 속하는 재산이 이를 운용하는 자의 재산으로부터 법률적·경제적으로 분리되어 있어야 한다는 것이다. 이러한 목적을 위하여 널리 사용되는 두 가지의 법률 형식이 [①]과 회사이다. 흔히 전자를 투자[①], 후자를 '투자회사' 또는 좁은 뜻의 '뮤추얼펀드'라 부른다.

(3) 먼저 투자신탁의 경우를 살펴보자. 투자자(흔히 관련 법령은 수익자라고 부른다)들의 돈은 신탁재산을 구성하고, [①]회사가 이를 주식이나 채권 등에 투자하여 운용하여 올린 수익을 궁극적으로 투자자들에게 분배하게 된다. 이러한 수익은 거슬러 올라가자면 결국 배당이나 이자의 성격을 갖게 되는데, 이러한 수익이 투자자들에게 분배되는 경우 이 소득은 무슨 소득으로 구분할 것인가? 원천에서 생길 당시에 배당이나 이자였다는 성격이 투자자 단계에까지 그대로 유지된다고 보고 투시과세할 것인가, 또는 이자나 배당이라는 성격은 애초 지급자와 신탁회사(또는 신탁재산) 사이의 관계이고 투자자는 신탁회사(신탁재산)에서 소득을 지급받는 것으로 볼 것인가? 이 투시할 것인가 말 것인가의 문제를 종래 우리나라의 용례로는 신탁도관설과 신탁실체설이라고 부른다. 각 입장의 논거는 무엇이고 장단점은 무엇일까? 모든 신탁은 다 신탁이라고 보아 통일적으로 과세해야 하는가 또는 신탁재산의 종류나 신탁의 유형별로 과세를 달리해야 할까?

(4) 투자회사에서는 투자자들의 돈이 회사재산을 구성하고 운용회사가 이를 주식이나 채권 등에 투자하여 운용하여 올린 수익을 궁극적으로 투자자들에게 분배한다. 투자자들은 투자회사의 주주의 지위에 서게 되므로 이러한 수익 분배의 민사법적 성격은 [   ]이 될 수밖에 없으며, 그렇다면 세법상으로도 이를 [   ]소득으로 보는 것이 일단 사리에 맞다.

(5) 그렇다면 투자신탁과 투자회사에 있어서 투자자들이 얻는 소득의 성격은 그 법률적 형식의 차이로 인하여 서로 달라져야 하는가? 현행법은, (i) 일정한 요건을 만족하는 집합

투자기구라면 투자신탁의 이익이나 투자회사로부터 받는 배당이나 모두 [   ]소득으로 구분하고, (ii) 만족하지 않는다면 투자신탁이든 투자회사든 모두 투시하여 과세한다. (i)과 (ii)를 나누는 요건은 어떻게 정하면 좋을까? 소득세법시행령 제26조의2 참조.

(6) 결국 이자소득과 배당소득의 구별은 정책적·상대적인 것이라 볼 수 있다.

Ⅱ. 금융소득의 소득금액과 과세시기

(1) 이자소득에 필요경비를 인정할 것인가는 입법재량이다. 헌법재판소 2001. 11. 20. 2000 헌바54 결정. 왜 그럴까?

(2) 이자소득의 본질을 돈의 시간가치에 따라 지급되는 금액으로 본다면, 이자소득의 금액은 시간의 흐름에 맞추어 경과되는 기간마다 특정된다. 따라서 매 기간마다 이자소득을 귀속시켜 과세하는 것(말하자면 '발생주의')이 논리적이겠지만, 현행법령은 이러한 입장을 취하고 있지는 않으며 오히려 현금주의에 가까운 입장을 취하고 있다. 왜 그렇게 하고 있을까? 아래 제6절

(3) 비영업대금이라면 약정에 따른 상환일에 이자소득이 수입된 것으로 보기 때문에 실제로 원천징수의무가 확정되기 전에 과세시기가 도래할 수도 있다. 이 경우 현실적으로 이자의 지급이 없거나 그러한 지급이 이루어질 가능성이 없으면 이자소득을 과세할 수 있는가? 이 질문에 관련하여 개인과 법인 사이에는 과세상 어떤 차이가 있는가?

(4) 배당소득 역시 필요경비 공제가 없다는 점에서 이자소득과 같다. 다만 배당소득의 경우에는 이른바 'gross up'이라고 하여 배당소득금액을 수입금액보다 일정비율만큼 늘려서 계산하도록 하고, 그 대신 세액 단계에서 늘어난 소득금액의 크기만큼 세액공제를 해주도록 하고 있다. 이는 배당소득을 지급하는 법인에 대한 법인세 문제와 밀접한 관련을 맺고 있으므로 법인세와 관련된 부분에서 상세히 살펴보도록 한다.

(5) '잉여금 처분에 의한 배당'은 이와는 달리 잉여금 처분의 [   ]가 있는 날, 무기명주식에 따르는 배당이라면 [   ]받는 날이 과세시기이다. (사례 6-4) Notes and Questions (1).

[관련법령]

소득세법 제39조; 법인세법 제40조; 소득세법시행령 제45조 제 2 호와 제 3 호; 법인세법시행령 제70조.

【예제】 현금 9,132원을 주고 매입한 액면 금10,000원, 만기 2년의 회사채에 대하여 1년 뒤에 500원, 2년 뒤에 500원의 이자와 액면 금10,000원을 지급받는다고 하자.

Notes & Questions

(1) 채권의 권면에 기재된 표시이자인 각 500원은 각 [①]받는 날이 귀속시기이고, 할인액(868원)은 이를 [①]받는 날 즉 채권의 만기일이 귀속시기이다.

(2) 이 회사채의 발행조건에 내재된 이자율을 구해보자. $500/(1+r) + 500/(1+r)^2 + 10,000/(1+r)^2 = 9,132$를 풀면 r= [②]%이다. 검산하자면 이 회사채를 사든 연리 [②]%로 은행에 돈을 9,132원 예금하든, 2년 뒤 이 사람 손에 남는 돈은 똑같다(계산해보라).

(3) 이 회사채를 산 사람의 경제적 입장은 9,132원에 대한 10% 이자 913원 가운데 500원을 인출한 것과 같다. 현행법상의 과세소득은 얼마인가? 왜 그렇게 할까?

(4) 기업회계에서는 위 회사채에서 생기는 이자와 할인료를 현금 지급시기가 아니라 기간의 경과에 따라 이자로 계산한다. 채권자 채무자에게 생기는 기업회계상 이자수익과 이자비용은 01년과 02년에 각 얼마인가?

Ⅲ. 금융소득 종합과세

(1) 금융소득의 과세 문제는 우리나라에서는 이른바 금융실명제의 실시와 함께 복잡한 역사를 갖고 있다. 현행법에서는 이자소득과 배당소득의 합계금액이 일정금액(현행법에서는 2천만원) 이하이면 종합소득에 합산되지 않고 소득을 지급하는 금융기관 또는 회사로부터의 원천징수로 종결짓는다. 소득세법 제14조 제 3 항 제 6 호, 왜 그렇게 할까?

(2) 금융소득이 법정기준금액을 넘어서 종합과세의 대상이 되면 세액계산이 좀 복잡하다. 기준금액을 넘는 부분만 다른 종합소득과 합하여 누진세율을 적용하고 기준금액 미달 부분에 대하여는 원천징수세율을 세율로 삼아서 이미 원천징수당한 세금의 환급을 막

는다.

(3) 끝으로 비실명 금융거래에서 생기는 수익에 대한 원천징수세율은 42% 또는 90%(지방
세를 고려하면 실제 100%)로 분리과세한다. 실명거래 원칙에 대한 위반 행위에 대한 제
재라 볼 수 있다.

제 5 절   기타소득

(1) 헤이그－사이먼즈의 소득 개념에 해당하는 경제적 이득이지만 이자소득 등 지금까
지 살펴본 소득구분에는 속하지 않고, 또 소득세법 제21조 제 1 항 각 호에도 열거되
지 않은 소득이 있다고 하자. 이러한 소득은 현행 소득세법상 과세 대상이 되는가?

(2) 기타소득은 기타의 소득이라는 뜻이 아니다. 이 말은 지금까지 살펴본 소득 외의 모든
소득을 가리키는 것이 아니라, 지금까지 살펴본 소득 중 어디에도 속하지 않지만 아무
튼 과세하겠다고 법률로 정한 것들을 모아 놓은 집합 개념이다. 이 점은 우리 소득세법
이 적어도 법해석론 차원에서는 순자산증가설이 아니라 [   ]설을 취하고 있다고 볼
가장 직접적인 이유가 된다.

(3) 기타소득의 소득금액은 총수입금액에서 필요경비를 공제한 것이고 이는 실제로 그 존재
가 입증되어야 하지만, 열거된 항목 중 몇 가지는 대통령령에서 필요경비 공제를 일률
적으로 인정한다.

(4) 기타소득은 종합소득이기는 하지만 금융소득이나 마찬가지로 일정 금액에 미달하는 경
우에는 분리과세하여 [   ]만으로 과세를 종결한다.

[관련법령]
소득세법 제16조 제 1 항 제11호·제12호, 제21조 제 1 항 제10호.

사례 8-8   대법원 1997. 9. 5. 선고 96누16315 판결

【원고, 피상고인 겸 상고인】 김덕형(소송대리인 변호사 장수길 외 1인)

【피고, 상고인 겸 피상고인】 성북 세무서장

【원심판결】 서울고법 1996. 10. 10. 선고 96구11152 판결

【주 문】

상고를 모두 기각한다. 상고비용은 상고인 각자의 부담으로 한다.

【이 유】

1. 원고의 상고이유를 본다.

수탁보증인의 주채무자에 대한 구상권은 원칙적으로 그들 내부의 위임에 근거한 계약상의 권리이고, 그 구상권에 관한 민법 제441조, 제425조 제 2 항의 각 규정은 그들 사이에 달리 정함이 없는 경우에 보충적으로 적용되는 임의규정이라 할 것이다(대법원 1989. 9. 29. 선고 88다카10524 판결 참조). 수탁보증인이 그 출재로 주채무를 소멸하게 한 다음, 주채무자를 상대로 제기한 구상금 청구소송에서 그 출재액과 이에 대한 면책일 이후 소장송달일까지의 연 5푼의 민사법정이율에 의한 법정이자와 그 다음날부터 완제일까지의 소송촉진등에관한특례법 소정의 연 2할 5푼의 비율에 의한 지연손해금에 관한 승소판결을 받고 그 확정판결에 기하여 법정이자와 지연손해금을 수령한 경우, 그 지연손해금은 구 소득세법(1994. 12. 22. 법률 제4803호로 개정되기 전의 것) 제25조 제 1 항 제 9 호, 같은법 시행령(1994. 12. 31. 대통령령 제14467호로 개정되기 전의 것) 제49조 제 3 항에서 기타소득의 하나로 정하고 있는 "계약의 위약 또는 해약으로 인하여 받는 위약금과 배상금"에 해당한다고 할 것이다. …

2. 피고의 상고이유를 본다.

가. 제 1 점에 대하여

수탁보증인의 구상권에 속하는 법정이자는 이자의 일종으로서 채무불이행으로 인하여 발생하는 손해배상과는 그 성격을 달리하는 것이므로, 소득세법령에서 기타소득의 하나로 정하고 있는 "계약의 위약 또는 해약으로 인하여 받는 위약금과 배상금"에 해당하지 아니한다. …

나. 제 2 점에 대하여

피고는 상고심에 이르러, 수탁보증인의 구상권에 속하는 법정이자가 이자소득의 일종인 '비영업대금의 이익'에 해당한다는 법률상의 주장을 새로이 내세우고 있으나, … 여기서 말하는 '비영업대금의 이익'이란, 금전의 대여를 영업으로 하지 아니하는 자가 일시적·우발적으로 금전을 대여함에 따라 지급받는 이자 또는 수수료 등을 말하는 것이고(대법원 1991. 3. 27. 선고 90누9230 판결, 1991. 10. 8. 선고 91누3475 판결 등 참조), 여기서 말하는 법정이자는 대여금으로 인한 것이 아니어서 위와 같은 '비영업대금의 이익'에 해당하지 아니한다고 할 것이다. …

3. 그러므로 원고와 피고의 상고를 모두 기각하고, 상고비용은 패소자 각자의 부담으로

하기로 하여 관여 법관의 일치된 의견으로 주문과 같이 판결한다.

　　대법관　지창권(재판장) 천경송 신성택 송진훈(주심).

Notes & Questions

(1) 이 판결에서는 이른바 수탁보증인이 주채무자의 채무를 대신 변제하고 취득한 구상권이 문제가 되었다. 이 구상권에는 통상 출재한 날 이후부터 민법의 규정에 따라 법정이자가 붙게 되고, 한편 구상의무자가 이를 임의로 이행하지 않아 소송을 제기하는 경우에는 『소송촉진 등에 관한 특례법』의 규정에 따라 소장 송달일 다음 날부터 — 더 이상은 법정이자가 붙는 것이 아니라 — 소정의 비율에 의한 지연손해금의 지급의무가 발생하게 된다. 이 경우 구상권자(즉 수탁보증인)가 취득하는 법정이자 채권과 지연손해금 채권은 각 어떤 소득으로 구분하여야 하는가? 소장 송달일 전후에 따라 과세 여부에 어떤 차이가 생기는가?

(2) 이 사건의 원고와 같은 보증인, 즉 보증채무자는 주채무자가 채무를 변제하지 않는 경우 이를 대신 변제하여야 할 의무를 부담한다. 그렇다면 보증채무자는 보증채무자로서 직접 채권자에게 변제할 수도 있겠지만, 그 돈을 주채무자에게 빌려주고 주채무자로 하여금 자신의 채무를 이행하게 할 수도 있을 것이다. 보증채무자가 주채무자에게 돈을 빌려주면서 맺은 계약에 따라 이자를 받는다면 소득세법상 '소득'에 해당하는가? 해당한다면 어떤 종류의 소득에 해당하는가?

(3) 이 판결의 사실관계에 현행법을 적용하면 어떤 결론이 나올까? 구상금 채권의 법정이자는 소득세법 제16조 제1항 제12호에 해당할까? 제21조 제1항 제10호에는?

(4) 구체적 사실관계에 따라 답이 달라질 수는 있겠지만 지연배상과 달리 전보배상은 소득이 아니다. 대법원 2004. 4. 9. 선고 2002두3942 판결.

(5) 정신적 손해에 대한 배상(위자료)은 현행법상 소득인가?

제 6 절　소득세의 원천징수

(1) 소득세에 원천징수제도가 논리필연이라고 볼 수는 없지만, 현실적으로 원천징수는 소득

세 과세체계 내에서 핵심적인 위치를 차지하고 있다. 소득세법 제129조. 연혁적으로 보더라도 이미 제 7 장에서 살펴본 바와 같이 원천징수는 처음 생길 때에는 징세편의 외에도 소득세의 사생활침해적 요소를 피한다는 의미가 있었다. 오늘날 종합과세 제도에서는, 개개인에게 각자의 소득에 대한 신고납부 의무를 부과하지만 원천징수의 징세편의 기능은 여전히 남아 있다.

(2) 이와 같이 원천징수는 기본적으로는 징세편의를 위한 제도이지만, 금융소득에 관한 부분에서 잠시 살펴본 바와 같이 현실적으로는 소득의 과세시기와 관련하여 조세실체법에도 영향을 미치게 된다. 현금이 실제로 지급되는 시점에서 부과되는 원천징수의무는 논리적으로 볼 때 당해 소득에 대한 과세시기가 도래하였다는 것을 전제해야 하기 때문이다. 이자소득이나 배당소득과 관련하여 원천징수가 가능한 시기에 비로소 해당 소득을 과세하도록 정하고 있는 것 역시 이러한 논리이다.

제9장
양도소득

제1절 양도소득의 과세대상 재산

[관련법령]
소득세법 제94조.

1. 부 동 산

(1) 부동산의 양도소득 과세에 관해 법은 아주 복잡한 내용을 두고 있다. 가령 세율만 보더라도 경우별로 가지를 쳐서 여러 가지 세율을 두고 있다. 이런 복잡성은 어떤 연유에서 왔을까?

(2) 소득세법에서는 양도소득세가 과세되는 소득세법 제94조 제1항 제1호와 제2호의 자산—부동산이나 이와 관련된 권리— 과 함께 양도되는 [①]도 양도소득세의 과세대상으로 정하고 있다. 여기에서 [①]이란 일상생활에서는 흔히 '권리금'이라는 명목으로 수수되는 돈과 관련이 있다. 예컨대 양도소득세 과세대상이 되는 가게 건물을 양수할 때, 가게 건물(또는 이에 부가된 가게 설비) 자체의 가치는 1억원이라고 당사자 사이에 합의했지만, 이 가게에서 영업을 영위하면 장래 매년 5천만원의 소득을 낼 수 있다고 생각하여 보자. 앞으로 시장이자율이 계속하여 연 10%로 유지되리라고 가정한다면, 이 가게는 5억원의 가치가 있다고 볼 수 있다(5억원을 은행에 예금하는 경우와 같은 소득이 나오기 때문이다). 그렇다면 이때 가게 건물의 양수인은 건물 자체의 가치 1억원 외에 추가로 4억원을 더 지급할 수 있는데, 이때 추가로 지급하는 돈을 보통 '권리금'이라고 부른다. [①]이라는 말은 기업회계에서 들여온 용어로서, '그 기업의 전통, 사

회적 신용, 그 입지조건, 특수한 제조기술 또는 특수거래관계의 존재 등을 비롯하여 제 조판매의 독점성 등으로 동종의 사업을 영위하는 다른 기업이 올리는 수익보다 큰 수익 을 올릴 수 있는 [②   ]수익력이라는 무형의 재산적 가치'라는 뜻이다. 대법원 2004. 4. 9. 선고 2003두7804 판결 참조.

(3) '영업권의 양도로 인하여' 발생하는 소득이란 무슨 뜻인가? '영업권'은 비록 '권'이라는 말이 붙어 있기는 하지만 법률적 의미의 권리가 아니고 따라서 성질상 '양도'할 길이 없 다. 영업권의 양도로 인하여 발생하는 소득을 과세한다는 말은 영업권에 대한 대가로 받는 돈, 즉 권리금을 양도소득세 부과 대상 자산의 양도가액에 포함시켜 보는 것과 마 찬가지이다. 다시 말하여, 위의 경우에 가게 건물을 양도하면서 5억원을 받았다면, 이 중 4억원은 '원래 의미에서' 건물에 대한 대가로 받은 것이라고 하기 어렵다고 하더라도 이 역시 건물의 양도대가로(또는 양도대가처럼) 양도소득세를 물리는 셈이다.

2. 주식과 신주인수권

Notes & Questions

(1) 신주인수권의 양도차익은 양도소득세 과세대상인가?

(2) 주식 양도차익과 부동산 양도차익을 견주면 대체로 어느 쪽의 세부담이 높은가?

(3) 양도소득세 과세 대상이 되는 주식의 범위는 전반적으로 꾸준히 확대되어 오는 추세에 있다. 그러나 여전히 소액주주들의 [   ]주식 양도차익은 과세 대상이 되지 않는다. 이는 입법론적 견지에서는 기실 순자산증가설에 가까운 우리 소득세법의 기본 입장에 대한 중요한 정책적 예외이다. 현행법상 과세대상인 대주주의 범위는 어떻게 정해져 있 는가?

3. 부동산 회사의 주식

(1) 영업권 외에 소득세법 제94조 제 1 항 제 4 호의 이른바 '기타 자산'으로 과세하는 것 가운데 중요한 유형으로 자산의 일정 비율 이상이 [①   ]인 법인의 주식이 있다. [①   ]을 보유한 법인의 주식을 양도함으로써 사실상 부동산 양도와 동일한 결과를 거두면서 양도소득세만 피하는 것을 막자는 생각이다.

4. 비과세 자산

(1) 과세대상 재산 가운데 일정한 재산의 양도소득은 비과세한다. 대표적 예로 1[①]1주택의 비과세가 있다. 1[①]1주택 비과세의 취지는 무엇일까? 살고 있는 집의 가치가 증가하였다고 하여 보자. 이 경우 집의 소유자에게는 분명히 소득이 있고, 실현주의에 따른다면 집을 처분하는 시점에서 과세해야 한다. 그런데 또 다른 측면에서, 만약 1억 원의 가치가 있는 집을 팔아 그 중 1천만 원의 세금을 낸다고 하면, 이 사람은 9천만 원의 가치가 있는 집으로 이사할 수밖에 없게 된다. 이런 뜻에서(곧 실현주의 과세를 전제한다면) 대법원은 '1[①]1주택' 비과세 규정은 [②]의 자유를 보호하는 의미를 가진다고 판시한 바 있다. 대법원 1993. 1. 19. 선고 92누12988 판결. '한 가족'이 두 채 이상의 집을 가지고 있다면 두 번째 이후의 집은 거주 목적이 아니라 투자 목적으로 보아 양도소득세 부과 대상이라는 것이다.

(2) 비과세로 명시된 재산과는 전혀 다른 논리로, 아예 소득세법에 과세대상으로 열거되지 않았다는 이유로 양도차익에 세금을 물리지 않는 자산의 예로 어떤 것이 있는가?

제 2 절   양도의 개념

소득세법 제88조 제 1 호에서 말하는 '사실상 이전'이란 어떤 의미라고 생각하는가? 예를 들어 임대차 계약에 따라 임대료를 받고 부동산의 점유를 이전하여 주었다면, 이는 사실상 이전인가? 한편 매매대금을 모두 받고 점유를 이전하여 주어 매수인이 아무런 제한 없이 이를 사용·수익하고 있지만 소유권을 매수인에게 '법률상 이전'하여 주는 데에까지는 이르지 않았다면 이것은 사실상 이전인가?

1. 경매나 수용

(1) 공매처분으로 부동산을 매각당한 경우 양도소득세 과세대상인가? 대법원 2002. 11. 22. 선고 2002다46102 판결(사례 4-4). 물상보증인이 경매로 재산을 매각당한 경우 과세대상인가? 대법원 1991. 4. 23. 선고 90누6101 판결.

(2) '공용수용'은 양도인가? 경매와 공용수용은 모두 소유자의 [   ]에 반한 소유권 이전이 일어난다는 점에서는 공통이지만 처분대금의 최종적 귀속 면에서는 어느 쪽이 과세

가능성이 높은가?

2. 양도담보

(1) 양도담보란 대개 법률적 형식상으로는 재산의 소유권을 타인에게 넘겨주되, 그러한 소유권 이전의 경제적 목적이 채권의 담보인 것을 말한다. 이와 같이 소유권 이전의 법률적 외관이 존재하는 경우 양도소득세를 부과하는 것이 타당한가?

(2) 이 문제는 오래전부터 소득세법시행령에 규정을 두고 있다. 소득세법시행령 제151조 제1항. 요컨대 양도의 외관이 있다고 하더라도 실제로는 채권 담보만을 위한 것임이 명백히 밝혀진다면 양도소득세를 부과하지 않겠다는 것이다. 한편 이 규정은 양도소득세를 부과하지 않기 위한 절차적 요건도 아울러 규정하고 있는데(그 내용은 무엇인가?), 만약 위 제1항 제1호 내지 제3호의 (실체적) 요건은 모두 갖추고 있지만 절차적 요건을 충족하지 못한 거래가 있다면, 양도소득세를 매겨야 하는가? 대법원 1991. 4. 23. 선고 90누8121 판결 참조.

(3) 이른바 [   ], 곧 거래의 경제적 동기나 매매 대금 산정의 경제적 근거는 모두 해당 거래가 금전 소비대차의 성격을 갖고 있음을 전제로 하지만, 법률 형식상으로는 순수하게 환매조건부 매매 또는 그와 비슷한 매매라는 형식의 거래라면 어떻게 할 것인가? 법률적 형식을 존중하여 두 번의 양도소득세가 부과된다고 보아야 할 것인가, 아니면 '실질'을 존중하여 그 '실질'이 담보부 소비대차라고 인정되는 경우에는 양도소득세를 전혀 부과하지 않아야 하는가?

3. 조합에 대한 현물출자

(1) 흔히 '조합에 대한 현물출자'라는 이름으로 다루어지는 것이 있다. 우선 이 표현은 민사법상 정확한 것인가? '현물출자'라는 용어는 원래 어디에서 나온 것인가? 이 표현이 조합에 적용될 수 있는 것인가? 이 표현이 의미하는 거래의 내용은 어떠한 것인가? 예컨대 '갑'과 '을'이 서로 조합계약을 체결하면서 '갑'이 자신이 가진 재산을 이 조합에 '현물출자'한다면 이 재산의 소유권에는 어떠한 변동이 생기는가?

(2) 아무튼 이러한 경우 이 재산은 양도소득세와 관련하여 '양도'된 것으로 보아야 할 것인가? 양도된 것이라면 재산 전체가 양도된 것인가 다른 조합원의 합유지분으로 넘어가는 부분만 양도된 것인가? 이 책의 범위를 넘어가므로 문제만 제기하여 둔다.

4. 권리의 동일성이 유지되는 변환

(1) 소득세법상 '환지처분'은 양도소득세의 부과 대상이 아니다. 이것은 환지처분에 관련된 법령에서 환지처분의 대상이 된 소유권과 종래의 소유권을 사실상 동일한 것으로 취급하고 있는 것과 관련이 있다. 물론 양도소득세에 관한 법이 이러한 환지처분 관련 법령의 내용에 그대로 따라야 할 논리필연적 당위성은 없지만, 양도소득세를 물리게 되면 관련 사업의 원활한 진행에 지장이 있을 수 있다는 우려 차원에서 정책적으로 비과세하는 것으로 이해하여야 할 것이다.

[관련법령]

소득세법 제88조.

사례 9-1 대법원 1998. 2. 13. 선고 96누14401 판결 (사례 1-1)

Notes & Questions

(1) 이 판결에 따르는 재산분할은 양도인가? 이 판결은 재산분할은 [   ]분할에 해당한다고 보고, 다시 후자는 '소유형태의 변경'에 불과하여 '양도'가 아니라고 보고 있다. 따라서 '소유형태의 변경'은 소유권을 '유상으로 사실상 이전'하는 것과는 다르다고 보고 있는 셈이다. 과연 다른가? 이혼에 따르는 재산분할이란 이혼 전에는 전체 부동산에 대한 실질적 공유지분을 갖고 있던 각 원고가 일부재산에 관한 자기지분은 상대방에게 주고 그 대가로 다른 재산에 관한 상대방지분을 넘겨받는 것 아닌가? 한편 재산분할의 일환으로서가 아니라 이른바 '위자료' 명목으로 일방 배우자 명의의 재산을 타방 배우자에게 이전한다면 이는 재산권의 유상 이전으로서 양도소득세 부과대상이 된다는 것이 판례이다.

(2) 이혼에 따르는 재산분할을 양도가 아니라고 보는 결과 단독소유가 된 재산의 취득가액은 이혼시점의 가액일까, 분할 전의 애초 취득가액일까? 대법원 1998. 3. 10. 선고 98두229 판결 등.

(3) 땅 1,000평의 공유자로 1/10의 지분을 가지고 있던 자가 땅 100평의 단독소유자가 되었다고 할 때 그동안 생긴 미실현이득에 세금을 물리는 제도는 입법론상 가능한가? 바람직한가?

5. 양도계약의 무효, 취소, 해제

[관련법령]

소득세법 제88조 제 1 항; 국세기본법 제45조의2 제 2 항.

사례 9-2 ┃ 대법원 2011. 7. 21. 선고 2010두23644 전원합의체 판결

【원고, 피상고인】 원고(소송대리인 변호사 진행섭)

【피고, 상고인】 평택세무서장

【원심판결】 서울고법 2010. 10. 8. 선고 2010누13502 판결

【주   문】

원심판결을 파기하고, 사건을 서울고등법원에 환송한다.

【이   유】

상고이유를 판단한다.

1. 가. 구 소득세법(2006. 12. 30. 법률 제8144호로 개정되기 전의 것, 아래에서는 '구 소득세법'이라고 한다) 제 4 조 제 1 항은 거주자의 소득을 종합소득, 퇴직소득, 양도소득, 산림소득으로 구분하면서 그 중 양도소득을 '자산의 양도로 인하여 발생하는 소득'(제 3 호)이라고 규정하고 있다. 이와 같이 양도소득세는 자산의 양도로 인한 소득에 대하여 과세되는 것이므로, 외관상 자산이 매매·교환·현물출자 등(아래에서는 '매매 등'이라고 한다)에 의하여 양도된 것처럼 보이더라도, 그 매매 등의 계약이 처음부터 무효이거나 나중에 취소되는 등으로 효력이 없는 때에는, 양도인이 받은 매매대금 등은 원칙적으로 양수인에게 원상회복으로 반환되어야 할 것이어서 이를 양도인의 소득으로 보아 양도소득세의 과세대상으로 삼을 수 없음이 원칙이다.

그러나 구 소득세법 제88조 제 1 항 본문은 "제 4 조 제 1 항 제 3 호 및 이 장에서 '양도'라 함은 자산에 대한 등기 또는 등록에 관계없이 매도, 교환, 법인에 대한 현물출자 등으로 인하여 그 자산이 유상으로 사실상 이전되는 것을 말한다."라고 규정하고 있을 뿐 자산이 유상으로 이전된 원인인 매매 등 계약이 법률상 유효할 것까지를 요구하고 있지는 않다. 한편 매매 등 계약이 처음부터 국토의 계획 및 이용에 관한 법률(아래에서는 '국토계획법'이라고 한다)이 정한 토지거래허가를 배제하거나 잠탈할 목적으로 이루어진 경우와 같이, 위법 내지 탈법적인 것이어서 무효임에도 불구하고 당사자 사이에서는 그 매매 등 계약이 유효한 것으로 취급되어 매도인 등이 그 매매 등 계약의 이행으로서 매매대금 등을 수수하여 그대로 보유하고 있는 경우에는 종국적으로 경제적 이익이 매도인 등에게 귀속된다고 할

것이고 그럼에도 그 매매 등 계약이 법률상 무효라는 이유로 그 매도인 등이 그로 인하여 얻은 양도차익에 대하여 양도소득세를 과세할 수 없다고 보는 것은 그 매도인 등으로 하여금 과세 없는 양도차익을 향유하게 하는 결과로 되어 조세정의와 형평에 심히 어긋난다.

이러한 점 등을 종합적으로 고려하면, 국토계획법이 정한 토지거래허가구역 내의 토지를 매도하고 그 대금을 수수하였으면서도 토지거래허가를 배제하거나 잠탈할 목적으로 매매가 아닌 증여가 이루어진 것처럼 가장하여 매수인 앞으로 증여를 원인으로 한 이전등기까지 마친 경우 또는 토지거래허가구역 내의 토지를 매수하였으나 그에 따른 토지거래허가를 받지 아니하고 이전등기를 마치지도 아니한 채 그 토지를 제3자에게 전매하여 그 매매대금을 수수하고서도 최초의 매도인이 제3자에게 직접 매도한 것처럼 매매계약서를 작성하고 그에 따른 토지거래허가를 받아 이전등기까지 마친 경우에, 그 이전등기가 말소되지 아니한 채 남아 있고 매도인 또는 중간의 매도인이 수수한 매매대금도 매수인 또는 제3자에게 반환하지 아니한 채 그대로 보유하고 있는 때에는 예외적으로, 매도인 등에게 자산의 양도로 인한 소득이 있다고 보아 양도소득세 과세대상이 된다고 봄이 상당하다.

이와 달리, 위와 같은 예외적인 경우에도 자산의 양도에 해당하지 아니하여 그로 인한 소득이 양도소득세 과세대상이 되지 아니한다는 취지로 판시한 대법원 1997. 3. 20. 선고 95누18383 전원합의체 판결,[1] 대법원 2000. 6. 13. 선고 98두5811 판결 등의 견해는 이 판결의 견해에 저촉되는 범위에서 이를 변경한다.

나. 원심은 다음의 사실들을 확정하였다.

원고는 2005. 4. 18.경 망 소외 1과 토지거래허가구역 내에 위치한 위 망인 소유의 이 사건 각 토지에 관하여 매매대금 2,080,800,000원으로 하는 매매계약(아래에서는 '이 사건 매매계약'이라고 한다)을 체결하였다. 원고는 그 직후에 소외 2 외 6인(아래에서는 '최종매수인들'이라고 한다)과 매매대금 합계 2,741,000,000원에 이 사건 각 토지에 관한 각 전매계약(아래에서는 '이 사건 각 전매계약'이라고 한다)을 체결하고, 그 무렵 최종매수인들과 위 망인을 직접 당사자로 하는 토지거래허가를 받아 이 사건 각 토지에 관하여 최종매수인들 명의로 각 소유권이전등기를 마쳐 주었다. 피고는 2009. 1. 10. 원고가 이 사건 각 토지를 최종매수인들에게 전매한 것이 자산의 사실상 유상 이전으로서 그로 인한 소득이 양도소득세 과세대상에 해당한다는 이유로 원고에게 2005년도 귀속 양도소득세, 신고불성실가산세, 납부불성실가산세 등 합계 686,832,460원을 부과하는 처분(아래에서는 '이 사건 처분'이라고 한다)을 하였다.

---

1) 사례 3-7 [이유] 2.가. (저자 주).

다. 그렇다면 이 사건 매매계약과 각 전매계약 및 위 망인과 최종매수인들 사이의 매매계약은 어느 것이나 국토계획법이 정한 토지거래허가를 배제하거나 잠탈하는 내용의 계약으로서 모두 확정적으로 무효라고 할 것이나, 이미 그와 같이 무효인 매매계약에 기하여 위 망인으로부터 최종매수인들 앞으로 소유권이전등기가 마쳐진 채 말소되지 아니하고 남아 있고, 원고는 최종매수인들로부터 받은 매매대금을 반환하지 아니한 채 그대로 보유하고 있다면, 앞서 본 법리에 비추어 원고가 이 사건 각 토지를 최종매수인들에게 전매한 것은 이 사건 각 토지를 사실상 이전함으로써 양도한 것이므로 예외적으로 자산의 양도로 인한 소득이 있다고 보아 양도소득세의 과세대상이 되는 경우에 해당한다고 보아야 할 것이다. 따라서 피고의 이 사건 처분은 이러한 범위 안에서 적법하다.

그럼에도 원심은 이 사건 매매계약 및 각 전매계약이 무효인 이상 양도소득세의 과세대상인 자산의 양도가 있다거나 자산의 양도로 인한 소득이 있다고 볼 수 없다는 이유로 피고의 이 사건 처분이 위법하다고 단정하였으므로, 원심판결에는 양도소득세의 과세대상인 자산의 양도에 관한 법리를 오해하여 판결에 영향을 미친 위법이 있다고 할 것이다. 이 점을 지적하는 상고이유의 주장은 이유 있다.

라. 그러므로 원심판결을 파기하고, 사건을 다시 심리·판단하게 하기 위하여 원심법원에 환송하기로 하여 주문과 같이 판결한다.

이 판결에는 대법관 박시환, 대법관 김지형, 대법관 전수안, 대법관 차한성, 대법관 이인복, 대법관 이상훈의 반대의견이 있는 외에는 관여 대법관들의 의견이 일치되었고, 대법관 김능환, 대법관 안대희의 각 다수의견에 대한 보충의견과 대법관 이인복, 대법관 이상훈의 반대의견에 대한 보충의견이 있다.

2. 대법관 박시환, 대법관 김지형, 대법관 전수안, 대법관 차한성, 대법관 이인복, 대법관 이상훈의 반대의견

다수의견은, 토지거래허가구역 내의 토지를 매도하고 그 매매대금을 수수하였으면서도 매수인 앞으로 증여를 원인으로 한 이전등기를 마쳤거나 그 토지를 제3자에게 전매하여 그 매매대금을 수수하고서도 최초의 매도인이 제3자에게 직접 매도한 것처럼 토지거래허가를 받아 이전등기를 마친 경우로서 그 이전등기가 말소되지 않은 채 남아 있고 매도인 등이 수수한 매매대금도 그대로 보유하고 있는 때에는 … 예외적으로 … '자산의 사실상 유상이전'에 해당한다고 보아 원심판결을 파기하겠다는 것인데, 이러한 다수의견에는 다음과 같은 이유로 찬성할 수 없다.

가. 우선 '양도'의 개념과 관련하여, 구 소득세법 제88조 제1항 본문에서는 '양도'를 '자산이 유상으로 사실상 이전되는 것'을 말한다고 규정하고 있으나, 위의 '사실상 이전되는

것'을 수식하는 표현으로 위 법조항 앞머리에 '자산에 대한 등기 또는 등록에 관계없이'라는 문언을 사용하고 있으므로, 여기서 '사실상 이전'이란 '법률상 이전'에 대응하는 것으로서 권리 이전의 원인행위가 유효하게 이루어졌으나 권리의 이전을 위한 법률상의 성립요건으로서 등기나 등록만을 갖추지 못하고 있을 때를 의미한다고 보는 것이 위 법조항의 전후 문맥에 비추어 타당하다…소득세법상 양도를 그 원인인 계약의 유·무효와 관계없이 사실상의 이전이라고만 해석하는 것은 사법상 양도 개념과 세법상 양도 개념의 통일적 해석에 장애가 되는 것이어서 받아들이기 어렵다.

그러므로 토지에 관한 매매계약이 토지거래허가를 배제하거나 잠탈할 목적으로 이루어진 것이어서 매매계약 자체가 애초부터 무효인 경우에는 토지거래와 관련하여 사법상 아무런 권리도 이전되지 못하므로, … '자산의 사실상 이전'이 있다거나 자산의 양도로 인한 소득이 있다고 볼 수는 없다…

나. 또한 다수의견..이…양도소득세의 과세대상이 된다고 보고 있[는]…두 경우 이외에 일반적인 무효·취소·해제의 경우에까지 위와 같은 논리가 확대될 가능성에 대하여 우려하지 않을 수 없다. 설사 양도소득세의 과세대상을 위의 두 경우로 제한하는 것이 가능하다고 하더라도, 일반적인 무효·취소·해제의 경우에도 다수의견이 들고 있는 것처럼 원상회복되지 않고 이전등기 등이 그대로 남아 있는 수가 많을 것인데, 그러한 경우와 토지거래허가를 배제 또는 잠탈하는 경우를 구별하여 후자만을 소득세법상 양도로 보면서 일반적인 무효·취소·해제의 경우는 양도로 보지 아니하는 합리적인 근거나 기준을 발견하기 어렵다.

다. 양도시기의 관점에서 보더라도 다수의견에는 다음과 같은 문제점이 있다…양도시기가 대금청산일인지 그 후에 이전등기를 경료한 때인지, 아니면 이전등기를 경료한 후 상당한 기간이 경과하여 원상회복 가능성이 없다고 볼 수 있는 때인지를 특정할 수 없게 된다…

3. 대법관 김능환의 다수의견에 대한 보충의견

가. '양도'를 '자산에 대한 등기 또는 등록에 관계없이 매도, 교환, 법인에 대한 현물출자 등으로 인하여 그 자산이 유상으로 사실상 이전되는 것'이라고 정의하고 있는 구 소득세법 제88조 제1항 본문의 규정에서 알 수 있듯이, 구 소득세법상 양도소득세 과세대상인 자산의 '양도'는 소득세법 고유의 개념일 뿐 사법상의 그것과 반드시 일치하여야 하는 것은 아니다…자산이 양도되는 원인인 매매 등 계약이 처음부터 무효이거나 취소 또는 해제된 때에는, 원상회복되어야 하는 결과, 그 양도인이 수수하였던 매매대금 등의 대가도 양수인에게 반환되어야 한다. 이러한 경우까지 일률적으로 양도인이 매매대금 등을 수수함으로써 양도소득을 얻은 것으로 보아 일단 양도소득세를 과세하였다가 그 매매대금 등을 원상회복으로 반환한 때에 앞서의 과세처분을 경정하여 납부하였던 양도소득세액을 환급받도록 하는

것은 그 절차가 번잡하고 당사자의 구제에 미흡한 측면이 없지 않다. 그러므로 이와 같은 경우에는 처음부터 자산의 양도가 없고 따라서 양도소득도 발생하지 아니하여 양도소득세의 과세대상에 해당하지 아니하는 것으로 취급하는 것이 간명하다. 종래 대법원이 1997. 1. 21. 선고 96누8901 판결 등에서 매매 등 계약이 무효이거나 취소 또는 해제된 때에는 아직 원상회복되지 않고 있더라도 양도소득세의 과세대상인 자산의 양도에 해당한다거나 자산의 양도로 인한 소득이 있다고는 할 수 없다고 판시한 것은 바로 위에서 본 것과 같은 이유에서 나온 것이라고 이해하여야 할 것이고, 그 결론은 일응 타당하다.

　　　그러나 다수의견이 들고 있는 두 경우에는 사정이 다르다. … 최초의 매도인은 물론 중간의 매도인이나 최종매수인도 각각 매매대금을 수수하거나 목적물에 관하여 소유권취득의 요건인 이전등기를 마친다는 목적을 일응 달성한 결과, 그 매매 등 계약이 무효임에도 불구하고 특별한 사정이 없는 한 당사자 어느 누구도 원상회복을 희망하지 않고 실제로 원상회복될 가능성도 거의 없다. 그리하여 매도인 또는 중간의 매도인이 양도차익을 그대로 보유하게 된다. 이 사건에서도, 원고는 … 이전등기를 마치고서도 그때부터 3년 이상이 경과한 시점에 이루어진 이 사건 양도소득세 부과처분 당시는 물론, 원심의 변론종결 당시까지도 그 이전등기 등을 원상회복하지 않고 있다. 바로 이 점에서 다른 사유로 매매 등 계약이 무효인 경우와는 현저히 구별된다…

　　　나. 다수의견은 위에서 본 두 경우도 자산의 양도에 해당하고 양도소득세의 과세대상이 된다고 보려는 것일 뿐 양도시기 등에 관한 소득세법상의 일반적인 법리까지 변경하려는 것은 아니다. 그러므로 위 두 경우에 있어서도 구 소득세법 제98조, 구 소득세법 시행령 (2010. 12. 30. 대통령령 제22580호로 개정되기 전의 것) 제162조가 규정하는 바에 따라 원칙적으로 대금을 청산한 날이 양도시기가 된다고 볼 것이다…다만 이와 같은 경우 매수인 앞으로 증여를 원인으로 한 이전등기가 마쳐지거나 최종 매수인 앞으로 이전등기가 마쳐지기 전까지는 토지거래허가를 배제하거나 잠탈할 목적으로 이루어진 계약으로서 원상회복되지 아니하리라는 점이 뚜렷이 드러난다고 볼 수 없고, 위와 같이 이전등기가 마쳐짐으로써 비로소 양도소득세의 납세의무가 확정된다고 볼 수 있으므로 위 시점까지는 구 소득세법 제110조 제 1 항 소정의 과세표준확정신고의무가 없고, 그 후 이전등기가 경료된 다음 연도 5 월 1일부터 5 월 31일까지 구 소득세법 제110조 제 1 항 소정의 과세표준확정신고를 하여야 하며, 양도소득세 부과의 제척기간은 그 다음날부터 진행한다고 보아야 할 것이다. 이 경우의 매매 등 계약은 처음부터 무효이고 토지거래허가를 받을 것을 예정하고 있는 것이 아니므로 토지거래허가일을 기준으로 하여 양도소득 과세표준의 예정신고 및 확정신고일을 정하고 있는 구 소득세법 제105조 제 1 항 제 1 호 단서, 제110조 제 1 항 괄호 부분의 규정은 여

기에 적용될 수 있는 것이 아니다.

다. 다수의견이 예외적으로 양도소득세의 과세대상이라고 본 두 경우에 일단 양도소득세가 과세된 후 어떤 사유로든지 매매대금 등을 상대방에게 반환하여 원상회복한 때의 구제수단이 문제될 수 있다. 그러나 구 국세기본법(2007. 12. 31. 법률 제8830호로 개정되기 전의 것, 이하 같다) 제45조의2 제 2 항은 '과세표준신고서를 법정기간 내에 제출한 자 또는 국세의 과세표준 및 세액의 결정을 받은 자는 다음 각 호의 1에 해당하는 사유가 발생한 때에는 그 사유가 발생한 것을 안 날부터 2월 이내에 결정 또는 경정을 청구할 수 있다'고 규정하고, 그 제 5 호의 위임을 받은 구 국세기본법 시행령(2010. 2. 18. 대통령령 제22038호로 개정되기 전의 것, 이하 같다) 제25조의2 제 2 호는 "최초의 신고·결정 또는 경정에 있어서 과세표준 및 세액의 계산근거가 된 거래 또는 행위 등의 효력에 관계되는 계약이 해제권의 행사에 의하여 해제되거나 당해 계약의 성립 후 발생한 부득이한 사유로 인하여 해제되거나 취소된 때"를, 제 4 호는 "기타 제 1 호 내지 제 3 호에 준하는 사유에 해당하는 때"를 각 규정하고 있으므로, 그 제 4 호가 적용되어 경정을 청구할 수 있는 것으로 보아도 좋을 것이다.

…

대법원장   이용훈(재판장)   대법관   박시환 김지형 김능환(주심) 전수안 안대희 차한성
양창수 신영철 민일영 이인복 이상훈 박병대

Notes & Questions

(1) 2010두23644 판결(사례 9－2)은 양도행위가 [①]인 경우 양도소득세의 부과가 적법한가라는 쟁점을 다루고 있다. 이 쟁점이 생기는 이유는 무엇인가? 소득세법이 양도라는 말을 "[②]으로 [③]상 이전"하는 행위로 정의하고 있고, 이 말 자체는 민사법상 소유권 이전행위의 유무효를 따지고 있지 않다. 그러나 앞서 보았듯 가령 임차인이나 전세권자에게 부동산의 점유를 이전해 주는 것을 양도소득세 과세대상으로 보지는 않는 이상 '[②]으로 [③]상 이전'한다는 말은, 설혹 시기에는 차이가 있을지언정 소유권 이전 행위가 있을 것을 전제로 한다. 그렇다면 민사법상 양도계약이 원시적으로 무효이거나 후발적으로 취소·해제되는 경우 양도소득세 납세의무는 어떻게 되는가?

(2) 2010두23644 판결에서 양도행위가 무효이더라도 양도소득세를 매길 수 있는 요건은 무엇인가?

(3) 2010두23644 판결의 보충의견은 매매계약의 무효에 따라 매도인이 매매대금을 반환한 경우는, 매매계약의 [   ]나 [   ]와 마찬가지로 후발적 경정청구의 원인이 된다고 보고 있다. 국세기본법 제45조의2 제 2 항.

6. 명의신탁

(1) 두 가지 기본문제를 살펴보자.

(i) 어떤 원고종중이 종중토지를 종원에게 명의신탁하여 수탁자 앞으로 소유권보존등기가 이루어졌다고 하자. 이런 명의신탁이나 명의신탁의 해지는 양도소득세의 과세대상이 아니다. [   ]양도가 아니기 때문이다. 대법원 1985. 7. 8. 선고 85누144 판결.

(ii) 만일 종중이 제 3 자에게 토지를 팔면서 매매대가를 받고 그에 따라 명의수탁자들이 소유권을 매수인에게 이전해 주었다면 양도소득세의 납세의무자는 누구인가? 대법원 1981. 6. 9. 선고 80누545 판결(사례 7 - 3).

(2) 명의수탁자가 명의신탁 재산을 임의로 처분하는 경우 양도주체인 [   ]가 납세의무자이지만, 양도소득이 신탁자에게 환원되었다면 [   ]가 납세의무자이다. 대법원 1999. 11. 26. 선고 98두7084 판결.

7. 무상이전

[관련법령]

소득세법 제97조 제 1 항, 제88조 제 1 항.

Notes & Questions

(1) 재산을 상속받거나 증여받은 경우 상속인이나 수증자의 재산취득가액은 현행법상 얼마인가? 피상속인(증여자)의 취득가액인가 또는 상속개시일(증여일) 현재의 시가인가? 피상속인(증여자)이나 상속인(수증자) 어느 쪽도 상속(증여)재산에 딸린 가치상승액 내지 미실현이득에 소득세를 낸 바 없다. 그럼에도 불구하고 상속인의(수증자) 취득가액은상속개시일(증여일) 현재 [   ](개별공시지가나 감정가액 등)로 올라간다. 영어로는 취득가액(basis)이 step - up 된다고 말한다(한편 피상속인이나 증여자의 취득가액을 그대로 물려받는 것을 carryover basis 또는 transfer basis라 부른다).

(2) 재산가치의 상승액에 소득세를 매긴 적이 없는데 취득가액을 시가로 올릴 이유가 있는

가? 손쉬운 답은 상속세나 증여세를 내었다는 것이다. 과연 옳은 생각일까? 가령 150원 주고 산 부동산이 200원의 가치를 가진 시점에서 부동산의 소유자가 갑작스레 사망하였다고 가정하자. 이제 다음 두 가지 경우의 세부담을 비교해보자: (a) 부동산을 그대로 보유한 상태에서 사망한 경우와 (b) 사망 직전에 우연히 부동산을 200원에 처분하여 200원의 현금을 보유한 상태에서 사망하였고 상속인은 상속받은 현금 200원으로 다시 이 부동산을 사는 경우. 어느 쪽이든 상속세 부담은 같다. 두 경우 양도소득세는 같아야 하는가 달라야 하는가? (a)에서도 취득가액을 (b)처럼 200원으로 올려주자면, 50원의 소득에 세금을 매기는 과세계기를 어디에서 찾아야 하는가? 역으로 사망(증여)을 과세계기로 삼지 않는다면 상속인(수증자)의 취득가액은 어떻게 정해야 하는가?

(3) 앞의 (a)에서 죽음 내지 상속이나 증여를 미실현이득의 과세계기로 삼자는 말은 양도소득세의 과세대상을 반드시 [   ]양도에 국한할 이유가 없다는 말이다. 상속이라 하더라도 미실현이득은 있는 것이고, 상속에 세금을 물리는가 마는가는 전혀 별개의 논점이기 때문이다. 증여도 똑같이 생각할 수 있다. 100원 주고 산 시가 150원짜리 재산을 증여한다는 것은 이 재산을 150원에 팔아서 현금을 증여하는 것과 똑같이 과세해야 옳다고 생각할 수 있기 때문이다. 150원이라는 증여에 증여세를 물리는가 마는가는 소득과세와는 전혀 별개의 논점일 뿐이다.

(4) (사례 7－6)의 Notes & Questions (5)와 (6)을 다시 보라.

8. 양도시기와 취득시기

[관련법령]
소득세법 제98조.

사례 9-3 대법원 2014. 6. 12. 선고 2013두2037 판결

【원고, 피상고인】 원고(소송대리인 법무법인 디카이온 담당변호사 서정호)
【피고, 상고인】 시흥세무서장
【원심판결】 서울고법 2012. 12. 7. 선고 2012누2414 판결
【주   문】
원심판결을 파기하고, 사건을 서울고등법원에 환송한다.

【이 유】

상고이유를 판단한다.

1. 가. 구 소득세법…은 자산의 양도시기를…원칙적으로 당해 자산의 대금을 청산한 날로…규정하고 있다…

나. …구 소득세법 제88조 제 1 항, 구 소득세법 시행령 제162조 제 1 항의 문언과 취지 등을 종합하여 보면, 부동산의 매매 등으로 그 대금이 모두 지급된 경우뿐만 아니라 사회통념상 그 대가적 급부가 거의 전부 이행되었다고 볼 만한 정도에 이른 경우에도 양도소득세의 과세요건을 충족하는 부동산의 양도가 있다고 봄이 타당하다고 할 것이나, 그 대가적 급부가 사회통념상 거의 전부 이행되었다고 볼 만한 정도에 이르는지 여부는 미지급 잔금의 액수와 그것이 전체 대금에서 차지하는 비율, 미지급 잔금이 남게 된 경위 등에 비추어 구체적 사안에서 개별적으로 판단하여야 한다.

2. 원심판결 이유에 의하면, 원심은 그 채택 증거를 종합하여, ① 원고가 1999. 12. 10. 용인 신봉구역 도시개발사업을 추진하던 주식회사 동훈(이하 '소외 회사'라 한다)과 사이에 원고 소유의 이 사건 토지를 대금 15억 6,825만 원에 매도하기로 하는 계약을 체결하면서, 계약금 1억 4,600만 원은 계약일에, 중도금 14억 225만 원은 2000. 4. 10.에, 잔금 2,000만 원은 '사업승인 후 15일 내'에 각 지급받기로 약정한 다음, 소외 회사로부터 계약 당일 계약금을, 2000. 4. 11. 중도금을 각 지급받았던 사실, ② 원고는 1999. 12. 16. 소외 회사에 이 사건 토지의 사용승낙서를 작성하여 주었을 뿐만 아니라 2000. 4. 27. 엘지건설 주식회사에 채무자를 소외 회사로 하고 위 계약금 및 중도금 합계 1,548,250,000원을 채권최고액으로 한 근저당권설정등기를 마쳐 주는 등 2000. 4. 27.까지는 소외 회사가 이 사건 토지의 사용수익을 개시한 사실, ③ 그런데 소외 회사는 이 사건 토지가 위치한 구역에 관하여 도시개발사업의 승인을 받지 못한 상태에서 2006. 12. 22. 원고에게 잔금 2,000만 원을 지급하였던 사실 등을 인정하였다.

원심은 이러한 사실관계를 토대로 하여…원고가 소외 회사로부터 받은 계약금 및 중도금은 이 사건 토지의 매매대금 중 98.72%로서 사회통념상 그 대금의 전부가 지급되었다고 볼 정도에 이르렀으므로 그 중도금 지급일인 2000. 4. 11.이 이 사건 토지의 양도시기가…된다는 이유로, 그 잔금지급일을 이 사건 토지의 양도시기로 보아 원고에게 2006년 귀속 양도소득세를 부과한 이 사건 처분은 위법하다고 판단하였다.

3. 그러나 원심의 이러한 판단은 다음과 같은 이유에서 수긍할 수 없다.

원심판결 이유에 의하면, 원고는 소외 회사와 이 사건 매매계약을 체결할 당시 잔금 2,000만 원을 '사업승인 후 15일 내'에 지급받기로 약정하였을 뿐이라는 것이고, 이 사건 토지의 인도일이나 사용수익일은 정하지 아니한 것으로 보이며, 사업승인이 언제 이루어질 것인지도 계약 당시 확정할 수 없었던 것으로 보인다…이 사건 토지의 양도시기는 대금을 청산한 날로 보아야 할 것인바, 원고가 2000. 4. 11.까지 소외 회사로부터 지급받은 계약금 및 중도금 합계액이 1,548,250,000원으로서 총 매매대금의 98.72%에 이르지만, 잔금을 남겨 둔 경위나 미지급된 잔금의 액수 등에 비추어 볼 때 잔금 2,000만 원은 거래관행상 대금이 모두 지급된 것으로 볼 수 있을 정도로 적은 금액이라고 보기도 어렵다. 따라서 이 사건 토지의 양도시기는 그 잔금이 모두 지급된 날인 2006. 12. 22.로 보아야 할 것이다.

그런데도 원심은 이와 달리 이 사건 토지의 양도시기가 2000. 4. 11.…이라고 보아 원고에게 2006년 귀속 양도소득세를 부과한 이 사건 처분이 위법하다고 판단하였으니, … 이 점을 지적하는 상고이유는 이유 있다.

4. 그러므로 원심판결을 파기하고, 사건을 다시 심리·판단하게 하기 위하여 원심법원에 환송하기로 하여, 관여 대법관의 일치된 의견으로 주문과 같이 판결한다.

대법관 이상훈(재판장) 신영철 김용덕 김소영(주심).

> **Notes & Questions**

(1) 이 판결의 쟁점은 매매대금 15억 6,825만원 가운데 일정한 사정하에서 2,000만원을 잔금으로 남긴 경우 양도시기는 중도금을 받은 시기(잔금을 뺀 나머지를 받은 시기)인가 또는 잔금을 받은 시기인가이다. 법원의 판단은 어느 쪽이고 이유는 무엇인가? 대법원 판결이 언급하는 특별한 사정이 없다면 어느 시기를 양도시기라고 보는가?

(2) 이 사건에서 전자의 시기라고 주장하는 자는 누구이고 후자의 시기라고 주장하는 자는 누구인가? 왜 이런 일이 벌어졌을까?

(3) 취득시기를 따져야 할 경우도 있다. 대표적 예로 1[   ]1주택 비과세를 받자면 일정기간 이상 주택을 보유하므로 취득시기를 정해야 한다. 취득시기란 민법에 따른 취득시기인가 아니면 양도인의 입장에서 본 소득세법상 양도시기가 매수인의 취득시기가 되는 것인가? 대법원 1997. 5. 16. 선고 95누10150 판결.

제 3 절   양도소득의 소득금액

Ⅰ. 소득금액

(1) 양도소득의 소득금액은 총수입금액에서 필요경비를 공제하여 [①   ]을 구한 뒤 거기에서 [②   ]특별공제액을 공제한 금액이다. 양도소득의 총수입금액은 [③   ]이라고도 부른다. 필요경비는 [④   ], [⑤   ]지출액, 양도비 세 가지이다. [②   ]특별공제는 부동산을 오래 보유할수록 그 크기가 더 커진다. 소득세법 제95조, 제97조.

(2) [②   ]특별공제의 구조상 우리 세제는 부동산을 오래 보유한 사람이 더 우대를 받는 구조로 되어 있다. 미실현이득은 원래 발생 시점에서 과세해야 하지만 실현 시점까지 과세를 미루어준다는 시각에서 보면 부동산을 오래 보유한 사람일수록 그동안 오히려 더 많은 혜택을 받아 온 것이므로 더 무겁게 과세해야 하는 것은 아닌가? 세율과는 어떤 관계가 있는가?

Ⅱ. 기준시가 v. 실지거래가액

(1) 현행법상 자산의 양도가액과 취득가액은 모두 원칙적으로 '실제로 거래한 가액', 즉 '실지거래가액'에 의하도록 하고 있다. 소득세법 제96조. 이는 언뜻 당연한 것처럼 보이지만, 과거에는 실지거래가액에 의하지 않고 이른바 [①   ]에 따라 양도소득세를 과세한 적도 있었는데, 이는 무엇보다 납세자가 실지거래가액을 속여서 신고할 경우 과세관청이 이를 일일이 가려내는 것이 사실상 곤란했기 때문이다. 실지거래가액 과세 원칙으로 전환한 것은 과세관청이 비교적 용이하게 납세자의 거짓 신고를 가려낼 수 있을 정도의 인프라가 구축되었을 뿐 아니라, 무엇보다 부동산투기를 억제하기 위해서는 실지거래가액 과세가 필수적이라는 정책적 판단이 섰기 때문일 것이다. 현행법상 [①   ]에 따른 과세는 실지거래가액에 따른 과세가 어려운 경우에 예외적으로만 이루어진다.[2]

---

2) 소득세법 제114조 제 7 항. 그 밖에 토지수용 등에 관하여는 같은 법 제96조 제 4 항.

Ⅲ. 실지거래가액에 의한 과세

[관련법령]

소득세법 제96조 제 1 항.

Notes & Questions

(1) 매수인이 매매대금의 지급을 지체해서 매도인에게 지급하는 위약금은 매도인의 양도대
   가에 포함되는가? 아니라면 그 이유는 무엇이고, 양도소득으로 과세할 수 없다면 어떠
   한 소득으로 과세하는가? (사례 8-8) 그 밖에 대법원 1993. 4. 27. 선고 92누9357 판결.

(2) 매도인이 이중계약 가운데 하나를 해제하면서 무는 위약금은 해제하지 않은 계약에 따
   른 양도소득 계산시 필요경비인가? 대법원 2007. 9. 20. 선고 2005두15380 판결.

(3) 자본적 지출액이나 양도비 등으로 필요경비 공제를 받을 수 있는가는 개별적으로 따지
   는 수밖에 없을 것이다. 매매계약상 의무에 따라 매도인이 지상건물을 철거하는 데 든
   비용은 필요경비가 된다고 한다. 대법원 1994. 3. 11. 선고 92누15871 판결.

Ⅳ. 기준시가 관련 판례

(1) 현행법에서는 아마 생기지 않을 논점이겠지만 예전에는 기준시가에 따라 산정되는 양도
   소득의 크기가 혹시 실제 얻은 소득의 크기보다 더 클 경우에는 어떻게 되는 것인가 하
   는 문제가 드물게나마 있었다(대부분의 경우에는 기준시가가 실지거래가액을 밑돌았기
   때문에 이러한 문제가 발생하지 않았다). 대법원은 기준시가에 따라 산정되는 양도차익
   의 크기가 실지거래가액에 따른 양도[   ]보다 더 클 수는 없다고 판시하였다.3) 또한
   대법원은 기준시가에 따라 산정되는 양도소득세액의 크기가 실지거래가액에 따라 계산
   되는 양도[   ]보다 더 클 수는 없다는 판례도 내어 놓은 바 있다.4) 따라서 납세자는
   기준시가로 과세된 경우 그 불복절차에서 실지거래가액에 따른 양도가액이나 양도차익을
   입증함으로써 세액의 일부 취소를 받을 수 있는 가능성이 생기게 된다. 이러한 판례는 기
   준시가에 따른 과세가 낳을 수 있는 불합리한 결과를, 비록 실정법상으로는 구체적인
   근거가 없지만 판례로써 바로잡기 위하여 내어 놓은 것으로 이해할 수밖에 없다.

---

3) 대법원 1992. 10. 9. 선고 92누11886 판결.
4) 대법원 2003. 5. 30. 선고 2001두5026 판결.

제 4 절   양도소득세의 신고납부와 부당행위

[관련법령]

소득세법 제102조, 제103조, 제104조, 제105조, 제106조, 제110조, 제111조.

(1) 양도소득세 산출세액은 종합소득세의 경우와 유사하게, 양도소득금액(양도차익에서 장기보유특별공제를 한 금액)에서 [   ]공제를 한 다음 세율을 곱하여 산출한다. 한편 양도소득세는 현행법상 종합소득세와 마찬가지로 신고납부 세목이며, 양도 다음 해의 5월 31일까지 신고납부하도록 하고 있다.

(2) 양도소득세 세율은 종합소득세와는 별도의 체제로 되어 있으며, 특히 주식보다 부동산에 관하여 대체로 더 높은 세율이 적용된다. 이는 부동산 양도소득세제를 투기억제를 위하여 사용하여 온 우리나라 특유의 역사와 관련이 있다. 특히 최근에 와서 소득세법은 부동산 투기와 관련이 높다고 생각되는 다수의 거래유형들에 대해 따로 높은 세율을 규정하고 있어서 세율 체계가 매우 복잡하고 부동산 상황의 변화에 따라 세법이 자주 바뀌는 부분이다.

(3) 주식에는 상대적으로 낮은 세율이 적용되며, 특히 일정한 '중소기업' 주식에 관하여는 10%라는 이례적으로 낮은 세율이 적용되기도 한다. 마찬가지 맥락에서 주식에 대한 양도소득은 부동산 관련 양도소득과 합산하지 않고 별도로 계산하여 과세 대상으로 삼는다. 주식을 발행한 회사의 재산에서 부동산이 차지하는 비중이 일정기준 이상이면 주식에도 부동산과 같은 세율을 적용한다.

(4) 양도소득세는 종합소득세와 마찬가지로 1년 단위로 과세한다. 그러나 특히 부동산의 양도는 대부분의 일반인에게는 1년에 두 번 이상 일어나는 일이 흔하지 않고, 따라서 국가의 입장에서도 굳이 과세연도가 종료될 때까지 기다렸다가 세금을 걷을 이유가 없다고 볼 수도 있다. 이러한 점에서 소득세법은 개별 재산의 양도 시점을 기준으로 [①]신고를 할 수 있다. [①]신고라고는 하나 신고를 하지 않으면 가산세를 물린다.

사례 9-4 대법원 1999. 9. 21. 선고 98두11830 판결 (사례 7-6)

Notes & Questions

(1) 원고가 시가 100억원짜리 부동산을 특수관계인에게 60억원에 양도하였다고 하자. 원고의 양도소득세를 계산할 때 양도가액은 얼마인가? 그렇게 보아야 하는 법률상 근거는 무엇인가?

(2) 위 예에서 양수인에게는 어떤 법률효과가 생기는가? 법률상의 근거는 무엇인가?

(3) 원고가 시가 100억원짜리 부동산을 특수관계인에게 아예 증여하였다고 하자. 원고는 양도소득세를 내어야 하는가? 이 부동산을 특수관계인에게 단돈 100원에 판다고 하자. 원고는 양도소득세를 내어야 하는가? 이런 차이는 왜 생기는 것일까?

[관련법령]

구 소득세법 제101조 제 2 항(양도소득에 대한 소득세를 부당하게 감소시키기 위하여 제 1 항에 규정하는 특수관계자에게 자산을 증여한 후 그 자산을 증여받은 자가 그 증여일부터 2년 이내에 다시 이를 타인에게 양도한 경우에는 증여자가 그 자산을 직접 양도한 것으로 본다).

사례 9-5 대법원 2003. 1. 10. 선고 2001두4146 판결

【원고, 피상고인】 곽한용

【피고, 상고인】 동작세무서장

【원심판결】 서울고법 2001. 4. 19. 선고 99누14463 판결

【주 문】

상고를 기각한다. 상고비용은 피고의 부담으로 한다.

【이 유】

구 소득세법(1996. 12. 30. 법률 제5191호로 개정되기 전의 것, 이하 '법'은 이를 가리킨다) 제101조 제 2 항의 규정은 양도소득세를 회피하기 위하여 증여의 형식을 거쳐 양도한 경우, 이를 부인하고 실질소득의 귀속자인 증여자에게 양도소득세를 부과하려는 데 그 목적이 있다(대법원 1989. 5. 9. 선고 88누5228 판결; 1997. 11. 25. 선고 97누13979 판결 등 참조).

원심판결 이유에 의하면 원심은, 판시와 같은 사실을 인정한 다음, 원고가 차남인 곽문영에게 이 사건 부동산을 증여할 상당한 이유가 인정되고 곽문영 또한 이 사건 부동산을 처분하여 다른 주택을 매입할 사정이 있었다고 보여지는 점, 이 사건 부동산의 양도대금이 원고에게 귀속되었다고 볼 수 없는 점 등에 비추어 원고가 곽문영에게 이 사건 부동산을 증여하고, 곽문영이 증여받은 날부터 2년 이내에 이를 다시 타에 양도한 행위는 사회통념이나 관행에 비추어 정상적인 경제행위로 보여진다는 등의 이유를 들어, 피고가 법 제101조 제2항 소정의 부당행위계산 부인규정을 적용하여 원고의 증여를 부인한 후, 원고가 이 사건 부동산을 직접 양도한 것으로 보아 원고에 대하여 양도소득세(가산세 포함)를 부과한 이 사건 처분이 위법하다고 판단하였다.

앞서 든 법리를 기록에 비추어 살펴보면, 원심의 위와 같은 판단은 정당하고, 거기에 상고이유에서 드는 바와 같은, 법 제101조 제2항 소정의 부당행위계산 부인규정에 관한 법리오해나 심리미진의 위법이 없다.

그러므로 상고를 기각하고, 상고비용은 패소자의 부담으로 하기로 하여 관여 법관의 일치된 의견으로 주문과 같이 판결한다.

대법관   송진훈(재판장) 변재승 윤재식(주심) 이규홍.

Notes & Questions

(1) 이 판결에서 부동산을 소유하고 있다가 양도한 사람은 곽문영이다. 이 사건의 쟁점은 이 부동산은 당초 원고가 소유하고 있다가 그 아들인 곽문영에게 증여한 것이라는 점을 기화로, 처분청이 원고에게 양도소득세를 부과할 수 있는가이다.

(ⅰ) 이 사건은 증여와 양도라는 두 단계에서 발생하는 증여세와 양도소득세의 합계액이, 직접양도시의 양도소득세 세액보다 더 작았기 때문에 생긴 것이다. 왜 이런 가능성이 생기는 것일까? 소득세법 제97조 제1항, 제104조(일정 구간에서는 증여세율이 양도소득세율보다 낮다). 상속세 및 증여세법 제53조와 제56조.

(ⅱ) 증여세와 양도소득세의 합계가 직접 양도시의 양도소득세보다 적었지만, 이 판결은 쟁점에 대해서 어떻게 판시하고 있는가? 그 이유는 무엇인가? 대법원은 제101조 제2항의 입법목적에 관하여 무엇이라고 설시하고 있는가? 이 설시내용에 따르면 이 조항은 소득의 실질귀속자가 [   ]가 아니라 [   ]인 경우에 적용하는 것이므로 이 사건에는 해당하지 않는다.

(2) 이 판결의 소득세법 제101조 제 2 항은 특수관계자 일반에 대하여 적용되는 조항이었으나, 현재는 수증자가 배우자나 직계존비속인 경우와 기타의 특수관계인인 경우로 구분하여 규정하고 있다. 증여 후 5년 내에 양도라는 2단계 거래로 내는 증여세와 양도소득세의 합이 증여자가 직접 양도하는 경우의 양도소득세보다 적다면 둘 사이의 관계를 따져서, (i) 수증자가 배우자나 직계존비속인 경우에는 수증자에게 양도소득세를 부과하되 그 취득가액을 [①]의 취득가액으로 하는 carry-over 방식으로 과세하고 (제97조의 2 제 1 항), (ii) 수증자가 기타의 특수관계인이라면 소득의 [②]귀속자가 증여자인가 수증자인가를 따져서 실질귀속자에게 양도소득세를 매긴다. 제101조 제 2 항. 위 (i)과 (ii)의 각 경우 증여세는 어떻게 되는가?(제97조의 2 제 1 항, 제101조 제 3 항). 현행법에 따르면 이 판결의 결과는 달라지는가?

제 10 장
현행 법인세법의 얼개

제 1 절   현행 법인세법의 뼈대

I . 법인유형별 과세소득의 범위

[관련법령]

법인세법 제 1 조, 제 6 조, 제13조, 제14조, 제55조, 제60조, 제64조, 제83조, 제84조, 제97조.

1. 내국법인의 과세소득 3가지[1]

	과세표준	세 율
각 사업연도 소득	각 사업연도 소득금액＝[ ]－손금총액	• 2억원 이하: 10%
	과세표준＝각 사업연도 소득금액－공제가능 부분의 이월결손금 － 비과세소득－소득공제	• 2억원－200억원:[ ]% • 200억원－3000억원:[ ]% • 3000억원 초과:[ ]%
토지 등 양도소득	토지 등 양도차익＝토지 등 양도금액－양도 당시 장부가액	• [ ]%, [ ]%
	과세표준＝토지 등 양도차익－비과세소득	
청산소득	잔여재산가액－자기자본총액 ＝청산소득금액＝과세표준	각 사업연도의 소득과 같다

---

1) 영리내국법인 중 자기자본이 500억원을 초과하는 법인(중소기업 제외)과 상호출자제한기업집단소속법인은 당기 소득 중 투자나 임금증가, 배당 등에 사용하지 아니한 소득(미환류소득)도 과세소득에 해당한다. 법인세법 제56조.

(1) 내국법인의 각 사업연도 소득에 대한 법인세의 신고기한 및 납부기한은 언제인가? 법인세법 제60조. 외국법인인 경우에는 어떻게 되는가? 법인세법 제97조. 내국법인과 외국법인의 구별기준은 무엇인가? 법인세법 제 2조.

2. 법인의 종류별 납세의무의 범위

구 분		법인세의 유형		
		각 사업연도 소득	토지 등 양도소득	청산소득
내국법인	영리법인	모든 소득	○	○
	비영리법인	일정한 [①]에서 발생한 소득	○	×
외국법인	영리법인	[②]원천소득	○	×
	비영리법인	[②]원천소득 중 [①]에서 발생한 소득	○	×
국가·지방자치단체		[③]		

(1) 내국법인과 외국법인 사이에 과세소득의 범위를 달리하는 이유는 무엇일까?

(2) 영리법인과 비영리법인 사이에 과세소득의 범위를 달리하는 이유는 무엇일까?

(3) 외국의 정부나 지방자치단체는 위 구분의 어디에 속하는가?

(4) 영리내국법인에게만 청산소득을 과세하고 비영리내국법인과 외국법인에게는 청산소득을 과세하지 않는 이유는 무엇일까?

> ### Notes & Questions

(1) 비영리법인은 일단 논외로 하고 영리법인만 생각한다면, 법인세란 [   ]의 집합적 소득에 대한 세금을 법인 내지 단체 단위에서 일괄해서 걷는 것을 말한다. 한결 더 넓혀서 입법론적 관점에서 일반화해본다면 법인세란, 일정한 단체에 관계되는 일정범위의 이해관계자의 집합적 소득에 대한 세금을 일괄해서 걷는 것이라 말할 수 있을 것이다.

(2) 입법론의 관점에서 볼 때 법인세 납세의무자의 범위는 반드시 민사법상의 법인 개념과 같아야 하는가? 민사법상의 법인개념이란 결국 사법상의 권리의무관계의 귀속점을 뜻한다. 한편 단체 단위에서 세금(법인세)을 걷는다는 말은 국가와 단체 사이에서 단체를 단위로 소득과 세액을 계산하고 단체와 국가 사이에 그런 세금에 관한 권리의무관계를 맺는다는 말이다. 두 가지는 당연히 같아야 하는 것일까?

(3) 법인세 납세의무자의 범위를 정하면서 사법상의 법인본질론과 무관하게, 곧 사법상 법
   인격의 유무를 기준으로 삼을 필요가 없다면 법인세 납세의무자의 범위는 어떻게 정해
   야 할까?

Ⅱ. 각 사업연도의 법인세의 과세표준

1. 법인세 = 순자산증가설

[관련법령]

법인세법 제13조, 제14조, 제15조, 제19조, 제55조, 제55조의2, 제72조.

> 법인세법은 법인세의 과세표준을 정함에 있어 기초가 되는 소득이란 "그 사업연도에 속하
> 거나 속하게 될 [   ]의 총액에서 그 사업연도에 속하거나 속하게 될 [   ]의 총액을
> 공제한 금액"을 말하고…[   ]이란 "자본 또는 출자의 납입 및 법에서 규정하는 것을 제외
> 하고 그 법인의 순자산을 증가시키는 거래로 인하여 발생하는 수익의 금액"… [   ]이란
> "자본 또는 지분의 환급, 잉여금의 처분 및 법에서 규정하는 것을 제외하고 그 법인의 순자
> 산을 감소시키는 거래로 인하여 발생하는 손비의 금액"…이라고 규정함으로써 소득이 발생
> 하기만 하면 일정한 소득원천이 없이 일시적으로 우연히 발생한 소득에 대하여도 과세한다
> 는 [   ]증가설의 입장을 취함을 밝히고 있다…법인의 담세력이란 결국 기업의 이익에 다
> 름 아니므로 법인세법은 기업의 이익을 법인세법상의 소득으로 봄을 원칙으로 하고 다만 법
> 인세법 고유의 시각에서 달리 취급하여야 할 경우에 대하여만 예외적인 규정을 두고 있을
> 뿐이다. 법 제 9 조 제 2 항 및 제 3 항이 익금 및 손금에 대하여 "이 법에서 규정하는 것을
> 제외하고"라고 규정하고 있는 것도 이와 같은 의미인바, 법인세법 고유의 시각에서 달리
> 취급하여야 할 경우의 구체적 예로서는 ① 법인세의 손금불산입 등 세법체계상 또는 법인
> 세법 이론상의 이유에 의한 경우, ② 소득공제 등 조세정책상의 이유에 의한 경우, ③ 손
> 금산입의 한도설정 등 과세공평을 유지하기 위한 경우, ④ 사실에 반하는 내용의 조정 또
> 는 기술적인 이유에 기한 경우 등을 들 수 있다. 헌법재판소 1997. 7. 16. 96헌바36 결정.

예제 (1) 제 8 장 제 4 절 Ⅰ.1.의 예제로 돌아가, Notes & Questions (3)에 대한 답을 법인
   세법에 따라 구하면 어떻게 되는가?

(2) 제 8 장 제 4 절 Ⅱ.의 예제로 돌아가, 회사채를 발행한 직후 사정이 급변해서 회
   사채의 가격이 8,500원으로 떨어졌다고 하자. (ⅰ) 회사채의 가격이 떨어질 만
   한 이유로는 어떤 것이 있을 수 있는가? (ⅱ) 회사채를 발행한 회사가 시가
   8,500원에 이 회사채를 사들여서 소각한다면 이 거래에서 회사에 생기는 손익은
   얼마인가? 이런 손익은 익금이나 손금인가?

2. 각 사업연도 소득에 대한 법인세의 계산구조

■ 법인세법 시행규칙 [별지 제3호서식] <개정 2019. 3. 20.> (앞쪽)

사 업 연 도	· · ~ · ·	법인세 과세표준 및 세액조정계산서	법 인 명	
			사업자등록번호	

좌측					우측				
① 각 사 업 연 도 소 득 계 산	⑩ 결산서상 당기순손익	01				⑬ 감면분추가납부세	29		
	소득조정 ⑩ 익 금 산 입	02				⑭ 차 감 납 부 할 세 액 (⑱-⑫+⑬)	30		
	금 액 ⑱ 손 금 산 입	03			⑤ 토 지 등 양 도 소 득 에 대 한 법 인 세 계 산	양도 ⑬ 등 기 자 산	31		
	⑭ 차 가 감 소 득 금 액 (⑩ + ⑩ - ⑩)	04				차익 ⑯ 미 등 기 자 산	32		
	⑯ 기 부 금 한 도 초 과 액	05				⑰ 비 과 세 소 득	33		
	⑯ 기부금한도초과이월액 손금산입	54				⑱ 과 세 표 준 (⑬+⑯-⑰)	34		
	⑩ 각 사업연도소득금액 (⑩+⑯-⑯)	06				⑲ 세 율	35		
② 과 세 표 준 계 산	⑱ 각 사업연도소득금액 (⑱=⑩)					⑭ 산 출 세 액	36		
	⑩ 이 월 결 손 금	07				⑭ 감 면 세 액	37		
	⑩ 비 과 세 소 득	08				⑭ 차 감 세 액 (⑭-⑭)	38		
	⑪ 소 득 공 제	09				⑭ 공 제 세 액	39		
	⑫ 과 세 표 준 (⑱ - ⑩ - ⑩ - ⑪)	10				⑭ 동업기업 법인세 배분 (가산세 제외)	58		
	⑲ 선 박 표 준 이 익	55				⑭ 가 산 세 (동업기업 배분액 포함)	40		
③ 산 출 세 액 계 산	⑬ 과 세 표 준(⑫+⑲)	56				⑭ 가 감 계(⑭-⑭+⑭+ ⑭)	41		
	⑭ 세 율	11				기 납 부 세 액 ⑭ 수 시 부 과 세 액	42		
	⑮ 산 출 세 액	12				⑭ ( ) 세 액	43		
	⑯ 지 점 유 보 소 득 (「법인세법」 제96조)	13				⑭ 계 (⑭+⑭)	44		
	⑰ 세 율	14				⑮ 차감납부할세액(⑭-⑭)	45		
	⑱ 산 출 세 액	15			⑥ 미 환 류 소 득 법 인 세	⑮ 과세대상 미환류소득	59		
	⑲ 합 계(⑮ + ⑱)	16				⑮ 세 율	60		
④ 납 부 할 세 액 계 산	⑩ 산 출 세 액(⑩ = ⑲)					⑯ 산 출 세 액	61		
	⑪ 최 저 한 세 적 용 대 상 공 제 감 면 세 액	17				⑯ 가 산 세 액	62		
	⑫ 차 감 세 액	18				⑯ 이 자 상 당 액	63		
	⑬ 최 저 한 세 적 용 제 외 공 제 감 면 세 액	19				⑯ 납부할세액(⑯+⑭+⑯)	64		
	⑭ 가 산 세 액	20			⑦ 세 액 계	⑮ 차 감 납 부 할 세 액 계 (⑭ + ⑮ + ⑯)	46		
	⑮ 가 감 계(⑫-⑬+⑭)	21				⑮ 사실과 다른 회계처리 경정 세액공제	57		
	기 한 내 납 부 세 액 ⑯ 중 간 예 납 세 액	22				⑮ 분 납 세 액 계 산 범 위 액 (⑮-⑭-⑬-⑮-⑮+⑬)	47		
	⑰ 수 시 부 과 세 액	23				분납할 세 액 ⑮ 현 금 납 부	48		
	⑱ 원 천 납 부 세 액	24				⑮ 물 납	49		
	⑬ 간접투자회사등의 외국납부세액	25				⑯ 계 (⑮ + ⑮)	50		
	⑬ 소 계 (⑩ + ⑰ + ⑱ + ⑬)	26				⑰ 현 금 납 부	51		
	⑬ 신고납부전가산세액	27				차 감 납 부 세 액 ⑱ 물 납	52		
	⑬ 합 계(⑬+⑬)	28				⑯ 계 (⑰ +⑱) (⑯=(⑮-⑮-⑯))	53		

210mm×297mm[백상지 80g/㎡ 또는 중질지 80g/㎡]

Notes & Questions

(1) 어떤 법인의 이번 사업연도 소득금액이 30억원, 비과세소득이 2억원, 소득공제금액이 7억원, 공제가능한 이월결손금이 5억원이라고 할 때, 과세표준과 산출세액은 각각 얼마인가?

(2) 어떤 법인의 1998년 이전 사업연도의 결손금으로서 1999. 1. 1.로 넘어온 결손금은 2,337,965,837원이고 1999년 이후 각 사업연도의 소득은 아래 표와 같다.[2] (i) 2004년의 이월결손금 공제 457,643,633원은 몇 년분 결손금을 공제받았으리라 생각하는가? (ii) 2005년에 이월결손금으로 공제받을 수 있는 금액은 얼마이고 2005년의 과세표준은 얼마인가? 각 사업연도의 결손금은 5년간(현행법에서는 10년간이다) 이월하여 공제받을 수 있다고 가정한다.

연 도	소득금액(A)	이월결손금 공제(B)	과세표준(=A−B)
1999	−7,409,534,226	0	0
2000	375,313,887	375,313,887	0
2001	−280,548,980	0	0
2002	520,226,597	520,226,597	0
2003	387,404,217	387,404,217	0
2004	457,643,633	457,643,633	0
2005	691,698,116	[ ]	[ ]

위 표에서 각 사업연도의 소득이 다음과 같다면 2005년에 이월결손금으로 공제받을 수 있는 금액은 얼마이고 과세표준은 얼마인가?
1999년: (−6,680,960,516), 2000년: (442,607,639), 2001년: (−527,257,552), 2002년: (363,824,385), 2003년: (−104,565,711), 2004년: (453,148,038).

(3) 이월결손금 소급공제는 (사례 2−3)

(4) 위 (1)의 예제에서 이번 사업연도 소득금액과는 별도로, 만일 같은 사업연도 동안에 보유중이던 주택(법인세법 제55조의2 제 1 항 제 2 호에 해당하는 주택)을 양도한 거래가

---

2) 대법원 2011. 9. 29. 선고 2009두11157 판결(사례 12−2)의 제 1 심인 서울행정법원 2007구합 38950 판결의 사실관계를 바탕으로 금액단위만 끝의 세 자리를 줄인 것이다.

한 건 더 있었다고 가정하자. 이 거래에서, 양도가액은 5억원, 매입가격(실지거래가액)은 3억원, 매입부대비용은 1천 5백만원, 자본적 지출액은 3천 5백만원이었다. 이 거래에서 생기는 소득에는 토지 등 양도소득에 대한 법인세가 덧붙는다. 이를 고려하여 총 산출세액을 구하라. 단, 같은 법조 제 6 항의 목적상 감가상각은 없었던 것으로 가정한다.

ⓐ 토지 등 양도소득＝[①]－(3억원＋1천 5백만원＋3천 5백만원)＝[②]

ⓑ 토지 등 양도소득에 대한 법인세 산출세액＝[②]×10%＝15,000,000원

ⓒ 각 사업연도 법인세 과세표준＝토지 등 양도소득금액(1.5억원)＋그 이외의 소득금액(30억원)－공제가능 이월결손금(5억원)－비과세소득(2억원)－소득공제(7억원) ＝17.5억원

ⓓ 사업연도 법인세 산출세액＝2억원×[③]%＋(17.5억원－2억원)×[④]%＝3.3억원

ⓔ 총 산출세액(ⓑ＋ⓓ)＝[⑤]

Ⅲ. 조세특례

1. 조세특례의 종류

[관련법령]

조세특례제한법 제(諸) 조항; 법인세법 제51조, 제51조의2, 제57조 내지 제59조.

(1) '조세특례'란 일정한 요건에 해당하는 경우의 특례세율의 적용, 세액감면, 세액공제, 소득공제, 준비금의 손금산입 등의 조세감면과 특정목적을 위한 익금산입, 손금불산입 등의 경감이나 중과세(重課稅)를 의미한다.[3] 이러한 조세특례 제도를 두는 목적은 무엇인가?

(2) 조세특례에는 여러 유형이 있는데, [①]란 특정한 종류의 소득을 과세대상에서 제외하는 방법이며, 소득공제는 소득계산 단계에서 일정 비율의 소득의 공제를 허용하는 방식이다. [①]나 소득공제가 되는 금액은 법인세에서 영영 해방된다. 한편, 손익의 귀속시기를 이용한 조세특례로서 [②] 제도(아래 제 2 절 II)와 특별[③] 제도가 있는데, 이는 장래 공제할 특정 손비를 미리 앞당겨 공제하는 제도로서 당장 낼 세금을 장래로 미루어 주는 것이다. 그 밖에 과세표준을 계산한 다음의 세액 단계에서 우대조치를 주는 제도로서 세액[④]와 세액[⑤]이 있다.

---

3) 조세특례제한법 제 2 조 제 8 호.

2. 조세특례 중복의 배제와 최저한세

[관련법령]

조세특례제한법 제127조 및 제132조.

결정문 전문은 제 2 장 제 3 절 Ⅱ.3. 특히, 결정문의 3.(판단) − 나.(위헌 여부에 대한 판단) − (1)(조세감면규정과 조세평등주의) 부분을 참조.

사례 10-1 헌법재판소 1996. 8. 29. 95헌바41 결정 (사례 2-2)

Notes & Questions

(1) 위 사례에서 청구인은 당시 법률의 규정이 토지수용에 따라 발생한 양도차익에 관하여 법인에 대해서는 조세감면에 한도를 두지 않는 데 견주어 개인에 대해서는 일정한 한도를 두고 있어 합리적 이유 없이 개인과 법인을 차별함으로써 헌법상 평등원칙에 위반한다고 주장하였다. 그러나 헌법재판소는 이를 기각하고 합헌이라고 결정하였다. 조세감면(＝조세특례)에서 개인과 법인 사이에 이런 차별을 두어도 평등원칙에 현저히 반하는 비합리적이고 불공정한 차별이 아니라고 판단한 이유는 무엇인가?

(2) 조세특례제한법은 조세특례 조치의 [①]지원을 배제하고, [②]세라는 제도를 두어 조세감면 때문에 세부담이 [②]세액에 미달한다면 그 미달하는 세액에 상당하는 부분에 대하여 조세감면을 배제한다.

(3) 중소기업이 아닌 ㈜서울의 제11기(20×1. 1. 1.~20×1. 12. 31.)의 사업연도 소득금액은 250억원(조세특례제한법상 조세특례인 손금산입액 50억원을 공제한 후의 금액이며, 이월결손금은 없다고 가정)이고, 최저한세 적용대상인 세액공제가 30억원이라고 가정할 때, ㈜서울의 최저한세액은 얼마이며, 이 회사가 제11기 사업연도 법인세액으로 부담해야 할 세액은 얼마인가? 각 사업연도에 대한 법인세의 세율은 비례세율로 20%라 가정하고, 최저한세율은 10%라 가정한다.

Ⅳ. 익금과 손금에 대한 법적 평가

[관련법령]

법인세법 제15조 제 1 항, 제19조 제 1 항.

사례 10-2 대법원 1993. 5. 25. 선고 92누18320 판결

【원고, 상고인】 건영섬유공업주식회사 소송대리인 변호사 김백영

【피고, 피상고인】 마산세무서장

【원심판결】 부산고등법원 1992. 10. 28. 선고 91구4287 판결

【주　문】

상고를 기각한다. 상고비용은 원고의 부담으로 한다.

【이　유】

원고소송대리인의 상고이유를 본다.

1. 상고이유 제 1 점에 관하여 - (중략)

2. 상고이유 제 2 점에 관하여 - (중략)

3. 상고이유 제 3 점에 관하여

법인세법 제18조에서 규정하는 기부금은 법인이 타인에게 법인의 사업과 직접 관계 없이 무상으로 증여하는 재산적 가액을 가리키는 것으로서, 이는 순수한 무상양도의 경우뿐 아니라, 비록 거래의 외형은 유상양도의 형태를 취하고 있더라도 당해 자산이 현저하게 낮은 가액으로 양도되어 그 양도가액과 정상가액과의 차액이 실질적으로 증여되었다고 인정되는 경우를 포함하는 것이라고 보아야 할 것이므로, 그와 같은 취지를 규정하고 있는 법인세법 시행령 제40조 1항 2항이 모법의 위임 없이 기부금의 범위를 부당하게 확대하여 조세법률주의에 위배되는 무효의 규정이라고 볼 수 없다 할 것이다.…

4. 상고이유 제 4 점에 관하여

법인이 타인에게 자산을 무상으로 양도하거나 혹은 시가보다 현저하게 낮은 가액으로 양도함으로써 법인세법 소정의 기부금의 요건에 해당되는 경우에 있어, 위 거래로 인하여 상대방이 취득한 자산가액이나 그에 상응한 법인자산의 감소액은 자산의 시가상당액으로서 비록 법인이 당해 자산의 시가와 장부가액과의 차액을 기업경리상 손비로 계상하지 않았다고 하더라도 세법상은 일단 그 차액 상당의 수익이 법인에 실현됨과 동시에 그 수익을 상대방에게 제공함에 따른 손실이 발생한 것으로 관념하여 그 손실을 기부금으로 보게 되는 것이라 할 것이다.

기부금을 금전 이외의 자산으로 제공한 경우에 당해 자산의 가액을 이를 제공한 때의 시가에 의하도록 한 법인세법 시행령 제41조 제 1 항 본문의 규정은 바로 위와 같은 내용을 규정하고 있는 것으로 해석된다.…

5. 결   론

그러므로 상고를 기각하고 상고비용은 패소자의 부담으로 하여 관여 법관의 일치된 의견으로 주문과 같이 판결한다.

대법관 김석수(재판장) 최재호(주심) 배만운 최종영.

Notes & Questions

(1) 취득가액(장부가)이 3억원이고 시가가 5억원인 재산을 특수관계 없는 비영리법인에게 업무와 무관하게 2억원에 양도하였다고 하자. 이 거래에서 생기는 손익을 구할 수 있는 가능성으로 다음 두 가지를 생각할 수 있다. (i) 양도가액이 2억원이고 취득가액이 3억원이므로 처분손이 1억원 생긴다. (ii) 양도가액을 시가인 [   ]원으로 보고 거기에서 취득가액 3억원을 뺀 처분익 2억원이 생기고, 시가와 실제 거래가액의 차액 [   ]원은 [   ]으로 본다. 원고의 입장은 어느 쪽인가? 법원의 판단은 어느 쪽이고 이유는 무엇인가?

(2) 쟁점의 실익은 무엇인가? 원고의 주장은 이 거래에서는 순자산감소액(처분손) 1억원이 생긴다는 것이고, 법원의 판단은 이 거래에서는 순자산증가액(처분익) 2억원과 순자산감소액([   ]) 3억원이 생긴다는 것이다. 어느 쪽 입장이든 최종적으로 순자산감소액 1억원이 생기는 것은 같은데 왜 다투고 있는 것일까? 각 사업연도 소득에 어떤 차이가 왜 생기는가? 법인세법 제24조 제 1 항.

(3) 취득가액 3억원이고 시가 5억원인 재산을 그냥 증여했다고 하자. 이 판결에 따른다면 이 증여행위에서는 [   ]이라는 순자산증가액 2억원과 [   ]이라는 순자산감소액 5억원이 생긴다. 결국 '증여'라는 순자산감소 거래에서 익금이라는 순자산증가가 발생하게 된다. 법적 평가(여기에서는 익금과 손금의 존부)를 위한 사실관계의 단위는 어떻게 잡아야 하는 것일까? 그 밖에도 법적 평가의 단위 문제는 (사례 8 - 7; 엔화예금), (사례 11 - 3; 감자와 주식매매) 등에서 보듯 늘 생긴다.

(4) 이 판결과 관련하여 제 9 장 제 4 절 사례(9 - 4) Notes & Questions (3)을 다시 생각해 보라.

V. 내국법인의 청산소득에 대한 법인세

[관련법령]
법인세법 제77조 내지 제90조.

(1) 법인의 청산소득이란 법인이 해산(합병 또는 분할에 의한 해산은 제외)한 경우에 그 법인의 해산에 따른 잔여재산가액이 해산등기일 현재의 자기자본총액을 초과하는 경우 그 초과하는 금액을 말한다(즉, 청산소득금액 = 잔여재산가액 − 해산등기일 현재의 자기자본총액).

(2) 결국 청산소득을 과세하는 취지는 순자산증가라는 기본이념과 각 사업연도의 소득에 대한 법인세의 기초를 이루는 실현주의 사이의 괴리를 보완하기 위한 것으로서, [   ]이득에 대한 법인세의 최종 정산을 실시하기 위한 제도적 장치라 할 수 있다.

(3) 법인세법상 청산소득에 대한 법인세의 납세의무가 발생하는 경우로는 어떤 것들이 있으며, 각 경우의 청산소득에 대한 법인세의 신고 및 납부기한은 언제인가?

VI. 법인세의 원천징수

[관련법령]
법인세법 제73조.

(1) 법인에게 소득을 지급하는 자가 원천징수의무를 부담하는가는 [   ]법의 적용을 받는다. 전형적으로 어떤 경우에 원천징수의무를 지는가?

VII. 국제조세

1. 과세권의 국제적 분배원칙

(1) 법인세법(소득세법)은 내국법인(거주자)과 외국법인(비거주자)을 나누어서 과세소득의 범위에 차이를 둔다.(이하에서 달리 적지 않았으면 내국법인이라는 말은 거주자를 포함하고 외국법인이라는 말은 비거주자를 포함한다.) 내국법인은 전세계소득에 세금을 내고 외국법인은 [   ]원천소득에만 세금을 낸다.

(2) 외국법인은 국내에 사업장이 있거나 부동산소득이 있으면 국내원천소득을 내국법인이나 마찬가지로 순소득기준으로 [①]납세한다. 국내에 사업장이나 부동산소득이 없는 외국법인은 국내원천소득에 대하여 [①]납세의무가 없고, 그 소득을 지급하는 자가 원천 [②]하여 납부한다. (사례 4-1)에서 외국법인인 원고가 번 주식양도소득의 [③]은 국내였고, 그에 대한 세금은 주식[④]을 지급한 소외 대한석유지주가 원천[②] 하여 납부하였다.

(3) 외국법인에 대한 과세에는 국내법만이 아니라 그 외국법인의 본국과 우리나라 사이에 조세[⑤]이 체결되어 있다면 조세[⑤]도 적용될 수 있다.

(4) 소득의 [③]이 국내인지 국외인지는, 소득의 종류를 구분하여 각 구분마다 규칙을 따로 정해두고 있다. [③]을 정하는 규칙은 크게 보면 지급자가 내국법인인 소득은 국내[③]소득이라고 정하는 경우가 있고, 소득을 낳는 재산이나 활동이 국내에 있으면 국내[③]소득이라고 정하는 경우가 있다.

(5) 외국법인에 대한 [⑥]세율도 소득구분별로 정해져 있다. 선박 등 임대소득이나 사업소득은 2%, 유가증권이나 부동산 양도소득은 양도가액의 10%와 양도차익의 20% 중 적은 금액, 이자 배당 사용료 등은 20%를 [⑥]한다. 법인세법 제98조 제1항 참조.

(6) 국제거래에 관련된 부당행위 계산부인 제도를 [⑦]가격 세제라고 부른다. [⑦]가격 세제는 법인세법이나 소득세법과는 분리된 별개의 법체계를 [⑧]조세조정에 관한 법률에서 따로 정해두고 있다.

2. 외국자본의 국내투자

(1) 외국에서 설립된 단체에 대해서는 단체를 우리 [①]세법상 [①]으로 볼 수 있는지 아니면 단체구성원을 과세단위(개인 또는 법인)로 볼 것인지라는 문제가 생긴다. 특히 문제되는 경우가 인적 회사, 파트너십, 자산유동화 회사 같은 특수목적회사 또는 신탁 등의 기업형태이다. 종래 판례는 외국단체의 私法상의 성질을 따져서 우리나라의 법인에 해당하는가를 정하였다. 대법원 2012. 1. 27. 선고 2010두5950 판결. 그 후 법인세법은 판례 기준 외에 몇 가지 기준을 추가하여 외국단체의 법인판단기준을 정하고 있다. 법인세법 제12조 제3호 및 동법 시행령 제2조 제2항.

(2) 외국법인이나 비거주자에 대한 조세조약의 적용여부를 판단할 때에는 그런 자가 특정한

체약국에 속하는지도 판단해야 한다.

(3) 조세조약에서는 국내에 고정된 [②]이 없는 외국법인이라면 사업소득을 과세하지 않는다. 국내에 [②]이 없어도 종업원과 비슷하게 볼 여지가 있는 종속적 대리인이 있다면 고정된 [②]이 있는 것으로 간주한다.

(4) 외국법인의 국내사업장이나 외국법인이 투자한 내국법인이 국외 특수관계자에게서 빌린 차입금이 법정기준을 넘는 경우에는 관련 [   ]를 손금불산입한다.

3. 국내자본의 해외투자

(1) 법인세법은 우리나라 법인의 전세계소득을 과세한다. 한편 우리나라를 포함하여 원천지국은 외국법인의 자국원천소득을 과세하는 것이 보통이다. 따라서 우리나라 법인은 외국(원천지국)과 우리나라 양쪽에서 세금을 낼 가능성이 생긴다.

(2) 법인세법은 국외원천소득에 관련된 외국납부세액을 [   ]해 주는 방식으로 이중과세를 해결하고 있다. 외국납부세액의 손금산입도 가능하나 대체로 외국납부세액 공제가 더 유리하다.

(3) 외국납부세액 공제는 (전세계소득에 대한 법인세) × (국외원천소득 / 전세계소득 과세표준) = (국외원천소득) × (실효세율)을 한도로 한다. 외국자회사가 납부한 세액도 일정요건하에서 공제받을 수 있다.

(4) 외국자회사(피지배외국법인)가 조세피난처에서 버는 소극적 소득은 이를 배당받기 전에라도 국내의 지배[   ]에게 소득이 생긴 것으로 보아 과세할 수 있다.

제 2 절   법인세의 납세의무자의 범위

다른 나라까지 아우르는 용어로서는 '법인세'라는 말에는 기실 혼선이 생기기 쉽다. 뒤에 보듯 우리나라의 법인에 해당하는 단체가 다른 나라에서는 법인이 아닐 수도 있고, 한결 정확히는 우리 법에서 말하는 법인이라는 개념에 정확히 대응하는 개념 자체가 아예 없는 나라도 있다. 가령 미국이 그렇다. 이하 이 절에서 '법인세'라는 말은 일단, 단체를 과세단위로 삼아 부과하고 징수하는 소득세 정도의 다소 헐거운 뜻으로 쓰기로 한다.

Ⅰ. 인적회사에 대한 법인세

(1) 법인세법은 "다음 각 호의 [①]은 이 법에 따라 그 소득에 대한 법인세를 납부할 의무가 있다"고 정하고 있고, 상법은 "회사란…영리를 목적으로 하여 설립한 [①]을 말한다"고 정하고 있다. 법인세법 제3조, 상법 제169조.

(2) 우리 상법에 따른 회사라 하더라도 법인세 납세의무를 지지 않아도 되는 선택권을 가지는 경우가 있다. 어떤 회사들이 그런가? 조세특례제한법 제100조의15. 이처럼 법인세를 물리지 않는 경우에는, 아직 법인이 분배(배당)하지 않은 소득이라 하더라도 [　　]들이 각자 자기 몫 부분에 대해서 해마다 바로 세금(그가 개인이라면 소득세, 법인이라면 법인세)을 내게 된다. 이런 특례를 적용받지 않는 인적회사라면 어떤 방법으로 이중과세를 피하는가?

(3) 한편 다른 나라에서는 출자자가 모두 [②]책임을 지는 단체(미국 등 영미법계 국가에서는 대개 general partnership이라고 부르는 조직으로 우리나라의 조합이나 합명회사에 견줄 수 있다)나 [②]책임출자자와 [③]책임출자자가 결합하고 있는 단체(limited partnership이라 불리는 단체로 우리나라의 합자조합이나 합자회사에 견줄 수 있다)에는 법인세를 매기지 않는 것이 오히려 보통이다. 독일이나 프랑스같은 대륙법계 국가도 우리나라의 인적회사에 맞먹는 단체에는 법인세를 매기지 않는다.

(4) 미국은 partnership이나 LLC(limited liability company, 곧 우리나라로 치면 유한회사나 유한책임회사에 해당하는 단체)라면 단체단계에서 법인세를 낼지 아니면 바로 출자자가 세금을 낼지를 고를 수 있도록 선택권을 주고 있다. 이것을 이른바 check-the-box 규칙이라고 한다. 출자지분을 상장하고 있다면 (미국에서는 limited partnership 등도 상장할 수 있다) 반드시 법인세를 내어야 한다. 미국 Treasury Regulation §301.7701-3.

(5) Check-the-Box 규칙의 시행 전에는 영리사단이라면 판례법[4]에 따라 (ⅰ) 구성원의 사망이나 해산이 단체의 해산사유인가, (ⅱ) 구성원의 책임이 유한책임인가 무한책임인가, (ⅲ) 각 사원의 의사와는 별도인 단체의 의사를 정할 수 있는가, (ⅳ) 출자자의 지분을 자유로이 양도할 수 있는가, 이 네 가지 기준을 놓고서 세 가지 이상을 만족해야 법인으로 과세하였다. 그러나 판정기준 자체가 불분명하였을 뿐만 아니라, 결정적으로

---

4) 소위 Kintner 규칙이라 하며, U.S. v. Kintner, 216 F. 2d 418(9th Cir. 1954)에서 유래하였다.

는 1980년대에 새로 생긴 기업조직인 유한책임회사("LLC")가 종래의 기준에 따를 때 법인세를 내지 않게 되면서 Check－the－Box 규칙을 시행하게 되었다.

Ⅱ. 비영리법인에 대한 법인세

[관련법령]

법인세법 제2조 제2호.

> Notes & Questions

(1) 영리법인과 비영리법인을 구별할 실익은 무엇인가? 법인세법 제4조 제1항 및 제3항, 제29조, 제62조 및 제62조의2. 둘 사이에 차이를 두는 이유는 무엇일까?

(2) 영리법인과 비영리법인의 구별기준은 무엇인가?

(3) 비영리내국법인은 수익사업에서 일정한 소득금액을 벌었더라도, 법인의 [   ]사업이나 지정기부금에 지출하기 위해 [   ]을 손금으로 계상한 경우에는 법정한도 안에서 이를 손금에 산입할 수 있다. 특히 이자·배당소득은 소득금액의 [   ]% 한도까지 손금산입할 수 있다. 법인세법 제29조 제1항.

Ⅲ. 법인 아닌 단체에 대한 법인세

[관련법령]

소득세법 제2조 제3항; 법인세법 제1조 제2호 (다)목; 국세기본법 제13조.

> **사례 10-3** 대법원 1999. 9. 7. 선고 97누17261 판결

【원고, 상고인】 대한예수교장로회(고신)총회 부산남교회(소송대리인 법무법인 율촌 담당변호사 한만수)

【피고, 피상고인】 동래세무서장

【원심판결】 부산고법 1997. 9. 24. 선고 94구3452 판결

【주   문】

원심판결 중 원고 패소 부분을 파기하여 이 부분 사건을 부산고등법원에 환송한다.

【이   유】

상고이유(상고이유서 제출기간 경과 후에 제출된 상고이유보충서는 상고이유를 보충하는 한도 내에서)를 판단한다.

1. 원심판결 이유에 의하면, 원심은 그 판시 증거들을 종합하여, 원고는 1949. 5. 8. 부산 중구 동광동 2가 11을 소재지로 하여 설립된 교회로서, 현재의 소재지인 부산 동래구 거제 1동 1466의 30 토지 상에 새로운 교회당을 건립하여 그 곳으로 교회를 옮기기 위하여 1983. 11. 10. 소외 서린종합건설 주식회사(이하 소외 회사라 한다)와 사이에 위 거제 1동 토지 상에 철근콘크리트조 4층 연면적 8,208.48㎡의 교회당 신축에 관한 공사도급계약을 체결한 사실, 원고 교회는 소외 회사의 부도로 공사가 중단되고 위 공사도급 계약이 사실상 파기되자 그 청산조로 양도받은 소외 회사가 신축중인 아파트의 잔여공사를 마친 뒤 그 아파트를 분양한 사실 등을 인정한 뒤, 교회는 일반적으로 예배를 목적으로 하는 교인들로 구성된 사단으로서의 성질을 가지지만, 그와 동시에 공익을 목적으로 출연된 기본재산이 있는 재단으로서의 성질도 가진다고 할 것이므로, 원고는 국세기본법 제13조 제 1 항, 같은법 시행령 제 8 조 제 2 호에서 정한 법인격 없는 재단으로서 법인세 납세의무의 주체가 된다고 판단하였다.

2. 구 법인세법(1994. 12. 22. 법률 제4804호로 개정되기 전의 것, 이하 같다) 제 1 조 제 2 항은, 국세기본법 제13조 제 1 항의 규정에 의한 법인격이 없는 사단·재단 기타 단체는 비영리 내국법인으로 보고 이 법을 적용한다고 규정하고, 구 국세기본법(1994. 12. 22. 법률 제4810호로 개정되기 전의 것, 이하 같다) 제13조 제 1 항은 법인격 없는 사단·재단 기타 단체 중 대통령령이 정하는 것에 대하여는 이를 법인으로 보아 이 법과 세법을 적용한다고 규정하고 있으며, 그 위임에 따라 법인으로 보는 법인격 없는 사단·재단 기타 단체에 관하여 정하고 있는 구 국세기본법 시행령(1993. 12. 31. 대통령령 제14076호로 개정되기 전의 것) 제 8 조는 제 1 호에서 '주무관청의 허가를 받아 설립한 사단·재단 또는 기타 단체로서 등기되지 아니한 것'을, 제 2 호에서 '공익을 목적으로 출연된 기본재산이 있는 재단으로서 등기되지 아니한 것'을 들고 있으므로, 법인격 없는 사단은 법인격 없는 재단과는 달리 주무관청의 허가를 받아 설립된 것이 아니라면 세법의 적용에 있어서 법인으로 볼 수 없다 할 것이다.

기록에 의하면, 원심이 원고 교회를 독립된 법인격 없는 사단으로 본 점은 옳다 할 것이나, 원고 교회를 법인격 없는 사단으로 인정하는 이상, 그 교회의 재산은 교인들의 총유에 속하고 교인들은 각 교회 활동의 목적범위 내에서 총유권의 대상인 교회재산을 사용·수익할 수 있다 할 것인데(대법원 1993. 1. 19. 선고 91다1226 판결 참조), 이러한 교회가 법인격 없는 재단으로서의 성격을 함께 갖고 있다고 본다면, 교회재산인 부동산이 교인의 총유이면서 동시에 법인격 없는 재단의 단독소유가 된다는 결과가 되어 그 자체가 모순될 뿐만 아니라 그 소유관계를 혼란스럽게 할 우려가 있으므로, 교회가 법인격 없는 사단이면서 동시에 법인격 없는 재단이라고 볼 수는 없다 할 것이다.

그렇다면 원고 교회가 주무관청의 허가를 받아 설립되었는지 여부의 점에 관하여는 심리·판단하지 아니한 채 원고 교회가 구 국세기본법 제13조 제 1 항, 같은법 시행령 제 8 조 제 2 호에서 정하는 법인격 없는 재단으로서 법인세 납세의무의 주체가 된다고 판단한 원심판결에는 법인격 없는 사단 또는 재단에 관한 법리를 오해하여 판결 결과에 영향을 미친 위법이 있다 할 것이어서 파기를 면할 수 없고, 이를 지적하는 취지의 상고논지는 이유가 있다.

3. 그러므로 나머지 상고이유에 대한 판단을 생략한 채 원심판결 중 원고 패소 부분을 파기하여 이 부분 사건을 원심법원에 환송하기로 하여 관여 법관의 일치된 의견으로 주문과 같이 판결한다.

대법관 박준서(재판장) 신성택 이임수(주심) 서성.

Notes & Questions

(1) 83누497 판결(사례 7 – 4)의 원고는 [   ]이고 97누17261 판결(사례 10 – 3)의 원고는 [   ]로, 둘 다 [   ] 없는 사단이라는 점에서는 같다. 앞 판결의 쟁점은 세금(소득세)을 대표자에게 매겨야 하는가 또는 종중에게 매겨야 하는가이다. 뒤 판결의 쟁점은 원고 교회에게 [   ]를 매길 것인가 또는 [   ]를 매길 것인가이고, 결국 대법원은 [   ]를 매겨야 한다고 판시하였다.

(i) 97누17261 판결에서 처분청이 원고에게 법인세를 매긴 근거는 무엇인가?

(ii) 대법원의 판단근거는 무엇인가? 법인격 없는 단체에 대해 법인세를 매기는 요건은 무엇이고 소득세를 매기는 요건은 무엇인가?

(2) 법인으로 등기되지 아니한 재단이더라도 공익을 목적으로 출연된 기본재산이 있다면 법인세를 매긴다는 글귀에서, 재산을 출연하는 등기를 하면서 재단법인 설립등기를 하지 않는 경우가 있을까?

(3) 97누17261 판결(사례 10 – 3)의 사실관계에 현행법을 적용하면 어떤 결론이 나올까? 국세기본법 제13조 제 1 항. 참고로 본 사건의 서증인 을 제14호증(종교단체 등록번호증명서)의 기재에 의하면, 원고 교회는 부산광역시 연제구청장에게 등록하여 등록번호를 부여받았지만, 이 사건 당시의 법률(사회단체등록에 관한 법률)에서 종교단체는 등록할 필

요가 없었고, 현재는 이 법률은 아예 폐지되었다.

(4) 패소한 국세청은 다시 양도소득세를 매길 수 있었을까? 이 사건에서는 상고 전에 양도
    소득세의 제척기간이 지났다고 한다. 현행법으로는 국세기본법 제26조의2.

[관련법령]
국세기본법 제13조("것으로서 수익을 구성원에게 분배하지 아니하는" 부분은 이 사건 뒤에
신설) ; 법인세법 제 1 조 제 2 호 (다)목; 소득세법 제 2 조의2 제 1 항, 제43조 제 1 항.

사례 10-4   대법원 2005. 6. 10. 선고 2003두2656 판결

【원고, 피상고인】 원고 1 외 1인(소송대리인 법무법인 해마루 변호사 지기룡 외 1인)
【피고, 상고인】 중부세무서장(소송대리인 변호사 김정술)
【원심판결】 서울고법 2003. 1. 16. 선고 2002누9577 판결
【주   문】
상고를 기각한다. 상고비용은 피고가 부담한다.
【이   유】
상고이유를 본다.
1. 법인으로 보는 법인격이 없는 단체 해당 여부
    원심판결 이유에 의하면, 원심은 판시 채용 증거들을 종합하여, 한국자개협회 지역주택
조합(이하 '이 사건 주택조합'이라 한다)은 1995. 6. 14. 구 주택건설촉진법(2003. 5. 9. 법률
제6916호 주택법으로 전문 개정되기 전의 것, 이하 '주택건설촉진법'이라 한다) 제44조의
규정에 의하여 서울특별시 성동구청장으로부터 인가를 받아 설립된 사실, 이 사건 주택조합
은 그 사업구역(서울 성동구 성수동 279-37 대 3,434.7㎡) 내 점포소유권을 가진 자로서
주택을 소유하는 등 조합규약에 정한 결격사유가 없고 한국자개협회 상가권리증을 가진 자
들을 조합원으로 하여 구성되어 있고, 조합원들의 공동주택마련이라는 단체 고유의 목적을
가지고 있으며, 규약을 만들고 이에 근거하여 의사결정기관인 총회와 집행기관인 대표자를
두는 등 단체로서의 조직을 갖추고, 구성원의 가입·탈퇴에 따른 변경에 관계 없이 단체 자
체가 존속하는 등 단체로서의 주요 사항이 확정되어 있는 사실, 원고들은 이 사건 주택조합
의 조합원으로서 2000. 5. 31. 이 사건 주택조합이 건축한 재건축주택의 일반분양에 의하여
발생된 소득금액 중 각 일정 비율의 금액이 '사업소득'에 해당된다 하여 이를 종합소득금액
에 합산하고, 납부할 세액을 각 15,267,460원(원고 1), 10,018,350원(원고 2)으로 하여,

1999년 귀속 종합소득세 과세표준 확정신고를 한 사실, 그 후 원고들은 2001. 4. 28. 피고에게 위 일반분양에 의하여 발생한 소득에 대한 납세의무는 주택조합에게 있다는 이유로 그 소득금액을 위 종합소득금액에서 제외하여 세액을 경정한 후 기납부한 세액과 정당한 세액 (원고 1은 229,760원, 원고 2는 467,840원)과의 차액을 환급하여 달라는 취지의 경정청구를 하였으나, 피고는 2001. 7. 13. 원고들을 비롯한 조합원들이 공동사업자에 해당된다는 이유로 이를 거부하는 이 사건 처분을 한 사실 등을 인정한 다음, 이 사건 주택조합은, 이른바 비법인사단으로서 주택건설촉진법 제44조의 규정에 따라 서울시 성동구청장의 설립인가를 받아 설립되었고, 그 인가는 국세기본법 제13조 제 1 항 제 1 호 소정의 인가에 해당하므로 위 규정 소정의 '법인으로 보는 법인격 없는 단체'로서 비영리 내국법인에 해당하고, 따라서 비영리내국법인의 수익사업으로 인하여 생긴 소득이라고 할 수 있는 이 사건 주택조합이 건축한 재건축주택의 일반분양에 의하여 발생된 소득에 대하여 법인세를 납부할 의무가 있다고 할 것인데, 그 구성원인 원고들이 독립한 사업주체로서 공동사업자에 해당함을 전제로 종합소득세를 부과한 것은 위법하다고 판단하였다.

나아가 원심은, 이 사건 주택조합이 '계속성 및 동질성'이 유지되는 단체가 아니어서 세법상 법인으로 보는 단체에 해당하지 아니한다는 피고의 주장에 대하여, 국세기본법 제13조는, 제 1 항 각 호의 요건을 갖춘 단체는 이를 당연히 세법의 적용에 있어서 법인으로 보고, 그렇지 아니한 단체 중 같은 조 제 2 항의 요건을 갖춘 법인도 법인으로 보되, 그러한 단체는 계속성 및 동질성이 유지되는 것으로 본다는 취지의 규정일 뿐, 제 1 항의 요건을 갖추어 법인으로 보는 단체에 대하여도 제 2 항 각 호에 해당하거나 계속성 및 동질성이 유지될 것을 요건으로 한다고 해석할 것은 아니라고 판단하였다.

관계 법령과 기록에 비추어 살펴보면 원심의 위와 같은 인정 및 판단은 정당한 것으로 수긍이 가고, 거기에 상고이유에서 주장하는 바와 같은 국세기본법과 법인세법상 법인으로 보는 법인격이 없는 단체에 관한 법리를 오해하였거나 심리미진 또는 채증법칙 위배로 사실을 오인하여 판결 결과에 영향을 미친 위법이 있다고 할 수 없다. 그리고 법인세법 제 1 조 제 2 호 (다)목의 규정에 의하면 비영리 내국법인의 하나로 국세기본법 제13조 소정의 법인으로 보는 법인격이 없는 단체를 들고 있으므로, 일단 국세기본법 제13조 소정의 법인으로 보는 단체로 인정되면 법인세법상으로는 비영리내국법인으로 취급되는 것이고, 거꾸로 법인세법상 비영리법인으로 취급하고 있다고 하여 국세기본법 제13조 제 1 항 제 1 호 소정의 법인으로 보는 법인격이 없는 단체에 해당하기 위해서는 위 규정에서 정하는 요건 외에 별도로 비영리성의 요건을 갖추어야 하는 것은 아니라고 할 것이므로 이에 관한 상고이유의 주장도 받아들이지 아니한다.

2. 실질과세의 원칙 위배 여부 – (중략)

3. 결 론

그러므로 상고를 기각하고, 상고비용은 패소자가 부담하도록 하여 관여 대법관의 일치된 의견으로 주문과 같이 판결한다.

대법관 이강국(재판장) 유지담 배기원(주심).

Notes & Questions

(1) 위 2003두2656 판결(사례 10 – 4)의 원고는 주택조합의 [①]이다. 쟁점은 주택조합이 [②]를 내어야 하는지 아니면 [①] 각자가 주택조합의 소득(일반분양에 의하여 발생한 소득) 가운데 자기 몫(사업소득)에 대해서 소득세를 내어야 하는가이다.

(ⅰ) 97누17261 판결(사례 10 – 3)에서는 이 쟁점이 안 생긴 이유가 무엇일까?

(ⅱ) 다시 2003두2656 판결(사례 10 – 4)의 쟁점은 이 사건 주택조합이 소득세법상 공동사업장 과세를 적용받는 조합에 해당하는지 아니면 법인 아닌 단체로서 국세기본법 제13조에 따라 법인세법의 적용을 받는 단체에 해당하는지에 달려있다. 이 사건 주택조합의 설립에는 관련법령에 따라 주무관청인 성동구청장의 설립[③]가 필요했고, 따라서 국세기본법 제13조 제 1 항에 따를 때 법인으로 보아 과세하게 된다. 그럼에도 불구하고 처분청은 주택조합이 법인세 납세의무자가 아니라고 주장하였다. 그 논거는 무엇인가? 이에 대한 법원의 판단은 무엇인가?

(2) 두 판결을 모아서 정리하자면, [④]단체라면 단체단계에서 법인세를 내거나 구성원단계에서 각 구성원의 성격에 따라 법인세나 소득세를 낸다. [⑤]단체라면 단체의 소득에 관하여 각 구성원이 세금을 내는 법은 없고 단체단계에서 법인세나 소득세를 낸다. 국세기본법 제13조, 법인세법 제 1 조 제 2 호 (다)목 및 소득세법 제 2 조 제 3 항.

(3) 2003두2656 판결(사례 10 – 4)에 나와 있듯, 법인은 아니지만 법인세 납세의무를 지는 단체는 [⑤]법인으로 구분하여 과세한다. 법인세법 제 1 조 제 2 호 (다)목 및 제 4 호.

(4) 이 판결이 나온 뒤 주택조합의 과세에는 여러 입법적 조치가 있었다. 현재는 관련 법률에서 아예 이런 조합("정비사업조합")에 법인격을 부여하고 있으므로5) 법인세 납세의무

---

5) 도시및주거환경정비법 제18조.

자가 된다.6)

Ⅳ. 신   탁

(1) 신탁은 위탁자와 수탁자 사이의 계약일 뿐이므로, 민사법적 시각에서 본다면 신탁재산에 붙는 투자수익은 당연히 위탁자(수익자가 따로 있으면 수익자)의 소득으로 과세해야한다고 생각할 수 있다. 그러나 수많은 사람의 돈을 모아서 이를 섞은 자금을 투자하는 현실세계에서 이렇게 과세하는 것은 불가능하다. 신탁에 대한 과세는 법이 아직도 안정되어 있지는 않지만, 현행법의 요는 위탁자나 수익자가 직접투자하는 경우와 구별하여 달리 과세할 만한 실질이 신탁에 있는가를 따져서 서로 달리 과세한다. 제 8 장 제 4 절 I. 4.

(i) 자본시장법에 따른 [①   ]신탁이라면 소득의 원천에서 [①   ]신탁에 소득을 지급하는 단계에서는 원천징수하지 않고, [①   ]신탁 단계에서 법인세를 내지도 않는다. 법인세법 제73조 제 2 항 및 제 5 조 제 2 항. [①   ]신탁은 해마다 결산하여 수익을 모두 수익자에게 귀속시키고 있고, [①   ]신탁이 수익자에게 지급하는 소득은 원천징수 대상이다. 법인세법 제73조 제 1 항 제 2 호 및 소득세법 제127조 제 1 항. 수익자 단계에 가서는, 수익자가 법인이라면 애초에 소득이 원천단계에서부터 수익자에게 귀속하는 것으로 보고, 수익자가 개인이라면 [②   ]소득('집합투자기구로부터의 이익')으로 구분한다. 법인세법 제 5 조 제 1 항 및 소득세법 제17조 제 1 항 제 5 호. 제 8 장 제 4 절 I.4.

(ii) 적격 집합투자기구에 해당하지 않는 신탁, 가령 특정한 사람과 은행(신탁업자) 사이의 부동산 등 실물신탁이나 특정금전신탁이라면 수익자가 개인이든 법인이든 모두 투시해서 수익자나 위탁자에게 바로 바로 과세하고 소득의 성격도 원천에 따라 결정한다. 법인세법 제 5 조 제 1 항; 소득세법 제 2 조의2 제 6 항 및 제 4 조 제 2 항. 특정한 투자자가 지배하는 사모투자신탁은 집합투자기구로 보지 않고 투시해서 과세한다. 소득세법 시행령 제26조의2 제 3 항.

---

6) 다만 2003년 6월 30일 이전에 구 주택건설촉진법에 의하여 설립되어 도시및주거환경정비법에 따라 법인으로 등기한 조합("전환정비사업조합")은 소득세법상의 공동사업장으로 과세하지만 법인 과세를 선택할 수도 있다. 조세특례제한법 제104조의7 제 1 항.

V. 연결납세 제도

[관련법령]

법인세법 제76조의8 내지 제76조의22.

(1) [   ](consolidated tax return) 제도란 개별적인 법인 또는 회사 단위의 납세방식(개별납세방식, separate tax return) 대신 일정한 기업집단을 하나의 과세단위로 삼아 법인세를 과세하는 방식을 말한다. 법인세법 제76조의8 이하.

(2) 내국법인(연결모법인)은 국세청장의 승인을 받아서 발행주식의 [   ]%를 보유하는 다른 내국법인(연결자법인)과 합하여 연결집단으로서 연결납세방식을 적용할 수 있다. 연결집단의 소득금액 계산은 각 연결법인이 개별납세방식에 따라 계산한 사업연도 소득금액으로부터 각종 연결세무조정사항을 반영한 연결법인별 소득금액을 계산한 다음 이를 합산한 연결소득금액에서 연결이월결손금 등을 공제하여 연결과세표준을 계산한다. 이렇게 계산된 연결산출세액은 모회사와 자회사에 안분하고, 자회사분 세액은 자회사가 [   ]에 지급하여야 한다.

(3) 100% 완전자회사에서 받는 배당소득은 구태여 연결납세를 하지 않더라도 [   ]% 익금불산입하므로, 연결납세의 주된 실익은 모자회사간 [   ]을 통산공제할 수 있다는 것이다. 이월결손금의 공제에 관해서는 일정기간 동안 각 연결법인의 소득을 구분계산하라는 특칙이 있다. 왜 이렇게 정하고 있을까? 고정자산 양도 등 일정한 거래는 연결법인 상호간의 거래에서는 소득이 생기지 않는 것으로 본다.

(4) 미국의 경우 연결자회사의 범위는 의결권의 80% 이상과 총 주식가치의 80% 이상 소유로 정하고 있어,[7] 우리나라나 일본의 '완전지배(100%)' 보다 덜 엄격하다. 두 입법례의 장단점은 무엇일까?

제 3 절 법인세제의 틀

예제 ㈜서울의 01년 소득 및 법인세 과세표준은 100원이고 ㈜서울은 배당가능한 소득은 전액 개인주주에게 배당한다. 법인세율은 20%, 개인소득세율은 38%라 가정한다.

---

7) 미국 세법 제1504(a)(2)조.

(1) ㈜서울이 01년분 법인세로 납부할 금액은 얼마인가? 주주가 받을 배당금은 얼마인가?

(2) 위 (1)에 따라 주주가 받을 배당금이 전액 그대로 주주의 과세소득이 되는 경우 주주가 납부할 소득세는 얼마인가?

Notes & Questions

(1) 법인단계의 법인세와 주주단계의 소득세를 이중과세하는 전통적 세제(classical system)의 문제점은 무엇인가? 법인형태의 사업과 다른 형태의 사업 사이의 차별, 기업의 자금조달에 미치는 영향, 이 두 가지로 나누어서 생각해보라.

(2) 위 (1)의 문제점을 해결하는 방법으로 법인격을 투시하여 법인을 그저 각 주주의 조합으로 보고 각 주주를 조합원처럼 바로 과세하자는 생각을 할 수 있다. 제7장 제4절 II 참조. 이런 생각의 현실성을 ㈜서울의 주주가 서너명인 경우와 삼성전자처럼 수백만명인 경우로 나누어서 생각해보라.

(3) 법인세를 별도로 매긴다는 전제 하에서 법인세 이중과세를 피하는 방법으로는 주로 3가지가 논의되었다.

(i) 가장 널리 쓰이는 방법인 [   ](imputation)은 배당수령액에 더하여, 배당수령액에 대응하는 법인세 상당액(이를 귀속법인세라 함)을 주주의 소득에 가산(gross－up)하여 과세소득을 구하고, 그 과세소득에 대한 세액에서 앞에서 가산한 귀속법인세를 공제(credit)하는 방식을 말한다. 이는 결국 법인의 소득은 주주의 소득이며, 법인세는 주주가 낼 세금의 선납이라는 뜻이 된다. 우리 현행법은 이 배당세액공제 방법을 따르고 있지만, 금융소득 분리과세와 얽혀 법인세 부담의 일부만을 공제해 주고 있다.[8]

(ii) [   ]을 손금산입하는 방식(dividend－paid deduction)은 법인의 소득 가운데 배당이나 기타 처분에 사용한 부분을 손금에 산입하여 법인세의 과세소득에서 제외하는 방식이다. 우리 현행법은 투자회사나 유동화전문회사 따위의 간접투자의 수단이 되는 이른바 특별목적회사(special purpose company)에서 이 방식을 쓰고 있다.[9]

(iii) 주주 단계의 대책으로 주주가 받은 [   ]을 비과세하는 방식(dividend－received deduction)이 있다. 이 방식은 개인 단위에서 모든 소득을 합해 누진세를 적용하자는 수직적 공평의 측면에서 고액소득자의 세부담 경감이 커지는 문제가 있다. 다만 주주가

---

8) 구체적인 계산방식은 아래 본장 제4절의 논의 참조.
9) 법인세법 제51조의2.

법인이라면 이러한 문제가 없으므로 우리나라 등 여러 나라에서 법인이 받는 배당소득
은 일부 또는 전부를 익금불산입하는 세제를 가지고 있다.[10]

(4) 이렇게 복잡하게 생각할 것 없이 현행 소득세법은 그냥 둔 채 법인세만 폐지하면 어떨까?

(5) 법인세 이중과세 문제에 대한 오랜 시행착오를 거쳐서 많은 나라에서 배당세액공제 또
는 다른 이중과세 배제방식이 어느 정도 자리 잡았다가 21세기에 들면서부터는 유럽에
서는 다시 전통적 이중과세로 돌아가기 시작했다. 가령 독일은 배당소득의 50%를 익금
불산입하여 이중과세 부담을 일부 남기고 있다. 이는 유럽을 하나의 시장으로 통합하려
는 유럽법과의 충돌 때문이다. 배당세액공제방식의 경우 외국의 주주와 국내의 주주 사
이의 차별을 없애기 어렵고 국내에서 발생한 소득과 국외에서 발생한 소득을 똑같이 과
세하기도 어렵다는 점 등으로 인해 자유로운 국제투자를 저해할 수 있다. 이리하여 유
럽법상 자본이동의 [①]와 기업입지선정의 [①]에 어긋난다는 문제가 제기되어,
외국인투자자와 국내투자자 사이에 세부담을 엇비슷하게 맞추다 보니 배당소득에 대한
이중과세부담을 어느 정도 남기게 되었다.

(6) 미국의 경우 2003년 George W. Bush 행정부의 세법개정으로 배당소득에 대해 개인소
득세의 누진세율보다 훨씬 낮은 세율을 적용하는 방식으로 이중과세 부담을 일부 제거
하고 있다.

제 4 절 현행법: 금융소득분리과세와 법인세

우리 현행법의 gross-up 및 배당세액 공제는 11%로 법인세율보다 낮아서 법인세 이
중과세 부담을 다 제거하지 않고 있다. 왜 이런 구조를 띠고 있을까? 아래 예를 가지고 따
져보자.

[관련법령]
소득세법 제17조, 제55조, 제56조, 제127조, 제129조; 법인세법 제55조; 조세특례제한법 제
91조.

---

10) 법인세법 제18조의2 및 제18조의3.

예제 ㈜서울의 주식은, 금융소득종합과세 대상이며 소득세 최고세율 적용 대상인 A가 50%를 소유하고, 나머지 50%는 B1, B2, B3, …B500(이들은 모두 금융소득종합과세 대상이 아니며, 묶어서 B라 함)이 각각 0.1%씩 보유하고 있다. 법인세율은 20%이고 A에 대한 소득세율은 38%(단일세율임을 가정), 배당소득에 대한 원천징수세율은 14%라 하자. 귀속법인세액(=배당세액공제액)은 배당소득금액의 11%라 하자. 당기순이익에서 법인세를 차감한 금액이 배당가능이익이라고 가정하자.

먼저, ㈜서울의 20xx년도 당기순이익이 100원이고, 배당가능이익 80원을 전액 배당한다고 할 때, A 및 B1~B500이 ㈜서울을 통해 번 소득의 세부담률을 계산하면 다음과 같다.

〈A의 배당소득 세부담률〉
ⓐ A가 ㈜서울을 통해 번 소득=50원
ⓑ A의 법인단계 부담 세액=10원
ⓒ A의 배당금=40원
ⓓ A의 배당금에 대한 원천징수세(ⓒ×14%)=5.6원
ⓔ A의 원천징수 후 수령액(ⓒ-ⓓ)=34.4원
ⓕ A의 귀속법인세 및 배당세액공제(ⓒ×11%)=4.4원
ⓖ A의 종합소득에 포함시킬 배당금(ⓒ+ⓕ)=44.4원
ⓗ A의 배당금에 대한 산출세액(ⓖ×38%)=16.87원
ⓘ A의 결정세액(ⓗ-ⓕ)=12.47원
ⓙ A의 납부세액(ⓘ-ⓓ)=6.87
   A의 총부담세액(ⓑ+ⓘ=ⓑ+ⓓ+ⓙ)=22.47원
ⓚ A의 세부담률(ⓙ÷ⓐ)=44.94%

〈B의 배당소득 세부담률〉
ⓐ B가 ㈜서울을 통해 번 소득=50원
ⓑ B의 법인단계 부담 세액=10원
ⓒ B의 배당금=40원
ⓓ B의 배당금에 대한 원천징수액(ⓒ×14%)=5.6원
ⓔ B의 원천징수 후 수령액(ⓒ-ⓓ)=34.4원
ⓕ B의 총부담세액(ⓑ+ⓓ)=15.6원
ⓖ B의 세부담률(ⓕ÷ⓐ)=31.2%

다음으로, A와 B가 별도의 예금계좌를 통해 일정액의 이자소득을 가지는 경우 세부담률은 A의 경우 38%(종합소득 기본세율)이며, B의 경우 원천징수세율 14%가 된다.

Notes & Questions

(1) 위와 같은 결과를 통해 우리나라 세율구조하에서의 금융소득에 대한 세부담 순서는 종합과세배당소득 > 종합과세이자소득 > 분리과세배당소득 > 분리과세이자소득의 순서로 되어 있음을 알 수 있다.

(2) 만일 A에 대한 과세에서 법인세 실제 부담액(10)을 전액 배당세액공제해 준다면 A의 최종적 세부담은 얼마가 될까? A의 세부담과 B의 세부담은 어떤 관계에 있어야 공평할까?

제11장
기업과 출자자 사이의 거래

제1절 회사의 설립과 자본납입

I. 현물출자와 미실현이득 과세

(1) 소득세법 제88조 제 1 호는 '양도'라는 말을 "… 법인에 대한 현물출자 등으로 인하여 그 자산이 유상으로 사실상 이전되는 것"이라고 정의하여 원칙적으로 법인에 대한 현물출자는 양도소득세 과세대상임을 정하고 있다.

(2) 미국법에서도 원칙적으로는 같다.[1] 하지만 아무리 주식회사라고 하더라도, 지배주주가 회사에 현물을 출자하거나 현물출자로 인해 지배주주가 되는 경우에도 이를 과연 과세 계기로 삼아야 할 것인가? 미국법에서는 출자자가 80% 이상 지배력을 가진 법인에 재산을 현물출자한다면 재산에 딸린 미실현이득에 대한 과세를 이연한다. 미국세법 제351조. 과세를 이연하는 취지는 무엇일까?

(3) 우리나라에서도 미국과 유사한 취지에서 법인에 대한 현물출자시 양도소득세를 과세이연하는 조세특례가 있다. 어떤 경우가 있는가? 조세특례제한법 제32조 제 1 항, 동법 제 38조의2 제 1 항.

(4) 조세특례제한법은 제32조 등의 요건을 만족시킨다면 현물출자자는 양도소득세를 내지 않고 나중에 가서 재산을 출자받은 법인이 이를 [   ]할 때 양도소득세 상당액을 법인세로 납부하라고 정하고 있고, 이를 이월과세라고 부르고 있다. 같은 법 제 2 조 제 1 항

---

1) 미국 세법 제61(a)(3)조.

제 6 호. 한편 미국법에서는 출자자의 당초취득가액 그대로가 현물출자받은 법인의 재산 취득가액(이를 transfer basis 또는 carry-over basis라 부른다)으로 넘어오고, 결국 출자자의 양도차익에 대한 세금은 나중에 법인이 재산처분시에 내게 된다. 이렇게 정하고 있는 것은, 미국법에서는 개인의 양도소득이나 법인의 양도소득이나 같은 법규정을 적용받기 때문이다.

Ⅱ. 자본 또는 출자의 납입과 주식발행초과금

[관련법령]
법인세법 제15조 제 1 항, 제17조 제 1 항 제 1 호.

[예제] 채무의 출자전환에 따른 법률효과

회생절차가 진행중인 법인이 법원의 회생계획에 따라 다음과 같은 조건으로 채무를 출자전환하는 경우 주식의 액면가액을 초과하는 금액은 주식발행초과금인가? 아니면, 채무면제익인가?

- 주식의 액면가액: 5,000원
- 주당 출자전환 채무액: 15,000원(즉, 채무액 15,000원당 1주 교부)
- 주식의 시가: 7,000원(출자전환일 현재 시가)

〈甲說〉 액면가액을 초과하여 주식을 발행한 경우에는 그 액면가액과 발행가액과의 차액은 상법상 주식발행액면초과액에 해당하므로, 액면가액과 주식발행가액의 차액(1주당 10,000원)은 주식발행액면초과액에 해당한다.

〈乙說〉 신주 1주당 시가와 발행가(채무)의 차액은 사실상 채무를 면제받은 것에 해당하므로(기업회계기준 제67조 및 해석 55-67), 액면가액과 출자전환 시 주식의 시가와의 차액(1주당 2,000원)은 주식발행액면초과액으로, 주식의 시가와 1주당 출자전환 채무액과의 차액(1주당 8,000원)은 채무면제익에 해당한다.

Notes & Questions

(1) 법인세법 제17조 제 1 항 제 1 호 본문에 따르면 주식발행 시 발생하는 [①]은 법인의 익금에 산입하지 아니한다고 정하고 있는바, 이렇듯 [①]을 익금불산입하는 이유는 법인의 소득이란 [②]의 집합적 소득이기 때문이다.

(2) 위 사례는 IMF로 인한 기업의 도산이 급격히 증가하던 1990년대 말 구 재정경제부의 유권해석을 구한 질의내용이다. 현행법에서 이 회사가 출자전환에 따라 인식하여야 할 과세상의 소득(익금)은 얼마인가? 법인세법 제17조 제1항 제1호 단서와 제2항.

(3) 위 채무자 법인이 채무면제익 8,000원에 대하여 전기에 발생한 세무상 이월결손금 5,000원의 보전에 충당하고, 나머지 3,000원은 차기 이후 사업연도의 결손금 보전에 충당키로 하였다면, 현행법에 따를 때 위 채무면제익에 대한 세법상 효과는 무엇인가? 법인세법 제18조 제6호 및 동법 제17조 제2항 참조.

(4) 주식발행액면초과액(기업회계에서는 '주식발행초과금'이라고 부른다)은 상법상 [   ] 준비금이므로 배당가능이익에 들어가지 않는다. 상법 제462조 제1항 제2호.

Ⅲ. 주식할인발행차금

[관련법령]
자본시장과 금융투자업에 관한 법률 제165조의8; 법인세법 제20조 제3호; 상법 제417조.

(1) [①]이란 주식의 발행가액이 액면보다 낮은 경우 생기는 차액을 말한다. 주식의 발행가에 관해 상법 및 자본시장과 금융투자업에 관한 법률 사이에는 어떠한 차이가 있는가? 상법에서도 무액면주식은 기존의 주당자본금의 금액보다 낮은 가액으로 발행할 수 있다. 상법 제329조 제1항 및 제4항.

(2) 20×1.1.1. 액면 5,000원인 신주를 발행가액 2,000원으로 하여 할인발행하였다면 이 회사의 자산 및 자본계정에는 어떤 변동이 생기는가? 일반기업회계기준 제15장 문단 15.3.[2]

(3) 위 (2)의 예에서 신주를 할인발행한 회사는 할인액을 손금산입할 수 있는가? 법인세법 제20조 제2호.

---

2) 2011년 개정 전 상법은 액면미달금액을 이연자산으로 계상한 후 3년 내에 균등액 이상을 상각하도록 규정하였으나(제455조), 개정 상법은 이연자산제도를 폐지하고 상각은 기업회계에 맡겼다. 일반기업회계기준에서는 주식발행초과금과 먼저 상계한 다음, 미상계 잔액을 자본조정으로 처리하도록 규정하고 있다. 한편, 국제회계기준(K-IFRS)은 이에 관한 회계처리를 정하고 있지 않다.

Ⅳ. 스톡옵션

사례 11-1   대법원 2007. 11. 15. 선고 2007두5172 판결 (사례 8-6)

[관련법령]

소득세법 제20조 제 1 항 제 1 호 및 제21조 제 1 항 제22호; 법인세법 제40조.

(1) 상법 제340조의2 및 제542조의3 등에 따르면 회사의 설립·경영과 기술혁신 등에 기여하거나 기여할 수 있는 회사의 이사·감사 또는 피용자에게 미리 정한 가격으로 신주를 인수하거나 자기의 주식을 매수할 수 있는 권리를 줄 수 있다. 이를 [   ]이라 하며, 이러한 권리의 유형에는 [   ]과 [   ]이 인정되고 있다.

(2) 01. 1. 1. 상장회사인 A社는 임원 甲에게 상법 제340조의2에 따라 2년 후 행사 가능한 주식교부형 주식매수선택권을 부여하였으며, 행사가격은 부여 시 시가인 1만원(액면가액은 5천원)이고, 부여방식은 신주발행형으로서 부여된 주식 수는 1만주이었다. 주식매수선택권의 부여 당시 가치(option premium)가 2천만원이었다고 하자.

   (i) 01년과 02년 갑에게는 무슨 소득이 얼마 생기는가?

   (ii) 갑의 소득세와 앞뒤를 맞춘다면 01년과 02년 A사가 손금산입할 수 있는 금액은 각 얼마인가?

(3) 03. 1. 1. A社 주식의 시가가 12,000원일 때 甲은 전량의 선택권을 행사하고 실제로 주식을 받았다.

   (i) 03년 갑에게는 무슨 소득이 얼마 생기는가?

   (ii) 갑의 소득세와 앞뒤를 맞춘다면 03년 A사가 손금산입할 수 있는 금액은 얼마인가?

(4) 그 뒤 甲은 20×3년 8월경에 A社 주식 전량을 주당 15,000원에 매각했다. 갑에게는 무슨 소득이 얼마 생기는가?

제 2 절   각 과세기간의 소득에 대한 과세

회사의 각 사업연도 소득에 대한 법인세에 대해서는 제12장과 제13장 참조.

제3절 이익처분과 배당

Ⅰ. 배당과 이익처분

1. 배당가능이익

[관련법령]

상법 제458조, 제459조, 제462조; 법인세법 제19조, 제51조의2.

(1) 상법상 [①]이란 대차대조표상의 순자산액(미실현이득은 제외한 순자산)으로부터 (ⅰ) 자본금의 액, (ⅱ) 그 결산기까지 적립된 자본준비금과 이익준비금의 합계액, (ⅲ) 그 결산기에 적립해야 할 [②]의 액을 공제한 금액을 한도로 정하고 있다. 자본준비금에는 어떤 항목들이 포함되는가? 이익준비금은 얼마를 적립해야 하는가? 상법 제458조 및 제459조.

예제 **배당가능이익의 계산**

㈜서울의 20×1년 기초 대차대조표상 순자산 156억원은 자본금 70억원(액면 10,000원, 발행주식 수 700,000주), 자본준비금 20억원, 이익준비금 20억원, 전기이월이익잉여금 46억원으로 구성되어 있다. 20×1년 사업을 결산한 결과 당기순이익 20억원이 발생하여 순자산이 176억원이 되었다. ㈜서울이 20×2년 초 정기주주총회 결의를 통해 현금배당을 할 경우에 현행법상 최대로 배당가능한 액수는 얼마인가?

2. 이익잉여금처분계산서와 배당

[관련법령]

상법 제447조, 제449조.

예제 **이익잉여금처분계산서**

위 1.의 [예제]에서, ㈜서울은 50억원을 배당하고, 5억원을 이익준비금으로 3억원을 사옥 신축을 위한 임의준비금으로 설정하고, 나머지는 그냥 미처분이익 잉여금 상태로 남겨두기로 하였다. ㈜서울의 이익잉여금처분계산서(아직 배당금을 지급하기 전의 상태)를 작성하라.

3. 주주의 배당소득과 배당세액 공제

우리 소득세법은 gross-up 및 배당세액 공제를 통해서 법인세 이중과세를 제거하지만, 금융소득분리과세 대상자보다 세부담이 더 낮아지는 것을 피하기 위해 gross-up 및 배당세액 공제의 비율을 실제 법인세부담률보다 낮게 정하고 있다. 제10장 제 3 절과 제 4 절.

4. 배당금지급액의 손금산입 여부

(1) 배당금은 이미 법인세를 내고 남은 소득이 쌓인 것을 각 주주에게 분배하는 것이므로 법인소득 계산상 손금일 수가 없다. 우리 법인세법의 글귀에서는 배당가능이익이란 이익잉여금 중에서 이익[   ]을 뺀 나머지 이익잉여금을 말하므로 결국 배당은 잉여금의 처분이고 손금(損金)에서 제외된다. 법인세법 제19조 제 1 항 및 제20조.

(2) 한편 유동화전문회사나 그 밖에 법령에 정한 [   ]가 일정한 요건을 갖춘 경우 지급배당금의 소득[   ] 내지 손금산입을 허용하여, 실질적으로는 법인세를 걷지 않고 있다. 법인세법 제51조의2. 그렇게 하기 위한 요건은 무엇인가? 이런 예외를 인정하는 이유는 무엇인가?

Ⅱ. 주식배당과 준비금의 자본전입

1. 현행법상 주식배당의 과세

(1) 주식배당은 이익배당 총액의 1/2을 넘지 못하지만 [   ]법인은 전액을 주식으로 배당할 수 있다. 상법 제462조의2.

(2) 주식배당을 하는 경우 회사의 순자산의 금액에는 아무 변화가 없다. 순자산의 구성내역에 관한 법적 평가에서는 회사의 이익잉여금이 [   ]으로 바뀐다.

(3) 개인 또는 법인주주가 이미 보유하던 주식에 대하여 주식배당을 받은 경우 이는 주주의 과세소득이 되는가? 소득세법 제17조 제 1 항 제 1 호, 동조 제 2 항 제 2 호 및 법인세법 제16조 제 1 항 제 2 호.

2. 주식배당은 왜 과세하는가?

(1) 미국에서 소득세제가 도입된 직후인 1920년 유명한 [   ] 판결[3])에서 美대법원은 주식 배당이란 단순한 종이의 지급에 불과하며 이를 통한 신주의 무상취득은 회사의 자산이나 이익의 분배와는 아무런 상관이 없으므로 주주의 입장에서 부(富)의 증식이나 소득의 실현이 없다고 보았다.[4]) 미국의 현행법도 주식배당을 주주의 소득에 포함하지 않고 있다. 한편 주식배당은 (i) 이익잉여금을 현금으로 지급하고 (ii) 지급받은 배당금으로 회사의 신주를 사는 2단계 거래를 압축한 것과 결과적으로 같다. 우리 현행법상 현금배당이 주주의 소득임은 물론이다.

(2) 주식배당이 주주에게 부의 증가를 가져오는 것이 아니라는 이유로 과세할 수 없다면, 현금배당은 과세할 수 있는 것인가? 현금배당으로 인하여 주주의 부가 증가하는가? 과연 현금배당을 소득으로 삼는 이유는 무엇인가?

3. 주식배당·준비금자본전입에 따른 소득금액

[관련법령]
소득세법 제17조 제 1 항 제 3호 및 제 2 항 제 4 호.

사례 11-2   대법원 1992. 11. 10. 선고 92누4116 판결

【원고, 피상고인】 이재영
【피고, 상고인】 개포세무서장
【원심판결】 서울고등법원 1992. 2. 18. 선고 90구17981 판결
【주   문】
원심판결을 파기하고, 사건을 서울고등법원에 환송한다.
【이   유】
상고이유를 본다.

---

3) 252 U.S. 189.
4) 주식배당을 비과세한다면 신주의 취득은 단지 주주의 주당 취득원가를 낮추는 효과만을 가져오며 부의 증식이나 소득의 실현은 주식의 처분 시에 발생한다. 즉, 20주를 3,000에 취득한 후 10주의 주식배당을 받았다면 주당 취득원가는 150원(3,000원/20주)에서 100원(3,000원/30주)으로 낮아지게 되며, 그 후 주당 150원에 보유주식 30주를 다 팔면 바로 이때 1,500원의 주식처분익이 생긴다.

1. 원심판결 이유에 의하면 원심은, 소외 진흥기업주식회사(이하 합병회사라고 한다)가 1986. 12. 31. 소외 진흥요업주식회사(이하 피합병회사라고 한다)를 흡수합병하면서, 피합병회사의 주주들에게 피합병회사의 주식(액면금 500원, 이하 구 주라고 한다) 1주에 대하여 합병회사의 주식(액면금 500원, 이하 합병신주라고 한다) 1주씩을 발행, 교부한 사실, 이에 따라 원고도 구 주 320,000주를 소유하고 있다가 합병회사로부터 같은 수의 합병신주를 교부받았는데 구 주의 대부분은 이익잉여금, 자본준비금…을 자본전입하여 무상증자함으로 인하여 무상으로 취득한 것인 사실, 이에 피고는 원고의 구주 중 80,000주만을 유상취득한 것으로 보고 합병신주의 …금액 합계 중 구주를 취득하기 위하여 지출한 비용을 초과하는 금액은 구 소득세법(1990. 12. 31. 법률 제4281호로 개정되기 전의 것, 이하 같다) 제26조 제1항 제4호 소정의 의제배당소득에 해당한다고 보고 이 사건 과세처분을 한 사실을 인정하고, 나아가 위 조항 소정의 "소멸한 법인의 주식을 취득하기 위하여 소요된 금액"이란 무상주를 포함하는 총주식의 …금액을 의미한다고 해석하여… 이 사건 과세처분을 위법하다고 판단하였다.

2. 그러나 구 소득세법 제26조 제1항 제4호 소정의 "소멸한 법인의 주식을 취득하기 위하여 소요된 금액"이라 함은 소멸한 법인의 주식을 취득하기 위하여 실제로 지출한 금액을 뜻하며, 자본준비금이…의 자본전입에 따라 취득한 무상주는 주금을 불입하지 않고 무상으로 교부받은 것으로서, 종전에 가지고 있던 주식의 취득에 소요된 취득가액 중에는 이러한 무상주의 취득가액도 사실상 포함된 것이므로, 그 무상주의 액면가액을 "소멸한 법인의 주식을 취득하기 위하여 소요된 금액"이라고 할 수는 없는 것이다(당원 1992. 2. 28. 선고 90누2154 판결; 같은 해 3. 31. 선고 91누1462 판결; 같은 해 6. 26. 선고 92누3397 판결 등 참조).

따라서 원심이 위 제4호 소정의 "소멸한 법인의 주식을 취득하기 위하여 소요된 금액"을 무상주를 포함한 총주식의 액면금액으로 해석하고 자본준비금…의 자본전입에 따라 취득한 무상주의 액면금액까지 취득비용으로 인정하여, 이 사건 과세처분을 위법하다고 판단한 것은, 법인합병시의 의제배당소득금액 산정에 관한 법리를 오해한 위법이 있다고 아니할 수 없다.

3. 다만 이익준비금의 자본전입에 따라 취득하는 무상주의 경우에는, 소득세법 제26조 제1항 제2호 본문 및 같은법 시행령 제50조 제1항 제1호, 제57조 제2항 제3호에 의하여 그 자본전입을 결정한 날에 이미 그 무상주 액면금액이 의제배당소득으로 확정되어 과세대상이 되므로, 그 후 합병에 의하여 그 무상주에 대하여 합병신주가 교부되었다 하더라도 합병의제배당소득금액을 계산함에 있어서는 이 무상주의 액면금액을 구주의 취득비용

으로 공제하여야 할...것이다.

따라서 원고가 소유하던 구주인 위 무상주 중 이익준비금의 자본전입에 따라 취득한 무상주에 관하여는 이 사건 합병의제배상소득금액을 계산함에 있어서 그 무상주의 액면금액을 취득비용으로 공제하여야 할 것이므로, 이 부분의 원심의 이유 설시는 적절하다고 할 수 없지만, 그 무상주의 액면금액에 관한 한 이를 취득비용으로 인정하여야 한다는 원심의 판단결과는 정당하다고 할 것이다.

4. 논지는 위 2항에서 받아들인 범위 안에서 이유 있다.

그러므로 원심판결을 파기환송하기로 하여 관여 법관의 일치된 의견으로 주문과 같이 판결한다.

대법관 김석수 배만운 최종영.

***

Notes & Questions

(1) 이 판결의 쟁점은 합병으로 소멸하는 법인의 주주가 과거에 소멸법인에서 무상주로 받았던 주식의 취득가액이 얼마인가라는 점이다. 이 쟁점을 이해하기 위해서는 몇 가지 미리 이해해야 할 점이 있다.

(i) 원고가 받았던 피합병법인 무상주 320,000주 가운데 240,000주는 피합병법인 [   ]준비금의 자본전입으로 받은 것이고 80,000주는 [   ]준비금의 자본전입으로 받은 것이다.

(ii) 준비금이란 영업연도 말에 회사가 보유하는 순자산액 중 자본액을 초과하는 금액으로서 회사가 주주에게 배당하지 않고 남겨 둔(사내에 적립5)해 둔) 금액을 말한다. 상법은 현금(또는 현물)배당시 배당액의 1/10 이상을 [①]준비금으로 적립하도록 하고, 또 자본거래에서 발생하는 잉여금을 [②]준비금으로 적립하도록 정하고 있다. 이 두 가지를 합쳐서 법정준비금이라 부른다. [②]준비금은 주식발행[③]초과액, 주식의 포괄적 교환차익, 주식의 포괄적 이전차익, 감자차익, 합병차익, 분할차익, 기타 자본거래에서 발생한 잉여금으로 구성된다. 상법 제458조 및 제459조; 법인세법 제17조. 법정준비금은 아니지만 회사가 배당하지 않고 별도의 이름을 붙여서 적립해 둔 금액을 [④]준비금이라 부른다. [④]준비금은 배당가능이익의 일부이고, [④]준비금

---

5) 여기에서 '적립'이라는 말은 예금이나 적금 따위를 들어둔다는 말은 아니고 회사에 재산이 있다는 말일 뿐이다. 예를 들어 자산이 부동산뿐인 회사를 생각해보면 된다.

으로도 적립하지 않은 금액은 기업회계용어로 [⑤   ]이익잉여금이 된다.

(iii) 준비금의 자본[⑥   ]이란 재무제표상 준비금 계정의 금액 중 일정액을 차감하고 같은 금액을 자본금 계정에 가산하는 것을 말하는데, 그 과정에서 주주에게 무상으로 교부되는 주식을 [⑦   ]주라 한다.

(iv) 이 판결에서 소멸법인 주식의 취득가액이 얼마인가라는 쟁점이 생긴 이유는 소멸법인 주주가 가지고 있던 주식 가운데 일부는 이익준비금이나 자본준비금의 [②   ]전입에 따라 취득한 [⑦   ]주였기 때문이다. 판결문의 1.에서는 '이익잉여금'의 자본전입이라고 적고 있고 3.에서는 '이익준비금'의 자본전입이라고 적고 있지만, 아마도 후자일 것이다. 상법학의 용례는 준비금에만 자본전입이라는 말을 쓰고, 배당가능이익(≒이익준비금 아닌 이익잉여금)의 금액을 줄이면서 자본금의 금액을 늘이는 것은 [⑧   ]배당이다. 어느 쪽이든 법인세법 제16조나 소득세법 제17조에서는 구별의 실익이 없다. 왜 그런가?

(2) 이 판결에서 보듯 같은 무상주라고 하더라도, [②   ]준비금의 자본전입에 따라 받은 무상주는 공제할 수 있는 취득가액이 없고 [①   ]준비금의 자본전입에 따라 받은 것은 무상주의 [③   ]가액을 취득가액으로 공제할 수 있다. 후자라고 하더라도 무상주란 글자 그대로 무상으로 받은 것인데, 취득가액을 공제하는 이유는 무엇이라고 하는가?

(3) 주식배당이나 이익준비금의 자본전입에 따라 무상주를 받는 경우 법은 이 무상주의 '가액'이 배당소득이라고 정하고 있다. 현행법으로 소득세법 제17조 제 2 항 제 2 호 및 법인세법 제16조 제 1 항 제 2 호. 여기에서 말하는 무상주의 '가액'이란 위에서 보았듯 [③   ]금액이다. 왜 시가가 아니고 [③   ]금액인가? 무상주를 발행하는 회사에는 어떤 법률효과가 생기는가? 상법 제462조의2 제 2 항.

(4) 주식 100주를 주당 10,000원에 샀던 주주가 자본준비금의 자본전입에 따라 무상주 100주를 받았다. 그 뒤 이 주주는 200주 가운데 50주를 주당 15000원에 팔았다. 이 주식이 양도소득세 과세대상이라고 할 때 양도소득의 금액은 얼마인가? 50주의 취득원가는 얼마라고 보아야 하는가?

[관련법령]
법인세법 제16조 제 1 항 제 3 호; 소득세법 제17조 제 2 항 제 5 호.

예제 자기주식 보유 중 자본준비금의 자본전입

㈜서울은 발행주식 총수 100주(주당 액면 1억원, 자본금 100억원) 가운데 20주를 자기주식으로 보유하고 있는 상황에서 주식발행초과금 100억원을 자본전입하기로 하였다. 주주들에게 생기는 의제배당의 총계는 얼마인가?

Notes & Questions

법인이 자기주식을 보유한 상태에서 자본준비금의 자본전입을 함에 따라 그 법인 외의 주주 등의 지분비율이 증가한 경우 증가한 지분비율에 상당하는 주식 등의 가액은 배당받은 금액으로 본다. 증가한 지분비율이 (180 / 200 - 80 / 100) = 10%이므로 배당소득의 금액은 액면총계 200억원의 10%인 20억원이다. 기왕의 주식수에 맞추어 배당받았더라면 액면 기준으로 80억원 어치를 배당받았을텐데 실제는 100억원 어치를 배당받았으므로 차액 20억원은 배당소득이라는 것이다. 입법론상 옳은가?

Ⅲ. 법인주주

[관련법령]
법인세법 제18조의2, 제18조의3; 독점규제 및 공정거래에 관한 법률 제 2 조 제1의2호, 동법 시행령 제 2 조.

(1) 법인단계에서 납부한 법인세의 이중과세 부담을 주주단계에서 제거 또는 완화하기 위하여 개인주주에게는 [①]공제를 허용한다. 한편 법인주주가 받는 배당금에 대해서는, 2000년부터 독점규제 및 공정거래에 관한 법률 등에 따른 각종 [②]가 받는 수입배당금의 일정비율을 익금불산입하기 시작했고 2001년부터는 [②]뿐만 아니라 일반법인에게도 배당소득의 일정비율을 익금불산입하는 제도를 시행하고 있다. 법인세법 제18조의2 및 제18조의3.

(2) 지주회사가 아닌 일반 내국법인이 피출자법인으로부터 받은 수입배당금의 익금불산입 비율은 얼마인가?

피출자법인의 구분	피출자법인에 대한 출자비율	익금불산입률
가. 주권상장법인(「자본시장과 금융투자업에 관한 법률」에 따른 주권상장법인을 말한다. 이하 같다)	100퍼센트	100퍼센트
	30퍼센트 초과 100퍼센트 미만	50퍼센트
	30퍼센트 이하	30퍼센트
나. 주권상장법인 외의 법인	100퍼센트	100퍼센트
	50퍼센트 초과 100퍼센트 미만	50퍼센트
	50퍼센트 이하	30퍼센트

(3) 지주회사가 자회사로부터 받은 수입배당금의 익금불산입 비율은 얼마인가?

자회사의 구분	자회사에 대한 출자비율	익금불산입률
가. 주권상장법인	40퍼센트 초과	100퍼센트
	30퍼센트 초과 40퍼센트 이하	90퍼센트
	30퍼센트 이하	80퍼센트
나. 주권상장법인 외의 법인	80퍼센트 초과	100퍼센트
	50퍼센트 초과 80퍼센트 이하	90퍼센트
	50퍼센트 이하	80퍼센트

(4) 다음 표에서 ㈜서울(지주회사 아님)의 20××년도 수입배당금액에 대한 익금불산입액을 계산하면?

배당지급법인	㈜서울의 지분률	㈜서울이 받은 금액	익금불산입액
A법인(상장법인)	30%	₩ 60,000,000	₩[⑪]
B법인(상장법인)	35%	₩ 150,000,000	₩[⑫]
C법인(비상장법인)	70%	₩ 360,000,000	₩[⑬]
D법인(비상장법인)	40%	₩ 90,000,000	₩[⑭]

(5) 주식보유기간이 3개월 이하인 경우에는 배당소득의 익금[   ]규정을 적용하지 않는다 (법인세법 제18조의2 제 2 항, 제18조의3 제 2 항 제 2 호). 왜 그렇게 할까?

배당기준일 또는 그 직전에 주식을 매입하면 배당금을 받을 권리가 생긴다. 배당금의 금액이 특정되면 그 뒤 주가는 바로 그 금액만큼 떨어지는 배당락이 일어난다. 배당락 이후의 가격에 주식을 팔고 나중에 배당금을 수령한다면 서로 상계되는 금액의 배당금소득과 주식양도차손이 생긴다. 3개월 기간이라는 위 특칙이 없다면 배당금과 주식양도차손은 각각 과세소득에 어떻게 반영되는가? 법인이 받는 배당금은 전부 또는 일부를 익금[   ](개인이라면 주식양도소득을 아예 비과세받는 경우가 많다)하지만, 주식처분손은 손금산입(개인이라면 동종의 양도차익에서 상계)할 수 있다.

제 4 절 투자원리금의 회수: 감자와 자기주식 취득

[관련법령]
소득세법 제17조 제 2 항 제 1 호, 제94조 제 1 항 제 3 호.

사례 11-3 대법원 2010. 10. 28. 선고 2008두19628 판결

【원고, 상고인】주식회사 귀뚜라미 홈시스(소송대리인 변호사 이임수외 4인)

【피고, 피상고인】부천세무서장

【원심판결】서울고법 2008. 10. 10. 선고 2008누1964 판결

【주   문】
상고를 기각한다. 상고비용은 원고가 부담한다.

【이   유】
상고이유를 판단한다.

1. 상고이유 제 1 내지 4 점에 관하여

구 소득세법(2006. 12. 30. 법률 제8144호로 개정되기 전의 것, 이하 같다) 제17조 제 2 항 제 1 호는 감자 등으로 인한 의제배당에 관하여 '주식의 소각이나 자본의 감소로 인하여 주주가 취득하는 금전 기타 재산의 가액이 주주가 당해 주식을 취득하기 위하여 소요된 금액을 초과하는 금액은 이를 당해 주주에게 배당한 것으로 본다'고 규정하고 있다.

그리고 상법 제343조 제 1 항 전문은 "주식은 자본감소에 관한 규정에 의하여서만 소각할 수 있다."고 규정하고, 제341조는 "회사는 주식을 소각하기 위한 때(제 1 호) 외에는 자기의 계산으로 자기의 주식을 취득하지 못한다."고 규정하고 있다.…

한편, 주식의 매도가 자산거래인 주식의 양도에 해당하는가 또는 자본거래인 주식의 소각 내지 자본의 환급에 해당하는가는 법률행위 해석의 문제로서 그 거래의 내용과 당사자의 의사를 기초로 하여 판단하여야 할 것이지만, 실질과세의 원칙상 단순히 당해 계약서의 내용이나 형식에만 의존할 것이 아니라, 당사자의 의사와 계약체결의 경위, 대금의 결정방법,

거래의 경과 등 거래의 전체과정을 실질적으로 파악하여 판단하여야 한다(대법원 1992. 11. 24. 선고 92누3786 판결, 대법원 2002. 12. 26. 선고 2001두6227 판결 등 참조).

원심판결 이유에 의하면, 원심은 그 판시와 같은 사실을 인정한 다음, 망 소외 1(이하 '망인'이라 한다)이 … 원고 회사에서 퇴직하고 지병인 뇌질환을 앓고 있는 등 별다른 소득 없이 투병 중에 있으면서도 원고 회사에 대한 출자금을 회수하여 이를 소외 2 재단법인(이하 '소외 재단'이라 한다)에 출연하기 위하여 2002년 6월경 원고 회사에게 총평가액이 130억 원이 넘는 이 사건 주식의 매매 및 소외 재단에 대한 출연 등 관련 사항 일체를 위임하였고, 이 사건 주식에 대하여 원고 회사와 매매계약을 체결한 2002. 10. 8. 계약금조차 지급받지 않은 상태에서 원고 회사 앞으로 이 사건 주식에 관하여 명의개서절차를 이행하여 준 점, 이 사건 주식의 제 3 자 매각 시도는 모두 2002. 10. 8. 이 사건 주식에 대한 매매계약이 있기 이전의 일로서 그러한 제 3 자 매각 시도가 모두 실패로 끝나 장차 제 3 자 매각 전망이 더욱 사라진 상태에서 이 사건 주식에 대한 매매계약이 체결된 점에 비추어 원고 회사는 2002. 10. 8. 종국적으로 이 사건 주식을 임의소각의 방법으로 처리함으로써 원고 회사에 대한 출자금을 환급할 수 밖에 없다는 정을 알고도 이 사건 주식에 대한 매매계약을 체결한 것으로 보지 않을 수 없는 점, 실제로 원고 회사는 이 사건 주식에 대한 명의개서를 마친 2002. 10. 8. 이후 불과 1개월 만인 2002. 11. 14.과 같은 달 15일에 이사회와 임시주주총회를 각각 개최하여 이 사건 주식의 소각을 통한 자본감소를 결의하였고, 2002. 12. 3. 소외 재단의 설립을 위한 발기인 총회를 개최하여 2003. 1. 14. 설립허가를 받아 2003. 2. 4. 설립등기를 마치고 2003. 2. 14.자로 각 세금을 제외한 나머지 이 사건 주식의 소각대금을 전부 소외 재단에 출연하는 등 시간적으로 매우 근접하여 순차적으로 각각의 절차가 이행되었고 이는 주식의 처분으로 볼 수 없는 점, 이 사건 주식에 대한 감자결의가 있었던 2002. 11. 15. 이후인 2002. 12. 6.이 되어서야 망인 명의의 예금계좌로 이 사건 주식의 소각대금이 입금되었다가 2003. 2. 14. 위 계좌상의 금원이 망인을 거치지 않고 인출되어 소외 재단의 기금으로 출연되었는데, 이러한 일련의 과정에 망인이나 그의 상속인들이 전혀 관여하지 아니한 점, 그 밖에 이 사건 주식의 양도 당시 원고 회사의 주주 구성, 망인과 원고 회사의 관계 등 제반사정을 고려하여 보면, 원고 회사가 망인으로부터 이 사건 주식을 취득한 것은 자본감소절차의 일환으로서 상법 제341조 제 1 호에 따라 주식을 소각함으로써 원고 회사에 대한 출자금을 환급해 주기 위한 목적에서 이루어진 것으로 봄이 상당하므로, 이 사건 주식의 양도차익을 망인에 대한 배당소득으로 의제하여 원고 회사에게 원천징수분 배당소득세를 고지한 이 사건 처분은 적법하다고 판단하였다.

앞서 본 각 규정과 법리 및 기록에 비추어 살펴보면 이와 같은 원심의 판단은 정당한 것으로 수긍할 수 있고, 거기에 상고이유에서 주장하는 주식취득행위의 해석이나 실질과세의 원칙에 관한 법리오해 등의 위법이 없다.

2. 상고이유 제 5 점에 관하여

구 소득세법 제17조 제 2 항 제 1 호가 규정하고 있는 의제배당소득, 즉 주식의 소각 또는 자본의 감소로 인하여 주주가 받은 재산의 가액에서 그 주주가 당해 주식을 취득하기 위하여 소요된 금액을 초과하는 금액 중에는 기업경영의 성과인 잉여금 중 사외에 유출되지 않고 법정적립금, 이익준비금 기타 임의적립금 등의 형식으로 사내에 유보된 이익뿐만 아니라 유보된 이익과 무관한 당해 주식의 보유기간 중의 가치증가분도 포함되어 있을 수 있으나, 위 법률조항이 이를 별도로 구분하지 않고 모두 배당소득으로 과세하고 있는 것은 입법정책의 문제라 할 것이고, 그 밖에 의제배당소득의 입법 취지, 조세징수의 효율성이라는 공익적인 측면 등에 비추어 보면 위 법률조항이 입법자의 합리적 재량의 범위를 일탈하였다고 볼 수 없어 그로써 조세평등주의를 규정한 헌법 제11조에 위반된다거나 재산권보장을 규정한 헌법 제23조에 위반된다고 볼 수 없다.

그렇다면 이 사건에 관하여 원심이 적용한 위 법률조항이 헌법에 위반된다는 이 부분 상고이유의 주장은 받아들일 수 없다.

3. 결 론

그러므로 상고를 기각하고, 상고비용은 패소자가 부담하기로 하여 관여 대법관의 일치된 의견으로 주문과 같이 판결한다.

대법관 전수안(재판장) 양승태(주심) 김지형 양창수.

Notes & Questions

(1) 이 판결의 쟁점거래가 주식의 양도인지 아니면 감자(주식의 소각 내지 자본의 환급)인지라는 쟁점을 따지는 실익은 무엇인가? 어느 쪽으로 보는가에 따라서 주주(소외1)에게 생기는 세법상 법률효과 및 그에 따르는 원고의 원천징수의무에 어떤 차이가 있는가? 어느 쪽으로 보는가에 따라 원고의 자본금, 법정준비금, 배당가능이익에는 어떤 변동이 생기는가?

(2) 판결에 나온 상법조문은 개정되어 현행 상법 제461조는, 회사는 주주총회(또는 이사회)의 결의를 거쳐서 배당가능이익 범위 안에서 각 주주의 주식수에 비례하여 자기주식을 취득할 수 있다고 정하고 있다. 가령 아래 두 가지 경우를 비교해보자.

(a) 甲은 상장법인인 ㈜서울의 주식 10,000주(주당 액면가 5,000원, 총발행주식 수

5,000,000주이며, 자기주식 수는 0이라 가정)를 1주당 ₩10,000에 취득하여 보유하고 있던 중, ㈜서울은 상법 제461조에 따라 모든 주주가 소유하는 주식의 10%를 1주당 ₩20,000의 현금을 지급하고 소각하였다.

(b) 가정을 바꾸어 ㈜서울은 상법 제462조에 따라 모든 주주에게 1주당 ₩2,000의 현금을 배당하였다. 다른 사항은 모두 (a)와 같다.

(a), (b) 사이에 ㈜서울에 생기는 상법상 법률효과에 차이가 있는가?[6] 甲에게는 세법상 어떤 법률효과가 생기는가?

(3) ㈜서울의 순자산가치는 2억원, 총발행주식 수는 200주, 시가는 주당 100만원인 상황에서 순자산 중 1억원을 주주들에게 분배하고자 한다. 이때 甲은 ㈜서울의 주식 100주(지분율 50%)를 보유하고 있으며 주식의 취득가격은 주당 50만원이라고 가정하자. 거래형식을 어떻게 짜든 주주의 부에는 변화가 없지만, 배당(현금배당), 의제배당(유상소각), 주식양도(자사주매입) 어느 것이 되는가에 따른 세법상 법률효과는 아래 표와 같다.

	분배 전	현금배당	유상소각	자사주매입
현금수령금액		5천만원(배당금)	5천만원(감자대금)	5천만원(매각대금)
보유주식 수	100주	100주	50주	50주
지분율	50%	50%	50%	50%
보유주식가치	2억원×1/2 =1억원	(2억-1억)×1/2 =5천만원	5천만원	5천만원
주주의 부	1억원	1억원	1억원	1억원
과세소득	0	5천만원 (배당소득)	2천 5백만원 (배당소득)	2천 5백만원 (양도소득)

[관련법령]
법인세법 제15조 제1항, 제17조 제1항 제4호.

---

[6] 상법 제341조에 따르는 자기주식 취득액만큼 배당가능이익이 감소한다는 견해로 송옥렬, 상법강의, 제6편 제2장 제3절 V.5.

사례 11-4 대법원 1992. 9. 8. 선고 91누13670 판결

【원고, 피상고인】 주식회사 세풍 소송대리인 변호사 고석윤

【피고, 상고인】 군산세무서장

【원심판결】 광주고등법원 1991. 11. 8. 선고 90구1785 판결

【주   문】

원심판결을 파기하고, 사건을 광주고등법원에 환송한다.

【이   유】

상고이유를 본다.

자기주식은 상법 제341조, 제369조 제 2 항 등에 의하여 취득이 제한되고, 의결권이 인정되지 아니하는 등의 특성도 있지만, 소각을 위하여 취득한 자기주식이 아닌 한 상당기간 내에 처분하여야 하는 것(상법 제342조, 증권거래법 제191조 제 4 항 참조)이므로 이는 처분을 전제로 발행회사가 일시적으로 보유하고 있는 주식에 불과하여 양도성과 자산성에 있어서 다른 주식회사가 발행한 주식과 사이에 본질적인 차이가 없을 뿐만 아니라, 법인세법 제 9 조 제1, 2, 3항, 제15조 제 1 항 제2, 3호, 상법 제459조 등의 규정에 의하면, 자본감소 절차의 일환으로서 자기주식을 취득하여 소각하거나 회사합병으로 인하여 자기주식을 취득하여 처분하는 것은 자본의 증감에 관련된 거래로서 자본의 환급 또는 납입의 성질을 가지므로 자본거래로 봄이 상당(1988. 11. 8. 선고 87누174 판결 참조)하지만, 그 외의 자기주식의 취득과 처분은 순자산을 증감시키는 거래임에 틀림이 없고, 법인세법도 이를 손익거래에서 제외하는 규정을 두고 있지 아니하므로, 그것은 과세처분의 대상이 되는 자산의 손익거래에 해당한다고 봄이 상당하다(1980. 12. 23. 선고 79누370 판결 참조)…

그러므로 원심판결을 파기하고, 원심으로 하여금 다시 심리하도록 하기 위하여 사건을 원심법원으로 환송하기로 관여 법관의 일치된 의견으로 주문과 같이 판결한다.

대법관 김용준(재판장) 최재호 윤관 김주한.

Notes & Questions

(1) 위 판결의 전제가 된 자기주식 관련 상법조문은 완전히 바뀌었지만 현행법 해석론으로는 이미 이 판례를 전제로 하고 있는 법령들이 들어와 있다. 가령 자기주식처분이익의 자본전입에 따른 무상주를 의제배당으로 과세한다.[7] 따라서 자기주식처분이익은 익금이

---

7) 법인세법 제16조 제 1 항 제 2 호 (가)목.

된다고 볼 수밖에 없다.[8]

(2) 한편 감자차익은 익금이 아니다. 법인세법 제17조 제 1 항 제 4 호. 감자(자본의 금액의 감소)에는, 순자산이 감소하는 [①]감자와 순자산이 그대로 있는 [②]감자가 있다. 어느 쪽이든 자본감소액이 순자산 감소액보다 더 큰 경우 그 차액을 [③]차익이라 부르고, 이는 익금이 아니다. 역으로 순자산감소액이 자본감소액보다 더 큰 경우 그 차액을 [③]차손이라고 부를 수 있을 것이다. 명문의 규정은 없지만 이러한 [③]차손은 손금이 아니라고 보아야 논리의 앞뒤가 맞다.

(3) 자기주식처분이익은 과세소득이고 감자차익은 과세소득이 아니라고 하면 어떤 문제가 생길까? 가령 회사가 액면 10,000원인 신주를 8,000원에 자기주식으로 사들였다고 하자. 그 뒤 주가가 올라서 12,000원이 되었다. 회사가 (i) 보유하고 있던 자기주식을 시가에 매각하는 것과 (ii) 보유하고 있던 자기주식을 무상감자하고 신주를 시가에 발행하는 경우, 이 두 거래의 세법상 법률효과는 무엇인가? 주가가 내려서 6,000원이 되었다면 무엇인가?

(4) 자기주식소각이익을 자기주식소각일로부터 2년 내에 자본에 전입하는 경우에는 주주가 취득하는 무상주의 가액을 배당으로 간주한다. 법인세법 제16조 제 1 항 제 2 호 (가)목 및 동법 시행령 제12조 제 1 항 제 2 호. 입법취지가 무엇일까?

제 5 절 기업의 해산·청산

[관련법령]
법인세법 제 8 조 제 1 항, 제60조, 제69조, 제77조 내지 제79조, 제83조 내지 제90조. 소득세법 제17조, 제56조; 상법 제227조 내지 267조, 제517조 내지 제521조의2, 제531조 내지 제542조.

(1) 법인세법 제79조 제 1 항에 따르면 청산소득금액은 그 법인의 해산에 의한 [①]의 가액에서 해산등기일 현재의 [②]총액을 공제한 금액으로 한다. 이때 [①] 및 [②]은 각각 어떻게 산출하는가? 결국 청산소득에 대한 법인세란 법인의 해산등기일 현재의 자산부채 전체에 딸려 있는 미실현이득 중 아직 사업연도의 소득으로

---

8) 법인세법 제15조 제 1 항 및 동법 시행령 제11조 제 2 호의2.

과세하지 않은 이득에 대해 법인세를 매기는 것이 된다. 제10장 제 1 절 Ⅴ.

(2) 예를 들어 ㈜서울은 20×2년 사업연도 말에 해산하기로 결의하고 청산절차에 착수하였으며, 해산등기일 현재의 재무상태표는 다음과 같다.

재무상태표		(단위: 백만원)	
현 금	100	부 채	300
재고자산	100	자 본 금	500
토 지	200	자본잉여금	100
건 물	600	이익잉여금	100
합 계	1,000	합 계	1,000

재고자산, 토지 및 건물이 각각 100백만원, 400백만원 및 1,600백만원으로 환가되고, 부채는 300백만원에 전부 상환되었다고 가정할 때, ㈜서울의 청산소득금액은 얼마인가?

(3) 해산이 있는 경우 사업연도 개시일부터 해산등기일까지 하나의 사업연도로 보는 것과 별도로 해산등기일의 다음 날부터 그 사업연도 종료일까지의 기간을 또 하나의 사업연도로 보도록 정하고 있다. 법인세법 제 8 조 제 1 항. 청산 기간중에 해산 전 사업을 계속하여 영위하여 얻은 수입은 각 사업연도의 소득으로, 그 외에 자산을 처분한 금액(환가를 위한 재고자산 처분액을 포함)은 청산소득에 포함하도록 정하고 있다. 법인세법 제 79조 제 6 항 및 동법 시행규칙 제61조.

(4) 위 (2)의 예에서, ㈜서울이 청산에 따른 환가금액에서 부채를 상환한 나머지 잔액 (1,900백만원)을 주주인 甲에게 지급하였다면 甲에게는 무슨 소득이 얼마 생기는가? 甲의 ㈜서울 주식 취득가격은 700백만원이라고 가정하자. 소득세법 제17조 및 제56조.

제 6 절 합병, 분할 기타 기업구조조정 세제

(1) 기업의 결합이나 분할 그밖에 구조조정이라는 목적을 달성하기 위해서는 상법을 비롯한 사법상 인정되는 다양한 거래형태가 이용될 수 있다. 기업결합의 형태로는 인수하고자 하는 회사(취득회사)가 인수대상회사(대상회사)의 주주로부터 주식을 사들여서 대상회

사를 자회사로 삼아 지배권을 확보하거나, 취득회사가 대상회사의 영업재산을 사들여 직접 소유하거나, 아예 대상회사를 합병하거나, 그 밖에 여러 가지 형태가 있을 수 있다. 회사분할의 경우에도 법인간에 재산이 이전되고 주주의 권리에도 변동이 생긴다.

(2) 위와 같은 여러 가지 형태의 기업결합이나 분할이 일어나는 경우, 이를 계기로 회사나 주주에게 그동안 발생한 미실현이익을 과세할 것인가? 미국세법은 초기부터 기업결합이나 분할의 법적 형태는 무엇이든 정당한 사업목적의 유무, 주주(이해관계)의 연속성, 사업의 계속성 등 겉껍질의 변화일 뿐이고 실질적 동일성이 그대로 있다고 볼만한 일정한 요건을 충족하는 경우 미실현이득을 과세하지 않고 과세를 이연한다.9) 우리나라는 1997년 IMF 구제금융 이후 과세이연 제도를 들여와 상법에 따른 합병과 분할의 경우에만 일정한 요건 하에서 과세이연의 특례를 인정하다가 2010년 세법 개정을 통해 자산의 포괄적 양도, 주식의 포괄적 교환·이전에 대해서까지 과세이연 특례를 확대하였다.

---

9) 미국 세법 제368조.

제12장
소득의 기간개념과 세무회계

제1절 기간소득의 개념에 대한 법령의 얼개

Ⅰ. 익금·손금·수익·손비의 개념

[관련법령]

법인세법 제13조, 제14조 제1항, 제15조 제1항, 제17조, 제19조 제1항 내지 제2항, 제20조; 소득세법 제18조 제2항, 제19조 제2항.

(1) 내국법인의 각 사업연도의 소득은 그 사업연도에 속하거나 속하게 될 [①]의 총액에서 [②]의 총액을 공제한 금액이다. 각 사업연도의 소득에 대한 과세표준은 각 사업연도의 소득의 범위에서 (ⅰ) 각 사업연도의 개시전 10년 이내에 개시한 사업연도에 발생한 [③]으로서 그 후의 각 사업연도의 과세표준 계산을 할 때 공제되지 아니한 금액, (ⅱ) 비과세소득 (ⅲ) 소득공제액을 차례로 공제한 금액이다. 여기에서 [③]이란 그 사업연도에 속하는 손금의 총액이 그 사업년도에 속하는 익금의 총액을 초과하는 경우에 그 초과하는 금액을 말한다.

(2) 익금이란 자본 또는 출자의 납입 및 법에서 규정하는 것은 제외하고 해당 법인의 [   ]을 증가시키는 거래로 인하여 발생하는 수익(이익 또는 수입)의 금액이다. 손금이란 자본 또는 출자의 환급, 잉여금의 처분 및 법에서 규정하는 것은 제외하고 해당 법인의 [   ]을 감소시키는 거래로 인하여 발생하는 손비(손실 또는 비용)의 금액이다. 여기에서 말하는 수익과 손비란 무슨 뜻인가? 기업회계상 수익이 아닌 것은 익금이 아

니라는 뜻인가? 기업회계상 손실이나 비용이 아닌 것은 손금이 아니라는 뜻인가?

(3) 소득세법과 달리 법인세법의 소득개념이 순자산증가설을 택한 이유는 무엇인가? 제7
장 제3절 Ⅲ.

Ⅱ. 소득세법의 기간소득

[관련법령]
소득세법 제3조, 제4조.

(1) 사업에서 발생하는 소득은 모두 소득세법상 사업소득이 되는가? 가령 사업상 운전자금
에서 발생하는 금융소득은 사업소득에 속하는가? 아니라면 사업소득의 범위는 어디까지
미치는 것인가? 제8장 제1절 Ⅱ.

Ⅲ. 손익의 귀속시기

(1) 법인세와 소득세는 일정 기간을 단위로 나누어 소득을 계산하고 그 소득에 대하여 과세
하는 기간과세이다. 따라서 각 기간의 소득을 계산하기 위하여서는 손익이 어느 기간에
속하는지를 정하여야 한다. 법인세법상 손익의 귀속시기는 법에 따르는 것이지만, 다만
뒤에 보듯 일정범위 안에서 법은 [   ]의 관행을 존중하고 있다.

(2) 손익이 어느 해에 귀속하는가는 시차라는 자명한 차이를 낳는다. 그에 더하여 법령의
적용상 세부담에 항구적인 차이가 생기는 경우도 있을 수 있다. 예를 들어보라.

(3) 10년이 넘은 사업년도의 결손금이 올해 납부할 세액에 영향을 줄 수 있는가? 아래 제
2절 Ⅲ.

(4) 01년에 속하는 익금이 누락된 것을 03년 중에 발견한 경우 납세의무자의 기업회계상 재
무제표에서는 이것을 어떻게 바로잡는가? 법인세신고는 03년에 포함해서 신고해야 하
는가 아니면 01년의 과세표준을 증액경정하는 것인가? 대법원 2004. 9. 23. 선고 2003
두6870 판결 참조. 6년전 실수로 누락된 익금이 올해의 재무제표에 반영된 경우 과세관
청은 이 익금을 올해의 과세소득에 포함해서 과세할 수 있는가?

IV. 손익의 귀속시기에 관한 현행법: 실현주의와 역사적 원가주의

1. 법령의 뼈대

[관련법령]
법인세법 제40조에서 제43조; 소득세법 제17조, 제39조.

(1) 손익의 귀속시기에 관해 법은 크게 세 가지 규정을 두고 있다. 첫째, 익금과 손금의 귀속사업연도는 익금과 손금이 [　　]된 날이 속하는 사업연도이다. 둘째 자산과 부채의 가액은 당초의 [　　]로 평가하되 법에 일정한 예외가 있다. 셋째 납세의무자가 손익의 귀속시기나 자산부채의 평가에 관해 일반적으로 공정타당하다고 인정되는 [　　]의 기준을 적용하거나 관행을 [　　]으로 적용하여 온 경우에는 원칙적으로 그런 기준이나 관행에 의한다.

(2) 손익의 귀속시기에 관한 법령은 특정한 손익의 귀속시기를 언제로 한다는 직접적 형식일 수도 있고 자산부채의 [　①　]방법이라는 간접적 형식일 수도 있다. 손익의 귀속시기 또는 자산부채의 [　①　]에 관한 구체적 개별적 규정으로 법인세법은 제5관(손익의 귀속시기 등)에 자산의 판매손익, 용역제공의 손익, 이자소득, 임대료 등의 손익에 대한 귀속사업연도를 정하고 있다. 또한 자산의 평가손익, 자산수증익, 채무면제익·채무상환익, 특수관계 있는 개인으로부터의 유가증권 저가매수차액 및 의제배당에 관한 규정들을 두고 있다. 재고자산, 유가증권, 화폐성 외화자산·부채 등의 평가방법에 관한 규정도 따로 있다.

(3) 미국법은 근로소득이나 의사, 변호사 같은 노무소득이나 일정한 개인사업자에 대해서는 현금주의를 허용한다. 우리 소득세법에는 현금주의에 관한 언급이 없지만, 가령 근로소득은 실제 현금주의로 과세하고 근로제공이 완료되었다는 이유로 아직 받지도 못한 보수를 과세하는 경우는 없다. 제8장 제2절 Ⅲ.

2. 취득가액

[관련법령]
법인세법 제15조, 제41조.

(1) 무상으로 취득한 자산의 취득원가는 영(0)인가 시가인가? 분명한 시가가 100억원인 유

가증권을 80억원에 샀다면 취득원가는 얼마인가?

(2) 갑 법인은 통상 20억원에 매매가격이 형성되어 있는 아파트를 급박한 사정이 있는 매도인(특수관계 없는 자)으로부터 17억원에 샀다. 취득원가는 얼마인가?

3. 자산·부채의 평가와 실현주의

[관련법령]

법인세법 제42조(소득세법 제33조).

사례 12-1 헌법재판소 2007. 3. 29. 2005헌바53·65·79, 2006헌바27(병합) 결정

【청 구 인】 주식회사 ○○건설 등

【주　　문】

구 법인세법(1998. 12. 28. 법률 제5581호로 개정되고, 2001. 12. 31. 법률 제6558호로 개정되기 전의 것) 제42조 제3항은 헌법에 위반되지 아니한다.

【이　　유】

1. 사건의 개요와 심판의 대상

가. 사건의 개요

(1) 주택사업공제조합(이하 '공제조합'이라 한다)은 구 주택건설촉진법…에 의하여 주택사업에 관한 의무이행에 필요한 보증업무 등을 수행하기 위하여 1993. 4. 24. 설립된 특수법인이다.

(2) 공제조합은 1997. 11. 이른바 IMF 외환위기 이후 조합원의 부도증가 및 대위변제 급증으로 인하여 심각한 유동성 부족에 직면하게 되자 정부에 지원을 요청하였고 이에 정부는 1998. 12.경 공제조합을 정상화하기 위하여 공제조합을 주식회사 형태로 전환하기로 하고 1999. 2. 8. 법률 제5908호로 구 주택건설촉진법을 개정하여 대한주택보증㈜(이하 '대한주택보증'이라고 한다)의 설립에 관한 입법적 근거를 마련하였다.

(3) 이에 따라 공제조합은 1999. 6. 1. 조합원총회에서 대한주택보증으로 전환할 것을 결의하고, 같은 해 6. 2. 건설교통부장관의 인가를 받은 후 다음 날 대한주택보증의 설립등기와 함께 공제조합의 해산등기를 마쳤다.

(4) 한편 정부, 채권금융기관, 주택업계, 공제조합의 각 대표들로 구성된 합동실사지원팀은 1998. 12.말 현재 공제조합의 순자산가액을 실사하였는데, 그 결과 공제조합의 순자산가액은 당시 장부가액이었던 3조 3,242억원보다 약 74.5% 적은 8,480억원으로 평가되었

다. 그에 따라 대한주택보증은 공제조합의 순자산가액 8,480억원을 대한주택보증의 자본금으로 전환하고, 이에 해당하는 주식 169,602,800주를 대한주택보증 설립등기 직전일 현재 각 출자자의 출자증권 보유비율에 따라 배정하였다.

(5) 그 과정에서 공제조합의 출자증권을 보유하고 있던 청구인들은 각자 소유 출자증권 수에 비례하여 대한주택보증 주식을 배정받았는바, 공제조합 출자증권 26,250,000,000원 상당을 보유하고 있던 청구인 ㈜○○건설(이하 '청구인 ○○건설'이라 한다)은 대한주택보증 주식 6,523,180,000원 상당(=8,480억원×26,250,000,000원/전체 출자금)을, 공제조합 출자증권 1,035,000,000원 상당을 보유하고 있던 청구인 □□건설산업㈜(이하 '청구인 □□건설산업'이라 한다)는 대한주택보증 주식 380,362,500원 상당(=8,480억원×1,035,000,000원/전체 출자금)을, …을 각 배정받았다.

(6) 청구인들의 법인세 산정과 이 사건 헌법소원심판청구

(가) 2005헌바53 사건

1) 청구인 ○○건설은 1999사업연도 법인세 신고 당시에는 공제조합 출자증권과 대한주택보증 주식 사이의 가액 차액 19,726,820,000원(=26,250,000,000원-6,523,180,000원) 상당을 손금에 산입하지 아니하고 법인세를 신고·납부하였는데, 영등포세무서장은 업무와 관련 없는 이자 208,796,103원을 손금불산입하는 등 합계 301,124,099원을 1999사업연도 법인세 과세표준에 증액하여, 2002. 10. 10. 법인세 174,533,700원을 추가로 부과하는 처분을 하였다.

2) 청구인 ○○건설은 그에 불복하여 영등포세무서장을 상대로 서울행정법원 2004구합34230호로 위 부과처분의 취소를 구하는 행정소송을 제기하는 한편, 공제조합 출자증권과 대한주택보증 주식 사이의 가액 차액이 손금에 산입되었어야 한다고 주장하면서 구 법인세법…제42조 제3항…위헌제청신청 기각결정을 송달받고 같은 해 7. 4.(7. 3.은 일요일) 이 사건 헌법소원심판청구를 하였다…

3. 판   단

가. 이 사건의 쟁점과 심사원칙

구 법인세법 제42조 제1항은 "내국법인이 보유하는 자산 및 부채의 장부가액을 증액 또는 감액한 경우에는 그 평가일이 속하는 사업연도 및 그 후의 각 사업연도의 소득금액계산에 있어서 당해 자산 및 부채의 장부가액은 그 평가하기 전의 가액으로 한다"라고 규정하여 원칙적으로 자산·부채의 새로운 평가를 인정하지 않음으로써 결과적으로 자산의 평가차익·평가차손을 법인의 익금·손금에 산입하지 않고 있다. 이에 대하여, 이 사건 법률조항은 일정한 자산으로서 동 조항 각 호에 해당하는 일정한 경우에는 그 장부가액을 '대통령령이

정하는 방법'에 의하여 감액할 수 있도록 규정…하여 그 평가차손을 손금에 산입하도록 하고 있다.

청구인들은 이 사건 유가증권 감액손실과 같이 보유하고 있는 유가증권의 가치가 현저하게 떨어진 것이 객관적으로 명백하게 된 경우에는 그 가치 감소액을 당연히 손금에 산입하여야 함에도, 이 사건 법률조항은 이를 손금산입대상에 포함시키지 않음으로써 당해 유가증권 보유 법인에게 과다한 법인세를 부담시키기 때문에 헌법상의 재산권보장의 원칙과 실질과세원칙에 위배된다고 주장하고 있다…. 여기에서는 이 사건 법률조항이 실질과세원칙에 위배되는지 여부 및 헌법상의 평등원칙에 위배되는지 여부를 살펴보기로 한다.

나. 이 사건 법률조항의 위헌 여부

(1) 법인세법상 자산의 평가차손·차익의 처리

㈎ 구 법인세법 제42조 제1항 본문은 원칙적으로 자산의 새로운 평가를 허용하지 않음으로써 임의적 평가차손·차익이 발생할 여지를 배제하고 있으[나], … 이 사건 법률조항은 자산의 평가차손을 손금에 산입할 수 있는 경우를 규정하고 있다.

위와 같이 법인세법이 자산의 평가손익을 원칙적으로 과세에 반영하지 않는 것은, 원래 자산의 평가손익이란 본질적으로 미실현 이익 내지 손실로서 유동적 상태에 있어 확정적인 것이 아니고, 미실현 손익에 대하여 과세하기 위하여서는 과세기간 말 현재 자산의 시장가치를 정확하게 평가하여야 하는데, 과세대상에 해당하는 모든 자산을 객관적·통일적으로 파악·평가하기는 과세기술상 거의 불가능하기 때문이다. 또한 만약 그와 같은 평가손익을 손금 또는 익금으로 산입하는 것을 원칙적으로 허용하게 되면, 과세소득의 자의적인 조작수단으로 악용될 여지가 있어 이를 방지할 정책적인 필요도 있고, 경우에 따라 자산가치의 상승이 있다고 하여 원칙적으로 익금산입을 무제한하게 허용하게 되면 그에 대한 불필요한 조세저항을 부를 우려조차 있다.

그리하여 법인세법은 원칙적으로 자산의 평가차익을 익금으로 산입하지 않는 것과 마찬가지 이유로 자산의 평가차손을 손금으로 산입하지 않고 있는 것이다.

㈏ 그런데 이 사건 법률조항은 ① 재고자산으로서 파손·부패 등의 사유로 인하여 정상가격으로 판매할 수 없는 것, ② 고정자산으로서 천재·지변·화재 등 대통령령이 정하는 사유로 인하여 파손 또는 멸실된 것, ③ 대통령령이 정하는 주식 등으로서 그 발행법인이 부도가 발생한 경우의 당해 주식 등의 자산에 한하여서는 대통령령이 정하는 방법에 따라 그 장부가액을 감액하는 방법으로 평가차손을 손금에 산입할 수 있도록 하고 있다. 이는 결국 당해 자산가치의 회복이 현실적으로 불가능하여 그 손실이 확정적으로 발생한 경우로서 가치감소분의 객관적인 평가가 충분히 가능하고, 과세소득의 자의적인 조작수단으로 악용될

여지가 없는 경우에 한하여 그 평가의 대상자산, 방법, 절차 등에 대한 엄격한 요건을 전제로 자산의 평가차손을 손금에 산입하는 것을 허용하고 있는 취지로 보인다.

(다) 특히 주식 등의 유가증권은 그 시장가치가 수시로 변동하기 때문에 일정 시점에서의 시장가치가 당해 유가증권의 객관적인 가치라고 단정할 수 없고, 상장주식 등의 예외적인 경우를 제외하면 외견상 또는 객관적으로 그 가치감소를 명확히 인식할 수 있는 징표가 없어 그 평가손익의 정확한 반영이 어렵다. 그리하여 법인세법에서는 유가증권에 대하여 기업회계와는 달리 시가법을 적용하지 아니하고 원칙적으로 원가법만을 인정하여, 유가증권의 처분 등 거래가 이루어지는 시점에서 그 '실현 손익'을 익금 또는 손금에 반영하도록 하고 있다.

(2) 실질과세원칙에 위반하는지 여부…

1) 공제조합이 대한주택보증으로 전환하는 과정에서…공제조합 출자증권과 대한주택보증 주식 사이의 가액 차액 상당의 손실을 현실적으로 입게 되었고 그에 따라 위와 같은 손실을 법인세법상 손금으로 산입하여야 하는 것이 아닌가 하는 의문이 있을 수 있다…

2) 그런데 구 주택건설촉진법에서…공제조합과 대한주택보증의 동일성을 인정하는 취지의 규정을 다수 두고 있다…또한 구 법인세법 제78조는 청산소득에 대한 법인세를 과세하지 아니하는 경우로서, 상법의 규정에 의하여 조직변경하는 경우와 특별법에 의하여 설립된 법인이 당해 특별법의 개정 또는 폐지로 인하여 상법상의 회사로 조직변경하는 경우의 2가지를 들고 있고 그와 같이 청산소득에 대하여 법인세를 과세하지 않는다는 입법취지는 위 두 경우 모두 조직변경 전후의 법인에 대하여 동일성을 그대로 인정하였기 때문이라고 할 것인바, 이 사건에서도 조직변경으로서 동일성이 인정되어 청산소득에 대한 법인세를 과세하지 아니하는 경우에 해당한다고 볼 수 있다. 따라서 위와 같은 제반 사정을 종합하면, 법인세법상 공제조합과 대한주택보증은 상호 간에 동일성이 인정된다… 이 사건 유가증권 감액손실은 구 법인세법 제22조 소정의 '자산의 평가차손'에 불과한 것이지, 이를 청구인들이 주장하는 바와 같은 투자자산의 처분손실에 해당한다고 볼 수는 없다(대법원 2004. 5. 28. 선고 2004두2745 판결 참조). …청구인들이…대한주택보증…주식을 최종적으로 처분할 때에 그 양도금액은 익금으로(구 법인세법 시행령 제11조 제 2 호), 공제조합 출자증권의 장부가액은 손금으로(구 법인세법 시행령 제19조 제 2 호) 각각 산입함으로써 실현손익을 계상하게 된다.

3) 이와 같이 이 사건 유가증권 감액손실은…경제적 실질에 부합하지 않는 과세라고 단정할 수는 없다. 따라서 이 사건 법률조항은 실질과세원칙에 위배되지 아니한다.

(3) 헌법상의 평등원칙에 위배되는지 여부…

1) 차별취급의 여부

…발행법인 부도의 경우…당해 주식의 가치감소가 확정적으로 발생한 상황[이지만]…이 경우에도 모든 법인에 대하여 그 평가차손을 인정하지는 않고…제한적으로 그 손금산입을 허용하고 있다(제42조 제3항 제3호, 구 법인세법 시행령 제78조 제2항)…반면에 이 사건 유가증권 감액손실은…대한주택보증의…주식을 처분하기 전까지는 아직 그 손실이 확정된 것으로 볼 수 없을 뿐만 아니라 위와 같은 조직변경을 법인의 부도와 동일하게 볼 수도 없다… 이와 같이 이 사건 유가증권 감액손실은 미실현 손실의 전형을 이루는 것으로서 이 사건 법률조항 소정의 손금산입대상과는 경제적 실질이 동일하지 아니하여 위 양자를 평등원칙 심사에서의 '본질적으로 서로 같은 두 개의 비교집단'으로 보기는 어렵다.

2) 자의성 심사

과세대상의 범위를 실현된 손익에 국한할 것인가 혹은 미실현 손익을 포함시킬 것인가의 여부는, 과세목적, 과세대상의 특성, 과세기술상의 문제 등을 고려하여 판단할 입법정책의 문제일 뿐, 헌법상의 조세개념에 저촉하거나 그와 양립할 수 없는 모순이 있는 것으로 볼 수는 없다. 미실현 손익에 대한 과세제도가 이론상으로는 조세의 기본원리에 배치되는 것이 아니라고 하더라도, 미실현 손익은 용어 그대로 그 손익이 아직 자본과 분리되지 아니하여 현실적으로 지배·관리·처분할 수 있는 상태에 있는 것이 아니라는 특성으로 인하여, 이를 조세로 환수함에 있어서는 그 손익의 공정하고도 정확한 계측 문제, 조세법상의 응능부담(應能負擔)원칙과 모순되지 않도록 납세자의 현실 담세력을 고려하는 문제, 적정한 과세기간의 설정문제, 과세표준의 등락에 대비한 적절한 보충규정 설정문제 등 선결되어야 할 여러 가지 과제가 있다(헌재 1994. 7. 29. 92헌바49등, 판례집 6-2, 64, 97 참조).

그런데 자산의 평가차손은 원래 미실현 손실로서 확정적으로 실현된 것이 아니고, 과세대상에 해당하는 모든 자산에 대하여 그 평가차손을 객관적·통일적으로 파악·평가하기는 과세기술상 거의 불가능하며, 자산의 평가차손을 손금으로 산입하는 것을 원칙적으로 허용하게 되면 과세소득의 자의적인 조작수단으로 악용될 여지가 있어 이를 방지할 정책적인 필요가 있다는 것은 앞서 본 바와 같다. 따라서 이러한 제반 사정을 고려하여, 구 법인세법은 원칙적으로 자산의 평가차손을 법인세 과세표준에 반영하지 않고 예외적으로 이 사건 법률조항에서 당해 자산가치의 회복이 현실적으로 불가능하여 그 손실이 확정적으로 발생한 것으로 볼 수 있고 그 가치감소분의 객관적인 평가가 가능하며, 과세소득의 자의적인 조작수단으로 악용될 여지가 없는 경우에 한하여 그 평가차손의 손금산입을 허용하고 있으므로 그 입법취지의 정당성과 합리성이 인정된다.

특히 주식 등의 유가증권은 그 시장가치가 수시로 변동될 수 있고, 더구나 대한주택보 증은 비상장 정부출자 회사로서 증권거래소의 거래 등을 통한 객관적인 시가가 존재할 수 없어 당해 주식의 과세기간 말 현재시점의 시장가치를 정확히 평가하여 이를 법인세 과세표 준에 반영하기가 상당히 어려운 문제점도 있다. 또한 만약 그때 그때의 주식 가치를 평가하 여 이를 과세표준에 반영한다면 경우에 따라서는 과세기간 말에 주식가치가 급상승하고 곧 바로 그 하락이 있는 경우 납세자에게 과도한 법인세를 부담시키게 되어 그의 재산권 보장 에 지장을 줄 수도 있다.

따라서 이 사건 유가증권 감액손실과 이 사건 법률조항 소정의 손금산입대상을 동일한 비교집단으로 볼 수 있다고 하더라도, 미실현 손실의 본질적 성격, 과세기술상 문제, 입법정 책적 목적 등을 합리적·종합적으로 고려하여 의회가 그 입법재량의 범위 내에서 이 사건 법률조항을 제정한 것으로 보이므로, 그 차별취급이 입법형성권의 한계를 벗어난 자의적 조 치라고 단정할 수 없다.

3) 그러므로 이 사건 법률조항은 헌법상의 평등원칙에 위배되지 아니한다.

4. 결   론

그렇다면 이 사건 법률조항은 헌법에 위반되지 아니하므로 관여 재판관 전원의 일치된 의견으로 주문과 같이 결정한다.

Notes & Questions

(1) 이 사건의 청구인은 주택사업공제조합이라는 특수법인의 출자증권을 보유하고 있다가, 관련법률에 의하여 이 특수법인이 대한주택보증㈜로 전환하면서 주식을 받았다. 법인세 법의 해석적용상 쟁점은 이 출자증권 내지 주식의 가액을 전환시 현재의 시가로 평가하 면서 출자증권의 애초 취득가액과의 차액을 손금산입할 수 있는가이다.

(ⅰ) 원고는 처음에는 출자증권의 취득가액과 주식의 시가 사이의 차액을 투자자 산 [①]손실로 손금산입하려 하였으나, 대법원과 헌법재판소는 주택사업공제조합과 대한주택보증 사이에는 [②]이 인정되므로 출자증권 [①]손실이란 존재하지 않 는다고 판시하였다. 두 법인 사이에 [②]이 인정된다는 이유는 무엇인가?

(ⅱ) 이 사건 출자증권과 주식 사이에 [②]이 있다면, 출자증권의 취득가액과 주식 의 시가의 차액을 손금산입할 수 있는 길은 출자증권 내지 주식이라는 자산의 장부가액 을 [③]한 것일 수밖에 없다. 이런 [③]은 법인세법 제42조 제1항 제1문에서 허용되는가?

(2) 일단 법인세법 제41조에 따라 매입가액이나 제작원가에 부대비용을 더한 금액으로 취득가액이 정해진 뒤, 납세의무자가 자산 및 부채의 장부가액을 증액 또는 감액한 경우에는 그 평가일이 속하는 사업연도 및 그 후의 각 사업연도의 소득금액 계산에서 당해 자산 및 부채의 장부가액은 그 평가하기 전의 가액(당초의 취득가액)으로 한다. 법인세법 제42조. 이런 생각을 [④]주의라고 한다. 이 결정문의 표현으로는, "법인세법에서는…시가법을 적용하지 아니하고 원칙적으로 원가법만을 인정하여, 유가증권의 처분 등 거래가 이루어지는 시점에서 그 '[⑤] 손익'을 익금 또는 손금에 반영하도록 하고 있다." 자산 또는 부채의 가치가 변동하여 생긴 손익은 이처럼 자산이나 부채가 처분되는 시점에 가서야 '[⑤]손익'으로 소득에 반영하자는 생각을 [⑤]주의라고 한다. 이 두 가지는 논리적 동치이다. 예를 들어 100원 주고 산 물건의 값이 120원으로 올라서 생긴 소득은 언제 과세할 것인가? 물건을 아직 팔기 전에라도 이 물건을 120원으로 평가해서 순자산의 금액을 계산한다면 소득이 20원이 생긴다. 다른 한편 이 물건을 파는 시점(＝실현시점)에 가서야 비로소 소득 20원을 잡는다면 그 전에는 물건의 가치는 100원으로 평가하는 것이 된다. 이 점에서 [⑤]주의와 [④]주의는 동전의 앞뒷면이다.

(3) 법이 역사적 원가주의 내지 실현주의를 택하여, 자산의 평가손익을 원칙적으로 과세에 반영하지 않는 이유는 무엇이라고 하는가?

(4) 법인세법 제42조 제1항 제1문에 대한 예외로 감액손실을 손금산입할 수 있는 경우가 있다. 이 사건 감액손실은 그에 해당하는가?
   (ⅰ) 자산의 가액을 원가와 시가 중 낮은 쪽으로 평가하는 것을 저가주의라 한다. 대표적 예로 [   ]자산은 저가주의로 평가한다. 법인세법 제42조 제1항 단서.
   (ⅱ) 법인세법 제42조 제3항은 일정한 감액손실을 인정한다. 이 사건 감액손실이 그에 해당하지 않는다는 법원판결의 근거는 무엇인가?
   (ⅲ) 감액이 인정되지 않는 한 주식의 평가는 역사적 원가주의를 따르므로, 주식을 보유하고 있는 동안 생길 수 있는 손익은 [   ]뿐이고, 처분시에 가서 처분손익이 생긴다. 기업회계에서는 발행주식총수의 20% 이상을 소유하고 있거나 달리 유의한 영향력을 가지고 있는 주주는 마치 조합기업의 조합원처럼 회사의 손익 중 자기 지분을 바로 소득에 잡는다. 세법에서는 이것도 인정하지 않고 역사적 원가주의를 따른다.

(5) 법인세법 제42조 제1항이 위헌이라고 청구인이 들고 있는 이유는 무엇인가? 헌법재판소는 어떻게 판시하고 있는가?

(6) 사례 12-1에서는 주택사업공제조합이라는 법인이 대한주택보증㈜라는 새로운 법인으로 바뀌고 종래의 조합원은 모두 새 법인의 주주로 바뀌었다. 그러나 법인과 주주 어느 쪽도 미실현손익을 인식하지 않았다. 소득세법이나 법인세법상의 기업구조조정 세제(제11장 제6절)는 본질적으로, 겉껍질의 변화를 과세계기로 삼지 않는다는 이런 생각을 입법한 것이다.

(7) 국세기본법 문제로 당초 1999년분 법인세 174,533,700원 증액경정 부과처분은 지급이자 208,796,103원의 손금불산입 등을 이유로 했지만, 이 처분의 취소를 구하는 소에서 원고는 이 사건 유가증권 처분손실 내지 감액손실이 있다는 전혀 별개의 사정을 주장했지만, 법원은 이 소를 각하하지 않았다. 왜 그런가? 원고가 이런 주장을 해도 적법한 이유는 무엇인가? (사례 6-5).

[관련법령]
법인세법 제42조 제1항. 소득세법 제39조 제3항.

예제 볼펜 도매업자인 서울㈜의 01년 거래는 다음과 같다.

    1. 1.   기초재고는 20,000개이고 매입단가는 각 400원씩이다.
    2. 1.   판매 10,000개   판매단가 430원
    4. 1.   매입 40,000개   매입단가 420원
    6. 1.   매입 50,000개   매입단가 430원
    8. 1.   판매 50,000개   판매단가 450원
   10. 1.   매입 40,000개   매입단가 435원
   11. 1.   판매 50,000개   판매단가 455원
   12. 1.   매입 20,000개   매입단가 440원
   12. 31. 기말재고는 실제로 조사해 보니 60,000개 있다.

Notes & Questions

(1) 위 예제에서 법인세법상 각 사업연도의 소득금액(소득세법상의 사업소득도 같다)을 계산하기 위해서 물건 하나하나에서 판매소득이 각각 얼마가 생기는지를 알아야 할 필요가 있는가? 볼펜 하나하나를 따로 계산하는 것과 전체를 뭉뚱그려서 매출액과 매출원가를 계산하는 것 사이에 결과에 차이가 있는가?

(2) 기업회계에서는 일정한 기간에 판매한 판매대금 전체는 [   ]계정으로 판매한 상품 전부의 원가 전체는 [   ]계정으로 손익계산서(포괄손익계산서)에 표시한다. 두 계정의 차이가 [   ]이다.

(3) 서울㈜의 01년 매출액은 얼마인가?

(4) 서울㈜의 01년 매출원가는 어떻게 구할 수 있을까? 01년 기초재고가 8,000,000원 있고 01년분 당기매입액은 64,500,000원이다. 가령 기말재고 60,000개의 금액이 26,200,000 원이라면 01년 동안 판 물건은 원가로 쳐서 얼마 어치를 판 것인가? 생각해보면 당연한 논리로 [기초재고액 + 당기매입액 − [   ]재고액 = 매출원가]라는 공식이 성립한다.

(5) 서울㈜의 기말재고 60,000개의 가액이 얼마인지는 어떻게 평가해야 할까? 법인세법 제 42조 제 1 항 제 3 호. 기말재고액을 先入先出法과 後入先出法으로 각각 계산하고, 각 방법에 따라 매출액, 매출원가, 매출총이익을 구해보라.

Ⅴ. 자산·부채의 개념

(1) 납세의무자는 올해 10억원의 제품개발비를 지급했고 내년부터 그 성과가 나타나서 20 억원 이상의 소득이 생길 것이 분명하다고 하자. 이 10억원은 법인세법상 자산인가 비용인가? 법인세법 제23조 제 1항. 민사법적 개념으로는 10억원의 재산이 생겼다고 할 수 있을까? 법인세법상 자산·부채의 개념과 민사법상 재산 또는 채무라는 개념 사이에 차이가 생기는 이유는 무엇인가?

제 2 절   익금의 귀속시기: 실현주의와 권리확정주의

[관련법령]
법인세법 제40조 제 1 항.

사례 12-2 대법원 2011. 9. 29. 선고 2009두11157 판결

【원고, 상고인】 서울보증보험 주식회사(소송대리인 법무법인 광장 담당변호사 이규홍 외 4인)

【피고, 피상고인】 종로세무서장(소송대리인 변호사 진행섭)

【원심판결】 서울고법 2009. 6. 10. 선고 2008누25342 판결

【주   문】

상고를 기각한다. 상고비용은 원고가 부담한다.

【이   유】

상고이유(상고이유서 제출기간이 경과한 후에 제출된 상고이유보충서의 내용은 상고이유를 보충하는 범위 내에서)를 판단한다.

법인세법 제40조 제1항은 "내국법인의 각 사업연도의 익금과 손금의 귀속사업연도는 그 익금과 손금이 확정된 날이 속하는 사업연도로 한다."고 규정하고 있는바, 익금이 확정되었다고 하기 위해서는 소득의 원인이 되는 권리가 그 실현의 가능성에 있어 상당히 높은 정도로 성숙되어야 하고, 그 권리가 이런 정도에 이르지 아니하고 단지 성립한 것에 불과한 단계에서는 익금이 확정되었다고 할 수 없으며, 여기서 소득의 원인이 되는 권리가 그 실현의 가능성에 있어 상당히 높은 정도로 성숙되었는지 여부는 일률적으로 말할 수 없고 개개의 구체적인 권리의 성질과 내용 및 법률상, 사실상의 여러 사정을 종합적으로 고려하여 결정하여야 한다(대법원 2003. 12. 26. 선고 2001두7176 판결, 대법원 2004. 11. 25. 선고 2003두14802 판결 등 참조).

원심판결 이유에 의하면, 원심은 ① 원고는 보증보험업 등을 목적으로 하는 법인으로서 보험사고가 발생하여 보증보험금을 지급하고 이를 손금에 산입한 다음 보험계약자 등에 대해 취득하는 구상채권에 관하여는 이를 취득한 사업연도에 익금에 산입하지 않고 실제로 회수한 사업연도에 그 회수금액을 익금에 산입하여 법인세 신고를 해 온 사실, ② 이와 같은 방법으로 원고는 2005 사업연도에 소득금액을 691,698,116,237원, 이월결손금을 280,548,980,518원, 과세표준을 411,149,135,719원(= 소득금액 691,698,116,237원 - 이월결손금 280,548,980,518원)으로 하여 그에 따른 법인세 102,760,010,029원을 신고·납부한 사실, ③ 원고는 2006. 10. 12. 구상채권을 취득한 사업연도에 구상채권 중 과거의 회수율을 기초로 장차 회수될 것으로 추정한 금액을 익금에 산입하고 그 구상채권의 회수불능이 확정되는 사업연도에 이를 손금에 산입하는 방법으로 1999 내지 2004 사업연도의 소득금액 또는 결손금을 재산정하면 2005 사업연도의 소득금액 공제에 사용할 수 있는 이월결손금이 631,823,264,007원이 되므로 당초 신고·납부한 2005 사업연도의 과세표준 및 법인세가 감액되어야 한다는 취지의 경정청구를 하였으나, 피고가 2006. 12. 8. 이를 거부하는 이 사건 처분을 한 사실 등을 인정한 다음, 원고가 구상채권을 취득한 사업연도에는 그 권리가 실현의 가능성에 있어 상당히 높은 정도로 성숙되었다고 할 수 없으므로 이를 익금에 산입할 수

없고, 그 익금 산입을 전제로 한 원고의 경정청구를 거부한 이 사건 처분은 적법하다고 판단하였다.

앞서 본 규정과 법리 및 원고가 보증보험금을 지급하고 보험계약자 등에 대해 취득하는 구상채권은 수익행위로 인하여 취득하는 채권이 아니라 보험금비용의 지출과 동시에 그 비용의 회수를 위해 민법 제441조 등에 의해 취득하는 채권에 불과하여 그 실질적인 자산가치를 평가하기 어려우므로 이를 취득한 사업연도에는 그 실현의 가능성이 성숙되었다고 보기 어려운 점, 구상채권 중 과거의 회수율을 기초로 장차 회수될 것으로 추정한 금액 역시 추정치에 불과하여 구상채권을 취득한 사업연도에 그 금액만큼 실현의 가능성이 성숙되었다고 보기 어려운 것은 마찬가지인 점 등을 종합하여 볼 때, 원심의 위와 같은 판단은 정당하고, 거기에 상고이유로 주장하는 바와 같은 권리확정주의에 관한 법리오해 등의 위법이 없다.

그러므로 상고를 기각하고, 상고비용은 패소자가 부담하도록 하여 관여 대법관의 일치된 의견으로 주문과 같이 판결한다.

대법관 민일영(재판장) 김능환(주심) 안대희 이인복.

[관련법령]

소득세법 제24조 제 1 항.

사례 12-3 대법원 2011. 9. 8. 자 2009아79 결정

【신 청 인】 신청인(소송대리인 법무법인 삼덕 담당변호사 김백영)

【주   문】

이 사건 위헌법률심판제청신청을 기각한다.

【이   유】

신청이유를 판단한다.

1. 소득세법 제24조 제 1 항은 당해 연도에 수입한 금액뿐만 아니라 수입할 금액도 당해 연도의 총수입금액에 포함시키고 있는데, 이는 권리확정주의에 따라 총수입금액의 귀속연도를 판정하도록 한 규정이다. 소득세법상 소득의 귀속시기를 정하는 원칙인 권리확정주의란 소득의 원인이 되는 권리의 확정시기와 소득의 실현시기 사이에 시간적 간격이 있는 경우 과세상 소득이 실현된 때가 아닌 권리가 발생한 때를 기준으로 하여 그때 소득이 있는 것으로 보고 당해 연도의 소득을 산정하는 방식으로서, 실질적으로는 불확실한 소득에 대하

여 장래 그것이 실현될 것을 전제로 하여 미리 과세하는 것을 허용하는 원칙이다(대법원 2003. 12. 26. 선고 2001두7176 판결 참조).

이러한 권리확정주의는 납세의무자의 자의에 의하여 과세연도의 소득이 좌우되는 것을 방지함으로써 과세의 공평을 기함과 함께 징세기술상 소득을 획일적으로 파악하기 위한 것이므로 권리확정주의에 기초한 소득세법 제24조 제1항이 실질적 조세법률주의, 재산권보장의 원칙 및 과잉금지의 원칙 등에 위반된다고 할 수 없다(헌법재판소 2010. 2. 25. 선고 2009헌바92, 139 결정 참조).

2. 소득세법 제24조 제3항은 총수입금액에 포함될 '수입할 금액'의 범위와 계산 또는 확정시기에 관하여 필요한 사항을 대통령령에서 정하도록 위임하고 있는데, 여기서 '수입할 금액'은 수입하기로 확정은 되었으나 현실적으로 수령하지 못한 금액을 의미함을 쉽게 예측할 수 있고, 그 원천이 되는 경제활동이 복잡다기한 데다가 전문적·기술적 성격까지 지니고 있어 법률로써 그에 관한 범위와 계산 또는 확정시기를 일률적으로 정하기 어려우므로 이를 대통령령에 위임할 필요성도 존재하며, 수입할 금액의 개념과 권리확정주의의 원칙상 그 내재적인 위임의 범위나 한계를 충분히 파악할 수 있다 .

그리고 비영업대금의 이익에 관한 이자소득의 수입시기를 '약정에 의한 이자지급일'로 보는 것은 위 법률조항의 위임에 따라 대통령령에서 정하여진 내용일 뿐인바, 위임의 정당성은 포괄위임의 법리에 따라 독자적으로 판단하여야 하며 그 결과 위임이 정당하다면 대통령령에서 규정된 내용 자체의 위헌 여부로 수권법률조항의 위헌 여부가 좌우되는 것도 아니다(헌법재판소 2011. 2. 24. 선고 2009헌바289 결정 참조).

따라서 소득세법 제24조 제3항은 포괄위임입법금지의 원칙 등에 위반되지 아니한다.

3. 그러므로 신청인의 이 사건 위헌법률심판제청신청을 기각하기로 하여 관여 대법관의 일치된 의견으로 주문과 같이 결정한다.

대법관 안대희(재판장) 김능환 민일영 이인복(주심).

Notes & Questions

(1) 2009두11157 판결(사례 12-2)의 경정청구 관련내용을 이 사건 1심인 서울행정법원 2008. 8. 12. 선고 2007구합38950 판결에서 찾아보면 다음과 같다.

"1998. 12. 10. 제정된 보험업회계처리준칙…보험업감독규정…에 의하면, 구상이익은 구상채권의 상대계정으로서 보험사고 발생으로 지급된 금액 중 보험사고의 해결과정에서 취득하는 담보자산의 매각 또는 구상권 등 기타 권리의 행사로 인한 회수가능액을 의미하는바,

원고를 비롯한 보험회사들은 위 보험업회계처리준칙 등이 제정되기 전까지는 구상이익 또
는 구상손실에 대하여 회계처리를 하지 않다가, 위 보험업회계처리준칙 등 제정으로 1999
사업연도…부터 지급한 보험금 중 장래 회수가능액을 추산하여 결산일 현재 이를 대차대
조표상 기타자산(구상채권), 손익계산서상 영업이익(구상이익 또는 구상손실)으로 계상하
여 왔다…원고를 비롯한 보험회사들은 법인세를 신고함에 있어서는 구상이익 또는 구상손
실을 법인세법상 익금 또는 손금에 해당하지 않는 것으로 보아, 익금 또는 손금에 산입하
지 아니하고 구상채권 중 실제 회수된 금액만을 익금에 산입하는 것으로 세무조정하여 소
득금액과 과세표준을 신고하여 왔고…
그러던 중 … 2005. 12.경 …는 "자동차 손해보험업을 영위하는 법인이 보험사고 발생으
로 지급한 보험금에 대하여 기업회계기준에 따라 계상한 구상이익은 이를 당해 사업연도
의 익금에 산입하는 것임"이라…는 … 재정경제부 유권해석이 있자 피고를 상대로…경정
청구한 것이다."

(2) 기업회계대로 구상채권 회수가능 추정액을 익금산입하고 회수불능 확정액을 손금산입한
다면 원고의 당초 신고보다 익금은 빨리 인식하고 손금은 늦게 인식하는 결과가 된다.
그렇게 하는 것이 원고에게 이익이 되는 이유는 무엇일까? (ⅰ) 원고가 당초 신고한 소
득금액에 (ⅱ) 회수가능추정액과 회수불능확정액을 상계한 금액을 가감한 (ⅲ) 경정청
구 후의 소득금액은 다음과 같다.[1] 원고의 2005년분 소득은 691,698,116,237원이었
다. 이 사건 당시에는 각 사업년도의 결손금은 5년 동안 장래로 이월하여 공제받을
수 있었다.

	(ⅰ) 수정전 소득금액	(ⅱ) 구상이익(손실)	(ⅲ) 수정후 소득금액
1999	−7,409,534,226,310	728,573,709,461	−6,680,960,516,849
2000	375,313,887,394	−67,293,752,105	442,607,639,499
2001	−280,548,980,518	−246,708,572,236	−527,257,552,754
2002	520,226,597,945	−156,402,212,536	363,824,385,409
2003	387,404,217,788	−491,969,929,041	−104,565,711,253
2004	457,643,633,561	−4,495,595,148	453,148,038,413

(3) 익금과 손금의 귀속 사업연도는 그 익금과 손금이 [①]된 날이 속하는 사업연도로
한다. 동어반복이지만 판례는 이 말을 손익[①]주의라 부른다. 대법원 1992. 10. 23.
선고 92누2936 판결 등. "익금이 확정되었다고 하기 위해서는 소득의 원인이 되는 권리

---
1) 참고로 (ⅰ)과 (ⅲ)의 금액은 제10장 제1절 Ⅱ.2의 Notes and Questions (2)에 있다.

가 그 [②]의 가능성에 있어 상당히 높은 정도로 성숙되어야 하고, 그 권리가 이런 정도에 이르지 아니하고 단지 성립한 것에 불과한 단계에서는 익금이 확정되었다고 할 수 없으며, 여기서 소득의 원인이 되는 권리가 그 [②]의 가능성에 있어 상당히 높은 정도로 성숙되었는지 여부는 일률적으로 말할 수 없고 개개의 구체적인 권리의 성질과 내용 및 법률상, 사실상의 여러 사정을 종합적으로 고려하여 결정하여야 한다." 이 글귀에서 [②]이라는 말은 권리목적의 [②], 전형적으로는 대금채권을 현금으로 받음으로써 대금채권이 소멸되는 것을 의미한다. 결국 이 판결의 뜻은 익금의 과세시기(＝익금의 확정시기＝실현주의라는 용어에서는 실현시기)는 권리의 성립에서 실현(소멸)에 이르는 과정 중 적절한 시기라는 뜻이고, 어느 시점이 적절한 시기인가는 [③]의 내용과 관련사정을 법적으로 분석하여야 한다는 것이다. 판례는 이것을 [③][①]주의라 부른다.

(4) 법령은 권리확정주의를 적용하여 거래유형별로 손익이 어느 사업년도에 속하는가를 구체화하는 기준을 밝혀두고 있다. 표제 판례에 나온 것들만 모아보자.

(i) 상품이나 제품의 판매소득(매출액 및 매출원가): (　　)일. (사례 12-6)

(ii) 그밖에 다른 자산의 처분익: 대금(　　)일, (　　)나 (　　)일 중 빠른 날. (사례 9-3)

(iii) 장기도급공사 등: 건설 등을 완료한 정도(작업진행률). (사례 5-2) 1.가.

(iv) 배당소득: (　　)일. (사례 6-4)

(v) 이자소득: 약정에 의한 이자(　　)일. (사례 12-3)

이런 규정의 성격에 관해 판례는 무엇이라고 하는가? (사례 5-2) [이유] 1.가. 권리확정주의 그 자체에 터잡아 법령이나 기업회계에 명시되지 않은 다른 방법을 합리적 방법이라고 보는 경우도 있다. 대법원 1995. 7. 14. 선고 94누3469 판결.

(5) 용례 문제로 앞의 두 판례에서 '실현'이라는 말은 권리의 목적의 실현, 바꾸어 말하면 기본적으로는 대금을 변제받아서 채권이 소멸하는 것을 뜻하므로 앞서 헌법재판소 2007. 3. 29. 2005헌바53등 병합 결정(사례 12-1)에서 본 '실현주의＝역사적 원가주의'라는 말에 쓰인 '실현'(기본적으로는 매매목적물의 인도)과는 뜻이 다르다. 특히 2009아79 결정(사례 12-3)에서는 '소득의 실현시기'가 아니라 권리의 발생시기가 소득의 귀속시기(과세시기)라고 적고 있어서 혼란을 주지만, 여기에서 소득의 실현이라는 말 역시 권리목적의 실현이라는 뜻이다. 실현주의라는 말에서 실현이란 곧 소득의 과세계기라는 말이기 때문이다.

(6) 기업회계나 세법실무에서 실현주의(realization principle)라는 말이 널리 쓰이게 된 것
은 미국에서 들어온 용례이고, 이 용례는 '실현'을 과세계기로 삼는다는 미국세법의 명
문규정(현행법으로 제1001조)에서 생겨난 것이다. 실현주의라는 말은 [④]주의
(accrual basis)의 하부개념이다. [④]주의라는 말은 현금주의에 견주어 쓰는 개념으
로서 아직 현금을 받기 전이라도(대법원 2009아79 결정의 용례로는 소득의 실현시기 전
이라도) 소득이 [④]했다면 이를 과세할 수 있다는 말이다. 자산의 가치가 올라서
생긴 소득은 가치가 오른(net accretion) 시점에 생겼다고 보는 것이 경제적 실질에 맞
겠지만, 법은 실현주의를 따라서 자산처분 전에는 평가증을 하지 않고 자산처분시기에
가서 가치증가액을 처분에 따르는 이익(매출이익, 처분익, 양도차익)으로 과세한다. 한
편 이자소득이나 임대소득처럼 자산의 가치가 변동해서 생기는 손익이 아니고 미리 특
정된 수익률로 시간의 경과에 따라 생기는 소득이라면 실현개념은 애초 적절하지 않다.

(7) 2009두11157 판결(사례 12-2)에서 기업회계상 수익인식시기를 익금의 과세시기로 볼
수 없다는 이유는 무엇인가? 익금의 과세시기(＝익금귀속시기＝익금산입시기＝익금의
확정시기＝실현주의라는 말에서 실현시기＝대법원 판결의 용례로 실현의 가능성이 성
숙된 시기)를 권리의무라는 법적기준으로 정해야 하는 이유는 무엇인가? 2009아79 결
정(사례12-3)(2009헌바92 결정)은 한결 일반화해서 권리확정주의의 논리적 근거가 무
엇이라고 하는가?

(8) 익금이 확정되었다고 보자면 익금의 금액을 단순히 추정하는 것이 아니라 확정할 수 있
어야 하고(사례 12-2) 그런 익금을 받을 권리가 확정되어야 한다. "소득이 발생할 권
리가 성숙·확정되었는지는 개개의 구체적인 권리의 성질이나 내용 및 법률상·사실상의
여러 사항을 종합적으로 고려하여 결정하여야 하고, 특히 소득의 지급자와 수급자 사이
에 채권의 존부 및 범위에 관하여 다툼이 있어 소송으로 나아간 경우에 그와 같은 분쟁
이 경위 및 사안의 성질 등에 비추어 명백히 부당하다고 할 수 없는 경우라면 소득이
발생할 권리가 확정되었다고 할 수 없고, 판결이 확정된 때 권리가 확정된다고 보아야
한다." 대법원 2018. 9. 13. 선고 2017두56575 판결.

[관련법령]
소득세법 제39조 제 1 항, 제24조 제 3 항.

사례 12-4 대법원 2011. 6. 24. 선고 2008두20871 판결

【원고, 상고인】 원고(소송대리인 변호사 김동윤)

【피고, 피상고인】 경주세무서장

【원심판결】 대구고법 2008. 10. 17. 선고 2008누243 판결

【주   문】

상고를 기각한다. 상고비용은 원고가 부담한다.

【이   유】

상고이유를 본다.

1. 구 소득세법(2009. 12. 31. 법률 제9897호로 개정되기 전의 것) 제39조 제 1 항은 '거주자의 각 연도의 총수입금액의 귀속연도는 총수입금액이 확정된 날이 속하는 연도로 한다.'고 규정하면서, 제24조 제 3 항은 '총수입금액의 계산에 있어서 수입하였거나 수입할 금액의 범위와 계산 또는 그 확정시기에 관하여 필요한 사항은 대통령령으로 정한다.'고 규정하고, 그 위임에 의한 구 소득세법 시행령(2010. 2. 18. 대통령령 제22034호로 개정되기 전의 것, 이하 같다) 제45조 제 9 의2호는 '비영업대금의 이익의 수입시기는 약정에 의한 이자지급일로 한다. 다만, 이자지급일의 약정이 없거나 약정에 의한 이자지급일 전에 이자를 지급받는 경우 또는 제51조 제 7 항의 규정에 의하여 총수입금액 계산에서 제외하였던 이자를 지급받는 경우에는 그 이자지급일로 한다.'고 규정하고 있다. 한편, 구 소득세법 시행령 제51조 제 7 항은 '비영업대금의 이익의 총수입금액을 계산함에 있어서 과세표준 확정신고 또는 과세표준과 세액의 결정·경정 전에 당해 비영업대금이 채무자에 대한 강제집행 등으로 회수할 수 없는 채권에 해당하여 채무자 또는 제 3 자로부터 원금 및 이자의 전부 또는 일부를 회수할 수 없는 경우에는 회수한 금액에서 원금을 먼저 차감하여 계산한다. 이 경우 회수한 금액이 원금에 미달하는 때에는 총수입금액은 이를 없는 것으로 한다.'고 규정하고 있다.

원심은, 그 채용증거를 종합하여 원고가 소외 1에 대한 대여금 18억원과 그 이자(이하 '이 사건 대여원리금'이라 한다)를 회수하지 못하고 있던 중 연대채무자인 소외 2를 상대로 이 사건 대여원리금의 청구소송을 제기하여 원고의 청구를 인용하는 서울지방법원 2003. 7. 30. 선고 2002가합84864 판결(이하 '이 사건 가집행선고부 승소판결'이라 한다)을 받아 이를 집행권원으로 하여 2004. 11. 19. 소외 2의 부동산에 대한 강제집행절차에서 이 사건 대여원리금 중 461,345,781원(이하 '쟁점배당금'이라 한다)을 배당받았으며, 그중 54,352,881원은 원금의 변제에, 나머지 406,992,900원은 이자의 변제에 각 충당된 사실을 인정한 다음, 쟁점배당금은 원고가 임시로 보관하는 것이 아니라 그 배당받은 날에 원고의 소유로 귀

속되어 원고가 임의로 처분할 수 있는 것이며, 가령 그 후의 상소심에서 이 사건 가집행선고부 승소판결이 취소되는 경우가 생긴다고 하더라도 그 배당의 효력이 부인되는 것이 아니라 부당이득반환 의무만 발생할 뿐이라는 이유로 쟁점배당금에 의한 이자소득 406,992,900원의 수입시기는 구 소득세법 제45조 제 9 의2호 단서에 의하여 쟁점배당금을 받은 날이 속하는 2004년도라고 판단하면서, 이와 달리 그 이자소득의 수입시기를 이 사건 대여원리금 청구소송의 상고심에서 소외 2의 상고가 기각되어 쟁점배당금이 원고에게 확정적으로 귀속된 2005년도로 보아야 한다는 원고의 주장을 배척하였다.

기록과 앞서 본 각 규정의 내용 및 그 입법 취지, 그리고 소득세법상 이자소득의 귀속시기는 당해 이자소득에 대한 관리·지배와 이자소득의 객관화 정도, 납세자금의 확보시기 등을 함께 고려하여 그 이자소득의 실현가능성이 상당히 높은 정도로 성숙·확정되었는지 여부를 기준으로 판단하여야 하는 점(대법원 1998. 6. 9. 선고 97누19144 판결 등 참조), 납세자가 가집행선고부 승소판결에 의한 배당금의 수령에 관하여 이자소득세 등을 과세당한 후 상소심에서 그 판결이 취소되어 배당금을 반환하는 경우가 발생하더라도 국세기본법 제45조의2 제 2 항에 의하여 그 이자소득세 등에 대한 경정청구를 함으로써 구제를 받을 수 있는 점 등에 비추어 보면, 이 사건 이자소득의 수입시기에 관한 원심의 판단은 정당한 것으로 수긍할 수 있다.

원심판결에는 이에 관하여 상고이유에서 주장하는 바와 같이 이자소득의 귀속시기에 관한 법리오해의 잘못이 없다…

3. 그러므로 상고를 기각하고, 상고비용은 패소자가 부담하기로 하여, 관여 대법관의 일치된 의견으로 주문과 같이 판결한다.

대법관   양창수(재판장) 김지형(주심) 전수안 이상훈.

사례 12-5 **대법원 1983. 10. 25. 선고 81누136 판결 (사례 7-1)**

Notes & Questions

(1) 2008두20871 판결(사례 12-4)의 쟁점은 원고가 가집행선고부 판결에 따라 2004년에 소외2로부터 받은 이자채권의 금액을 2004년분 이자소득으로 과세할 수 있는가이다.

(i) 원고가 이자소득을 받을 권리는 2004년 말 현재까지 확정되었는가? 앞의 2009두 11157 판결(사례 12-2) Notes and Questions (8)에 나오는 대법원 2018. 9. 13. 선고 2017두56575 판결에 따라 판단한다면 원고에게 이자소득을 과세할 수 있는가?

(ⅱ) 그럼에도 불구하고 원고에게 이자소득을 과세할 수 있다는 이유는 무엇인가? 대법원 1988. 9. 27. 선고 87누407 판결 등 종래의 판례는 "지급은 확정적인 것이 아니고 상소심에서 그 가집행선고 또는 본안판결이 취소된 것을 해제조건으로 하는 잠정적인 것에 지나지 아니하므로 이를…소득금액의 지급이라 할 수 없는 것"으로 보았다. 판례가 사실상 변경된 이유를 2008두20871 판결에서 찾아보라.

(2) (사례 12-4)처럼 자신에게 돈 받을 권리가 있다고 주장하고 있고 실제로 돈을 받은 자는 아직 권리가 확정되지 않았더라도 과세한다는 것을 미국식 용례로는 '권리주장이론'(claim of rights doctrine)이라고 부른다.

(3) 81누136 판결(사례 7-1)은 [①]소득에 관한 것이다. 이 판결의 원고에게는 아예 아무런 [②]가 없지만 과세한다는 점에서 [②]확정주의의 예외가 된다. 만일 원심변론종결 후에 원고가 [①]소득을 환원한다면 경정청구를 구할 수 있을까? (사례 6-4)

제 3 절   손금의 귀속시기

[관련법령]
법인세법 제40조 제 1 항.

사례 12-6   대법원 2011. 1. 27. 선고 2008두12320 판결

【원고, 피상고인 겸 상고인】제이유개발 주식회사(소송대리인 법무법인 바른 담당변호사 김치중 외 1인)
【피고, 상고인 겸 피상고인】강남세무서장(소송대리인 법무법인 소망 담당변호사 김영생)
【원심판결】서울고법 2008. 6. 13. 선고 2007누34899 판결
【주　문】
상고를 각 기각한다. 상고비용은 각자가 부담한다.
【이　유】
1. 원고의 상고이유에 관한 판단
…
나. 상고이유 제 2 점
「법인세법」 제14조 제 1 항은 "내국법인의 각 사업연도의 소득은 그 사업연도에 속하는

익금의 총액에서 그 사업연도에 속하는 손금의 총액을 공제한 금액으로 한다.”라고 규정하고 있고, 제40조 제 1 항은 “내국법인의 각 사업연도의 익금과 손금의 귀속사업연도는 그 익금과 손금이 확정된 날이 속하는 사업연도로 한다.”라고 규정하고 있으며, 「법인세법 시행령」 제68조 제 1 항 제 1 호는 “법 제40조 제 1 항 및 제 2 항의 규정을 적용함에 있어 상품 등의 판매로 인한 익금 및 손금의 귀속 사업연도는 그 상품 등을 인도한 날이 속하는 사업연도로 한다.”라고 규정하고 있다.

　　원심판결 및 원심판결이 인용한 제 1 심판결의 이유에 의하면, 원심은 그 채용 증거를 종합하여, ① 원고는 판매원들과 상품판매계약을 체결하고 계약금을 수령한 경우 이를 선수금으로 회계처리하였다가 판매원들에게 상품을 인도할 때 매출로 인식하고 있고, 그 매출액은 … 기초 상품에 당기 매입을 더하고 기말 재고를 차감하여 여기에 판매가를 곱하여 산출하고 있는 사실, ② 원고의 ‘방판마케팅 플랜’ 등에는 매출이익이나 매출액의 일정 비율을 판매원들에게 판매수수료로 지급하도록 약정되어 있으나, 실제로 원고는 계약금만을 수령하고 아직 상품의 인도가 이루어지지 아니하여 매출이 실현되지 않은 상태에서 판매원들에게 계약금을 기준으로 매월 판매수수료를 지급하고 이를 비용으로 계상한 사실 등을 인정한 다음, 원고는 판매원들로부터 수령한 계약금은 상품이 인도된 때에 매출로 인식하면서도 판매수수료는 상품이 인도된 때가 아니라 계약금을 수령한 때에 비용으로 먼저 계상함으로써 수익과 비용이 대응되지 아니하였다는 이유로, 원고가 판매원들에게 계약금을 기준으로 지급한 판매수수료 중 매출 미실현분에 대한 부분을 선급비용으로 보고 손금불산입하여 한 피고의 이 사건 각 법인세 부과처분은 적법하다고 판단하였다.

　　앞서 본 규정 및 관련 법리와 기록에 비추어 살펴보면, 이와 같은 원심의 판단은 정당한 것으로 수긍할 수 있다. 원심판결에는 원고가 상고이유에서 주장하는 권리의무확정주의 및 수익비용대응의 원칙 등에 관한 법리오해의 위법이 없다…

　　대법관　　양창수(재판장) 양승태 김지형(주심) 전수안.

Notes & Questions

(1) (사례 12-6)의 사실관계는 예를 들어 90원을 주고 산 자산을 판매하기 위해 판매수수료 10원이 들어가고 그 뒤 일정기간이 지나고 나서 120원에 파는 것이다. 매출액 120원의 익금산입시기는 언제인가? 선수금을 받은 날인가, 인도일인가, 대금회수일인가?

(2) (사례 12-6)의 쟁점은 판매수수료, 가령 위 보기의 10원을 손금산입할 수 있는 시점이 판매수수료를 지급한 시점인가 또는 매출액의 익금산입시기인가이다.

(ⅰ) 100원을 주고 산 자산(사는 데 든 운임은 매도인이 부담했다)을 일정 기간 뒤에 110원에 판다고 하자. 취득가격 100원을 손금산입할 수 있는 시점은 자산을 사는 시점인가 파는 시점인가? 왜 그렇게 해야 하는가? 이런 거래와 100원을 예금했다가 일정 기간 뒤에 원리금 110원을 받는 거래를 달리 과세할 이유가 있는가? 수익비용대응이란 무슨 뜻인가?

(ⅱ) 90원 주고 산 자산을 가져오느라 운임 10원이 들었고 그 자산을 일정 기간 뒤에 110원에 판다고 하자. 취득가격 90원과 운임 10원을 손금산입할 수 있는 시점은 각 언제인가? 그 이유는 무엇인가?

(ⅲ) 90원 주고 산 자산을 110원에 파느라고 판매수수료 10원을 지급했다. 취득가격 90원과 판매수수료 10원을 손금산입할 수 있는 시점은 각 언제인가? 그 이유는 무엇인가?

(ⅳ) 이 판결의 쟁점으로, 90원 주고 산 자산을 판매하기 위한 수수료를 판매 전에 미리 지급했고 그 뒤 110원에 팔았다면 취득가격과 판매수수료 10원을 손금산입할 수 있는 시점은 각 언제인가? 그 이유는 무엇이라고 하는가?

[관련법령]
법인세법 제40조 제1항.

사례 12-7 대법원 1989. 11. 14. 선고 88누6412 판결

【원고, 상고인 겸 피상고인】 주식회사 로옴코리아 소송대리인 변호사 김정현
【피고, 피상고인 겸 상고인】 구로세무서장
【원 판 결】 서울고등법원 1988. 4. 12. 선고 85구945 판결
【주   문】
원판결 중 피고 패소부분을 파기하여 사건을 서울고등법원에 환송한다.
원고의 상고를 기각한다.
상고 기각된 부분의 상고 소송비용은 원고의 부담으로 한다.
【이   유】
1. 피고 소송수행자의 상고이유에 대하여…
2. 원고 소송대리인의 상고이유에 대하여
㈎ 법인의 사용인에게 지급되는 상여금이 일정기간 동안의 근로의 대가로 지급되는 임

금적 성질을 지니고 있는 경우에 전체 해당 기간 중 경과일수에 상응하는 상여금의 액수가 가분적으로 확정이 되고, 이와 같이 가분적으로 확정된 금액을 그 경과일수에 해당하는 사업년도의 손금으로 처리하는 것이 종래의 회계관행에 어긋나는 것이 아니라면 그와 같은 손금처리는 시인되어야 할 것이나, 만일 경과일수에 상응하는 상여금의 액수가 가분적으로 확정이 되지 않거나 경과일수에 상응하는 상여금의 액수를 경과일수에 해당하는 사업년도의 손금으로 처리하는 것이 종래의 회계관행에 어긋나는 1회적인 것이라면 그와 같은 손금처리는 용인될 수 없는 것이다.

이 사건에서 원심이 확정한 바에 의하면 원고법인의 1982.사업년도는 1982. 1. 1.부터 같은 해 3. 31.까지로 되어 있고 문제의 1/4분기 상여금은 지급일이 1982. 4. 30. 상여금 해당기간이 1981. 12. 16.부터 1982. 4. 15.인데 위 상여금은 같은 해 4.15.의 임금인상을 거쳐 인상된 임금에 의하여 지불받기로 되어 있어 1982.사업년도의 결산기 말인 1982. 3. 31. 당시로서는 경과일수에 해당하는 상여금의 액수는 물론 같은 해 4. 30.에 지급될 전체 상여금의 액수조차 확정되어 있지 않았다는 것이고, 또 기록에 의하면 원고법인의 종전 회계관행은 상여금을 그 지급일이 속하는 사업년도의 손금으로 일괄처리하여 왔다는 것이므로 상여금의 지급기일이 도래하기 전에 경과일수에 해당하는 부분만을 손금처리 하려는 것은 종래의 회계관행에 어긋나는 것일 뿐만 아니라 그 또한 사업년도의 변경에 따른 1회적인 것으로 보여지고 나아가 원고는 1981. 12. 16.부터 같은 달 31.까지의 16일 분에 해당하는 상여금을 1982.사업년도의 손금으로 계상하고 있으나 1981.사업년도의 필요경비를 1982.사업년도의 손금으로 계상하는 것도 원칙적으로 용인될 수 없는 것이다.

결국 원심이 이에 대하여 손금부인을 한 피고의 조처를 정당하다고 판단한 것은 옳고 여기에 소론과 같은 법리오해의 위법이 없다. 논지는 이유 없다…

3. 이리하여 원판결 중 피고 패소부분을 취소하여 그 부분 사건을 원심법원에 환송하고 원고의 상고는 이유 없으므로 이를 기각하기로 관여 법관의 의견이 일치되어 주문과 같이 판결한다.

대법관 김주한(재판장) 이회창 배석 김상원.

Notes & Questions

(1) 먼저 이 판결의 사실관계와 관련된 법을 보자.

(i) 이 사건에서 1982 사업연도가 1982. 1. 1.에서 1982. [   ]. [   ]까지라는 3개월 단기간이 된 이유는 무엇일까? 법인세법 제 7 조 참조.

(ⅱ) 1981. 12. 16.부터 1982. 4. 15.까지의 4개월 기간에 대해 원고가 지급할 상여금의 액수는 1982. 4. 15. 이후에나 확정되었고 실제 지급은 1982. 4. 30.에 이루어졌다. 원고는 4개월 기간분 상여금을 19[   ] 사업연도의 손금으로 계상했다. 19[   ]사업연도 종료일인 1982. [   ]. [   ] 현재에는 아직 금액도 확정되지 않았던 상여금을 19[   ] 사업연도의 손금으로 계상한다는 것이 어떻게 가능했을까? 법인세법 제60조 참조.

(2) 이 판결의 쟁점은 원고가 지급한 4개월분 상여금은 어느 사업연도에 얼마씩 귀속하는가이다. 원고는 4개월분 전체를 1982 사업연도(1982. 1. 1.−1982. 3. 31.)에 귀속시켰으나 대법원은 이 주장을 내치고 두 가지 대안이 있다고 설시한다: (ⅰ) 경과일수에 따른 계산, 곧 0.5개월분은 1981. 12. 31.로 종료하는 사업연도, 3달분은 1982. 1. 1.에서 3. 31.인 사업연도, 0.5개월분은 1982. 4. 1.에 시작하는 사업연도, 아니면 (ⅱ) 4개월분 상여금을 지급한 날(1982. 4. 30.)이 속하는 사업연도(1982. 4. 1.에 시작하는 사업연도). 이 사건에서 대법원은 무어라고 판단하고 있고 그 이유는 무엇인가? 경과일수에 따라서 손금산입하기 위한 두 가지 요건은 무엇이고 원고가 (ⅰ)을 택할 수 없는 이유는 무엇인가?

(3) 앞의 2008두12320 판결(사례 12−6)에서 판매원들에게 지급한 수수료의 손금산입시기는 매출액에 대응시킨데 비하여 (사례 12−7)의 인건비의 손금산입시기는 경과일수 또는 실제지급일을 기준으로 삼고 있는 차이는 어디에서 나오는 것일까? 기업회계의 용례로는 전자를 [   ]대응 후자를 [   ]대응 또는 [   ]대응이라고 부른다.

(4) (사례 12−7)은, 쟁점 상여금은 1982. 3. 31. 현재 '상여금의 [   ]가 가분적으로 확정'되지 아니하였으므로 같은 날 종료하는 사업년도에 경과일수 기준으로 손금산입하지 못한다고 밝히고 있다. 권리확정주의라는 말의 대구(對句)로 쓴다면 이런 생각을 [   ]주의라 부를 수 있다. 비용은 채무가 있음을 확정하고 채무금액을 합리적으로 정확하게 예측할 수 있게 하는 요건이 모두 만족된 사업연도에 손금산입한다는 것이다. 이 개념은 특정한 수익에 대응하지 않는 기간비용의 귀속시기를 정하는 원칙이라고 볼 수 있다.

(5) 임직원의 스톡옵션에 관련하여 법인에는 언제 얼마의 손금이 생기는가?

제 4 절   실현주의의 모순

(1) 2××1. 12. 31.에 액면 1210원이고 만기가 2××4. 1. 1.이며 따로 이자는 주지 않는 채권을 1000원에 사서 만기에 액면금액을 상환받는다고 하자. 실현주의를 따른다면 이

채권에서 생기는 소득은 어느 해에 얼마씩이 되는가? 한편 같은 돈을 은행에 예금한다
면 이자소득은 어떻게 계산하는 것이 옳을까? 채권에서 생기는 손익과 주식에서 생기는
손익의 차이점은 무엇이고 실현주의의 적용여부에 어떤 차이를 낳는가?

(2) 특정 수익과 관련이 없다는 이유로 비용을 발생 시에 바로 손금에 산입하는 것은 논리
적으로 옳은가? 대안은 무엇인가?

(3) 주식투자와 채권투자는 관련소득의 과세시기라는 면에서 어느 쪽이 유리한가? 국민경제
의 효율이라는 면에서 세부담의 차이는 어떤 결과를 낳는가?

(4) 실현을 과세 계기로 삼는 경우 투자자는 기존의 투자에 묶이게 되는바 이것을 [   ]
효과라고 부른다.

(5) 소득세의 이념을 부의 증가는 원천이나 형태가 무엇이든 모두 과세하는 데 있다고 본다
면, 값이 오른 자산을 파는 경우와 그냥 들고 있는 경우를 서로 달리 과세할 이유가 있
는가? 없다면 세금을 낼까 말까는 결국 무엇에 따라 정하는 것인가? 과세여부가 실현여
부에 달려 있다는 말은 결국 과세시기는 [   ]의 뜻에 달려 있다는 말이다.

(6) 실현주의하에서는 시가가 떨어진 자산을 시가에 매도하였다가 다시 저가에 재매입하는
[   ]sale과 해당 자산을 계속 보유하는 경우 사이에 세금에서 어떤 차이가 생기는가?
이 문제에 대한 대책은 무엇인가?

(7) 모든 자산 및 부채를 시가평가하는 경우에는 실현주의의 모순이 해결될 수 있는 바, 최
근 시가평가가 확대되어 미실현이득에 대하여 과세하는 범위가 늘고 있다. 시가평가를
모든 자산 및 부채로 확대할 수 있을까? 어떤 난점이 있을까?

제 5 절   기업회계와 세법

I. 기업회계의 세법상 지위

[관련법령]
법인세법 제43조.

사례 12-8 대법원 2011. 9. 29. 선고 2009두11157 판결 (사례 12-2)

사례 12-9 대법원 1989. 11. 14. 선고 88누6412 판결 (사례 12-7)

Notes & Questions

(1) 2009두11157 판결(사례 12-2)에서 원고의 경정청구가 기업회계에 맞다는 점에는 다툼이 없다. 그럼에도 불구하고 경정청구를 인정하지 않은 이유는 무엇인가? 손익의 귀속사업연도와 자산·부채의 취득 및 평가에 관하여는 [　　] 및 조세특례제한법의 규정을 우선 적용하고, 위 각 법에서 달리 정하여지지 않은 내용에 대해서는 일반적으로 공정타당하다고 인정되는 기업회계의 [　　]이나 관행이 [　　]적으로 적용되어 온 것이 있으면 이를 적용한다. 대법원 1992. 10. 23. 선고 92누2936 판결 1. 가. (사례 5-2).

(2) 한편 권리확정주의란 '납세의무자의 자의에 의하여 과세연도의 소득이 좌우되는 것을 방지함으로써 과세의 공평을 기함과 함께 징세기술상 소득을 획일적으로 파악하기 위한 것'이다. 헌법재판소 2010. 2. 25. 2009헌바92·139 결정. 따라서 구체적 사정을 고려할 때 '과세의 공평과 소득의 획일적 파악'에 필요한 범위 안에서는 기업회계가 단순한 보충적 지위를 넘어설 수도 있다. 가령 앞의 88누6412 판결(사례 12-7)은 상여금의 손금산입 시기를 정하는 기준으로서 경과일수와 지급일 사이의 선택은 납세의무자의 계속적 [　　]이 어떠한가에 달려있다고 한다.

Ⅱ. 기업회계제도

(1) 기업회계의 기준은 [　　]법률에 따른 하부규정으로서 금융위원회가 제정한다. [　　]과 금융기관은 한국채택국제회계기준, 곧 금융위원회의 위탁에 따라 [　　]이 국제회계기준(IFRS 및 IAS)을 번역하여 내놓은 문서인 기업회계기준서를 따라야 한다. 같은 법률의 적용을 받는 다른 기업은 같은 [　　]이 내어놓은 일반기업회계기준을 따라야 한다.

(2) 기업회계의 기준을 어긴 분식결산에는 민형사상 책임이 따르고 세법상으로도 일정한 제재가 있다.

(3) 재무상태표는 회사의 재무상태를 이해관계자에게 알리는 것이므로, 자산부채는 이 목적

에 맞추어 분류한다. 가령 상품대금으로 받은 어음 500,000, 외상매출금 720,000, 돈을 꿔주고 받은 어음 56,000이 있다고 하자. 이 세 가지를 대차대조표상 두 개의 그룹으로 묶어서 표시해야 한다면 무엇과 무엇을 묶어야 할까? 외상매출채권 720,000과 묶어서 매출채권으로 분류할까 아니면 돈을 꿔주고 받은 어음 56,000과 묶어서 어음채권으로 분류할까? 회사의 사업이 어떤 상황에 있는지를 알리자는 목적에서 본다면 어느 쪽이 좋을까?

(4) 재무상태를 알린다는 시각에서 자산을 딱 두 가지로 분류한다면 무엇을 기준으로 분류 하면 좋을까? 부채의 분류는?

(5) 손익계산서에서는 매출액에서 매출원가(매출한 상품이나 제품의 원가)를 뺀 차액을 [①]으로 적고, 거기에서 판매비와 일반관리비를 뺀 차액을 [②]이라 부른다. 당기순이익은 [②]에 영업외손익(금융자산의 손익과 비경상적 손익 등)을 가감하고 거기에서 법인세를 빼는 형식으로 적는다.

(6) 기업회계가 대략 1930년대부터 실현주의와 역사적 원가주의를 택한 것은 한편으로는 세법판례의 영향이고 다른 한편으로는 정보의 [   ]성 때문이다. 수익은 실현시기에 잡고 비용은 관련되는 수익에 [   ]하여 잡으며 특정한 수익에 대응하지 않는 비용은 기간비용으로 잡는다. 실현주의에 대한 예외로 시가가 원가보다 하락한 경우 시가로 평 가할 수 있다는 생각을 보수주의, 국제회계기준의 용례로는 [   ]성의 원칙이라고 부 른다. 국제회계기준에서는 [   ]로 평가하는 것이 오히려 원칙이다.

Ⅲ. 세무조정이나 경정과 소득처분

예제 서울㈜의 제1차 사업연도의 법인세차감전 당기순이익은 1,380,000원이다. 순자산 증가액이나 감소액이 당기순이익에 잡히지 않은 채 대차대조표에 바로 반영된 것은 없다. 세법에 따라 재무제표를 검토한 결과 재무제표상의 소득계산과 세법 사이에 다음과 같은 차이를 발견하였다. 법인세법상 각 사업연도의 소득을 구하고 제10장에 나오는 법인세 과세표준 및 세액조정계산서를 채워보라.

1. 재무제표상 감가상각비는 75,000원이지만 세법상 손금산입 한도액은 60,000원 이다.

2. 재무제표상 매출액 4,760,000원 가운데 60,000은 취득원가 30,000원인 재고자

산을 판 것인데 아직 세법상 익금산입 시기에 이르지 않았다.

3. 재무제표상 이자수익 90,000원은 아직 세법상 익금산입 시기에 이르지 않았다.

4. 재무제표상 이자비용 100,000원은 전액 채권자가 누구인지 알 수 없는 사채(私債)이자이다.

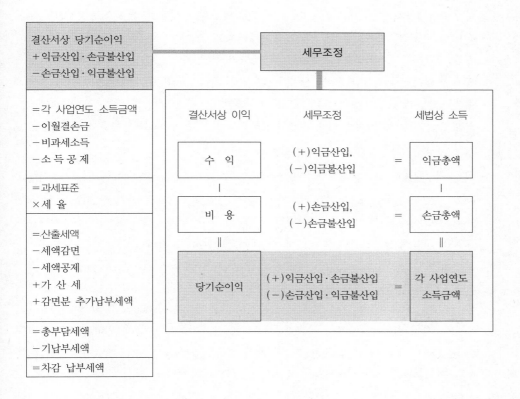

Notes & Questions

(1) 납세의무가 있는 내국법인은 각 사업연도의 종료일이 속하는 달의 말일부터 3개월 이내에 대통령령이 정하는 바에 따라 당해 사업연도의 소득에 대한 법인세의 과세표준과 세액을 납세지 관할세무서장에게 신고(법인세 과세표준 및 세액신고서)하여야 한다. 법인세법의 글귀에서는 과세소득은 익금과 손금을 각 구하여 그 차액을 계산하는 것이지만 과세실무에서는 손익계산서 또는 포괄손익계산서의 당기순이익(법인세 공제전 당기순이익)에서 출발하여 법인세 과세표준 및 세액조정계산서라는 양식을 통하여 기업회계와

세법 사이의 차이를 조정하는 속칭 [   ]을 거쳐서 과세소득을 계산한다. 제10장 제
1 절 참조. 이를 위하여 법령은 [   ]을 준용하여 작성한 재무상태표·손익계산서 및
이익잉여금처분계산서(또는 결손금처리계산서)와 법인세과세표준 및 세액[①]계산
서(속칭 '세무[①] 계산서') 등을 법인세신고서에 첨부하도록 정하고 있다.

(2) 세무조정계산서의 가장 기본이 되는 양식인 '법인세 과세표준 및 세액조정계산서'는
제10장 제 1 절. 세무조정 과정에서 재무제표상 당기순이익을 늘리는 것을 실무상으
로 [   ]이라 부르고 줄이는 것을 [   ]이라 부른다. 조정대상이 익금인가 손금인
가에 맞추어 익금불산입 손금불산입이라는 말도 쓴다. 엄밀히는 법인세법의 글귀 자체
에 나오는 익금불산입(순자산증가액이지만 익금이 아닌 것) 손금불산입(순자산감소액이
지만 손금이 아닌 것)과는 다른 개념이지만 신고서 작성 목적으로는 특별히 구별할만한
실익이 없다.

(3) 가령 재무제표상 감가상각비 가운데 15,000을 세법상 한도초과액으로 올해 손금불산입
(또는 익금산입)하는 것(제13장 제 1 절 Ⅳ.)은, 세법의 입장에서 보면 기존의 재무제표
에 '(차) 기계장치 15,000 (대) 감가상각 15,000'이라는 새로운 분개를 반영해야 한다는
말이다. 그렇게 한다면 재무제표상 자산이 15,000, 당기순이익이 15,000 늘어나게 된다.
법은 구태여 재무제표를 만들게 하는 대신 이 결과를 얻을 수 있도록 세무조정으로 소
득을 15,000 늘리도록 정하고 있다. 한편 이 말은 세법을 기준으로 본다면 회사의 순자
산(=자본금+잉여금)이 재무제표에 있는 것보다 기계장치 15,000만큼 더 있다는 말이
다. 이리하여 법은 이 차액을 세무조정계산서에 기록하고,[2] 장차 재무제표상 감가상각
이 세법상 감가상각보다 더 적어질 때 가서 손금산입할 수 있도록 정하고 있다. 이
런 비망기록을 [   ]처분이라고 부른다. 이 예에서는 '감가상각비 손금불산입 15,000
사내[   ](유형자산, 더 구체적으로는 기계장치)'라는 세무조정이 필요하다. 마찬가지
로 생각하면 재무제표상 매출액 가운데 60,000원은 세법의 입장에서 아직 매출이 일어
나지 않은 것이고 매출채권이 과대계상된 것이 된다. 이 차액은 장래의 손익에서 조정
해야 하므로 '매출액 익금불산입 60,000원 (−)유보(매출채권)'라는 세무조정이 필요하
다. 동시에 관련 '매출원가 손금불산입 30,000원 유보(재고자산)'으로 조정한다. 이자수
익 익금불산입은 재무제표상 자산(현금 및 현금성 자산)이 세법을 기준으로 계산한 금
액보다 90,000 많다는 것이므로 '이자수익 익금불산입 90,000 [   ]유보(현금 및 현

금성 자산)로 비망기록해 주어야 한다.

(4) 앞의 예제에서 재무제표상의 이자비용 100,000은 채권자를 알 수 없는 사채이자로 손
금불산입하는 것이므로(법인세법 제28조 제 1 항 제 1 호) 올해만이 아니라 앞으로도
손금산입할 수 없는 영구적 차이가 생겨난다. 이런 경우에는 그 차액을 누가 가져갔
는지, 과세대상인지, 과세대상이라면 소득의 성격은 무엇인지를 밝혀야 한다. 사례
6−10 [이유] 2.나. 및 6.나.(1). 이를 밝혀서 그 내용을 적은 '소득금액변동통지서'라
는 문서를 회사 및 상대방에게 보내야 한다. 이것을 [   ]처분이라고 한다. (소득처
분이라는 말은 앞서 본 유보처분을 포함하는 뜻으로 쓰기도 하지만, 가령 소득처분은
행정처분이라고 하는 경우에는 유보처분을 포함하지 않는다.) 채권자를 알 수 없는
사채이자는 대표자에 대한 [   ]로 처분한다.3) (사례 7−5).

(5) 위 (3)과 (4)를 합하면, 과세소득은 1,380,000 + 세무조정사항(15,000−60,000+30,000−
90,000 +100,000) = 1,375,000원이다. 이 보기의 세무조정사항 4가지처럼 구체적 세무
조정사항은 대개 세무조정계산서에 각각 별도의 양식이 정해져 있고 합산한 결과를 법
인세 과세표준 및 세액조정계산서에 적어 넣는다.

(6) 일정한 비용에 대해서는 반드시 장부 및 재무제표에 결산서상 비용으로 계상되어 있어
야 손금으로 인정한다. 가령 "고정자산에 대한 감가상각비는 내국법인이 각 사업연도에
이를 손금으로 계상한 경우에 한하여…당해 사업연도의 소득금액계산에 있어서 이를 손
금에 산입"한다. 법인세법 제23조 제 1 항. 이처럼 결산에 반영하는 것을 [   ]조정이
라 부르고 세무조정계산서에만 반영하는 것을 [   ]조정이라 부른다.

1. 손익의 귀속시기의 차이와 유보처분

[관련법령]
법인세법 제67조, 동법 시행령 제106조.

> 예제 어느 해에 토지를 6억원에 취득하면서 취득세 3,000만원을 손익계산서상 비용으로
> 처리하였다. 이듬해에 이 토지를 7억원에 팔아 손익계산서에는 양도차익 1억원을 기
> 록하였다. 세법에서는 언제 얼마의 소득이 생기는가? 세무조정과 소득처분의 형식으
> 로 표시하면 어떻게 되는가?

---

3) 대법원 1988. 1. 19. 선고 87누102 판결, 대법원 2005. 8. 19. 선고 2003두14505 판결.

2. 영구적 차이

(1) 기업회계와 법인세법상 소득금액 사이에 영구적 차이가 발생하는 경우가 있다. 법정한 도 초과 접대비의 손금불산입, 정관·주주총회(사원총회)·이사회의 결의로 정하여진 급 여지급기준을 초과한 임원상여금, 세법상 한도를 초과한 임원퇴직금, 자기주식처분손익 의 익금산입액 및 부당행위계산에 의한 인정이자 등이 그 예이다.

(2) 영구적 차이에 의한 금액 중 익금산입 또는 손금불산입되는 차이가 이미 기업회계상 대 차대조표의 자본에 반영되어 있는 경우는 따로 소득처분을 할 필요가 없다. 실무에서는 '기타'로 처분한다고 말하기도 한다. 자기주식 처분익의 익금산입(사례 11 − 4) 등이 그 예이다.

(3) 영구적 차이에 의한 금액 중 익금산입 또는 손금불산입되는 차이가 사외로 유출된 경우 에는 귀속자에 따라서 소득처분을 달리한다. 귀속자가 주주 등인 경우에는 [   ]처분 의 결과 소득세법상 배당소득이 되고 임원 또는 사용인인 경우에는 [   ]처분의 결과 소득세법상 근로소득이 된다. 사외유출이기는 하지만 [   ] 또는 사업자 등 상대방의 과세소득에 포함되는 경우에는 상대방에 대한 과세문제가 따로 생기지 않지만 대통령령 은 이런 기타사외유출도 소득처분이라 부르고 있다. 그 외의 자에게 귀속하는 소득은 [①]으로 처분하여 소득세법상 [①]으로 과세한다.

(4) 사외유출된 것은 분명하나 그 귀속자가 불분명한 경우에는 [②]에 대한 상여로 처분 한다. 추계결정 및 경정규정에 의하여 결정된 과세표준과 법인의 대차대조표상의 당기 순이익과의 차액(법인세 상당액을 공제하지 아니한 금액을 말한다)은 [②]에 대하여 상여로 소득처분한다. 다만, 천재·지변 등으로 장부 기타 증빙서류가 멸실되어 추계결 정하는 경우에는 [   ]로 소득처분한다.

3. 분식결산에 따른 경정과 소득처분

[관련법령]

법인세법 제67조; 소득세법 제20조 제 1 항 제 1 호.

> **사례 12-10** 대법원 2005. 5. 12. 선고 2003두15300 판결

【원고, 상고인】 김기하(소송대리인 법무법인 율촌 담당변호사 신성택 외 4인)

【피고, 피상고인】 영등포세무서장

【원심판결】 서울고법 2003. 11. 21. 선고 2002누7724 판결

【주 문】

원심판결을 파기하고, 사건을 서울고등법원에 환송한다.

【이 유】

1. 원심의 판단

원심판결 이유에 의하면 원심은, 설악건설이 1998 사업연도 법인세 신고 당시 이 사건 가설재 판매대금 345,093,980원과 이 사건 건물 공사대금 404,610,001원(모두 부가가치세액을 합한 금액이며, 이하 '이 사건 매출누락금액'이라 한다)을 누락하였다는 이유로 위 금액을 익금에 산입하는 한편, 위 금원은 사외로 유출되었으나 귀속이 불분명하다고 보고 이를 설악건설의 실질적 대표자인 원고에 대한 상여로 소득처분하고 나아가 이 사건 매출누락금액을 가산하여 원고의 1998년 귀속 종합소득세액을 산정한 이 사건 처분에 대하여, 위 소득처분에 기한 과세는 그 소득금액변동통지서의 송달에 하자가 있어서 위법하다고 판단하였으나, 피고가 이 사건 소송의 진행중에 이 사건 매출누락금액은 사외유출되어 원고에게 현실적으로 귀속되었으므로 현실귀속을 이유로 한 과세도 가능하다고 주장하면서 처분사유를 변경한 데 대하여는… 위 인정 사실에 의하면 원고는 1998. 1. 1.부터 같은 해 7. 27.까지 설악건설의 대표이사로서 설악건설을 경영하였을 뿐만 아니라, 같은 해 7. 28.부터 같은 해 12. 31.까지도 설악건설의 형식상 대표이사인 최갑용의 배후에서 설악건설을 사실상 경영하였고, 이 사건 가설재는 1998. 1. 1.부터 같은 해 12. 31.까지 사이에 판매되어 원고가 그 대금으로 위 가설재의 장부상 가액인 345,093,980원 이상을 수령하였으며, 이 사건 공사대금(실제 공사대금은 1,210,000,000원인데 장부에는 796,100,000원으로 축소하여 기장하였다) 중 설악건설에서 장부상 미수금으로 기재하여 둔 404,610,000원도 1998. 9. 1. 이전에 모두 건축주인 전종호로부터 설악건설에 지급되었고 또 원고가 이를 수령하였음을 넉넉히 추인할 수 있으므로, 결국 이 사건 매출누락금액은 모두 원고에게 현실적으로 귀속되었다고 할 것이고, 달리 위 금액이 설악건설의 사업을 위하여 사용되었다고 볼 자료도 없으므로, 원고의 1998년 종합소득금액에 이 사건 매출누락금액을 가산하고서 한 이 사건 처분은 결과적으로 적법하다고 판단하였다.

2. 대법원의 판단

그러나 원심의 위와 같은 인정과 판단은 다음과 같은 이유로 수긍하기 어렵다.

법인세법 소정의 소득금액을 지급한 것으로 의제하는 소득처분의 경우와는 달리, 사외유출된 소득이 대표자 등에게 실지 귀속되었음을 이유로 대표자 등에 대한 소득세 부과

처분이 적법하다고 하려면, 과세관청으로서는 사외로 유출된 소득이 대표자 등에게 현실적으로 귀속된 사실 및 그 소득의 종류를 주장·입증하여야 하는 것이고, 법인으로부터 사외유출된 소득의 귀속자가 분명하게 밝혀지지 아니한 경우 그것이 대표이사 등에게 현실적으로 귀속되었다고 추정할 수는 없는 것이다(대법원 1999. 12. 24. 선고 98두16347 판결 참조).

그런데 원심이 확정한 사실관계에 의하더라도 … 이 사건 가설재가 1998. 1. 1.부터 같은 해 12. 31.까지 사이에 그 장부상 가액인 345,093,980원 이상의 가격으로 판매된 사실 및 이 사건 공사대금의 전부 또는 대부분을 원고가 현실적으로 수령한 사실을 추인하기에 부족하고, 기록상 달리 이를 인정할 증거도 보이지 아니하므로, 이 사건 매출누락금액이 원고에게 현실적으로 귀속되었다고 인정하기는 어렵다고 할 것이다.

그럼에도 불구하고, 원심은 이 사건 매출누락금액이 원고에게 현실적으로 귀속되었고 따라서 이 사건 처분은 결과적으로 적법하다고 판단하였으니, 원심판결에는 소득의 현실적 귀속에 관한 법리를 오해하였거나 채증법칙에 위반하여 사실을 오인함으로써 판결에 영향을 미친 위법이 있다 할 것이다. 이 점을 지적하는 상고이유는 그 이유가 있다.

3. 결   론

그러므로 원심판결을 파기하고, 사건을 다시 심리·판단하게 하기 위하여 원심법원에 환송하기로 하여 관여 법관의 일치된 의견으로 주문과 같이 판결한다.

대법관   고현철(재판장) 윤재식(주심) 강신욱 김영란.

Notes & Questions

(1) 이 판결의 쟁점은 ㈎ 설악건설의 매출액 누락액 345,093,980원과 ㈏ 설악건설의 장부에는 미수금 404,610,000원으로 잡혀있지만 실제로는 이미 변제받은 것을 가공자산으로 장부에만 잡아둔 것, 이 두 가지가 설악건설의 대표자인 원고에게 현실적으로 귀속된 소득으로 볼 것인가라는 사실판단이다. (ⅰ) 피고의 당초 과세처분은 현행법으로 소득세법 제20조 제 1 항 제 몇 호에 터잡았는가? 피고가 뒤에 처분사유를 변경한 이유는 무엇인가? (사례 8 − 5) (ⅱ) 현실적 귀속 여부에 관하여 원심과 대법원은 각 어떻게 판단했는가? 이유는 무엇인가?

(2) 이 판결의 사실관계를 보면 매출누락 345,093,980원은 설악건설의 소득이 그만큼 적게 잡힌 것이므로 처분청은 이를 익금산입하고 그와 동시에 누락한 매출대금을 가져간 자를 찾아내어 그 자 앞으로 [   ]했다.(기술적으로 표현하면 매출누락액 익금산입

345,093,980, 대표자 [   ]이라는 세무조정을 했다.4)) 구체적으로 이 사건에서는 설악건설의 매출누락액을 [   ]였던 원고에게 [   ]처분했다.

(ⅰ) 회사의 입장에서 보면 대표자의 횡령으로 인하여 순자산이 감소한 것 아닌가? 그렇다면 매출누락액이라는 익금산입액과 대표자에 지급한 상여라는 손금 두 가지가 서로 상계되니까 익금산입할 금액이 없는 것 아닐까? 대표자가 횡령한 금액을 손금산입해주지 않는 이유는 무엇일까?

(ⅱ) 횡령한 임직원의 입장에서는 과세소득이 생기는 이유가 무엇인가? 반환의무를 지지 않는가?

(3) 가공미수금 404,610,000원의 경우에는 실제는 미수금이 존재하지 않고 그 대신 이를 횡령한 임직원에 대한 반환청구권이 있다. 대표자에 대한 반환청구권을 공사대금 미수금이라는 가공의 채권으로 위장했다는 사실은 재무제표에 나타난 회사의 소득에는 영향이 없다. 그럼에도 불구하고 이 판결에 보면 이 가공미수금을 익금산입했다고 한다 이것은 위법소득을 횡령자 앞으로 상여처분하여 과세하기 위한 기술적인 처리로, 익금산입 404,610,000 대표자 상여처분(위법소득 반환청구권), 손금산입 404,610,000 (−)유보 (가공미수금)라는 세무조정을 했다는 말이다.5)

(4) 이 사건에서 국세청이 소득금액변동통지의 하자를 바로잡아 다시 통지하는 대신 실질적 귀속을 주장한 이유는 무엇일까? (사례 8−5). 원고에 대한 종합소득세 부과제척기간의 기산점은 언제인가? 대법원 2010. 9. 30. 선고 2008두12160 판결(사례 4−6), 2014. 4. 10. 선고 2013두22109 판결.

(5) 매출누락은 판매물량 자체를 누락하는 것이므로 관련된 매입액도 같이 누락하는 수가 많다. 관련 매입액에 관한 입증책임은 누구에게 있는가? 대법원 1998. 4. 10. 선고 98두 328 판결, 2003. 3. 11. 선고 2001두4339 판결 등.

[관련법령]

법인세법 제67조.

---

4) 분개로 표시한다면 (차) 현금 345,093,980 (대) 매출액 345,093,980 / (차) 횡령금반환청구권 345,093,980 (대) 현금 345,093,980, 이 두 가지 누락된 분개를 추가하는 셈이다.
5) 분개로 표시한다면 (차) 현금 404,610,000 (대) 미수금 404,610,000 / (차) 횡령금반환청구권 404,610,000 (대) 현금 404,610,000, 이 두 가지 누락된 분개를 추가하는 셈이다.

사례 12-11   대법원 2002. 1. 11. 선고 2000두3726 판결

【원고, 피상고인】 철산기업 주식회사(소송대리인 변호사 김백영 외 1인)

【피고, 상고인】 수영세무서장

【원심판결】 부산고법 2000. 4. 21. 선고 99누3966 판결

【주   문】

원심판결을 파기하고, 사건을 부산고등법원에 환송한다.

【이   유】

상고이유를 판단한다.

…법인이 매출사실이 있음에도 불구하고 그 매출액을 장부에 기재하지 아니한 경우에는 특별한 사정이 없는 한 매출누락액 전액이 사외로 유출된 것으로 보아야 하고, 이 경우 그 매출누락액이 사외로 유출된 것이 아니라고 볼 특별사정은 이를 주장하는 법인이 입증하여야 하며(대법원 1986. 9. 9. 선고 85누556 판결, 1999. 5. 25. 선고 97누19151 판결 등 참조), 법인이 매출에 의하여 수령한 대금을 내용이 확정되지 아니한 임시계정인 가수금 계정에 계상함으로써 그 상대계정인 현금이 일단 법인에 들어온 것으로 회계처리를 하였다고 하더라도, 만일 그 가수금 계정의 내용이 대표이사로부터의 단기 차입금 거래를 기장한 것으로서 장차 이를 대표이사에게 반제해야 할 채무라는 것이 밝혀진 경우에는 그 가수금 거래는 법인의 순자산의 변동 내지 증가를 수반하지 아니하는 것으로서 법인의 수익이나 비용과는 무관한 것이므로, 그 가수금 채무가 애당초 반제를 예정하지 아니한 명목만의 가공채무라는 등의 특별한 사정이 없는 한, 장부에 법인의 수익으로서 기재되었어야 할 매출누락액은 이미 사외로 유출되어 위 가수금 거래의 상대방인 대표이사에게 귀속된 것으로 보아야 할 것이다(제1심판결에서 인용하고 있는 대법원 1987. 6. 9. 선고 86누732 판결 및 1983. 7. 12. 선고 82누239 판결도 위와 같은 법리를 전제로 하고 있는 것이다).

원심이 인정한 사실관계 및 기록에 의하면, 원고는 1994 사업연도 이전부터 대표이사 이한용과 가수금 거래를 하여 1994년 11월말 현재의 가수금 잔액이 173,865,306원이었고, 그 후 가수금의 차입과 반제를 계속하던 중 1994. 12.경 국제철강으로부터 이 사건 고철판매대금으로 2억 원을 수령하자 이를 이한용 개인 명의의 예금계좌에 입금하였다가 곧이어 그 예금계좌로부터 합계 2억 100만 원을 인출하여 원고의 회계에 입금하면서 위 고철매출사실을 장부에 누락시킨 채 이를 이한용으로부터의 가수금으로 회계처리를 하여 1994 사업연도 기말의 대표이사 가수금 잔액이 385,311,936원에 달하였으며, 1995 사업연도에도 이한용과의 가수금 거래를 계속하여 총 2,781,940,000원의 가수금을 새로 차입하고 총

2,393,756,225원의 가수금을 반제하여 1995 사업연도 기말의 가수금 잔액이 773,495,711
원에 이르렀고, 그 후에도 이한용과의 가수금 거래가 1997 사업연도에까지 이어져 계속된
사실을 알 수 있는바, 이러한 사실관계 및 앞서 본 법리에 의하면, 원고는 이 사건 고철판매
대금으로 2억 원을 수령하였으면서도 그 매출 사실을 장부에 누락시킨 채 이를 장차 반제할
채무를 부담하는 것으로서 법인의 수익과는 무관한 이한용으로부터의 가수금으로 계상하였
으니 이로써 그 매출누락액은 벌써 사외로 유출되어 이한용에게 귀속된 것으로 보아야 할
것이고, 원심이 들고 있는 사정, 즉 가수금 명목으로 원고에게 입금된 금액이 사업상의 용도
로 사용되었다든지, 또는 이 사건 징수처분 이후인 1997. 12. 30.에 이르러 원고가 위 매출
누락금 2억 원 상당의 매출이 있는 것처럼 장부에 계상하여 이를 이한용에 대한 위 가수금
채무와 상계 대체처리하였다는 사정은 이 사건 원천징수 ...근로소득세 납부의무에 아무런
영향을 미칠 수 없는 것이라 할 것이다.

그럼에도 불구하고, 원심은 그 판시와 같은 이유를 들어 위 매출누락액이 사외유출되어
이한용에게 귀속되었다고 볼 수 없다고 판단하였으니, 원심판결에는 사외유출에 관한 법리
를 오해하여 심리를 다하지 아니 함으로써 판결 결과에 영향을 미친 위법이 있다고 할 것
이다.

이 점을 지적하는 상고이유의 주장은 이유 있다.

그러므로 원심판결을 파기하고, 사건을 다시 심리·판단하게 하기 위하여 원심법원에
환송하기로 하여 관여 법관의 일치된 의견으로 주문과 같이 판결한다.

대법관 이규홍(재판장) 송진훈 변재승(주심) 윤재식.

사례 12-12 대법원 1987. 6. 9. 선고 86누732 판결

【원고, 상고인】 의료법인 안동의료재단 소송대리인 변호사 도태구

【피고, 피상고인】 안동세무서장

【원심판결】 대구고등법원 1986. 9. 24 선고 85구200 판결

【주 문】

원심판결을 파기하고, 사건을 대구고등법원에 환송한다.

【이 유】

상고이유를 판단한다.

원심은 원고법인이 입원환자진료비로 1982. 7.부터 동년 12. 31까지 사이에 금
88,982,390원, 1983. 1. 1부터 동년 3.까지 사이에 금 29,964,010원을 각 수납하였으나 이를

손익계산서상의 수입금액에 계상하지 아니하고 가수금계정에 계상하는 회계처리를 한 사실을 확정한 다음 이와 같은 손익계산서상의 각 익금누락액은 사외유출된 것으로 추정되고 따라서 위 각 익금누락액을 귀속불명의 사외유출로 인정하여 한 피고의 이 사건 과세처분을 적법하다고 판단하였다.

그러나 법인이 매출사실이 있음에도 불구하고 그 매출액을 장부상에 기재하지 아니한 경우에는 다른 특별한 사정이 없는 한 매출누락액 전액이 사외로 유출된 것으로 보아야 하나 본건에 있어서 원심이 확정한 바와 같이 원고법인의 위 진료비수납금이 가수금으로 입금되어 가수금 계정에 계상되어 있고, 단지 위 금원이 각 해당 사업년도의 손익계산서상의 수입금액에 계상되어 있지 아니하였다는 사실만으로 사외에 유출된 것으로 추정할 수는 없다 할 것이고, 이 경우 사외로 유출되었다는 사실은 과세관청인 피고가 입증해야 할 것이다.

그런데도 원심이 위 견해와 달리 위 손익계산서상의 수입금액에 계상되지 아니한 위 진료비수납금은 사외유출로 추정하고 원고에게 사내에 유보되어 있다는 증거제시를 요구하고 있음은 입증책임을 전도한 허물이 있고 더욱 원심이 배척한 증거이기는 하나 갑 제14호증, 갑 제27호증의 1, 2의 각 기재에 의하면 원고법인은 1984. 1. 1.에 이르러 위와 같이 가수금으로 입금되어 있던 위 진료비수납금을 잉여금계정의 전기손익수정익으로 대체 입금처리하여 이를 손익계산서상의 정상적인 수입금액에 계상하고 있어 위 금액은 사내에 유보된 것으로 보여지기도 한 이 사건에 있어서 실질적으로 사외에 유출되었는지 여부를 따져보지도 아니하고 피고의 과세처분이 정당하다고 판단한 조치는 결국 법인세법 시행령(1982. 12. 31.령 제10978호) 제94조의2 제 1 항 제 1 호 소정의 소득처분의 법리를 오해한 위법을 범하였다고 할 것이므로 이 점을 들어 다투는 논지는 이유 있다.

따라서 원심판결을 파기하고, 이 사건을 원심법원에 환송하기로 관여 법관의 의견이 일치되어 주문과 같이 판결한다.

대법관 김달식(재판장) 이병후 황선당.

Notes & Questions

(1) 위 두 판결의 공통된 쟁점은 매출누락이 있지만 대표자가 아직 현금을 가져가지 아니한 상태에서 회사가 대표자 가수금이라고 하여 마치 대표자에게 지급할 채무가 있는 양 회계처리해 둔 상태에서 대표자 앞으로 소득처분이 가능한가이다. 두 판결은 일치하는가, 엇갈리는가, 아니면 서로 사안이 다른 것인가?

제13장
익금불산입과 손금불산입

(1) 익금산입, 익금불산입, 손금산입 및 손금불산입이라는 표현을 쓰는 법조 가운데 일부는 아직 손익의 귀속시기에 이르지 않았다는 뜻이다. 가령 상각범위액을 넘는 감가상각비는 당장은 손금불산입하지만 나중에 한도부족액이 생기면 손금산입한다.

(2) 순자산의 증감을 반드시 모두 과세소득에 포함하지는 않고 익금불산입하거나 손금불산입하는 것이 있다. 어떤 경우를 생각할 수 있을까? 헌법재판소 1997. 7. 16. 96헌바36 결정(제10장 제 1 절 Ⅱ.1.).

제 1 절 손금불산입

Ⅰ. 잉여금의 처분을 손비로 계상한 금액

(1) 잉여금의 처분은 손금이 아니고 설사 손비로 계상하였더라도 손금이 아니다. 잉여금이란 순자산과 [   ]의 차액이다. 상법 제287조의37 참조. 법인세법 제19조 제 1 항, 법인세법시행령 제20조 제 1 호.

Ⅱ. 세금, 공과금, 벌금 등

[관련법령]
법인세법 제19조, 제21조, 제21조의2, 제76조의19. 소득세법 제33조 제 1 항.

Notes & Questions

(1) 법인세를 손금불산입하는 것은 세율표시방법의 문제이다. 가령 세전소득이 100원일 때 법인세를 손금불산입하면서 세율을 33.3%로 정하든 법인세를 손금산입하면서 세율을 [①]%로 정하든, 어느 쪽이든 법인세는 33.3이 된다. 후자로 계산하면 법인세 = (세전소득 100 − 법인세 33.3) × [①]% = 33.3이기 때문이다. 외국납부세액은 [   ] 대상이므로 손금불산입한다.

(2) 부가가치세 매입세액은 납부할 부가가치세액 계산시 공제할 수 있는 선급세액(자산)이므로 손금이 아니다. 부가가치세 [   ]사업자의 매입세액처럼 공제할 수 없는 세액은 손금이다.

(3) 벌금, 과료, 과태료, 가산금, 체납처분비 등은 법령위반에 대한 제재이므로 손금불산입한다. 이자성격의 가산세를 포함하여 가산세는 손금불산입한다. 사법상 채무불이행이나 불법행위로 인한 손해배상금은 벌금이 아니지만 특별법이나 외국법에 따른 징벌적 배상 부분은 손금불산입한다. 소득세법에서는 고의나 중과실로 인한 손해배상금을 손금불산입한다.

Ⅲ. 자산의 평가차손의 손금불산입

[관련법령]

법인세법 제22조, 제42조, 동법 시행령 제73조.

사례 13-1   헌법재판소 2007. 3. 29. 2005헌바53 등(병합) 결정 (사례 12-1)

Notes & Questions

(1) 이 결정은, 법에서 특히 정한 경우가 아니라면 자산의 평가차손을 손금불산입하는 이유를 무엇이라 설명하고 있는가?

Ⅳ. 감가상각비

[관련법령]

법인세법 제23조 제 1 항 제 1 문, 같은 법 시행령 제31조 제 2 항.

사례 13-2   서울고등법원 2009. 11. 13. 선고 2009누12541 판결[1])

【원고, 항소인】자인관광 주식회사 대표이사 맹창수

소송대리인 법무법인 율진 담당변호사 김기수

【피고, 피항소인】이천세무서장

【주   문】

1. 제 1 심 판결 중 아래에서 취소를 명하는 부분에 해당하는 원고패소 부분을 취소한
다.(이하 생략)

【이   유】

…원고는 1997년 무렵 이 사건 골프장의 골프코스를 조성한 후 그 골프코스 중 그린,
티, 벙커(이하 '이 사건 자산'이라고 한다)를 감가상각의 대상이 되는 고정자산으로 보아,
1998사업연도부터 2002사업연도까지 사이에 매년 이 사건 자산에 대한 감가상각비 6,950만
원씩을 손금산입하여 각 사업연도 과세표준과 세액을 신고하였다.

…법인세법 시행령 제24조 제 1 항 제 1 호 (가)목 및 (바)목이 정한 '구축물' 또는 '이
와 유사한 유형고정자산'에 해당하기 위해서는 토지에 정착한 건물 이외의 공작물로서 그
구조와 형태가 물리적으로 토지와 구분되어 독립적인 경제적 가치를 가진 것이어야 하고,
그렇지 않은 경우에는 시간의 경과에 따라 가치가 감소하지 아니하는 자산(법인세법 제23조
제 2 항)인 토지와 일체로서 평가되므로 감가상각의 대상이 될 수 없다. 또한, 토지에 대한
자본적 지출이라 함은 토지의 가치를 현실적으로 증가시키는 데에 소요된 비용을 말한다(대
법원 2006. 7. 28. 선고 2004두13844 판결 등 참조).

돌이켜 이 사건에 있어서 갑 제 7 호증의 1, 2의 각 기재에 변론 전체의 취지를 더하여
보면, 이 사건 자산 중 '그린'은 기초공사를 거친 토지를 1m 정도 파서 맨 밑에 배수구(층)
를 만든 후 그 위에 투수층인 자갈 30㎝, 콩자갈층 10㎝, 모래층 10㎝, 혼합사층 30㎝의 공
사를 한 후 그 위의 표면에 특수잔디를 파종하는 방법으로 조성되고, '티'는 그린과 공사과
정은 같고 다만 그 표면의 잔디만 다른 것이 식재되며, '벙커'는 콩자갈층 위에 모래층을
50~70㎝ 정도로 두껍게 조성하고 잔디를 식재하지 않는 것이 다를 뿐 나머지는 그린의 조
성방법과 같은 사실을 인정할 수 있는바, 위와 같은 인정사실 및 기록에 의하여 알 수 있는
다음과 같은 사정, 즉, 이 사건 자산은 그 부지인 토지 위에 자갈, 모래층, 혼합사층 등 그
기능을 유지하기 위하여 필요한 여러 토층을 조성한 후 표면에 잔디나 모래층을 추가로 조
성함으로써 축조되는 지상 구조물이기는 하나, 토지와 물리적 구조와 형태가 명확히 분리된

---

1) 이 판결은 대법원 2009. 5. 14. 선고 2006두11224 판결(파기환송)에 따라 다시 나온 2심판결이다.

다고 할 수 없는 점, 이 사건 자산이 설치된 이 사건 골프장의 부지는 지적법시행령 제 5 조 제23호 소정의 '체육용지'에 해당하는데, 이 사건 자산은 이 사건 골프장 부지가 체육용지로서의 이용가치를 가지기 위한 필수적인 시설로서 그 부지가 되는 토지와 경제적으로 독립한 가치를 가진다고 할 수도 없는 점, 향후 이 사건 자산의 가치를 유지하기 위하여 이 사건 자산의 개보수비용이 소요될 것으로 보이기는 하나, 그렇다고 하여 이 사건 자산의 가치가 시간의 경과나 사용에 따라 지속적으로 감소된다고 할 수 없고, 오히려 특단의 사정이 없는 한 이 사건 자산의 가치가 그 부지인 토지와 함께 계속 유지될 것으로 보이는 점, 이 사건 자산의 조성은 이 사건 골프장 부지의 가치를 현실적으로 증가시키는 것이어서 그 조성비용은 이 사건 골프장 부지의 가치에 흡수될 것으로 보이는 점 등을 종합하여 보면, 이 사건 자산의 조성비용은 이 사건 골프장 부지에 대한 자본적 지출에 해당한다고 봄이 상당하므로, 이 사건 자산은 감가상각의 대상이 되지 않는다고 할 것이다.

　　판사 심상철(재판장) 황병헌 김인택.

Notes & Questions

(1) 이 판결의 쟁점은 쟁점자산이 토지의 일부인가 아니면 별개의 자산인가이다. 이 쟁점이 생기는 이유는 무엇인가? 토지의 일부라면 취득원가를 감가상각할 수 없는 이유는 무엇이라고 하는가?

(2) 먼저 이 판결의 사실관계에 관한 법령을 보자. 원고의 주장처럼 이 사건 자산이 '구축물'이나 '이와 유사한 고정자산'에 해당한다고 하자. 감가상각할 수 있는 한도금액은 어떻게 구하는가? 원고는 매년 똑같이 6,950만원씩을 감가상각비로 손금산입하였다. 이런 방법을 [　①　]이라고 한다. [　①　]은 건물이나 구축물 등에 사용하는 방법이다. 가령 이 사건 자산의 공사비가 13억 9천만원이라고 하고, 내용연수가 20년이라고 하자. (법령상 실제 20년이다. 찾아보라). [　①　]을 쓸 때에는 [　②　]은 없는 것으로 본다. 법인세법시행령 제26조 제 1 항과 제 6 항. 따라서 감가상각할 금액은 해마다 (13억 9천만원 − 0원)/20년 = 6,950만원이다. 한편 이 사건 자산이 '이와 유사한 고정자산'에 해당한다면 [　①　]을 쓸 수도 있고 [　③　]법, 곧 미상각잔액의 일정비율을 상각할 수도 있다. [　③　]법의 상각률은 법령으로 정해져 있고, 내용연수가 20년이라면 상각률은 14%이다. 따라서 첫해의 감가상각액은 13억 9천만원 × 14% = 1억 9,460만원이다. 둘째 해의 감가상각액은 (13억 9천만원 − 1억 9,460만원) = 11억 9,540만원 × 14% = 1억 6,735만원이고, 셋째 해는 (11억 9,540만원 − 1억 6,735만원) × 14% = 1

억 4,392만원, 그 뒤에도 쭉 마찬가지로 계산할 수 있다.

(3) 쟁점 지출액이 토지의 일부인가 별개의 자산인가에 관한 대법원의 판단은 무엇이고 이유는 무엇인가? 애초 자산을 취득할 때 들어간 돈이 아니고 그 뒤에 지출한 돈으로서 자산의 취득원가에 가산해야 하는 것을 [④]지출이라고 부른다. 이 판결에서는 쟁점 지출액을 토지에 대한 [④]지출이라고 보았다. 한편 자산취득 후에 해마다 내어야 하는 재산세나 종합부동산세 따위는 해마다 손금산입할 수 있는 지출액은 [⑤]지출이라고 부른다. 자본적지출로 원가에 얹어야 할 지출을 수익적지출로 처리한 금액은 즉시상각한 것으로 의제한다. 손금산입했다는 점에서 마찬가지이기 때문이다. 두 가지를 구별하는 기준은 무엇인가?

예제 할인율(자본의 기회비용)이 연 10%이고, 내용연수가 4년이며 향후 매년 임대수익으로서 금 1,000원의 현금흐름을 창출한 후에 4년 말에 금 160원에 매각할 수 있는 기계장치가 있다. 이 기계장치의 가격은 $\left(\frac{1,000}{1.1} + \frac{1,000}{1.1^2} + \frac{1,000}{1.1^3} + \frac{1,000}{1.1^4} + \frac{160}{1.1^4} \right) = 3,278$원이다. 납세의무자는 금 3,278원을 차용하여 위 기계장치를 구입하여 매년 금 1,000원을 상환하다가 4년 말에는 금 1,160원을 상환한다.

Notes & Questions

(1) 납세의무자의 매년 순현금 흐름은 각 얼마인가?

(2) 기계장치를 정율법(상각률=0.528)으로 상각하는 경우 납세의무자의 4년간 과세소득은 각 얼마인가? 해마다의 임대수익, 감가상각, 이자비용 세 가지를 구해보면 된다.

(3) 납세의무자에게 가공손익이 생기는 이유는 무엇인가? 기계장치의 감가액을 경제적 가치로 계산한다면 해마다 감가상각은 얼마씩이어야 하는가?

(4) 현행법상 감가상각이 경제적 손익을 제대로 반영하지 못한다는 점은 tax shelter가 생겨나는 원인 중 하나가 된다. tax shelter란 실현주의, 감가상각, 그 밖에도 법과 경제적 손익 사이에 차이가 있는 부분을 이용하여 사업체 단계에서 가공손익을 창출하여 이를 출자자에게 할당하는 것이다. 미국에서는 주로 limited partnership을 이용하고 일본에서는 익명조합을 이용한다.

V. 기 부 금

[관련법령]

법인세법 제19조 제 1 항, 제24조.

사례 13-3 대법원 2002. 11. 13. 선고 2001두1918 판결

【원고, 상고인】 세동건설 주식회사(소송대리인 변호사 김백영 외 1인)

【피고, 피상고인】 부산진세무서장

【원심판결】 부산고법 2001. 2. 2. 선고 2000누1591 판결

【주   문】

상고를 기각한다. 상고비용은 원고의 부담으로 한다.

【이   유】

상고이유를 판단한다.

1. 제 1 점에 대하여

법인이 주택건설사업을 함에 있어서 그 사업을 위하여 취득한 토지의 일부를 그 사업의 승인조건에 따라 분양토지의 이용편의에 제공하기 위하여 도로로 조성하여 지방자치단체에 기부채납한 경우, 그 도로의 가액 상당의 비용은 수익의 발생에 직접 관련된 필요경비로서 그 귀속시기는 수익의 발생이 확정된 때가 속한 사업연도라고 보아야 하고, 그 도로의 가액이 구 법인세법(1996. 12. 30. 법률 제5192호로 개정되기 전의 것, 이하 같다) 제18조 제 3 항 제 1 호 소정의 법정기부금인 '국가 또는 지방자치단체에 무상으로 기증하는 금품의 가액'에 해당한다고 할 수 없다(대법원 1994. 8. 9. 선고 94누4530 판결 참조).

원심판결 이유에 의하면, 원심은 주택건설업, 부동산 건축 및 매매업 등을 목적으로 설립된 법인인 원고가 부산 부산진구 연지동 353-1 외 5필지 21,973㎡상에 공동주택(아파트) 5개동 789세대(이하 '이 사건 아파트'라고 한다)를 건축하기로 하는 내용의 주택건설사업계획을 수립하여 부산직할시장에게 그 승인을 신청하자, 부산직할시장은 1993. 2. 27., 원고의 부담으로 단지 북측의 폭 8m, 길이 79m의 계획도로 및 폭 15m의 계획도로에 저촉되는 부분을 도로로 개설하고, 이에 따라 개설된 계획도로와 단지 서측의 폭 8m의 계획도로에 편입되는 부지를 도로관리청에 기부채납하여야 한다는 등의 조건을 붙여 원고의 주택건설사업계획을 승인한 사실, 원고는 위 승인조건에 따라 도로를 개설하고, 1995. 12. 15. 도로관리청인 부산광역시 부산진구청장에게 부산 부산진구 연지동 353-10 외 6필지 1,420

㎡(이하 '이 사건 도로'라고 한다)를 기부채납한 다음, 같은 날 이 사건 아파트에 대한 준공검사를 받은 사실을 각 인정한 다음, 위 인정 사실에 의하면, 원고는 이 사건 아파트 건설사업계획승인조건을 이행하는 한편, 이 사건 아파트 분양자들의 이용편의에 제공하기 위하여 이 사건 도로를 기부채납하였다 할 것이지 이 사건 아파트 건설사업과 직접 관계 없이 이 사건 도로를 지방자치단체에 무상으로 기증하였다고 볼 수는 없으므로, 기부채납된 이 사건 도로의 가액 상당의 비용은 수익의 발생에 직접 관련된 필요경비라 할 것이므로, 그 기부채납된 때가 속하는 사업연도에 그 전액을 손금산입할 것이 아니라, 그 수익의 발생이 확정된 때가 속하는 사업연도의 수익에 대응하는 한도 내에서 손금에 산입하여야 한다고 판단하였다.

앞서 본 법리와 기록에 비추어 살펴보면, 원심의 위와 같은 사실인정 및 판단은 정당하고, 거기에 상고이유에서 주장하는 바와 같은 법인세법상의 법정기부금에 관한 법리오해, 채증법칙 위배 등의 위법이 있다고 할 수 없다.

2. 제 2 점에 대하여

구 법인세법 제18조[2] 제 1 항...에 의하여 법인의 손금으로 산입할 수 있는 기부금이라 함은 특수관계 없는 자에게 법인의 사업과 직접 관계 없이 무상으로 지출하는 재산적 증여의 가액을 말하는 것이므로 특수관계 없는 자에게 무상으로 지출하는 기부금이라 하더라도 법인의 사업과 직접 관계가 있다면 이를 손금에 산입할 수는 없는 것이고, 구 법인세법시행령(1998. 12. 31. 대통령령 제15970호로 전문 개정되기 전의 것, 이하 같다) 제40조 제 1 항 제 1 호는 위와 같은 당연한 사리를 규정하고 있는 것에 불과하므로, 이를 모법인 구 법인세법 제18조 제 3 항 제 1 호에 위배되는 규정이라고 할 수 없다(대법원 1987. 7. 21. 선고 87누108 판결 참조). …

3. 제 3 점에 대하여

(생 략)

4. 결 론

그러므로 상고를 기각하고 상고비용은 패소자의 부담으로 하기로 하여 관여 대법관의 일치된 의견으로 주문과 같이 판결한다.

대법관 박재윤(재판장) 서성 이용우(주심) 배기원.

---

[2] (저자 주) 현행법 제24조

Notes & Questions

(1) 이 판결의 쟁점은 아파트 건설사업과 관련하여 원고가 지방자치단체에 도로를 기부채납한 것이 기부금인가 사업상의 필요경비인가이다. 말이 혼란스럽기는 하지만 이 판결 상고이유 제 2 점에서 "법인의 사업과 직접 관계가 있다면 이를 손금에 산입할 수 없다"는 말은 "법인의 사업과 직접 관계가 있다면 이를 제[24]조에 의한 기부금으로 손금산입할 수는 없다"는 말이고, 일단 사업상 필요경비는 된다. 다만 영업권이 된다든가 자본적 지출이라든가 또는 다른 이유로 손금산입에 제한이 있는가, 수익비용 대응원칙에 따른 손금산입시기가 언제인가 따위는 별개의 쟁점이다. 가령 이 판결 상고이유 제 1 점.

(ⅰ) 법인세법 제24조의 적용대상은 사업과 직접 관계가 없이 무상으로 지출한 기부금이다. 이런 사업무관 기부금은 [   ], [   ], 나머지 기부금 세 가지로 구분하고 손금산입 여부나 범위가 각각 다르다.

(ⅱ) 이 사건 기부채납은 [   ]에 대한 기부이므로 [   ]기부금이고 사업상 필요경비이든 아니든 결국은 손금산입할 수 있다. 그렇다면 이 사건 쟁점은 무엇인가? 법정기부금이라고 주장하는 자는 원고인가 국세청인가? 법정기부금이 되는 경우와 필요경비가 되는 경우 사이에 법률효과에 어떤 차이가 생기는가? 법인세법 제24조에 따라 손금산입할 수 있는 기부금이라면 그 시기는 언제인가?

(ⅲ) 쟁점에 관한 법원의 판단은 무엇이고 이유는 무엇인가?

(2) 통상적인 거래가격이 10억원인 대지를 특수관계 없는 자에게 6억원에 팔았다면 차액 4억원은 기부금인가? 최소 1억원은 기부금인가?(법인세법시행령 제35조 참조.) 가령 화재로 시장건물이 소실되어 다시 건물을 신축하여야 하는데 그 건축자금을 마련할 길이 막연할 뿐만 아니라 다급한 자금사정이 있어 6억원에 판 것이라면 어떻게 되는가? 대법원 1984. 12. 11. 선고 84누365 판결 참조.

(3) 삼성전자 주식 1,000주를 주당 100만원에 산 사람이 주식 시가가 주당 150만원인 시점에 특수관계 없는 자에게 기부한다고 하자. 법정기부금이나 지정기부금에 해당하지는 않는다. 기부금의 금액은 얼마인가? 시가와 장부가액의 차액은 과세대상 소득인가? 대법원 1993. 5. 25. 선고 92누18320 판결(사례 10−2).

Ⅵ. 접 대 비

[관련법령]

법인세법 제25조 제5항.

사례 13-4 대법원 2010. 6. 24. 선고 2007두18000 판결

【원고, 상고인 겸 피상고인】 주식회사 조선일보사(소송대리인 법무법인(유) 태평양 담당
　　　　　　　　　　　　변호사 곽태철외 2인)

【피고, 피상고인 겸 상고인】 남대문세무서장

【원심판결】 서울고법 2007. 7. 25. 선고 2005누24966 판결

【주　문】

원심판결 중 1996 사업연도, 1997 사업연도, 1998 사업연도 각 법인세 부과처분에 관한 부분 및 1999 사업연도 법인세 부과처분에 관한 원고 패소부분을 각 파기하고, 이 부분 사건을 서울고등법원에 환송한다. 피고의 나머지 상고를 기각한다.

【이　유】

상고이유를 판단한다.

1. 접대비 해당 여부에 관하여

가. 취재비가 접대비에 해당하는지 여부

(1) 접대비는 기업활동의 원활과 기업의 신장을 도모하기 위하여 필요한 경비로서 기업체의 영업규모와 비례관계에 있으므로 이를 엄격하게 해석하여야 할 것인바, 법인이 사업을 위하여 지출한 비용 가운데 상대방이 사업에 관련 있는 자들이고 지출의 목적이 접대 등의 행위에 의하여 사업관계자들과의 사이에 친목을 두텁게 하여 거래관계의 원활한 진행을 도모하는 데 있는 것이라면, 그 비용은 법인세법상 접대비라고 할 것이나, 그렇지 않은 경우에는 이를 섣불리 접대비로 단정하여서는 안 된다(대법원 2003. 12. 12. 선고 2003두6559 판결, 대법원 2008. 7. 10. 선고 2007두26650 판결 등 참조)…

원심은 그 채용 증거를 종합하여 판시와 같은 사실을 인정한 다음, 거래처 직원들과 원고의 내방객 등에 대한 선물비, 각종 행사의 진행요원과 심사위원 등에 대한 식사비, 용역회사의 직원들에 대한 격려금, 원고 소속이 아닌 신문지국장들의 단합대회를 개최하면서 부담한 경비 등은 모두 원고가 사업과 관련 있는 자들과의 사이에 친목을 두텁게 하여 그들과의 거래관계의 원활한 진행을 도모하기 위하여 지출된 비용으로서 접대비에 해당하고, 다만,

각종 행사의 진행요원과 심사위원 등에 대한 다과·음료비는 사회통념상 용인할 수 있는 통상의 비용으로서 접대비에 해당하지 않는다고 판단하였다.

앞서 본 법리를 기록에 비추어 살펴보면, 거래처 직원들에 대한 선물비, 각종 행사의 진행요원과 심사위원 등에 대한 식사비, 용역회사의 직원들에 대한 격려금, 신문지국장들의 단합대회 경비는 접대비에 해당하고, 각종 행사의 진행요원과 심사위원 등에 대한 다과·음료비는 접대비에 해당하지 않는다고 판단한 부분은 정당한 것으로 수긍할 수 있으나, 원고의 내방객 등에 대한 선물비가 접대비에 해당한다고 판단한 부분은 다음과 같은 이유로 수긍하기 어렵다.

앞서 본 바와 같이 법인이 사업을 위하여 지출한 비용 가운데 상대방이 사업에 관련 있는 자들이고 지출의 목적이 접대 등의 행위에 의하여 사업관계자들과의 사이에 친목을 두텁게 하여 거래관계의 원활한 진행을 도모하는 데 있다면 접대비라고 할 것이지만, 이와 달리 지출의 상대방이 불특정다수인이고 지출의 목적이 법인의 이미지를 개선하여 구매의욕을 자극하는 데 있다면 광고선전비라고 할 것인바(대법원 2002. 4. 12. 선고 2000두2990 판결 참조), 기록에 의하면, 원고는 다수의 내방객 등에게 각종 선물을 지급하였는데 그 내방객 등이 누구인지를 특정할 자료가 없어 그들이 원고와 거래관계를 맺고 있는 특정인들이라고 보기 어렵고, 따라서 그들에게 선물을 지급한 것도 그들과의 거래관계를 원활하게 하기 위한 것이었다기보다는 대외적으로 원고를 홍보하여 원고의 이미지를 개선하기 위한 것이었다고 봄이 상당하므로, 그 선물비는 접대비가 아니라 광고선전비에 해당한다고 보아야 한다(다만 상패 제작비는 그 성질상 특정인을 위해 지출된 것으로서 접대비로 보아야 할 것이다).

그럼에도 내방객 등에 대한 선물비(단, 상패 제작비 제외)까지 접대비에 해당한다고 본 원심의 판단에는 접대비 및 광고선전비의 범위에 관한 법리를 오해하여 판결에 영향을 미친 잘못이 있다 할 것이고, 이 점을 지적하는 원고의 주장은 이유 있다…

대법관 이홍훈(재판장) 김영란 김능환 민일영(주심).

Notes & Questions

(1) 이 판결의 쟁점은 원고가 지출한 일정한 지출금들이 접대비에 해당하는지 아닌지이다.
 (i) 접대비인지 아닌지를 따지는 실익은 무엇인가?
 (ii) 이 판결에 나오는 각종 지출 중 접대비에 해당한다는 것은 무엇이고 해당하지 않는다는 것은 무엇인가? ① 상대방과의 관계, ② 지출의 목적, ③ 지출의 내용, 이 세 가지 점에서 판단기준은 무엇인가? 구체적으로 거래처직원과 내방객은 ①에서 어떻게 다

른가? 거래처직원에 대한 선물이나 용역회사 직원에 대한 격려금과 내방객에 대한 선물
은 ②에서 어떻게 다른가? 식사비와 다과음료비는 ③에서 어떻게 다른가?

(2) A사는 임직원 갑에게 월급 1,000만원을 지급하고 갑은 그 가운데 200만원을 거래처 B
사의 을, C사의 병… 등과 먹고 놀거나 선물비용으로 사용한다. B사는 을에게 월급 800
만원을 지급하고 그 외에 갑, 병, …등과 먹고 놀거나 선물을 사주는 데 회사카드를 월
200만원 사용할 수 있게 하고 있다. 갑과 을의 처지는 같은가, 다른가? 다르다면 어떻
게 다른가? 이 차이점을 갑, 을 두 사람의 개인소득세 과세에 반영할 길이 있는가?

(3) 앞 보기에서 을, 병… 등에게 각자가 소비한 금액을 추적하여 과세할 길이 있는가? 과
세할 수 없다면 대안은 무엇일까?

(4) 똑같이 먹고 놀거나 선물을 사는 등 소비하는데 사용한 돈을 접대비, 판매부대비용이나
회의비 등으로 구분하여 손금산입에 차이를 둘 이유가 있는가?

Ⅶ. 대손충당금 한도초과액의 손금불산입

사례 13-5 대법원 1990. 3. 13. 선고 88누3123 판결

【원고, 상고인 겸 피상고인】 청신산업주식회사 소송대리인 변호사 하창욱 외 1인
【피고, 피상고인 겸 상고인】 성동세무서장
【원심판결】 서울고등법원 1988. 2. 3. 선고 87구535 판결
【주 문】
상고를 기각한다.
상고비용은 상고인 각자의 부담으로 한다.
【이 유】
1. 원고의 상고이유에 대하여
원심은 거시증거에 의하여 원고가 1985.사업연도의 과세표준신고시 대손금으로 계상하
였다가 피고에 의하여 부인된 각 채권 중 소외 제일기공사가 1981. 9. 5. 발행한 만기 같은
해 11.30. 액면 금 106,800원의 약속어음은 1984. 12. 1. 그 시효기간이 경과되어 어음법상
의 소멸시효가 완성되었으며, 원고가 1979. 5. 2.경 소외 청우공업사에 거래관계로 미리 지
급한 선급금 6,777,541원은 위 청우공업사가 원고의 수차에 걸친 독촉에도 불구하고 거래약

정에 따른 이행을 하지 아니하다가 그 사업을 폐지하고 행방불명이 되었으며, 위 선급금채권은 1982. 5. 3. 민법 제163조 제 7 호에 의한 시효기간이 경과되어 소멸시효가 완성된 사실을 적법히 인정하고, 위 약속어음금채권과 선급금채권은 위 1985.사업년도 이전에 이미 회수불능사실이 객관적으로 확정된 채권이지 1985.사업년도에 비로소 대손금으로 확정된 것이라고 볼 수 없으므로 위 채권에 관한 대손금의 합계 금 6,884,341원(106,800원＋ 6,777,541원)은 1985.사업년도의 손금에 산입될 수 없다고 판단하였는바, 위 약속어음금 및 선급금의 대손금은 채무자의 자산상황 지급능력 등 자산성의 유무에 대하여 회수불능이라는 회계적 인식을 한 여부에 관계없이 그에 대응한 청구권이 법적으로 소멸되어 당연히 회수할 수 없게 된 것으로 봄이 타당하므로(당원 1988. 9. 27. 선고 87누465 판결 참조) 그 소멸된 날이 속하는 1984. 및 1982.사업년도의 손금으로 각 산입되는 것이지 원고가 대손으로 회계상 처리를 한 1985.사업년도의 손금에 산입될 수 없다고 할 것인즉 같은 취지에서 한 원심 판단은 정당하고 거기에 소론과 같은 대손금에 관한 법리를 오해하여 손금의 귀속시기를 잘못 판단한 위법이 없다. 논지는 이유 없다….

  3. 그러므로 상고를 모두 기각하고, 상고비용은 패소자의 각 부담으로 하기로 하여 관여 법관의 일치 된 의견으로 주문과 같이 판결한다.

  배석(재판장) 이회창 김상원 김주한.

Notes & Questions

(1) 이 판결의 쟁점은 1982년에 시효소멸한 채권과 1984년에 시효소멸한 채권을 1985년에 가서 대손금으로 장부에 계상한 경우 이 대손금은 어느 해의 손금인가이다. 법원의 판시는 무엇이고 이유는 무엇인가?

(2) 아직 시효소멸 하기 전의 채권도 회수불능을 이유로 대손상각할 수 있는 경우가 있다. "회수불능을 사유로 한다면 그 채권 자체는 존재하고 있으므로 법인이 회수불능이 명백하게 되어 대손이 발생하였다고 회계상 처리를 하였을 때에 한하여 이것이 세무회계상 법인세 법령에 따른 대손의 범위에 속하는지 여부를 가려 그 대손이 확정된 사업연도의 손금으로 산입할 수 있다 할 것이며(대법원 2002. 9. 24. 선고 2001두489 판결 참조), 한편 결산 당시에 대손이 발생하였다고 회계상 처리를 하지 아니한 이상, 그 후에 회계상의 잘못을 정정하였다는 등의 이유로 구 국세기본법(2000. 12. 29. 법률 제6303호로 개정되기 전의 것) 제45조의2 제 1 항 소정의 경정청구를 할 수도 없다." 대법원 1988. 9. 27. 선고 87누465 판결; 2003. 12. 11. 선고 2002두7227 판결 등. '회수불능'이란 파

산이나 경매 등에서 법원이 인정하는 경우 외에도 법에 정한 공적인 기관이 회수불능이라고 인정하는 것을 포함한다. 법인세법 제19조의2 및 같은 법 시행령 제19조의2.

(3) 나아가 아직 회수불능이 생기기도 전에 '외상매출금·대여금 기타 이에 준하는 채권'의 대손에 충당하기 위하여 [   ]을 손금으로 계상한 경우에는 '대통령령이 정하는 바'에 따라 계산한 금액의 범위 안에서 당해 사업연도의 소득금액계산에 있어서 이를 손금에 산입한다. 법인세법 제34조 제1항. 대손충당금 손금산입 한도액은 설정대상인 채권가액의 일정비율과 [   ]률 가운데 높은 쪽을 기준으로 계산한다.

(4) 대손충당금을 손금으로 계상한 내국법인은 대손금이 발생한 경우 그 대손금을 [①]과 먼저 상계하여야 하고, 대손금과 상계하고 남은 [①]의 금액은 다음 사업연도의 소득금액계산에 있어서 이를 익금에 산입한다. 예를 들어 01. 12. 31. 채권 100억원에 대해 한도액 2억원만큼 대손충당금을 설정하였고, 02년 중 실제 대손액은 1억 3천만원이라고 하자. 남는 금액 7천만원은 익금에 산입한다. 한편 02. 12. 31. 채권이 120억원이고 대손충당금 설정한도액이 2억 4천만원이어서 이 금액만큼 대손충당금을 설정한다면 결국은 02년에 손금산입하는 금액은 1억 7천만원이 된다. 두 가지를 줄여서 한꺼번에 생각한다면, 새로운 한도액이 2억 4천만원인데 대손충당금 잔액이 7천만원이므로 차액 1억 7천만원을 손금산입하는 것으로 생각할 수도 있다.

VIII. 과다·이상 경비의 손금불산입

(1) 다음 손비 중 대통령령이 정하는 바에 따라 [   ]하거나 부당하다고 인정되는 금액은 내국법인의 각 사업연도의 소득금액을 계산할 때 이를 손금에 산입하지 아니한다(법인세법 제26조).
  가. 인건비
  나. 복리후생비
  다. 여비 및 교육·훈련비
  라. 법인이 그 법인 외의 자와 동일한 조직 또는 사업 등을 공동으로 경영하거나 영위함에 따라 발생되거나 지출된 손비
  마. 이외에 법인의 업무와 직접 관련이 적다고 인정되는 경비로서 대통령령으로 정하는 것

(2) 인건비의 금액이 당사자 사이의 자유로운 합의에 따른 것인 이상 그 금액은 당연히 시

가이다. 인건비가 과다하다는 말은 겉껍질 속에 증여 또는 배당 등의 거래를 숨겨둔 것
이라면 실질에 따라 과세할 일이라는 말일 뿐이다. 다만 임원의 보수에 자기계약적 성
격이 있다면 법인세법 제26조에 따라 과다보수로 볼 수 있는 여지가 있다.

(3) 임원에게 지급하는 상여금이 정관·주주총회·사원총회 또는 이사회의 결의에 의하여 결
정된 급여지급기준에 의하여 지급하는 금액을 초과하는 것은 애초 손금이 아니다.

(4) 임직원의 복리후생을 위해 지출한 금액으로서 근로소득으로 과세하는 것은 인건비로서
당연한 손금이다. 근로소득이 아닌 복리후생비라면 과다하거나 부당한 금액은 손금불산
입한다.

IX. 업무와 관련 없는 비용

[관련법령]
법인세법 제27조.

(1) 당해 법인의 업무와 직접 관련이 없다고 인정되는 자산으로서 비업무용부동산이나 서
화·골동품 등 법령에 정한 자산을 취득·관리함으로써 생기는 비용 등은 손금불산입
한다.

(2) 법인이 대주주 등을 위하여 지출한 금원은 손금불산입한다. 위법할뿐더러 배당은 애초
손금이 아니기 때문이다.

X. 지급이자

[관련법령]
법인세법 제28조, 동법 시행령 제51조~제53조, 제55조, 제106조 제 1 항.

> 사례 13-6   대법원 1988. 1. 19. 선고 87누102 판결 (사례 7-5)

> Notes & Questions

(1) 私債의 이자나 채권·증권의 이자나 할인액으로서 채권자가 [   ]한 것은 손금불산입
하고, [   ]의 [   ]로 처분하여 [   ]의 근로소득으로 과세한다.

(2) 건설자금이자의 손금불산입은 수익비용 [   ]의 원칙을 따르는 것이다. 손금불산입한
건설자금이자는 [   ]의 일부가 되어 장차 감가상각이나 처분손익에 반영된다.

(3) 특수관계인에게 업무와 관련없이 지급한 가지급금의 자금원천이 차입금이라면 관련 지급
이자를 손금불산입한다. 대법원 2009. 4. 23. 선고 2006두19037 판결(사례 13-8).

(4) 지급이자도 수입배당금익금불산입 부분에 대응하는 것은 결과적으로 손금불산입한다.
법인세법 제18조의2 및 제18조의3의 글귀로는, 가령 100% 자회사에 출자한 돈이 차입
금이고 수입배당금이 120 지급이자가 100이라면, 수입배당금 가운데 익금불산입하는
금액이 100만큼 줄어든다. 이 말은 지급이자 100을 손금불산입하는 것과 같다.

XI. 손금의 요건으로서의 통상성

사례 13-7   대법원 2015. 1. 15. 선고 2012두7608 판결

【원고, 피상고인】주식회사 태영약품 소송수계인 회생채무자 주식회사 태영약품(소송대
리인 법무법인(유한) 바른 담당변호사 이성훈 외 1인)

【피고, 상고인】성동세무서장(소송대리인 정부법무공단 담당변호사 배진재)

【원심판결】서울고법 2012. 2. 22. 선고 2011누17938 판결

【주　　문】

원심판결의 피고 패소 부분 중 각 법인세 부과처분에 관한 부분을 파기하고, 이 부분
사건을 서울고등법원에 환송한다. 나머지 상고를 기각한다.

【이　　유】

상고이유를 판단한다…

1. 상고이유 제 1 점에 대하여

가. 구 법인세법(2010. 12. 30. 법률 제10423호로 개정되기 전의 것. 이하 같다) 제19조
제 1 항은 "손금은 자본 또는 출자의 환급, 잉여금의 처분 및 이 법에서 규정하는 것을 제외
하고 당해 법인의 순자산을 감소시키는 거래로 인하여 발생하는 손비의 금액으로 한다"고
정하고, 제 2 항은 "제 1 항의 규정에 의한 손비는 이 법 또는 다른 법률에 달리 정하고 있는
것을 제외하고는 그 법인의 사업과 관련하여 발생하거나 지출된 손실 또는 비용으로서 일반
적으로 용인되는 통상적인 것이거나 수익과 직접 관련된 것으로 한다"고 정하고 있다.

구 법인세법 제19조 제 2 항에서 말하는 '일반적으로 용인되는 통상적인 비용'이라 함

은 납세의무자와 같은 종류의 사업을 영위하는 다른 법인도 동일한 상황 아래에서는 지출하였을 것으로 인정되는 비용을 의미하고, 그러한 비용에 해당하는지 여부는 지출의 경위와 목적, 그 형태·액수·효과 등을 종합적으로 고려하여 판단하여야 하는데, 특별한 사정이 없는 한 사회질서에 위반하여 지출된 비용은 여기에서 제외된다(대법원 2009. 11. 12. 선고 2007두12422 판결 참조).

나. 원심은, 약사법 시행규칙이 2008. 12. 1. 개정되어 그 시행일인 2008. 12. 14.부터 비로소 도매상과 약국 등 개설자 간에 의약품 판매촉진 목적의 '경품류' 제공행위 이외에 '금전' 제공행위까지 금지된 점, 제약회사와 도매상 또는 도매상 상호 간의 사례금 수수는 지금까지도 법령상 금지되지 아니한 점, 제 1 비용은 의약품 판매촉진을 위하여 사전 약정에 따라 지급된 장려금…인 점 등에 비추어 볼 때, 태영약품이 약국 등 소매상에게 지급한 제 1 비용 중 2008. 12. 14. 전에 지급한 1,158,599,451원…은 모두 판매부대비용으로서 사업과 관련한 '일반적으로 용인되는 통상적인 비용'에 해당하고 사회질서에 위반하여 지출된 비용으로 볼 수 없다는 이유로, 이 사건 각 법인세 부과처분 중 이를 손금에 산입하지 아니한 부분은 위법하다고 판단하였다…

다. 그러나 원심판단 중 태영약품이 약국 등 소매상에게 지급한 제 1 비용이 손금에 산입되어야 한다고 본 부분은 다음과 같은 이유에서 이를 그대로 수긍할 수 없다.

의약품 도매상이 약국 등 개설자에게 금전을 제공하는 것이 약사법 등 관계 법령에 따라 금지된 행위가 아니라고 하여 곧바로 사회질서에 위반하여 지출된 비용이 아니라고 단정할 수는 없고, 그것이 사회질서에 위반하여 지출된 비용에 해당하는지 여부는 그러한 지출을 허용하는 경우 야기되는 부작용, 그리고 국민의 보건과 직결되는 의약품의 공정한 유통과 거래에 미칠 영향, 이에 대한 사회적 비난의 정도, 규제의 필요성과 향후 법령상 금지될 가능성, 상관행과 선량한 풍속 등 제반 사정을 종합적으로 고려하여 사회통념에 따라 합리적으로 판단하여야 한다.

의약품 도매상이 약국 등 개설자에게 의약품 판매 촉진의 목적으로 경제적 이익을 제공하는 행위는 소비자에게 불필요한 의약품의 판매로 이어져 의약품의 오·남용을 초래할 가능성이 적지 않고, 궁극적으로는 국민 건강에 악영향을 미칠 우려도 있다. 나아가 이러한 경제적 이익제공행위는 의약품 유통체계와 판매질서를 해치고 의약품의 가격 상승으로 연결될 뿐만 아니라 결국 건강보험 재정의 악화를 가져와 그 부담은 현실적으로 의약품에 대하여 제한된 선택권밖에 없는 국민에게 전가된다. …2008. 12. 1. 보건복지가족부령 제77호로 개정된 약사법 시행규칙은…의약품 도매상 등이 약국 등 개설자에게 의약품 판매 촉진의 목적으로 경제적 이익을 제공하는 행위의 사회적 폐해가 지속된다고 여겨 약사법 등 관계 법령에서 현상품·사은품 등 경품류 제공행위 이외에 일체적 경제적 이익제공행위까지도 금지하고자 한 것이지, 위 개정에 즈음하여 비로소 이러한 행위를 규제할 필요성이 생겼기 때문에 위와 같은 규정을 마련한 것은 아닌 것으로 보인다. 나아가 의약품 도매상이 의약품 판매사업을 영위하면서 상관행상 허용될 수 있는 정도의 견본품 등을 넘어서서 제공하거나 지급하는 사례금이나 장려금은 다른 의약품 도매상이 그 사업을 수행하면서 통상적으로 지출하는 것에 해당한다고 보기도 어렵다. 따라서 의약품 도매상이 약국 등 개설자에게 의약품 판매촉진의 목적으로 이른바 '리베이트'라고 불리는 금전을 지급하는 것은 약사법 등 관계 법령이 이를 명시적으로 금지하고 있지 않더라도 사회질서에 위반하여 지출된 것에 해당하여 그 비용은 손금에 산입할 수 없다고 보아야 할 것이다.

그런데도 원심은 그 판시와 같은 이유만으로 태영약품이 약국 등 소매상에게 지급한 제1 비용 중 2008. 12. 14. 전에 지급한 1,158,599,451원이 손금에 산입되어야 한다고 판단하였으니, 이러한 원심판단에는 구 법인세법상 손금에 산입할 수 없는 '사회질서에 위반하여 지출된 비용'의 판단 기준과 범위에 관한 법리를 오해하여 판결에 영향을 미친 위법이 있다. 이 점을 지적하는 이 부분 상고이유의 주장은 이유 있다.

3. 결 론

그러므로 원심판결의 피고 패소 부분 중 각 법인세 부과처분에 관한 부분을 파기하고, 이 부분 사건을 다시 심리·판단하게 하기 위하여 원심법원에 환송하며, 나머지 상고를 기각하기로 하여 관여 대법관의 일치된 의견으로 주문과 같이 판결한다.

대법관 박보영(재판장) 민일영 김신 권순일(주심)

Notes & Questions

(1) 손금은 법인세법 및 다른 법률에 달리 정하고 있는 것을 제외하고는 그 법인의 사업과 관련하여 발생하거나 지출된 손실 또는 비용으로서 일반적으로 용인되는 통상적인 것이거나 수익과 직접 관련된 것으로 한다. 법인세법 제19조 제2항. 제8장 제1절 Ⅱ.

(2) 이 사건 리베이트 지급은 위법인가? 위법이 아니라면 손금불산입하는 이유를 무엇이라고 하는가? (사례 7−1) Notes and Questions (4).

제 2 절 익금불산입

Ⅰ. 자본거래로 인한 수익

제11장 (사례 11-3), (사례 11-4) 참조.

Ⅱ. 자산평가차익

[관련법령]

법인세법 제18조 제 1 호, 제42조 제 1 항.

(1) 헤이그-사이먼즈의 소득정의에서는 자산의 평가차익은 당연히 소득이다. 우리 현행법
이 법령에 정한 것 말고는 자산의 평가차익을 익금불산입하는 이유는 무엇일까? 헌법재
판소 2007. 3. 29. 2005헌바53·65·79, 2006헌바27(병합) 결정(사례 12-1).

Ⅲ. 조세체계상의 익금불산입

[관련법령]

법인세법 제18조, 제18조의2, 제18조의3, 제21조, 동법 시행령 제16조.

다음 각 호에 나온 것은 익금불산입한다.

(1) 예전 사업년도에 이미 과세된 소득을 다시 이번 사업년도의 익금에 넣은 것. 예전
용어로 [   ]이라 부른다.

(2) 세금과 공과금의 손금불산입규정에 의하여 손금에 산입하지 아니한 법인세 또는 지방소
득세 소득분을 [①]받았거나 [①]받을 금액을 다른 세액에 충당한 금액, 국
세 또는 지방세의 과오납금의 환급금에 대한 [   ], 부가가치세의 [   ]세액.

(3) 무상으로 받은 자산의 가액과 채무의 면제 또는 소멸로 인한 부채의 감소액 중 대통령
령이 정하는 [   ]의 보전에 충당된 금액은 [   ]이 10년 넘은 것이더라도 익금불
산입한다.

(4) 지주회사의 수입[②]금액 및 내국법인의 수입[②]금액 가운데 법으로 정한 부분. 제11장 제3절 Ⅲ.

제 3 절 부당행위계산의 부인

[관련법령]

법인세법 제28조 제1항 제4호, 제52조 제1항.

사례 13-8 대법원 2009. 4. 23. 선고 2006두19037 판결

【원고, 피상고인 겸 상고인】 원고 주식회사(소송대리인 법무법인 두우 담당변호사 조문현 외 5인)

【피고, 상고인 겸 피상고인】 안양세무서장(소송대리인 변호사 김재훈)

【원심판결】 서울고법 2006. 10. 20. 선고 2005누26535 판결

【주 문】

상고를 각 기각한다. 상고비용은 각자가 부담한다.

【이 유】

상고이유를 판단한다.

1. 피고의 상고이유에 대하여

… 법인세법 제28조 제1항 제4호 (나)목, 구 법인세법 시행령(2008. 2. 29. 대통령령 제20720호로 개정되기 전의 것) 제53조 제1항에서 규정한 '업무와 관련 없이 지급한 가지급금 등'에는 순수한 의미의 대여금은 물론 채권의 성질상 대여금에 준하는 것도 포함되고, 그와 같은 금원이 업무와 관련없이 지급된 이상 적정한 이자율에 의한 이자를 받았다고 하더라도 그에 해당하며, 이때 업무와 관련이 있는지 여부는 당해 법인의 목적사업이나 영업내용 등을 기준으로 객관적으로 판단하여야 한다(대법원 2008. 9. 25. 선고 2006두15530 판결 등 참조).

원심판결 이유에 의하면, 원고는 1998. 9. 30.부터 2001. 5. 21.까지 하나은행 등에게 87억 6,000만 원 상당의 정기예금을 각 예치하였고, 원고와 특수관계에 있는 법인(이하 '특수관계 법인들'이라 한다)들은 위 각 정기예금을 담보로 합계 60억 7,400만 원 상당을 각 대출받았다는 것인바, 원고의 정기예금 예치와 하나은행 등의 특수관계 법인들에 대한 대출이

별개로 이루어진 법률행위인 이상, 원고의 하나은행 등에 대한 담보 제공행위가 특수관계 법인들에 대한 직접적인 대여행위에 해당한다거나 그에 준하는 행위라고 볼 수는 없고, 이는 원고가 정기예금을 담보로 제공함으로써 특수관계 법인들이 대출받는 편익을 누렸더라도 마찬가지라고 하겠다(대법원 2006. 5. 25. 선고 2004두13660 판결 참조).

같은 취지에서 원심이, 원고가 정기예금을 담보로 제공하여 특수관계 법인들로 하여금 하나은행 등으로부터 그 상당액을 대출받게 한 것이 특수관계 법인들에 대한 대여 등의 가지급금에 해당한다고 볼 수 없다고 판단한 것은 정당하고, 거기에 상고이유에서 주장하는 바와 같은 업무무관 가지급금에 관한 법리오해 등의 위법이 없다.

2. 원고의 상고이유에 대하여

원심은, 그 판시와 같은 사실을 인정한 다음, 원고가 1998사업연도 내지 2002사업연도 전반에 걸쳐 높은 대출이자를 부담하고 있었음에도 불구하고, 이러한 차입금을 상환하지 아니하고 상당한 금원을 낮은 이율의 정기예금에 예치한 후 이를 특수관계 법인들의 대출금에 대한 담보로 제공한 행위는, 그로 인한 지급이자와 수입이자 사이에 현저한 차이가 있어3) 원고의 수입 감소가 예상되고, 원고가 담보로 제공한 정기예금은 특수관계 법인들이 대출금을 상환할 때까지 인출할 수 없어 유동성을 상실하게 되고, 대출금이 변제되지 아니할 경우 정기예금을 상실하게 되는 위험을 감수하게 되는 등의 사정에 비추어, 경제적 합리성을 무시한 비정상적인 거래로서…구 법인세법 시행령(2007. 2. 28. 대통령령 제19891호로 개정되기 전의 것) 제88조 제 1 항 제 9 호 소정의 '이익 분여'에 해당한다고 판단하였는바, 이와 같은 원심의 판단은 관계 법리와 기록에 비추어 정당하고, 거기에 상고이유에서 주장하는 바와 같은 부당행위계산 부인에 관한 법리오해 등의 위법이 없다.

3. 결   론

그러므로 상고를 각 기각하고, 상고비용은 패소자의 부담으로 하여, 관여 대법관의 일치된 의견으로 주문과 같이 판결한다.

대법관 양승태(재판장) 김지형 전수안(주심) 양창수.

Notes & Questions

(1) 이 판결의 쟁점 중 제 1 점은 원고의 예금(예금 이자는 원고가 부담하는 다른 차입금 이

---

3) 이 사건 정기예금의 이자율은 연 평균 6.8%이나, 원고의 차입금에 대한 최고 이자율은 1998년 연 41.27~34.35%, 1999년 연 19.8~18.36%, 2000년 연 15%, 2001년 연 11.55~10.61%이었다(저자 주).

자율보다 낮다)을 담보로 특수관계자들이 은행대출을 받은 경우 이 예금이 특수관계자에 대한 가지급금에 해당하는가이다. 이 쟁점을 따지는 실익은 무엇인가? 판시취지와 이유는 무엇인가?

(2) 제 2 쟁점은 이런 행위가 법인세법상의 부당행위에 해당하는가, 곧 원고가 특수관계인과의 거래로 원고의 소득에 대한 조세부담을 부당히 감소시켰는가라는 점이다.

(ⅰ) 원고의 예금이 특수관계인에 대한 가지급금은 아니지만 법인세법 제52조에서 말하는 '특수관계인과의 거래'를 하였다고 보는 논거는 무엇인가?

(ⅱ) 원고의 행위가 부당행위에 해당하는가를 판별하는 기준이 된 개념 두 가지는 무엇인가? 우리 대법원의 좀 더 자세한 定式으로는 "부당행위계산이라 함은 납세자가 [①]적 [②]인의 [③]적 거래형식에 의하지 않고 [①]적 이유도 없이 우회행위, 다단계행위 기타 이상한(=비[③]적) 거래형식을 취함으로써 통상의 [①]적인 거래형식을 취할 때 생기는 조세의 부담을 경감 내지 배제시키는 행위계산을 말한다(대법원 1989. 4. 11. 선고 88누8630 판결 참조).

(3) 원고의 행위가 법인세법 제52조에 해당한다면 그에 따르는 법률효과는 무엇인가?

(ⅰ) 부당행위 계산을 부인한다는 말은 시가거래가 있는 것으로 사실관계를 재구성하는 것이다. 예를 들어 어떤 법인이 시가 1억 2천만원짜리 물건을 특수관계인으로부터 5억원에 사들이는 것은 이 물건을 1억 2천만원에 사면서, 그와는 별도로 3억 8천만원을 특수관계 때문에 지급하는 것으로 재구성하는 것이다. 시가 5억원짜리를 1억 2천만원에 파는 것은 5억원에 팔면서 그와는 별도로 특수관계 때문에 3억 8천만원을 따로 지급하는 것으로 재구성하는 것이다. (사례 6-5). 이 3억 8천만원은 특수관계의 내용에 따라 [ ], [ ], 기타소득, 그 밖에 상대방을 따로 과세할 필요가 없는 기타 사외유출 등으로 소득처분한다. 이 재구성은 과세소득의 계산상 재구성일 뿐이고 거래 당사자 사이의 민사법상 효력에 직접 영향을 주는 것은 아니다.

(ⅱ) 부당행위 계산부인의 결과로 상여처분을 하는 경우 이 상여 간주액이 법인의 손금이 되는 경우란 생각하기 어렵다. 법령이나 [ ]에 정한 이사보수의 금액을 넘는 횡령이나 배임액으로서 회사에 손해배상청구권이 있는 것이 보통이다. 거래상대방은 [ ]소득을 얻은 것이므로 일단 과세하지만 실제 반환하는 경우에는 경정청구할 수 있다.

(ⅲ) 배당처분시의 배당간주액이 법인의 입장에서 손금이 아님은 당연하다.

(ⅳ) 부당행위라는 이유로 법인의 소득을 늘려잡는 경우 그에 맞추어 거래상대방의 과

세소득을 조정해야 하는가?

(4) 구체적으로 이 판결의 사실관계에서는 원고의 소득금액을 얼마만큼 어떻게 경정하면 좋을까?

(5) 어느 한 쪽의 입장에서 보아 특수관계에 해당하면 양 당사자 어느 쪽에 대해서도 특수관계가 성립한다. 법인세법 제52조 제 1 항 및 같은 법 시행령 제87조 제 1 항 제 2 문.

(6) 국제거래에서 부당한 행위계산을 부인하는 것을 보통 [④] 세제라고 부른다. [④] 세제는 국제조세조정에 관한 법률에서 자족적 규정을 따로 두고 있다. 같은 법률 제 3 조 제 2 항.

[관련법령]
법인세법 제52조 제 2 항.

사례 13-9 대법원 2010. 5. 13. 선고 2007두14978 판결

【원고, 상고인】 원고 주식회사(소송대리인 법무법인 율촌 담당변호사 강석훈외 3인)
【피고, 피상고인】 충주세무서장
【원심판결】 대전고법 2007. 6. 21. 선고 2004누2804 판결
【주 문】
원심판결을 파기하고, 사건을 대전고등법원에 환송한다.
【이 유】
상고이유를 판단한다.

1. 상고이유 제 1 점에 관하여

구 법인세법(1998. 12. 28. 법률 제5581호로 전부 개정되기 전의 것, 이하 같다) 제20조에 정한 부당행위계산 부인이란 법인이 특수관계에 있는 자와의 거래에 있어 정상적인 경제인의 합리적인 방법에 의하지 아니하고 구 법인세법 시행령(1998. 5. 16. 대통령령 제15797호로 개정되기 전의 것, 이하 같다) 제46조 제 2 항 각 호에 열거된 여러 거래형태를 빙자하여 남용함으로써 조세부담을 부당하게 회피하거나 경감시켰다고 하는 경우에 과세권자가 이를 부인하고 법령에 정하는 방법에 의하여 객관적이고 타당하다고 보이는 소득이 있는 것으로 의제하는 제도로서, 경제인의 입장에서 볼 때 부자연스럽고 불합리한 행위계산을 함으로 인하여 경제적 합리성을 무시하였다고 인정되는 경우에 한하여 적용되는 것이고, 경

제적 합리성의 유무에 대한 판단은 거래행위의 여러 사정을 구체적으로 고려하여 과연 그 거래행위가 건전한 사회통념이나 상관행에 비추어 경제적 합리성을 결한 비정상적인 것인지의 여부에 따라 판단하되, 비특수관계자 간의 거래가격, 거래 당시의 특별한 사정 등도 고려하여야 한다(대법원 1996. 7. 26. 선고 95누8751 판결, 대법원 2007. 12. 13. 선고 2005두14257 판결 등 참조).

원심판결 이유에 의하면, 원심은 그 채용증거를 종합하여 원고는 연구소 부지를 확보하는 과정에서 대표이사이자 대주주인 소외 1 소유의 이 사건 토지 일대의 시가를 전과 답은 평당 300,000원에서 400,000원, 대지는 평당 1,300,000원에서 1,800,000원으로 파악하고, 1994. 6. 11. 이 사건 토지에 인접한 소외 2 소유의 지목이 답인 토지를 평당 350,000원에 매매계약을 체결한 사실, 한편 원고는 1994. 11. 29. 소외 1로부터 이 사건 토지에 관하여 사용승낙을 받아 1995. 4. 3.과 1995. 6. 22. 원고의 비용으로 보전임지전용허가와 농지전용허가를 각 받은 다음, 다시 1995. 8. 25. 소외 1과 사이에 이 사건 토지에 관한 매매계약을 체결하면서 매매대금은 추후 원고가 그 부지조성공사를 마친 후 감정평가를 거쳐 결정된 금액으로 하기로 약정한 사실, 그 후 원고는 1996. 5. 12. 소외 1과 이 사건 토지에 관한 매매대금을 그 현황이 대지로 변경된 상태를 기준으로 한 감정평가액 8,700,000,000원으로 확정하고, 1996. 6. 5. 계약금 및 중도금으로 이미 지급한 금원을 제외한 나머지 금원을 지급한 후, 1996. 6. 19. 소유권이전등기를 마친 사실 등을 인정한 다음, 이러한 사실관계에 의하여 인정되는 다음과 같은 사정, 즉 이 사건 매매계약 당시 원고에게 연구소 건립을 위하여 반드시 이 사건 토지를 사용하지 않으면 안되는 부득이한 사정이 있었다고는 보이지 않는 점, 원고는 지목이 전·답 등인 토지를 매수하여 대지로 조성하는 경우 그 시가가 급격히 상승하리라는 것을 잘 알고 있었던 점 등을 종합하여 보면, 소외 1이 개인 소유의 이 사건 토지에 대하여 원고 비용을 들여 보전임지전용허가와 농지전용허가를 받은 후 이 사건 매매계약을 체결하고 그 매매대금 역시 원고 비용을 들여 이 사건 토지를 대지로 조성한 후 그 변경된 현황을 기준으로 산정한 행위는 상법상 이사의 충실의무에 위배된 행위이고, 이 사건 매매계약은 시가를 초과하여 원고의 노력과 비용으로 이루어진 지가상승분까지 대표이사 개인에게 귀속시킨 것으로서 경제적 합리성이 결여된 비정상적인 행위이므로 구 법인세법 제20조, 구 법인세법 시행령 제46조 제 2 항 제 4 호 소정의 부당행위계산 부인대상에 해당한다고 판단하였다.

앞서 본 법리와 기록에 비추어 살펴보면 위와 같은 원심판단은 정당하고, 거기에 상고이유에서 주장하는 바와 같은 부당행위계산 부인에 관한 법리오해 등의 위법이 없다.

2. 상고이유 제 2 점에 관하여

구 법인세법 제20조, 구 법인세법 시행령 제46조 제 2 항 제 4 호는 '출자자 등으로부터 자산을 시가를 초과하여 매입한 때'를 조세의 부담을 부당히 감소시킨 것으로 인정되는 경우의 하나로 들고 있고, 구 법인세법 제32조 제 5 항, 구 법인세법 시행령 제94조의2 제 1 항 제 1 호는 '법인세의 과세표준을 결정 또는 경정함에 있어 익금에 산입한 금액이 사외에 유출된 것이 분명한 경우에는 그 귀속자에 따라 이익처분에 의한 상여·배당·기타소득·기타 사외유출로 한다'고 규정하고 있다.

위 각 규정과 부당행위계산 부인 제도의 취지, 저가양도로 인한 부당행위계산 부인에 있어 매매계약체결시기와 양도시기가 다른 경우 토지 등의 양도가 부당행위계산에 해당하는지 여부는 그 대금을 확정 짓는 거래 당시를 기준으로 판단하는 반면, 그 토지의 양도차익을 계산함에 있어서는 양도가액을 양도시기를 기준으로 산정하고 이는 그 선택의 이유와 기준을 달리하므로 양자가 기준시기를 달리 본다고 하여 불합리한 것은 아닌 점(대법원 1989. 6. 13. 선고 88누5273 판결, 대법원 1999. 1. 29. 선고 97누15821 판결 참조), 이러한 기준시기의 구별은 고가매입의 경우의 세무회계 처리방법, 소득처분의 시기와 방법에 비추어 동일하게 적용될 수 있는 점 등을 종합하면, 고가매입으로 인한 부당행위계산 부인의 경우에도 토지 등의 취득이 부당행위계산에 해당하는지 여부 결정의 기준시기는 거래 당시인 반면, 그 익금에 산입하여 소득처분할 금액 산정의 기준시기는 특별한 사정이 없는 한 그 취득시기로 봄이 상당하다.

그럼에도 원심은 이와 달리 이 사건 매매계약을 고가매입으로 보아 부당행위계산 부인한 후 그 익금에 산입하여 소득처분할 금액을 산정함에 있어서도 그 기준시기를 부당행위계산 여부 결정시기와 동일한 이 사건 매매계약체결일이 되어야 한다는 전제 아래, 이 사건 토지의 취득시기인 1996. 6. 5. 당시 지목이 전·답인 상태에서의 시가 2,294,118,000원이 아닌 매매계약체결일인 1995. 8. 25. 당시 전·답인 상태에서의 시가…2,015,631,050원과 이 사건 매매대금과의 차액을 익금에 산입하여 소득처분한 피고의 처분이 적법하다고 판단하고 말았으니, 이러한 원심판단에는 부당행위계산 부인에 따라 익금에 산입하여 소득처분할 금액 산정의 기준시기에 관한 법리를 오해하여 판결에 영향을 미친 위법이 있고, 이 점을 지적하는 상고이유의 주장은 이유 있다.

3. 결   론

그러므로 원심판결을 파기하고, 사건을 다시 심리·판단하게 하기 위하여 원심법원에 환송하기로 하여 관여 대법관의 일치된 의견으로 주문과 같이 판결한다.

대법관 신영철(재판장) 박시환 안대희(주심) 차한성.

Notes & Questions

(1) 이 사건의 기본쟁점은 원고가 원고의 비용으로 대주주 겸 대표이사의 전답(시가 20억원)을 개량하여 대지로 변경한 뒤 대주주로부터 이 사건 토지를 사들이면서 대지상태의 시가 87억원을 지급한 것이 부당행위인가이다. 대법원은 이런 행위는 [   ]이 결여된 [   ] 행위이므로 부당행위에 해당한다고 보았다.

(2) 두 번째 쟁점은 대주주에게 소득처분할 고가매입액(거래가격과 시가의 차액)의 계산에서 시가는 매매계약일 현재의 시가인가 실제 매수일 현재의 시가인가이다. 대법원은 후자라고 판시하고 있다. 왜 그럴까?

(3) 이 판결에서 대주주에게 과세한 소득은 소득세법의 소득구분에서 어떤 소득에 해당하는가?

(4) 원고는 이 사건 토지의 매수인이고, 이 판결은 고가매입이 부당행위계산부인의 대상이 된다는 것(곧 원고의 소득에 대한 조세의 부담을 감소시킨다는 것)을 당연한 전제로 삼고 있다. 그런데 고가매입 그 자체가 고가매입이 있었던 사업연도의 소득을 감소시키는가? 조세부담을 감소시킨(시키는) 것으로 본다면 어느 사업연도의 소득을 어떤 식으로 감소시키는가? 결국 '소득에 대한 조세의 부담을 감소시킨 것'이라는 말은 어떤 뜻이 되는가?

(5) 법인세법 제52조와 실질과세에 따른 거래재구성은 어떤 관계에 있는가? 부당행위계산의 부인이라는 조문을 따로 둔 실익은 무엇인가?

사례 13-10 대법원 1999. 9. 17. 선고 97누9666 판결 (사례 8-5)

(1) 원고가 이정우에게 무상대여한 금액은 금 80억원이다. 피고가 익금산입한 소득금액은 어떻게 산정하였을까?

(2) 이정우, 김문준, 김덕필에 대해서는 각각 무슨 소득으로 소득처분이 이루어졌는가? 소득의 종류가 다른 이유는 무엇인가?

(3) 주주 겸 대표자에게 귀속한 소득은 무슨 소득으로 처분하는가?

[관련법령]
법인세법 제15조 제 1 항 및 같은 법 시행령 제11조 제 9 호, 법인세법 제52조, 제67조; 상속세 및 증여세법 제39조.

예제 발행주식수가 10,000주인 회사에서 순자산 및 주식의 가치가 주당 20,000원, 주식전체의 가치는 10,000주 × 20,000원 = 2억원이라고 하자. 이 회사가 기존주주가 아닌 자에게 신주를 10,000주 발행해 주면서 발행가액을 주당 5,000원으로 정한다고 하자.

Notes & Questions

(1) 이 신주발행을 통하여 기존주주가 손해를 보는 금액은 얼마이고 신주주가 이득을 보는 금액은 얼마인가? 이런 부의 이전액을 각 당사자의 보유주식수(10,000주) × (주당시가 — 주당실제발행가액)으로 계산한다면 주당시가는 얼마인가? 이 계산에서 주식의 시가란 신주발행 전의 시가인가 신주발행 후의 시가인가? 대법원 2007. 12. 13. 선고 2005두14257 판결.

(2) 기존주주는 법인, 신주주는 개인이라면? 법인세법 제52조, 상속세 및 증여세법 제39조, 법인세법 제67조 및 법인세법시행령 제106조 제 1 항 제 3 호 (자)목.

(3) 기존주주와 신주주가 모두 법인이라면 각각에 대해 어떤 법률효과가 생기는가? 법인세법 제52조, 제15조.

(4) 기존주주는 개인, 신주주는 법인이라면? 법인세법 제15조. 서울고등법원 2011. 11. 3. 선고 2011누19828 판결 참조.

(5) 기존주주와 신주주 모두 개인(비사업자)이라면? 상속세 및 증여세법 제39조.

판 례 색 인

[대법원 판결]

[하급심 판결]

사 항 색 인

공저자(가나다순)

강성모(서울시립대학교 세무학과 교수)
강주영(제주대학교 법학전문대학원 교수)
김두형(경희대학교 법학전문대학원 교수)
김병일(강남대학교 세무학과 교수)
김석환(강원대학교 법학전문대학원 교수)
김성균(중앙대학교 법학전문대학원 교수)
김영순(인하대학교 법학전문대학원 교수)
김의석(인하대학교 법학전문대학원 교수)
김재승(전남대학교 법학전문대학원 교수)
노미리(동아대학교 법학전문대학원 교수)
박 민(국민대학교 법학과 교수)
박정우(연세대학교 법학전문대학원 교수)
박 훈(서울시립대학교 법학전문대학원/세무학과 교수)
서보국(충남대학교 법학전문대학원 교수)
서석환(남서울대학교 세무학과 교수)
신호영(고려대학교 법학전문대학원 교수)
안경봉(국민대학교 법학과 교수)
안창남(강남대학교 세무학과 교수)
양인준(서울시립대학교 세무학과 교수)
오 윤(한양대학교 법학전문대학원 교수)
옥무석(이화여자대학교 법학전문대학원 교수)
윤지현(서울대학교 법학전문대학원 교수)
윤현석(원광대학교 법학전문대학원 교수)
이동식(경북대학교 법학전문대학원 교수)
이성우(동아대학교 법학전문대학원 교수)
이재호(서울시립대학교 법학전문대학원 교수)
이전오(성균관대학교 법학전문대학원 교수)
이준봉(성균관대학교 법학전문대학원 교수)
이정란(부산대학교 법학전문대학원 교수)
이중교(연세대학교 법학전문대학원 교수)
이창희(서울대학교 법학전문대학원 교수)
최성근(영남대학교 법학전문대학원 교수)
최 원(아주대학교 법학전문대학원 교수)
최정희(건양대학교 세무학과 교수)
한상국(전북대학교 법학전문대학원 교수)
황남석(경희대학교 법학전문대학원 교수)

제 4 판
판례 세법

초판발행	2011년 3월 10일
제 4 판발행	2019년 8월 30일

지은이	세법교수 36인
펴낸이	안종만 · 안상준

편 집	한두희
기획/마케팅	조성호
표지디자인	박현정
제 작	우인도 · 고철민

펴낸곳	(주) **박영사**
	서울특별시 종로구 새문안로3길 36, 1601
	등록 1959. 3. 11. 제300-1959-1호(倫)
전 화	02)733-6771
f a x	02)736-4818
e-mail	pys@pybook.co.kr
homepage	www.pybook.co.kr
ISBN	979-11-303-3463-9 93360

* 잘못된 책은 바꿔드립니다. 본서의 무단복제행위를 금합니다.
* 저자와 협의하여 인지첩부를 생략합니다.

정 가   32,000원